高等学校规划教材

高级财务会计理论与实务

杨利红　编著

西北工业大学出版社

西　安

【内容简介】 本书遵照我国最新出台的《企业会计准则》,全面、系统、综合地介绍了破产清算、外币折算、债务重组、分支机构会计、企业合并、租赁、衍生金融工具和政府及民间非营利组织会计等经济业务的理论与会计处理,与高级财务会计的内容保持较好的衔接,并有所深入和拓展,且在会计处理中穿插相应的案例与例题,有利于提高读者对高级财务会计理论知识的重点、难点的理解能力。

本书不仅可以作为高等院校会计、财务管理、审计等专业的学生学习"高级财务会计理论与实务"课程时使用,也可作为会计实务工作者的业务学习用书和考证考级的参考用书。

图书在版编目(CIP)数据

高级财务会计理论与实务 / 杨利红编著. — 西安:西北工业大学出版社,2020.10
ISBN 978-7-5612-7029-5

Ⅰ. ①高… Ⅱ. ①杨… Ⅲ. ①财务会计-高等学校-教材 Ⅳ. ①F234.4

中国版本图书馆 CIP 数据核字(2020)第 134881 号

GAOJI CAIWU KUAIJI LILUN YU SHIWU
高 级 财 务 会 计 理 论 与 实 务

责任编辑:付高明 杨丽云	策划编辑:付高明
责任校对:李阿盟	装帧设计:李 飞

出版发行:西北工业大学出版社
通信地址:西安市友谊西路 127 号　　邮编:710072
电　　话:(029)88491757,88493844
网　　址:www.nwpup.com
印 刷 者:兴平市博闻印务有限公司
开　　本:787 mm×1 092 mm　　1/16
印　　张:19.875
字　　数:518 千字
版　　次:2020 年 10 月第 1 版　　2020 年 10 月第 1 次印刷
定　　价:60.00 元

如有印装问题请与出版社联系调换

前　言

"高级财务会计理论与实务"一直是一门"高、深、难"的课程,目前市面上可选择的、能提升学生理论与实践能力的的教材不多。为改善这一现状,本书以编写一本理论与实践相结合的教材为目标,在全书中插入与重点、难点相关的案例,帮助学生加深对知识点的理解,突出案例教学的特点,进而提升学生的理论水平与实践能力。

笔者依照我国当前经济发展形势,紧跟会计改革和发展的步伐,并根据二十年的教学经验以及总结历届学生的课后反馈情况,加入与理论相关的实践案例,精心提炼,尽可能地做到结合实践讲知识,以案例带动重点、难点,化解理论学习的难度。为了使学生能够更深入理解、掌握并应用本课程所学知识,本书的内容除了具有基础性、规范性、系统性、逻辑性、前瞻性等特点外,还力求在案例教学等方面寻求突破。

本书分为八章:第一章,破产清算会计。第二章,外币折算。第三章,债务重组。第四章,分支机构会计。第五章,企业合并。第六章,租赁。第七章,衍生金融工具。第八章,政府及民间非营利组织会计。

西安科技大学管理学院张超、刘晓烨、刘洋、魏云鹏、张菁和李素珍参与了本书第一～三章的资料查询、文字录入工作。李晴晴、张艺、王雪、崔夏丽、袁鸿超、刘朔和延荣参与了本书第四～六章的内容修订、整理工作。冀鹏弘、雍佳鑫、陈海柱、赵格兰、柴琪琪和柴小雅参与了本书第七、八章的资料搜集、文字录入及核对工作。郭铭星、曹婷、闫梦寒、梁心成、贾茹芸、付植慧、张璐莹和童丽梅参与了本书附录的 MPAcc 学生期末作业范文的取得、编写、收录和校对工作。在此,对他们的辛勤付出表示感谢。

在本书的编写过程中,曾参阅了相关教材和书籍,从中受到了一些启发。在此向其作者和出版者深表谢意。

由于笔者水平有限,书中不足之处在所难免,敬请广大读者和同行批评指正。

编者

2020 年 10 月

目　录

第一章　破产清算会计 …………………………………………………… 1

第一节　破产概述 ……………………………………………………… 3
第二节　破产财产、破产债权和破产费用 …………………………… 7
第三节　破产清算会计处理 …………………………………………… 13
第四节　破产清算会计报表 …………………………………………… 23
第五节　会计档案移交与保管 ………………………………………… 28

第二章　外币折算 ………………………………………………………… 31

第一节　外币折算概述 ………………………………………………… 32
第二节　外币交易会计 ………………………………………………… 37
第三节　外币报表折算 ………………………………………………… 45
第四节　国际惯例 ……………………………………………………… 55

第三章　债务重组 ………………………………………………………… 61

第一节　债务重组的定义与方式 ……………………………………… 63
第二节　债务重组的会计处理 ………………………………………… 66
第三节　披露 …………………………………………………………… 78

第四章　分支机构会计 …………………………………………………… 81

第一节　分支机构的含义、分类、特征 ……………………………… 83
第二节　分支机构会计 ………………………………………………… 85
第三节　按成本计价的会计处理 ……………………………………… 88
第四节　按高于成本计价的会计处理 ………………………………… 91
第五节　其他事项的会计处理 ………………………………………… 93

  第六节 期末联合报表的编制 ………………………………………………… 99

第五章 企业合并 ……………………………………………………………… 107

  第一节 企业合并概述 …………………………………………………… 111
  第二节 企业合并的类型 ………………………………………………… 113
  第三节 企业合并的会计处理方法 …………………………………… 116
  第四节 同一控制下企业合并 …………………………………………… 122
  第五节 非同一控制下企业合并 ………………………………………… 125
  第六节 合并财务报表的编制 …………………………………………… 129
  第七节 企业合并的披露 ………………………………………………… 131

第六章 租赁 ……………………………………………………………………… 136

  第一节 租赁业务概述 …………………………………………………… 137
  第二节 经营租赁 ………………………………………………………… 143
  第三节 融资租赁 ………………………………………………………… 146
  第四节 售后租回交易 …………………………………………………… 159

第七章 衍生金融工具 …………………………………………………………… 165

  第一节 衍生金融工具概述 ……………………………………………… 167
  第二节 衍生金融工具确认与计量 …………………………………… 168
  第三节 远期合约 ………………………………………………………… 170
  第四节 金融互换 ………………………………………………………… 173
  第五节 期货 ……………………………………………………………… 174
  第六节 期权 ……………………………………………………………… 177
  第七节 衍生金融工具的披露 …………………………………………… 179

第八章 政府及民间非营利组织会计 ……………………………………… 185

  第一节 政府及民间非营利组织会计概述 …………………………… 186
  第二节 政府及民间非营利组织会计目标 …………………………… 190
  第三节 政府及民间非营利组织会计的基本理论 …………………… 193
  第四节 财政总预算会计 ……………………………………………… 199

附录：西安科技大学 MPAcc 学生期末作业范文 ………………………… 210

  附录1：高级会计学研究文献综述 …………………………………………… 210

附录2：高级会计学研究内容综述与展望 …………………………………… 218

附录3："一带一路"跨境并购会计处理方法研究 ……………………………… 228

附录4：IASB新租赁准则对我国航空公司的影响 …………………………… 239

附录5：社会责任信息披露效应研究综述 …………………………………… 248

附录6：纳税筹划中会计处理方法的综述性研究 …………………………… 256

附录7：环境会计信息披露问题研究 ………………………………………… 263

附录8：企业跨国并购绩效与风险研究 ……………………………………… 275

附录9：上市公司信息披露文献综述 ………………………………………… 290

附录10：SH公司环境会计信息披露研究 …………………………………… 300

第一章　破产清算会计

开篇案例

江阴常攀机械制造有限公司破产清算案

（一）案例简介

2015年4月14日，常州领翔轴承有限公司（以下称领翔公司）依据江阴法院（2015）澄临商初字第117号民事调解书，向江阴法院申请强制执行常攀公司应付货款31万元。在执行过程中，江阴法院发现常攀公司因经营不善，拖欠大量债务，仅债权人申请强制执行案件就达200余件，企业资产不足以清偿全部债务。与此同时，领翔公司在执行程序中也申请对常攀公司进行破产清算。鉴于前述情况，江阴法院认为本案符合修订后民诉法解释第五百一十三条的规定，于2015年11月25日裁定受理前述申请，并从入册中介机构中指定了管理人。

经破产清算，常攀公司破产财产变价总额909万元，财产担保债权80.8万元，职工债权355.4万元，税款71.5万元100%受偿；普通债权4 457.2万元，其中222.3万元受偿，清偿率为5%。2016年10月28日，江阴法院裁定终结常攀公司破产程序，200余件执行案件亦告清结。

（二）裁判要旨

第一，运用司法新规，探索司法新路径。修订后的民诉法解释第五百一十三条首次规定了执破衔接："在执行中，作为被执行人的企业法人符合企业破产法第二条第一款规定情形的，执行法院经申请执行人之一或者被执行人同意，应当裁定中止对该被执行人的执行，将执行案件相关材料移送被执行人住所地人民法院"，该法规为执行案件转入破产程序提供了制度依据。江阴法院对司法新规的敏锐性高、实践力强。通过本案审理，为上级法院制定执行转破产具体规定提供了实践经验，为解决执行难和清理僵尸企业提供了有效路径。

第二，整合司法资源，形成破产审判合力。针对执行转破产案件涉及执行和审判两个部门的特点，江阴法院整合司法资源，由审判经验丰富的审判庭法官担任审判长和主审法官，作出实体判断并保障了程序规范；吸收原执行法官担任合议庭成员，发挥其熟悉案情、资产查控经验丰富的优势，快速高效查明、处置和变价破产财产，确保执审沟通顺畅，减少不必要的重复劳动。

第三，集中处置财产，有效盘活生产要素。相较执行财产拍卖，破产财产变价具备集中、灵活、高效的优势。首先，不同于多个执行案件对同一企业的不同财产往往分别处置，管理人是在全面梳理破产财产的基础上施以集中变价，变价效率高、成本低；其次，破产财产变价能够根据盘活生产要素的需要，通过债权人会议决议，灵活采取整体拍卖、单独拍卖、直接出售等方式;再者,借由管理人的助力,破产财产往往能得到更迅速、更高额的变价。本案中,通过管理人向主要债权人、同行业企业、当地规模较大的企业等发放招商信息,常攀公司的破产财产在淘宝网司法拍卖平台上形成有效竞价,以高于拍卖底价300余万元的价格变现,提高了债权受偿率。买受人在取得上述资产后迅速投入生产经营,亦增加了就业,盘活了资产效用。

(三)典型意义

本案是无锡市第一例执行转破产案件。《最高人民法院关于适用的解释》于2015年2月进行了修订,第五百一十三条增加了执行转破产的规定。江阴市人民法院积极探索上述规定的实践运用,仅用了不到一年的时间便审结了该例执行转破产案件,既清结了涉江阴常攀机械制造有限公司200余笔债权和执行案件,又盘活了常攀公司名下大量闲置资产,充分发挥了破产程序集中偿债、彻底化解涉案纠纷以及去产能、调结构、促生产的双重职能,同时实现了解决执行难和清理僵尸企业双重目标。

本章结构

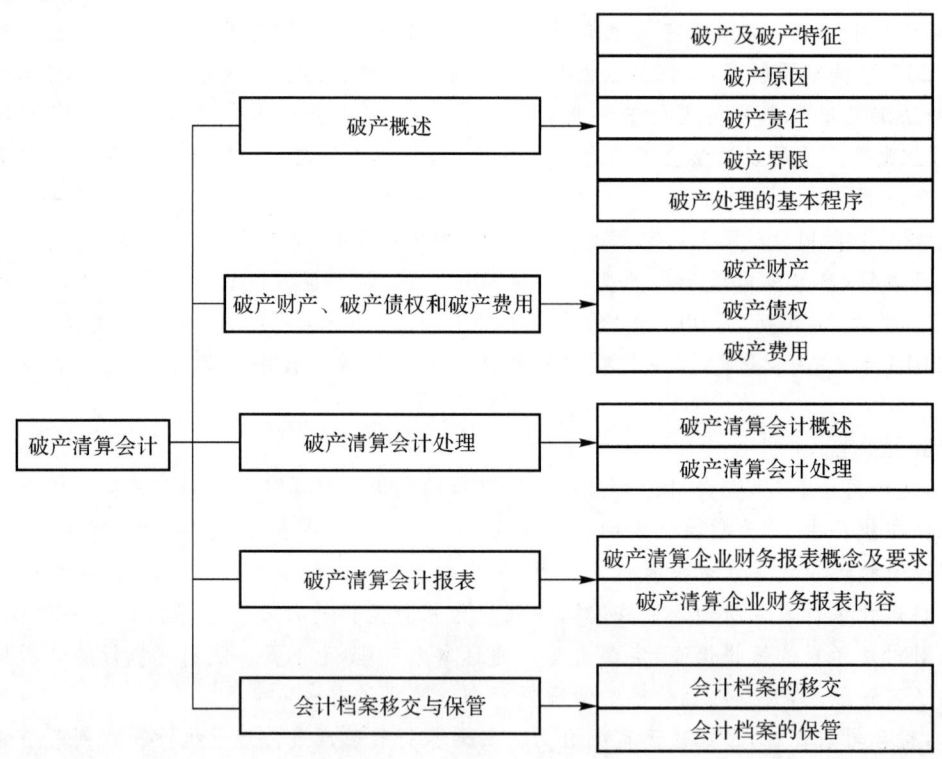

本章要点

- 破产的概述、特征以及破产处理的基本程序。
- 破产财产、债权与费用的含义、特征与计量。
- 破产清算会计处理方法。
- 破产清算企业财务报表内容。
- 会计档案移交的基本程序。

学习目标

◇ 了解：破产清算的流程、破产清算会计报表的填列。
◇ 理解：破产财产、破产债权和破产费用的概念及相关理论。
◇ 掌握：新规定下破产清算会计的计量基础与会计假设、破产清算会计账务处理过程。

第一节 破产概述

一、破产及破产特征

"破产"一词，简言之，就是还不起债。当然"还不起债"仅是一个通俗而笼统的说法。严格地讲，破产一词从不同的角度出发有不同的含义。从经济意义上看，是指经济活动的彻底失败；从法律意义上看，破产是指债务人不能清偿到期债务时，为了维护债权人及债务人的利益，由法院强制执行其全部财产，公平清偿全体债权人，或在法院监督下，由债务人与债权人会议达到和解协议，整顿复苏企业，清偿债务，避免倒闭清算的法律制度。

其基本特征是：

(1) 债务人丧失了偿债能力，无论自愿与否均不能清偿到期债务；
(2) 破产是为了保护全体债权人的合法权益，强调债务在债权人之间的公平履行；
(3) 破产是商品经济社会发展到一定阶段必然出现的法律现象，它既表明了债务人所处的经济状态，同时又是一种特定的法律程序，从破产申请到宣告破产清算，均是在法院主持下按照法定程序进行的；
(4) 破产必然导致企业经济活动的终止和法人主体资格的消失。

> **拓展阅读：**
>
> 2016年12月20日，财政部发布了《关于印发〈企业破产清算有关会计处理规定〉的通知》(财会字〔2016〕23号，以下简称《规定》)。《规定》的出台，规范了企业在破产清算会计实务中的流程，在具体的实务操作中不断验证《规定》所规范的内容，对破产清算案件账务处理混乱、违法违规处理等行为，进行了制度上的约束，对破产企业的会计处理业务予以规范。其中，破产清算企业会计制度适用范围发生变化：
>
> 财会字〔1997〕28号以国有企业为适用范围，2006年新企业破产法的修订，把所有的企业法人都作为破产企业的范围，因此财会字〔1997〕28号已经无法满足实务操作的需要，急需修改，以使失去活力的"僵尸企业"顺利退出市场，使市场有进有出。《规定》将范围进行了拓展，适用于所有的企业法人。适用范围广泛，能够应对市场经济条件下不同类型企业的复杂性，完善了我国的会计规范体系。

二、破产原因

破产原因是法院根据当事人的破产申请确定破产程序开始的首要条件。

1. 不能清偿

不能清偿是指债务人因明显缺乏清偿能力，对于已届清偿期而债权人要求清偿的债务，持续不能清偿的客观状态。依据我国法律的规定,不能清偿既是债权人提出破产申请的原因,也是法院宣告债务人破产的原因。由此可见,不能清偿是破产开始与破产宣告两个程序的前提条件。

2.停止支付

停止支付是指债务人持续不能清偿届期债务的意思表示。最高人民法院关于贯彻执行《中华人民共和国企业破产法(试行)》若干问题的意见第 8 条第 2 款规定:"债务人停止支付到期债务并呈连续状态,如无相反证据,可推定为'不能清偿到期债务'"。

停止支付是推定的破产原因,与不能清偿相比较,有很大的区别:

(1)不能清偿是一种客观的经济状态,而停止支付则是债务人的主观意思表示行为。

(2)不能清偿一般应是一种持续的状态,但法律对此并无明文规定;而对于停止支付,法律则明文要求其呈连续状态,如因故造成的暂时性的停止支付,并不能据此推定构成破产原因。

(3)在不能清偿时,债务人缺乏清偿能力的客观状态需由债权人证明,这对债权人颇为不利,因为掌握债务人的全部财产和资金状况并非易事。根据停止支付,债权人只要证明债务人有停止支付的行为即可,债务人若无反证就可以推定其不能清偿,这种变换举证责任的方法,对债权人更为有利。

三、破产责任

企业破产责任是指国有企业的法定代表人或该企业的上级主管部门的领导人,对企业破产所应承担的行政责任或刑事责任,不包括民事责任。规定企业破产责任的目的是:通过惩治导致企业破产的行为,加强各级领导的责任感,增强经营风险意识,减少企业破产事件发生的概率。

企业破产法明确规定:破产企业的法定代表人和破产企业的上级主管部门对企业破产负有主要责任的,要追究其法人和上级主管部门领导人的行政责任;因玩忽职守造成企业破产,致使国家财产遭受重大损失的,还要追究其刑事责任。

四、破产界限

破产界限是指法院据以宣告债务人破产的法律标准,这是申请债务人破产的事实根据,是对债务人依法进行破产清算和破产预防的法律事实。破产界限的规定是破产制度中的重要内容,因为破产界限的正确界定,直接关系到债务人和债权人的经济利益,涉及全社会企业破产率的高低。

《破产法》中明确规定:"企业因经营管理不善造成严重亏损,不能清偿到期债务的,依照本法规定宣告破产"。我国法律制度中关于破产界限的实质性标准是不能清偿到期债务,其包含的要点是:

(1)债务人丧失了债务清偿能力,债务人的清偿能力包含了债务人的资产和信用两个方面,因此丧失清偿能力表现为资不抵债和信用崩溃。只有债务人资不抵债和信用崩溃同时出现,才能认定债务人丧失了清偿能力。

(2)债务人不能清偿的是偿付期限已满、债权人提出偿付要求的、无争议的或已有确定名义的债务。

(3)债务人对全部或主要债务在可预见的相当长的期限内持续不能偿还,而不是因资金周转困难等暂时延期支付。

此外,在破产界限问题上,我国《企业破产法》明确指出:企业由债权人申请破产,有下列情形之一的,不予宣告破产:公用事业和与国计民生有重大关系的企业,政府有关部门给予资助或者采取其他措施帮助清偿债务的;取得担保,自破产申请之日起6个月内清偿债务的。

五、破产处理的基本程序

企业破产处理的基本程序从破产程序的开始到破产程序的终结,经历了破产申请、和解整顿、破产宣告、破产清算等阶段。

(一)破产申请阶段

1. 破产申请的提出

破产申请,是指具有破产申请资格的当事人,即债权人、债务人以及与破产行为有利害关系者,向人民法院提出的对债务人资产实行破产的请示。提出破产申请是企业实施破产的前提。

(1)债权人提出破产申请。申请破产的债权人可以是法人,也可以是自然人(公民),对债权数额没有限制,只要是债权人,无论债权数额多少,都享有破产申请权。债权人提出破产申请时,应提供债权人的基本情况、债权数额、债权性质(期限、担保情况等),债务人到期不能清偿的事实和理由等资料。

为了防止债权人破产申请权的滥用,尽量减少对债务人生产经营活动不必要的影响,债权人提出破产申请,需要具备四个条件:一是必须是到期债务的债权人,因为只有到期债务的债权人,才能直接得到债务人能否清偿到期债务的判断;二是必须是现实债务的债权人,既不是已还过账的债主,也不是债权由于某种原因而消失的债权主体;三是必须是破产对象或被申请破产企业的债权人;四是必须是财产和金钱的债权人,也就是债的物质内容是金钱、财物,而不是人情债或具有某种行为请求权的债权人。

(2)债务人提出破产申请。几乎所有国家的破产法,都赋予了债务人或破产对象本身的破产申请权。由债务人提出破产申请,较之于由他人提出更有积极意义。一方面,能准确反映破产对象不能清偿到期债务需要进行破产的事实;另一方面,有助于减少破产损失,包括债权人的损失与债务人的损失。目前我国大多数的破产案件均为债务人提出破产申请。

我国全民所有制企业作为债务人要申请破产的,必须征得上级主管部门的同意,而非全民所有制企业申请破产则不存在这种限制。债务人提出破产申请时,应向人民法院提供企业亏损情况说明、会计报表、企业财产情况明细表和有形资产的处所、债权清册和债务清册,以及破产企业上级主管部门或者政府授权部门同意其破产申请的意见等资料。

(3)清算组提出破产申请。清算组在必要的清算业务中,如果发现被清算公司已资不抵债,不能清偿到期债务又没有自行申请破产的,清算组可以提出破产申请。这是清算组享有的一个重要义务。

清算组提出破产申请时,应向人民法院提交如下材料:公司清算情况说明、会计报表、公司财务状况明细表和有形资产的处所、债权和债务清册、公司性质证明、清算组的资格证明。

2. 破产申请的撤回

破产申请权是一项民事诉讼权利,按照民事诉讼处分原则,当事人有权在法律规定的范围内处置自己的民事诉讼权利,即当事人既可以提出破产申请,也可以撤回申请,而且申请的撤回并不影响再度提出破产申请。

债权人撤回破产申请没有必要征得被申请人的同意,但须征得人民法院的同意。人民法院对于债权人撤回申请的要求,应做出准予或不准予撤回的裁定。

3.破产申请的受理

破产申请人向人民法院提出破产申请,并不意味着破产已进入法定程序,也就是说,并不意味着破产的实施,只有当人民法院对申请进行审查,认定必要的基本事实,之后七日内对是否受理破产申请做出裁定,才予以立案。人民法院认为破产申请合格,所针对的破产对象已达到破产界限的,应裁定予以受理。反之,则以裁定的形式对破产申请予以驳回。

(二)和解整顿阶段

1.破产和解制度

破产和解制度是指在破产程序中,债权人和债务人以互谅互让为基础,为了使债务人免除破产、中止破产程序,就到期债务的延期支付和减额清偿达成协议,并经法院认可后,发生法律效力的一种制度。破产和解制度是对已达到破产界限的企业获得喘息机会的抢救措施,有可能使破产企业重新振作起来,减少社会财富的损失,减少债权人和债务人的损失,有利于稳定社会经济秩序。

2.破产整顿制度

破产整顿制度是指企业出现了破产原因或出现了破产原因的危险时,法院依照关系人的申请,对企业进行重整和振兴,以避免企业破产的一种破产预防制度。该制度是为了适应社会经济对预防破产的客观要求而产生的,它使得对债务人的程序救济,不仅可以恢复其清偿能力,而且还可以恢复其生产经营能力,从而在根本上解决债务人所面临的经济困境,使预防破产的程序目的真正落到实处。

(三)破产宣告阶段

破产宣告是指法院根据破产申请人的请求或法院根据自己的职权,确认债务人确已存在无法清除的破产原因,决定对债务人开始破产清算的活动。

1.破产宣告的实质

破产案件的受理,标志着企业进入法定破产程序,但并不意味着该企业非破产不可。破产宣告实质上是人民法院以裁定的形式从法律角度确认企业事实上破产的法律行为。

2.破产宣告程序

破产宣告是决定企业命运的重大法律行为,必须严格按照法定程序进行。

(1)破产宣告的公告。人民法院裁定宣告企业破产的同时,必须发布公告。其内容包括:企业亏损与资产负债状况;宣告企业破产的理由和法律依据;宣告企业破产的日期;宣告企业破产后破产企业的财产、账册、文书、资料和印章等资料的保护。

(2)破产宣告的通知。人民法院在发布公告的基础上,发布宣布"破产"的通知。《通知》须载明公告事项,除送达债务人、债权人以外,还须送达破产企业的开户银行。

(3)破产宣告的登记。企业破产宣告除了依法进行公告、发出通知外,还必须到主管的国家机关和破产事务所进行登记,我国现有法律对此尚无明确规定。但随着《破产法(试行)》的不断完善,企业破产宣告登记制度将会建立起来。

(四)破产清算阶段

根据我国破产法的规定,人民法院应当自宣告企业破产之日起 15 日内成立清算组,接管破产企业。破产清算的基本程序包括:

(1)依法成立清算机构;

(2)通知或公告债权人并分类登记确认债务;

(3)调查处理企业财产,确定清算方案;

(4)处理与清算有关的未了结事务;

(5)收取债权,变现清算财产,清偿债务;

(6)分配企业偿债后的剩余财产;

(7)在企业财产不足以清偿债务时申请宣告破产;

(8)注销企业登记,结束清算。

破产财产分配完毕,破产企业注销登记后,人民法院应宣布清算组撤销,破产清算工作全部结束,破产程序即可终结。

> **拓展阅读:**
>
> **破产清算与非破产清算的区分?**
>
> 作为公司退出的重要步骤,公司清算是公司解散以后,分配其剩余所有财产,对法律关系予以终结,继而消灭其在法律上的法人资格的程序。
>
> 破产清算和非破产清算是依据公司是否处于破产状态下对清算的一种划分。前者指公司无法清偿已届满的债务被人民法院宣告破产时,由法院负责成立清算组对公司的资产进行清算;后者指公司在资产能够清偿所有债务的情况下进行清偿,包括自愿解散的清算和强制解散的清算。在非破产清算过程中,如果清算组发现公司资产不足以清偿所有债务,则该清算转化为破产清算。

第二节 破产财产、破产债权和破产费用

一、破产财产

(一)破产财产的含义

现行破产制度对破产财产的论述有广义和狭义之分。广义上的破产财产,是指破产宣告后,破产企业所实际占有和管理的全部财产以及应当由破产企业行使的其他财产权利。破产清算组在破产清算开始后,全部接管和占有这种广义上的破产财产。狭义上的破产财产,是指破产宣告后,破产企业所拥有的用以清偿无担保债权人的财产。

(二)破产财产的确认标准

破产财产与会计上通常所指的资产并不完全相同,有其特定的内容。它的确认除了应符合资产的一般定义特征外,还应符合下列标准:

(1)破产资产必须是具有一定货币价值的,能够清偿债务的资产或财产。

凡是没有价值的资产如递延资产、待摊费用以及企业信誉等都不应确认为破产资产。

(2)破产资产必须是破产企业可以独立支配的资产。凡是不能由破产企业独立支配的资产如破产企业抵押给他人的固定资产、包装物等等,不应确认为破产资产。

(3)破产资产必须是符合法律规定的时限的资产。即破产宣告时属于破产企业的资产以及破产宣告后,破产程序终结前取得的各种资产,均属于破产资产。凡是在破产宣告前归属权已经转移或尚未取得的资产,不应确认为破产资产。

(4)破产资产必须是可以依照破产程序强制清偿的资产。凡是不应当经破产程序清偿的资产,不应确认为破产资产,如债权人享有优先受偿权的已作为担保物的资产。

(三)破产财产的范围

根据《中华人民共和国企业破产法(试行)》《中华人民共和国民事诉讼法》以及有关法律法规的规定,依照破产资产的确认标准,将破产财产分为以下内容:

(1)破产宣告时,破产企业经营管理的全部资产,包括企业的投资者投入的资产、企业积累资金所形成的资产、企业借入的货币资金形成的资产等。

(2)破产清算期间取得的财产,包括结算债权财产、追回财产、对外投资的收回及破产人的国外财产。

(3)破产企业未到期的,应在将来行使财产请求权,如暂存于其他企业的企业财产收回权、财产被损害产生的赔偿请求权等。

(4)担保资产数额大于担保债务数额的差额应作为破产资产。

(5)破产企业与他人组成法人型或合伙型联营企业的,破产企业作为出资人投入的财产和应得收益应当收回,作为破产资产。

(6)破产企业的抵消资产数额大于抵消债务数额的差额应作为破产资产。

(四)破产财产的计量

1. 破产财产会计计量的特点

在企业持续经营的前提下,企业的资产账面价值是以历史成本为计量基础的,资产负债表中反映的是企业资产、负债、所有者权益的账面价值。企业进入破产清算程序后,持续经营的前提条件发生了变化,终止经营假设取代了持续经营假设,企业进行破产清算的目的在于变卖财产、清偿债务。因此,在终止经营的前提下,资产的可变现价值并不一定等于持续经营前提下资产的价值,为了真实地计量破产资产的价值,提高债权人的受偿比例,企业破产清算时,必须按破产资产的实际可变现价值重新进行计量,并以资产变现后的实际负担能力偿付债务。由此可见,破产清算会计中,企业资产的计量基础、计量方法等与传统的财务会计有所不同。

2. 破产财产的计量方法

破产财产的计量方法有很多,一般情况下,应根据破产财产的构成及具体特点的不同而采用不同的方法。

(1)账面净值法。账面净值法是指以破产财产的账面净值进行计价。破产资产中的货币资金的计价可以采用这种方法。

(2)重置成本法。现行市价法是指按破产财产的重置完全成本扣除磨损、贬值后的差额来确定破产财产价值的方法。破产资产中的固定资产等可以采用这种方法。

(3)现行市价法。现行市价法是指以交易市场上同类财产的现行市价确定破产财产价值的方法,该法主要适用于有价证券、存货等破产资产的计价。

(4)清算价格法。清算价格法是指以资产拍卖的变现价格为依据来确定破产财产价值的方法,这种方法一般适用于专利权、土地使用权等无形资产的计价。

(5)协商估价法。协商估价法是指按照协商方式达成协议,以双方都能接受的价格对破产财产进行计价。这种方法主要适用于特定的资产,如担保资产、抵消资产、受托资产等。

(6)调查分析法。这种方法主要适用于对企业的应收款项等非实体性财产进行估价。破产企业的应收款项收回与否以及可收回的程度,取决于应付方的财务状况和付款态度。只有通过对应付方的调查分析,才能确定应收款项的可收回价值。

(五)破产财产的变卖

破产财产变卖是指清算组将破产企业的非货币性资产以招标、拍卖等方式变现的过程。破产制度规定,清算组分配破产企业的财产,以金钱分配为原则,也可以采用实物方式或者兼用两种方式。企业将破产财产进行确认和计价之后,则必须开展破产财产的变现工作,将取得的变现收入按规定进行偿付,使破产清算程序正常履行。

1. 破产财产变卖的原则

(1)合法性原则。清算组在对破产资产的转让出售过程中,必须遵循我国法律法规的规定,对于属于限制流通物的破产财产,例如黄金、武器、弹药,以及涉及国家机密的专利和国家文物等,应当由国家指定的收购部门收购,不能随意变卖。

(2)整体变现原则。根据破产法及有关法律法规的规定,为了充分发挥破产财产的使用价值,实现100%的财产变现率,减少社会财富的损失,破产财产中的成套设备应当整体转让出售,不能整体转让出售的,可以分散出售。

(3)优先原则。同等条件下,国有企业的破产财产应由国家有关部门或其他国有企业优先购买,内资企业比外资企业优先购买。

2. 破产财产变现的方式

破产财产的变卖方式主要包括拍卖和出售。

(1)拍卖。拍卖是指清算组将需要变现的非货币性资产委托给拍卖行,按法律规定的拍卖程序进行变现,以实现破产财产的最大价值。

(2)出售。出售包括招标出售和一般出售两种具体形式。招标出售是通过采用招标估价法对破产财产进行估价,清算组与选中的投标人就破产财产进行成交;一般出售是买卖双方的协商成交,是一种较为灵活的变现方式。

(六)破产财产的清偿分配

1. 破产财产分配方案

破产财产分配方案是指规定破产企业所欠的各种优先债务、普通债务等进行清偿的书面文件。清算组将破产财产估价变现后的金额,按照法律规定的清偿顺序,以真实、公正的原则,拟定并提出破产财产分配方案。

分配方案主要内容有:破产财产的总额及构成情况、发生的破产费用数额、破产企业所欠职工的工资额及应交纳的各种税款、参加清偿分配的债权人的名称、地址、债权数额和取得清偿债权的时间期限等。

2. 破产财产清偿顺序

破产财产清偿顺序是指由法律根据各破产债权的性质和地位所规定的清偿债务的先后次序。按照这种清偿顺序,在破产财产的清偿分配中,有些债权优先清偿,有些债权列后清偿。

破产财产首先用于偿付有担保债权,其次拨付破产费用,破产费用支付后,破产财产的具体清偿顺序为:

(1)破产企业所欠职工工资和劳动保险费用;

(2)破产企业所欠税款;

(3)破产债权。

破产财产不足以清偿同一顺序的清偿要求时,按照比例分配。

二、破产债权

(一)破产债权的含义

破产债权指由破产宣告前的法律事实引起,对破产财产享有通过破产程序公平受偿的债权。所谓"通过法定破产程序公平受偿的债权",需具备如下几个要素:第一,必须由债权人在法定期间申报,并经人民法院和债权人会议审查确认;第二,必须与其他债权人共同受偿;第三,必须以破产财产为清偿对象。

(二)破产债权的特征

1. 破产债权是能够强制执行的债权

破产过程本身是对经济活动进行法制干预的过程,破产程序具有强烈的强制性特征。在破产过程中,对破产企业全部财产的查封、清理、变卖、公平偿债,都是强制执行的,相应的受偿债权,也理所当然是强制执行的。

2. 破产债权是破产宣告前成立的债权

企业被宣告破产后,破产人对其财产已丧失管理处分权,为了保证破产债权的稳定性和破产清算程序的顺利进行,维护其他债权人的合法权益,根据破产制度规定,需对破产债权进行时间上的界定。

(三)破产债权的范围

企业在正常的生产经营过程当中,债权债务关系是极为复杂的,而一旦被人民法院宣告破产,哪些债该清偿、哪些债不该清偿,清偿顺序如何等等问题就显得十分突出。确定破产债权的范围便构成破产诉讼程序的重要组成部分。按照破产制度的规定,下列债权应构成破产债权。

1. 无财产担保的债权和放弃优先受偿权的有财产担保的债权

我国《企业破产法》第三十条规定,破产宣告前成立的无财产担保的债权为破产债权。无财产担保的债权是破产程序中的普通债权,其实现途径必须依照破产清算程序。有财产担保的债权,如抵押权、留置权等,是破产程序中的优先受偿权,其实现途径是处于破产清算程序之外的,不属于破产债权。

在有财产担保的债权当中,若某些担保财产对债权人来讲,既无任何用处,又不易拍卖变现,债权人有可能放弃优先受偿权,对于这部分放弃了优先受偿权的有财产担保的债权,也包括在破产债权的范围之内。

2. 有财产担保债权优先受偿额小于债权数额的余额

我国破产法第三十二条第二款规定：有财产担保的债权，其数额超过担保物价款的，未受清偿的部分作为破产债权，依照破产程序受偿。即担保物经合理变卖后，其价值数额如果不够偿还债权的，不足差额部分，法律规定将其转化为破产债权。

3. 解除合同给相关当事人造成损失的，损失赔偿额为破产债权

企业被宣告破产以后和破产程序终结之前，清算组有权根据企业实际情况决定是否解除与其他当事人之间的合同。因解除合同给双方当事人造成损害的，对实际损害的赔偿额可以视为破产债权处理。

4. 票据资金关系所产生的债权

承兑人或付款人若不知道破产债务人已被宣告破产，在这种情况下实施承兑或付款行为，由此而产生的债权，虽发生在破产宣告之后，但从法律的公正性和从保护善意承兑人或付款人的利益出发，应将这种债权列为破产债权。

(四)破产债权的申报

企业一旦被宣告破产，就失去了通常情况下自主处理债权债务的资格，其债权债务的处理转而由法院据情处理，这就对债权人的受偿提出了新的要求，必须向受理破产案件的人民法院申报债权。这是债权人在债务人破产的特殊条件下追索债权并得以受偿的前提条件。具体申报内容包括：

1. 申报期限

申报期限指由法律规定的债权人向法院申报债权的有效期限。在申报期限内无故未申报的，视为债权人自动放弃债权，无权参加破产程序。

对破产债权申报的时间，法律规定了有效期间，即收到法院通知的债权人，法定的申报期限为1个月；未收到法院通知的债权人，申报期限为3个月。

2. 申报要求

根据破产案件的审判实践，人民法院对申报债权提出了如下两点基本要求：

(1)申报债权必须采取书面形式报送法院。正式的债权申报书应包括如下内容：债权人的姓名或名称、地址；债权发生的时间、地点、数额；债权有无财产担保，能否相互抵销；债权清偿期限等。

(2)债权人申报债权时必须提供能证明债权存在的有关证据，包括向法院初步提供债权是否存在、性质如何、数额大小、偿还条件与期限等证据。

(五)破产债权的计量

破产债权的计量应遵循历史成本原则，以法院和债权人会议所审查决定的账簿记录或有关佐证材料记载的债权金额为依据。具体计量时，应遵循以下原则：

1. 货币化原则

破产债权是以货币额为给付内容的债权。这就决定了破产债权应货币化，清算组在分配破产企业的财产时，也以货币分配为原则。

2. 货币时间价值原则

破产债权的价值计量应充分考虑货币的时间价值，把债权价值予以当前化或现时化。在破产债权的计量中，无论是有息债权还是无息债权，都要在考虑货币的时间价值基础上确定其

当前金额。

3.人民币为本位币原则

以某种外币作为记账本位币的破产企业,对以外币直接计价的债权,应将外币的账面价值按破产宣告日的市场汇率折合成人民币来表示,这样就使汇兑损益风险在计量破产债权时加以确认。

三、破产费用

(一)破产费用的概念

破产费用即清算费用,是指在破产清算过程中合理预计的,为破产债权人的共同利益而于破产过程中支付的费用,其不依破产程序,先于破产债权从破产财产中优先拨付。

(二)破产费用的构成

1.清算管理费用

清算管理费用主要是指破产费用和破产财产管理、变卖和分配所需要的费用。根据我国破产法的规定,破产费用应包括以下内容:各项清算管理费用、诉讼费用、共益费用、破产安置费用以及对预计数的调整。破产财产管理、变卖和分配所需要的费用,包括清算人员办公费、破产财产保管费、水电费、聘请的会计师、审计师和工程技术人员的聘用费、公证费、破产企业留守人员的工资和劳动保险费、变卖财产的广告宣传费、场地租赁费等。

2.诉讼费用

诉讼费用是指清算组在破产案件审理过程中支付的费用,包括破产宣告公告费、破产案件受理费、破产债权调查费等。

3.共益费用

共益费用是指为债权人的共同利益而在破产程序中支出的其他费用,包括公告费用、破产清算组为追回由于无效行为而转移、隐匿的财产而发生的费用、因清算人的经营活动而发生的债务、破产宣告后所发生的课税等。

4.破产安置费用

破产安置费用是指根据我国有关法律法规的规定,优先用于安置破产企业职工的费用支出。

在破产费用的组成当中,应注意下列费用不能列为破产费用:

第一,债权人参加破产程序所支付的费用。例如,债权人申报债权的费用,参加债权人会议的差旅费。

第二,破产宣告后的利息。无论是已到期的债权或是未到期的债权,自破产宣告时至破产终结时的利息不能列为破产费用。

第三,未被法院受理的破产申请费用。无论是债权人提出破产申请,还是债务人提出破产申请,若破产申请没有被法院受理,由此而支付的费用由申请人自行负担。

第四,因解除合同的违约金。破产企业未履行的合同,清算组可以决定解除或者履行。清算组决定解除合同后,由此产生的违约金不能列为破产费用。

第五,破产企业的罚金、罚款和没收财产不能列为破产费用。

(三)破产费用的特点

破产费用是一种在破产清算环境下的费用支出,与一般企业的费用性质有所不同,具有以下特点。

1. 破产费用是为了债权人的共同利益而在破产程序中支付的费用

破产费用具有共益费用的特点,各债权人为实现自己的利益而单独支出的费用,如债权人申报债权的费用、参加债权人会议的差旅费等不能列为破产费用。这一规定,有利于节制债权人的花费和破产清算开支的节约。

2. 破产费用可在破产财产中优先拨付

我国破产法规定:破产费用应当从破产财产中优先拨付。主要可从以下两方面理解:第一,破产费用可不依破产清算程序而先于破产债权受偿。如果不优先拨付破产费用,破产程序就会由于缺乏必要的经费而无法正常进行。第二,破产费用直接抵销破产财产。这是因为破产费用的使用者是破产清算组,他们是破产管理人而不是破产财产的所有者,支付破产费用的来源只能是企业的破产财产。

3. 破产财产不足以支付破产费用时应宣告破产程序终结

一般企业宣告破产时,破产财产都会超过破产费用,而有些企业被宣告破产时,破产财产所剩无几,难以足够支付破产费用,这时破产清算程序中并无破产财产可供分配,因此破产程序即宣告终结。

第三节 破产清算会计处理

一、破产清算会计概述

(一)破产清算会计概念

破产清算会计是以会计理论为基础,以破产法律制度为依据,反映企业破产处理过程中的各种会计事项,对破产资产、破产债务、破产净资产、破产损益等进行确认、计量、记录、报告的一种经济管理活动。

破产清算会计从内容上可分为两大部分:一是破产企业(即债务人)的会计处理,主要内容包括财产清查、编制有关会计报表和财产清册、办理会计档案的移交以及协助清算组开展有关工作;二是清算组的会计处理,主要内容为接管破产企业的会计档案,对破产企业的破产财产加以确认、计量和重估价,对破产财产进行处置变现,确认、计量破产债权。

(二)破产清算会计特点

破产清算会计是财务会计的一个分支领域,它与财务会计有着十分密切的联系,既具有财务会计的记账、算账、报账、分析、监督、预测、决策、计划等职能,也具有与财务会计相同的会计核算方法和原理,如设置账户、复式记账、审核和填制凭证、登记账簿、计算成本、清查财产、编制会计报表等。但作为企业清算时期的会计管理,又具有许多与传统财务会计的不同之处,有其自身的特点。概括地讲,主要有以下几个方面:

1. 破产清算会计突破了传统财务会计的基本假设

(1)破产主体假设。传统会计中的会计主体假设规定了会计核算的范围,是会计工作为之服务的特定单位或组织。企业被宣告破产后便丧失了主体资格,由清算组行使破产企业法人的主体职权,成为破产会计的主体。

(2)终止经营假设。传统会计中的持续经营假设是指企业或会计主体的生产经营活动将无限期地延续下去,在这一假设的基础上,产生了一系列的会计处理方法。企业进入破产程序后,意味着企业已无法以现在的形式和目标连续地经营下去,持续经营假设事实上已不复存在,而应确立终止经营假设。

(3)不确定期间假设。企业进入破产程序后,在终止经营假设的基础上,破产企业已无分期核算经营成果、分期编制会计报告的必要。破产会计期间具有了不确定性,在这个不确定的期间内,破产会计核算是一次性的,不存在持续性和周期性的核算。

(4)清算价值假设。财务会计货币计量假定中的币值不变这一内涵明显不适用于破产会计。与之相反,破产会计要假定全部破产财产均按清算价值计量。破产企业在对破产进行估价时,不仅要充分考虑币值变化因素,而且还要顾及财产清算角度的价值贬值问题。

2. 破产清算会计突破了传统财务会计的基本原则

会计核算的基本原则是处理具体会计业务的基本依据,也是会计核算的基本规范。我国《企业会计准则》将其归纳为十二条基本原则。但是,企业处于清算时期,除了同样需要遵循诸如客观性原则、相关性原则、及时性原则、明晰性原则、重要性原则等之外,其他许多原则对于清算企业变得不再合理或适用。因此,应根据破产企业的特点,以适合破产会计特有的原则,来规范破产会计行为,维护债权人、债务人及投资人的合法权益,保证破产清算会计核算的质量。

(1)损失最低原则。企业进入破产程序后,清算组在必要的情况下,可以决定对破产企业未履行的合同继续履行,可以继续破产企业的生产经营活动。同时,需要将破产企业的各种财产变卖以清偿债务。因此,清算组在组织上述经济业务及财产变卖的过程中,必须讲求经济效益,将破产企业的损失降到最低限度。

(2)收付实现制原则。企业进入破产状态后,终止经营假设决定了破产企业必须以收付实现制取代权责发生制对收入和费用进行确认,即以实际收到现金或实际付出现金为标准确认收入和费用。不确定期间假设决定了破产企业的收入和费用无需在各个期间划分。因此,持续经营会计中应用的收入与费用的配比原则以及一系列预提、待摊、应收、应付等方法在破产会计中没有应用的必要。

(3)可变现净值原则。企业进入破产程序后,在终止经营的前提下,以历史成本为基础计价的资产的账面价值对破产企业债务的偿付已没有任何意义,为了最大限度地保护债权人的利益,需要对破产企业的全部财产按可变现净值进行重新计价,对不具备偿债条件的财产,如待摊费用等,应一次转化为费用,根据变现后破产财产的数额偿付债务,因此,以可变现净值原则取代历史成本原则将成为必然。

(4)划分破产费用与非破产费用原则。企业在破产清算过程中发生的破产财产管理、变卖费用、破产案件诉讼费用、债权人申报债权费用等,这些费用的支付直接关系到债权人的切身利益,因此,应正确划分破产费用与非破产费用。凡是为破产债权人的共同利益而支付的费用,属于破产费用,应在破产财产中支付;凡是债权人为个人利益而支付的费用,属于非破产费用,不应在破产财产中支付。只有这样,才能真正保护全体债权人的共同利益。

(5)顺序、对等偿债原则。在破产会计中,应依据破产法的有关规定,正确区分各种不同性质的债务,如担保债务、抵消债务、优先偿付债务、破产债务等,并分别按其债务与相应资产的对等关系,依据一定的顺序偿付各种债务,如以担保资产偿付担保债务,以抵消资产偿付抵消债务等。这一原则能够充分维护不同债权人的合法权益。

3.破产清算会计的对象与传统财务会计不同

破产清算会计的对象是破产清算企业的资金运动。当企业处于和解整顿期间,债务人的生产经营活动尚未终止,其资金运动及周转与正常企业相同。但是对于破产企业来说,资金运动具有一次性、终极化的特点,表现为财产——变卖收入——偿还债务的运动过程,这种资金运动不能形成资金周转,与正常企业是不同的,这也体现了破产清算会计对象的特殊性。

4.破产清算会计报告的目标、种类、格式、基本内容以及报告的阅读者与财务会计不同

从会计报告的目标看,一般财务会计报告的目标着眼于企业的收益及净资产的变化过程和结果;而破产清算会计报告的主要目标是反映破产财产的处理情况以及债务的清偿情况。

从会计报告的种类看,正常经营企业应提供的报表主要有资产负债表、利润表、现金流量表、所有者权益变动表等,清算企业应编制清算资产负债表、清算损益表、清算现金流量表、债务清偿表。

从报告的格式、基本内容来看,也有很大差别。如清算资产负债表与资产负债表相比,清算资产负债表在反映资产、负债等的账面余额的同时,还要反映资产的"预计可实现净值"和负债的"确认数",将资产区分为"有担保的资产"和"普通资产",将负债区分为"有担保的债务"和"普通债务",以"清算净收益"取代"所有者权益",等等。

从会计报告的阅读者来看,财务报告的阅读者主要是企业的投资者、债权人和政府有关部门;清算报告的阅读者则主要是受理破产案件的人民法院、主管财政机关和国有资产管理部门等。

(三)破产清算会计要素

在持续经营会计中,会计的对象是资金运动,通过供应过程、生产过程、销售过程,资金依次表现为货币资金、储备资金、生产资金、成品资金和货币资金状态,周而复始地循环,形成了资金的周转。资金运动作为会计的对象,按照其不同的运动形式具体划分为六个会计要素,即资产、负债、所有者权益、收入、费用和利润。

进入破产状态后,破产企业的资金运动经过接管、变卖、清偿、分配环节,从储备资金、成品资金及其他财产资金形态转化为货币资金,从货币资金转化为清算资金,以清算资金偿付债务、分配财产后,资金运动终止。由此可见,破产企业的资金运动在空间上没有依次性和继起性。资金运动的这一特点决定了以持续经营为基础的会计要素的分类失去了本来的意义。根据破产企业资金运动的特点,破产企业会计要素划分为以下内容:

(1)资产。资产按归属对象分为担保资产、抵消资产、受托资产、应追索资产、破产资产和其他资产。

(2)负债。负债按其对资产的要求权的不同分为担保债务、抵消债务、受托债务、优先清偿债务、破产债务和其他债务。

(3)清算净资产。清算净资产是指破产企业所有者权益净额,它表现为资产可实现净值总额大于确定的债务总金额的差额,如果资产的可实现净值总额小于确定的债务总金额,则为清算净亏损。

(4)清算损益。清算损益是指破产企业破产清算过程中发生的净损益,它包括清算收益、清算损失和清算费用。

二、破产清算会计处理

(一)破产企业的会计处理

1. 财产的清查

破产企业的财产清查工作应由破产企业负责组织,清算组参与,债权人会议代表监督,三方协作共同完成。具体内容包括以下几个方面:

(1)货币资金、票据及有价证券的清查登记,并进行账证、账账核对,如有不符应追查原因。

(2)将库存材料、在产品、产成品的实存数与账面数进行核对,重新分类登记入账。

(3)将厂房、设备、仪器等固定资产实际清点结果与账卡核对,核对一致后重新按所有权分类登记。

(4)各种账册(会计账册、统计账册、业务记录、会计档案)、文书(企业各种经济合同、规章制度、文件等)和印章(企业各级、各部门及有关人员的印章)的清点。

2. 债权的界定

债权的界定,即债权的确认,就是对破产企业的全部债权中确定和辨认哪些属于破产债权的过程,包括破产债权的特征、范围、申报、审查等。

3. 债务的清查

债务的清查包括如下内容:

(1)应付账款的确认。如债权人的申报材料是否齐备,有无虚假不实的情况;该款项的往来是否属正常业务,有无违法舞弊等行为;该款项是否有记录可查等。

(2)其他应付款的确认。它包括应付固定资产和包装物的租金、职工未按期领取的工资、存入保证金等,其确认方法与应付账款大致相同。

(3)应付工资的确认。查明"应付工资"账户余额,认真审查有无虚列临时工或计划外用工工资现象。

(4)银行借款的确认。查证银行申报的有关证明材料是否真实合法;银行借款有无财产担保;有无未到期借款被银行单方面强行抽回的情况等。

4. 会计处理和会计报告的编报

破产企业在法院宣告破产以后,应在进行财产清查的基础上,对于发生的资产盘盈、盘亏等,按照办理年度决算的要求,计算完工产品和在产品成本,结转各损益类科目,结转利润分配等,进行必要的会计处理。在此基础上编制宣告破产日的资产负债表、自年初起至破产日的损益表,并将编制的会计报表报送主管财政机关、同级国有资产管理部门和企业主管部门。

5. 会计档案的移交

会计档案是指会计凭证、账簿、报表、文件、经济合同、规章制度、债权债务证明、各种印章等会计核算专业资料,破产企业按照规定应向清算组办理会计档案移交手续,任何单位和个人不得非法处理。

(二)破产接管人(清算组)的会计处理

1. 建立破产会计核算体系

清算组接管破产企业后,为了分清责任,正确确认破产财产和应偿付债务的数额,便于破产清算,保护全体债权人的合法权益,正确划分持续经营状态下经营损益与破产状态下破产损益的界限,明确责任,为监察、审计机关追究破产责任提供依据,需要建立破产会计核算体系。

(1)账簿体系包括的主要内容。主要内容包括接管的所有财产及有关的债权债务;所从事的未尽事宜的经济业务及因此而发生的财产、债权债务的变化;破产财产的变现;破产清算所必要的破产费用开支;破产债务的清偿;剩余财产的分配。

(2)账簿核算体系的类型。破产会计核算体系可分为两种不同的类型。第一种体系类型是在原账户体系的基础上合并或增加一些会计核算科目,如"破产费用"等科目;第二种体系类型是完全根据破产清算工作的需要,开设供破产清算工作直接使用的科目。如"担保财产"科目,不考虑所提供担保的财产是固定资产还是流动资产,一并在此科目下反映。现就第一种体系类型进行具体介绍。

(3)会计凭证。破产清算会计中,除了需要使用与原企业相同的原始凭证外,还应根据破产清算的需要,设置一些原始凭证,如:财产登记表、债权债务登记表等。

(4)会计报表体系。由于破产清算会计的计价基础、会计原则、会计信息使用者对信息的需求都与持续经营状态下的会计不同,因此,破产清算会计的会计报表也区别于持续经营会计中的会计报表。根据破产清算的特点设计的破计清算会计报表体系,包括破产清算资产负债表、清算财产表、清算损益表和债务清偿表等。

2.会计科目设置

进入破产清算以后,破产企业原有的会计科目已失去了意义,应根据破产清算的特点设置新的会计科目。

清算组可以设置以下资产类、负债类、清算损益类三种会计科目。

(1)资产类。

1)现金,反映被清算企业的库存现金。

2)银行存款,反映被清算企业的各项银行存款,包括外埠存款、银行汇票存款、银行本票存款和信用证存款等。

3)应收票据,反映被清算企业持有的商业汇票。

4)应收款,反映被清算企业除应收票据以外的各种应收款项。

5)材料,反映被清算企业各种存货和在途材料的实际成本,包括原材料、包装物、低值易耗品、委托加工材料等。

6)半成品,反映被清算企业尚未完工产品的实际成本。

7)产成品,反映被清算企业库存的各种产成品、代制代修品及外购商品的实际成本。

8)投资,反映被清算企业持有的各种长期、短期投资,包括股票投资、债券投资和其他投资。

9)固定资产,反映被清算企业所有的固定资产的净值。

10)在建工程,反映被清算企业尚未完工的各项工程的实际成本。

11)无形资产,反映被清算企业持有的各种专利权、非专利技术、商标权等各种无形资产的价值。

(2)负债类。

1)应付票据,反映被清算企业需偿付的商业汇票。

2)应付工资,反映被清算企业应付未付的工资。

3)应付福利费,反映被清算企业支付给职工的福利费。

4)应交税费,反映被清算企业需交纳的各种税金。

5)应付利润,反映被清算企业应付给投资者的利润。

6)其他应交款,反映被清算企业除应交税费、应付利润以外其他需要上交的款项,如教育费附加等。

7)应付债券,反映被清算企业需偿付的债券本息。

8)其他应付款,反映被清算企业需偿付的、除应付票据以外的各种款项。

9)应付共益债务,反映被清算企业获批破产申请后,为了全体债权人的共同利益以及破产程序顺利进行而发生的债务。

10)应付破产费用,核算破产企业在破产清算期间发生的破产法规定的各类破产费用。

(3)清算损益类。

1)清算费用,是指核算被清算企业在清算期内发生的各种费用,包括聘请注册会计师和律师的劳务费用、清算人员劳务费用、清算期间的公告费用、办公费用、财务费用等项开支。本科目应按发生的费用项目设置明细账。当企业支付各种清算费用时,记入其借方;清算结束时,将其余额转入"清算损益"科目。

2)土地转让收益,是指核算被清算企业转让土地使用权取得的收入以及土地使用权转让所得支付的职工安置费等。企业发生的与转让土地使用权有关的成本、税费,如应缴纳的有关税金、支付的土地评估费等,也在本科目核算。

3)清算损益,用来核算被清算企业在处置资产、确认债务等时发生的净损失或净收益。同时还包括核算被清算企业的所有者权益、结转有关科目的余额等。

4)债务清偿净损益,本科目核算破产企业在破产清算期间清偿债务产生的净损益。

5)破产资产和负债净值变动净损益,本科目核算破产企业在破产清算期间按照破产资产清算净值调整资产账面价值,以及按照破产债务清偿价值调整负债账面价值产生的净损益。

6)共益债务支出,本科目核算破产企业在破产清算期间发生的与共益债务相关的各项支出。

7)资产处置净损益,本科目核算破产企业在破产清算期间处置破产资产发生的、扣除相关处置费用后的净损益。

8)清算净损益,本科目核算破产企业破产清算期间结转的上述各类清算损益科目余额。

9)破产费用,本科目核算破产企业破产清算期间发生的破产法规定的各项破产费用。

10)所得税费用,本科目核算破产企业破产清算期间发生的企业所得税费用。

11)其他收益,本科目核算除财产处置、债务清偿以外,在破产清算期间发生的其他收益。

12)其他费用,本科目核算破产企业破产清算期间发生的各项除破产费用和共益债务费用之外的其他费用。

3. 账务处理

(1)破产宣告日账户余额结转。法院宣告企业破产时,应根据破产企业移交的科目余额表,将部分会计科目相关余额转入以下新科目,并编制新的科目余额表。

1)原"应付账款""其他应付款"科目余额结转。

①属于破产法规定的破产费用的余额,转入"应付破产费用"科目

借:应付账款或其他应付款(属于破产费用部分)

　　贷:应付破产费用

②属于破产法所规定的共益债务的余额,转入"应付共益债务"科目
借:应付账款或其他应付款(属于共益债务部分)
  贷:应付共益债务
2)原无形资产、负债和所有者权益科目结转。
①结转相关无形资产
借:清算净值
  贷:商誉(长期待摊费用、递延所得税资产等)
②结转相关债务和所有者权益
借:递延所得税负债(递延收益、股本、资本公积、盈余公积、其他综合收益、未分配利润)
  贷:清算净值
(2)破产企业处置破产资产。
1)收回应收票据、应收款项类债权、应收款项类投资。
借:库存现金或银行存款等(实收款)
  贷:相关资产科目(账面价值)
    资产处置净损益(差额)
2)出售各类投资。
借:库存现金或银行存款等(按收到款项)
  贷:相关资产(按账面价值)
    资产处置净损益(差额)
3)出售存货、投资性房地产、固定资产及在建工程等实物资产。
借:库存现金或银行存款(按收到的款项)
  贷:相关资产(资产账面价值)
    应交税费(按应缴税费)
    资产处置净损益(差额)
4)破产企业出售无形资产。
借:库存现金或银行存款(按收到的款项)
  贷:无形资产(账面价值)
    应交税费(按应缴税费)
    资产处置净损益(差额)
5)破产企业土地使用权被国家收回,收到补偿金额。
借:库存现金(银行存款)
  贷:其他收益
6)处置破产资产发生的各类评估、变价、拍卖等费用。
借:破产费用
  贷:库存现金(银行存款、应付破产费用等)
(3)破产企业清偿破产债务。
1)清偿破产费用和共益债务。
借:应付破产费用或应付共益债务(负债账面价值)
  贷:库存现金或银行存款(实付金额)

破产费用、共益债务支出(差额)

2)应支付职工费用、补偿金,包括:按批准的职工安置方案,支付的所欠职工的工资和医疗、伤残补助、抚恤费用,应划入职工个人账户的基本养老保险、基本医疗保险费用和其他社会保险费用及法律、行政法规规定应当支付给职工的补偿金。

借:应付职工薪酬等(账面价值)
　　贷:库存现金或银行存款等(实付金额)
　　　　债务清偿净损益(差额)

3)支付所欠税款。

借:应交税费等(账面价值)
　　贷:银行存款(实付金额)
　　　　债务清偿净损益(差额)

(4)破产企业其他账务处理。

1)在破产清算期间通过清查、盘点等取得的盘盈资产。

借:相关资产科目(取得日的破产资产清算净值)
　　贷:其他收益

2)在破产清算期间通过债权人申报发现未入账债务。

借:其他费用
　　贷:相关负债(破产债务清偿价值计量金额)

【例1-1】甲公司为某制造企业,2×19年12月31日资产总额为627 000元,负债总额为612 000元,未分配利润为-70 000元,经法院宣告破产。甲公司清算时的资产负债表见表1-1。

表1-1　甲公司清算时的资产负债表　　　　　　　单位:元

资产	金额	权益	金额
现金	350	短期借款	110 000
银行存款	24 150	应付账款	15 600
应收账款	72 500	应付票据	12 200
应收票据	45 000	其他应付款	30 000
存货	135 000	应付职工薪酬	31 200
固定资产原值	600 000	应交税费	18 000
减:累计折旧	350 000	长期借款	260 000
固定资产净值	250 000	实收资本	220 000
无形资产	150 000	未分配利润	-70 000
减:累计摊销	50 000		
资产合计	627 000	权益合计	627 000

(1)破产宣告日余额结转。将企业"应付账款""其他应付款"等科目中属于破产法所规定的破产费用的余额,转入"应付破产费用"科目。属于破产法所规定的共益债务的余额,转入"应付共益债务"科目。"实收资本""资本公积""盈余公积""未分配利润"等科目余额,转入"清算净值"科目。

相关会计处理：

借：应付账款　　　　　　　　　9 200
　　其他应付款　　　　　　　　13 000
　　贷：应付破产费用　　　　　　22 200
借：应付账款　　　　　　　　　6 400
　　其他应付款　　　　　　　　17 000
　　贷：应付共益债务　　　　　　23 400
借：实收资本　　　　　　　　220 000
　　贷：清算净值　　　　　　　150 000
　　　　未分配利润　　　　　　 70 000

(2) 处置破产财产的账务处理。

1) 甲公司在破产清算阶段收回应收账款 41 000 元，应收票据 28 000 元，收到款项以银行存款结算。相关会计处理：

借：银行存款　　　　　　　　 69 000
　　资产处置净损益　　　　　　48 500
　　贷：应收账款　　　　　　　 72 500
　　　　应收票据　　　　　　　 45 000

2) 甲公司出售存货，收到货款 80 000 元，变卖固定资产，收到价款 130 000 元，收到款项均以银行存款结算。相关会计处理：

借：银行存款　　　　　　　　210 000
　　资产处置净损益　　　　　　10 400
　　贷：主营业务收入　　　　　　　　　　 80 000
　　　　应交税费——应交增值税（销项税额）　10 400
　　　　固定资产清理　　　　　　　　　　130 000

3) 甲公司出售无形资产，收到款项 75 000 元。相关账务处理：

借：银行存款　　　　　　　　 75 000
　　累计摊销　　　　　　　　 50 000
　　资产处置净损益　　　　　　25 000
　　贷：无形资产　　　　　　　150 000

4) 甲公司的划拨土地使用权被国家收回，国家给予补偿的金额为 32 000 元。相关会计处理：

借：银行存款　　　　　　　　 32 000
　　贷：其他收益　　　　　　　 32 000

5) 甲公司处置破产财产发生的各类评估、变价、拍卖等费用 28 900 元，相关会计处理：

借：破产费用　　　　　　　　 28 900
　　贷：银行存款　　　　　　　 28 900

(3) 清偿债务的账务处理。

1) 甲公司清偿相关破产费用 18 000 元，其中应付破产费用 22 200 元；清偿相关共益债务 19 500 元，其中应付共益债务 23 400 元，共益债务支出 3 900 元。相关会计处理：

借：应付破产费用　　　　　22 200
　　应付共益债务　　　　　23 400
　贷：银行存款　　　　　　　37 500
　　破产费用　　　　　　　　4 200
　　共益债务支出　　　　　　3 900

2）甲公司向职工支付所欠的工资和医疗、伤残补助、抚恤费用，应当划入职工个人账户的基本医疗保险费用、基本养老保险和其他社会保险费用，以及法律、行政法规规定应当支付给职工的补偿金，实际支付金额为 27 500 元。相关会计处理：

借：应付职工薪酬　　　　　31 200
　贷：银行存款　　　　　　　27 500
　　债务清偿净损益　　　　　3 700

3）甲公司支付所欠税款 15 800 元，其账面价值与实际支付金额的差额计入债务清偿净损益。相关会计处理：

借：应交税费　　　　　　　18 000
　贷：银行存款　　　　　　　15 800
　　债务清偿净损益　　　　　2 200

4）甲公司以长期股权投资清偿长期借款 170 000 元，长期股权投资的账面价值为 195 000 元，相关会计处理：

借：长期借款　　　　　　　170 000
　　债务清偿净损益　　　　　25 000
　贷：长期股权投资　　　　　195 000

（4）其他账务处理。

1）甲公司在破产清算期间，相关人员通过清查、盘点等方式发现的未入账固定资产，按其取得日的破产清算净值，确认其金额为 68 000 元，相关会计处理：

借：固定资产　　　　　　　68 000
　贷：其他收益　　　　　　　68 000

2）甲公司在破产清算期间，通过债权人申报发现的未入账短期借款，按其申报确认日的清偿价值，确认其金额为 90 000 元，相关账务处理：

借：其他费用　　　　　　　90 000
　贷：短期借款　　　　　　　90 000

3）若甲公司发生逃避债务而隐匿、转移财产的，破产管理人应依法追回存放在外企业的固定资产，按其追回的财产破产清算净值，其确认金额为 49 000 元，相关会计处理：

借：固定资产　　　　　　　49 000
　贷：其他收益　　　　　　　49 000

4）甲公司收到的利息、股利、租金等利息共计 12 500 元，相关会计处理：

借：银行存款　　　　　　　12 500
　贷：其他收益　　　　　　　12 500

5）在编制破产清算期间的财务报表时，如有已实现的应纳税所得额，考虑可以抵扣的金额后，应当据此提存应交所得税，若确认金额为 6 800 元，相关会计处理：

借：所得税费用　　　　　　　　　6 800
　　贷：应交税费——应交所得税　　6 800

6) 甲公司在编制破产清算期间的财务报表时,应当将"债务清偿净损益""资产处置净损益""破产费用""其他收益""所得税费用""共益债务支出"科目结转至"清算净损益"科目。同时将"清算净损益"科目余额转入"清算净值"科目。相关会计处理：

借：其他收益　　　　　　　　　161 500
　　共益债务支出　　　　　　　　3 900
　　贷：清算净损益　　　　　　　165 400
借：清算净损益　　　　　　　　137 700
　　贷：资产处置净损益　　　　　87 100
　　　　债务清偿净损益　　　　　19 100
　　　　破产费用　　　　　　　　24 700
　　　　所得税费用　　　　　　　 6 800
借：清算净损益　　　　　　　　 27 700
　　贷：清算净值　　　　　　　　 27 700

> **拓展阅读：**
> 　　新规定提出了清算净值、破产债务清偿价值的概念,对破产清算企业的会计计量属性第一次进行了明确的规定,突出了破产清算会计计量的特殊性。明确规定清算期间的资产应当以破产资产清算净值计量。破产清算期间的负债应当以破产债务清偿价值计量。破产资产清算净值,指在破产清算的特定环境下和规定时限内,最可能的变现价值扣除相关的处置税费后的净额。破产债务清偿价值,是指在不考虑破产企业的实际清偿能力和折现等因素的情况下,破产企业按照相关法律规定或合同约定应当偿付的金额。

第四节　破产清算会计报表

企业进入破产清算阶段,意味着正常的生产经营过程已经停止,清理变卖财产、清偿债务、分配剩余财产成为破产企业主要的活动内容,以持续经营为基础编制的会计报表已失去了存在的意义。为了真实、合法地反映破产企业的财产、债务、偿债后剩余财产的情况以及破产清算期间企业的现金流状况,向破产企业的债权人、人民法院、同级国有资产管理部门及投资人提供有关资产变现价值和债务清偿程度的信息,必须在终止经营的前提下,以可变现价值为基础编制破产清算会计报表。

一、破产清算企业财务报表的概念及要求

1. 破产清算财务报表的概念

企业财务报表分为破产清算企业财务报表与持续经营企业环境下财务报表。持续经营环境下企业财务报表是反映企业一定日期财务状况、经营成果以及现金流量等情况的财务报表。破产清算企业财务报表是指破产企业经法院宣告破产,应当按照法院或债权人会议要求的时

点(包括破产宣告日、债权人会议确定的编报日、破产终结申请日等,以下简称破产报表日)编制并由破产管理人签字的、反映破产企业财务状况、清算损益、现金流量和债务清偿情况的清算财务报表。

2. 具体要求

(1)清算开始时,将有关科目余额转入有关新账后,应当编制清算资产负债表。

(2)清算期间,应当按照人民法院、主管财政机关和同级国有资产管理部门规定的期限编制清算资产负债表、清算现金流量表、清算损益表。

(3)清算终结时,应当编制清算损益表、债务清偿表。

二、破产清算企业财务报表内容

破产清算企业的财务报表主要包括:清算资产负债表、清算损益表、清算现金流量表、债务清偿表及相关附注。

> **拓展阅读:**
>
> 原来的破产清算财务报表包括三张主表和一张附表,即清算资产负债表(主表)、清算损益表(主表)、债务清偿表(主表)和清算财产表(附表)。因清算财产表与清算资产负债表在内容上有相似之处,故《规定》撤消了"清算财产表",并将清算财产表的相关内容列入附注,使其更能够清晰、准确地反映各项财产的明细信息。同时,又增设了"破产现金流量表",充分体现了现金流量在破产清算中的核心地位,反映了破产企业在破产清算期间货币资金余额的变动情况。

1. 清算资产负债表

破产清算资产负债表是全面反映企业在破产清算日的资产、负债和清算净损益情况的报表。它是破产企业应编制的主要会计报表之一。

(1)清算资产负债表理论依据。清算资产负债表理论依据为资产减去负债等于清算净值。清算资产负债表结构为左端列示资产项目,右端列示负债和清算净值两个项目。其中,资产项目和负债项目的差额在清算资产负债表中作为清算净值列示。

(2)清算资产负债表编制方法。清算资产负债表反映破产企业在破产报表日关于资产、负债、清算净值及其相互关系的信息。企业编制资产负债表时,应根据有关账户的期末余额直接填列或计算填列。具体格式见表1-2。

表1-2　清算资产负债表

会清01表

编制单位:　　　　　　　　　　　年　月　日　　　　　　　　　　　单位:元

资产	账面金额	预计可变现金额	债务及清算净损益	账面金额	确认数
担保资产:			担保债务:		
原材料			短期借款		
产成品			长期借款		
固定资产(净值)			小计:		
小计:			优先清偿债务:		
其他资产			应付工资		

续 表

资产	账面金额	预计可变现金额	债务及清算净损益	账面金额	确认数
破产安置资产			应交税费		
破产资产：			小计：		
现金			破产债务：		
银行存款			应付账款		
短期投资			应付票据		
应收账款			小计：		
在产品			……		
低值易耗品					
在建工程					
小计：			……		
资产总计			负债合计		
			清算净值		
			负债及清算净值总计		

2. 清算损益表

清算损益表是反映被清算企业在清算期间发生的清算收益、清算损失、清算费用等情况的报表。

(1) 清算损益表理论依据。清算损益表的理论依据为清算收入减去清算费用，计算求得清算净收益。根据相关规定，要求企业清算损益表至少应当单独列示反映下列信息的项目：资产处置净收益（损失）、债务清偿净收益（损失）、破产资产和负债净值变动净收益（损失）、破产费用、共益债务支出、所得税费用等。

(2) 清算损益表编制方法。清算损益表反映破产企业在清算期间发生的各项收益、费用。本期数反映破产企业从上一破产报表日至本破产报表日期间有关项目的发生额，累计数反映破产企业从被法院宣告破产之日至本破产报表日期间有关项目的发生额。因此，清算损益表应根据清算损益有关账户的发生额填写。具体格式见表1-3。

表1-3　清算损益表　　　　　　　　　　　　　　　　　　　　　　　会清02表

编制单位：　　　　　　　　　　　　年　月　日　　　　　　　　　　　　单位：元

项目	预计数	本期数	累计数
一、清算收益（清算损失以"－"号表示）			
（一）资产处置净收益（净损失以"－"号表示）			
（二）债务清偿净收益（净损失以"－"号表示）			
（三）破产资产和负债净值变动净收益（净损失以"－"号表示）			
（四）其他收益			
小计			

续 表

项目	预计数	本期数	累计数
二、清算费用			
破产费用(以"－"号表示)			
共益债务支出(以"－"号表示)			
(三)其他费用(以"－"号表示)			
(四)所得税费用(以"－"号表示)			
小计			
四、清算净收益(清算净损失以"－"号表示)			

3.清算现金流量表

清算现金流量表是指反映破产企业在破产清算期间货币资金余额变动情况的财务报表。

(1)清算现金流量表的理论依据。清算现金流量表的理论依据是现金流量。破产企业编制现金流量表应当采用直接法编制,至少应当单独列示反映下列信息的项目:处置资产收到的现金净额、清偿债务支付的现金、支付破产费用的现金、支付共益债务支出的现金、支付所得税的现金等。

(2)清算现金流量表编制方法。清算现金流量表反映破产企业在破产清算期间货币资金余额的变动情况,本表应当根据货币资金科目的变动额分别填列。清算现金流量表的"本期数"反映破产企业从上一破产报表日至本破产报表日期间,清算取得的现金流入数量和清算支付的现金流出数量等有关项目的发生额,"累计数"反映破产企业从被法院宣告破产之日至本破产报表日期间有关项目的发生额。具体格式见表1－4。

表1－4　清算现金流量表　　　　　　　　　会清03表

编制单位：　　　　　　　　年　月　日至　年　月　日　　　　　　　　单位:元

	本期数	累计数
一、期初货币资金余额		
二、清算现金流入		
(一)处置资产收到的现金净额		
(二)收到的其他现金		
清算现金流入小计		
三、清算现金流出		
(一)清偿债务支付的现金		
(二)支付破产费用的现金		
(三)支付共益债务的现金		
(四)支付所得税费用的现金		
(五)支付的其他现金		
清算现金流出小计		
四、期末货币资金余额		

4.债务清偿表

债务清偿表是指反映破产企业在破产清算期间发生的债务清偿情况的财务报表。

(1)债务清偿表理论依据。债务清偿表理论依据为破产法规定的债务清偿顺序。破产清算企业应当根据破产法规定的债务清偿顺序,按照各项债务的明细单独列示。债务清偿表中列示的各项债务至少应当反映其确认金额、清偿比例、实际需清偿金额、已清偿金额、尚未清偿金额等信息。

(2)债务清偿表编制方法。债务清偿表反映破产企业的债务清偿情况,本表按担保债务和普通债务分类设项。债务清偿金额填列为经债权人申报并由法院确认的金额,未经确认的债务无需填写。具体格式见表1-5。

表1-5 债务清偿表　　　　　　　　　　　　　　　　　　　　　会清04表

编制单位:　　　　　　　　　　　　　年　月　日　　　　　　　　　　　　单位:元

债务项目	账面金额	确认金额	偿还比例	实际需偿还金额	本期偿还金额	累计偿还金额	尚未偿还金额
担保债务:							
短期借款							
其中:××银行							
长期借款							
其中:××银行							
优先清偿债务:							
应付清算费用							
应付工资							
应交税费							
小计:							
破产债务:							
应付账款							
其中:Y企业							
应付票据							
其中:Y企业							
合计							

5.财务报表附注

破产企业除了编制上述财务报表外,还应该对上述财务报表中重要项目及报表中没有列示但可能影响投资者、债权人及相关责任人判断的重大事项进行辅助说明。破产企业应当在清算财务报表附注中披露下列信息:

(1)破产资产明细信息,如固定资产分别为房屋建筑物、机器设备、运输车辆、仪器仪表等;

(2)破产管理人依法追回的账外资产明细信息,如应收账款——甲工厂、应收账款——乙工厂等；

（3）破产管理人依法取回的质物和留置物的明细信息，如因借款或其他债务产生的质押物品、抵押品等；

（4）未经法院确认的债务的明细信息，如其他应付款明细项目及其金额等；

（5）应付职工薪酬的明细信息，如某会计期间的工资明细表等；

（6）期末货币资金余额中已经提存用于向特定债权人分配或向国家缴纳税款的金额；

（7）资产处置损益的明细信息，包括资产性质、处置收入、处置费用及处置净收益；

（8）破产费用的明细信息，包括费用性质、费用金额等；

（9）共益债务支出的明细信息，包括具体项目、金额等。

第五节 会计档案移交与保管

一、会计档案的移交

清算终结后，清算组应当将接收的会计账册等会计档案连同在清算期间形成的会计档案一并移交破产企业的业务主管部门或者人民法院，由业务主管部门或者人民法院指定有关单位保存。

单位会计机构在办理会计档案移交时，应当编制会计档案移交清册，并按国家有关规定办理移交手续。

移交的会计档案为纸质会计档案的，应当保持原卷的封装形式；移交的会计档案为电子会计档案的，应当将电子会计档案及其原数据一并移交，且文件格式应当符合国家有关规定。

二、会计档案的保管

会计档案保管要求和保管期限应当符合《会计档案管理办法》的规定。《会计档案管理办法规定》：单位因撤销、解散、破产或者其他原因而终止的，在终止和办理注销登记手续之前形成的会计档案，应当由终止单位的业务主管部门或财产所有者代管或移交有关档案馆代管。法律、行政法规另有规定的，从其规定。

会计档案的保管期限分为永久、定期两类。定期保管期限一般分为10年和30年。会计档案的保管期限，从会计年度终了后的第一天算起。

在企业和其他组织会计档案保管中，固定资产卡片于固定资产报废清理后保管5年；月度、季度、半年度财务会计报告，银行存款余额调节表、银行对账单和纳税申报表的保管期限为10年；原始凭证、记账凭证、总账、明细账、日记账、其他辅助性账簿和会计档案移交清册的保管期限为30年；年度财务会计报告、会计档案保管清册、会计档案销毁清册和会计档案鉴定意见书需要永久保管。

本章小结

1. 破产的特征以及产生原因，破产法中对于破产基本程序的规定。

2. 破产企业在申请破产清算过程中必须理清自身的破产财产、破产债权和破产费用。破产财产，是指破产宣告后破产企业所拥有的用以清偿无担保债权人的财产。破产债权指由破产宣告前的法律事实引起,对破产财产享有通过破产程序公平受偿的债权。破产费用即清算费用,是指在破产清算过程中合理预计的,为破产债权人的共同利益而由破产中支付的费用,其不依破产程序,先于破产债权从破产财产中优先拨付。

3. 破产清算会计处理是本章的核心,要在理解破产清算会计特点和要素的基础上,掌握其会计处理。首先,对现有资产进行清理,具体包括以下几个方面:货币资金、票据的账存数;库存材料、在产品、产成品、厂房、设备、仪器的实存数等。其次,就是债权界定以及债务清查。最后,破产接管人依据破产会计核算体系进行会计处理,会计科目主要分为:资产类、负债类和清算损益类。分别掌握破产宣告日账户余额结转、处置破产资产和清偿破产债务的会计处理。

4. 破产清算的结果主要是通过破产清算企业会计报表对外展现,其主要由清算资产负债表、清算损益表、清算现金流量表、债务清算表以及财务报表附注组成,了解各个报表的组成要素、报表结构以及展现形式。

案例讨论

上海超日太阳能科技发展有限公司是超日太阳的前身,是一家汇聚众多太阳能科技领域高级人才,集研究、开发、利用太阳能资源于一体的高科技民营企业。它是由六位自然人集体出资创建的,倪开禄是主要出资人。该公司于2003年6月26日在上海市工商局奉贤分局登记注册,在2007年6月30日整体更改为股份有限公司,2010年11月18日,超日太阳股票在深交所挂牌上市。

2012年,整个光伏行业处在水深火热中,受欧债危机的影响,一些光伏产业大国如德国、意大利再度调整新能源补贴政策,严重影响了以出口为主的光伏产业。欧美的"反倾销和反补贴关税"贸易政策使行业的形势更加严峻,使得光伏行业进入了寒冬。自2012年起,超日公司的发展背景为光伏行业整体低迷、产能过剩、供需失衡等,其资金运转在该年第四季度出现了困难,生产经营能力下降。与超日有资金业务往来的法人纷纷向法院起诉超日太阳,并且该公司银行账户也成了摆设,即银行账户被停止使用。最终,2014年4月3日,上海毅华金属材料有限公司因超日公司没有能力偿还债务且资不抵债向上海一中院提出了对超日的破产重整申请。

表1-6 超日公司现金流量指标

年份	现金流量利息保障倍数	现金流量比率	债务保障率
2011	-7.048 6	-0.377 8	-0.328 7
2012	-4.505 0	-0.299 4	-0.283 3
2013	-4.182	-0.021	-0.014 3
2014	0.534 9	0.037 1	0.022 9

表1-7 偿债能力分析表 单位:万元

资产评估价值	47 612.27
减:有财产担保债权优先受偿部分	9 801.06
减:破产费用	5 920.00

续 表

减：职工债权	3 900.00
减：税款债权	5 373.56
用来偿还普通债权的破产财产价值	22 617.65
参与依据比例受偿的普通债权	572 089.07
普通债权的受偿率	3.95％

请结合表1-6、表1-7分析超日太阳的破产原因。

解析：超日太阳自2012年起遭遇了流动性危机以及生产经营不力等种种困难，甚至收到与其有资金业务往来法人的起诉。由表1-6看出，超日公司的各项现金流量指标均是负值，可见该公司的现金流量能力处于劣势。由表1-7看出，公司普通债权受偿率仅为3.95％，大部分债权人的权益无法得到保障。参考公司的年报可知，共有8家大型公司向超日公司提起诉讼，最终造成了公司的破产。

思考题

1. 企业破产的原因有哪些？破产清算的基本程序是什么？
2. 破产清算会计假设的基本内容有哪些？与持续经营会计相比有何特点？
3. 破产企业的债务清偿顺序是什么？如何确认与计量破产企业的清算损益？
4. 如何确认与计量企业的破产资产与非破产资产？
5. 破产企业的会计报表与一般企业相比有什么不同？其基本结构和编制基础是什么？

讨论题

你认为破产清算会计与传统的财务会计有什么区别与联系？在新《规定》下，你认为破产清算的会计处理与之前相比有什么优缺点？

参考资料

[1] 曲远洋.高级财务会计[M].上海：上海财经大学出版社，2016.
[2] 李倩.高级财务会计学[M].重庆：西南师范大学出版社，2016.
[3] 张志英.高级财务会计[M].3版.北京：对外经济贸易大学出版社，2015.

第二章　外币折算

开篇案例

国际化经营下的外币交易活动

根据业内人士透露,沃尔玛超市公司计划从中国采购一条总值10亿美元的日用商品供应链。这笔交易将使这家世界上最大的零售商在中国市场上拥有最大的食品和超市网络。

法国电器设备生产商Schneider Electric SA表示,已签订合同,将用61亿美元现金从一家美国制造商——American Power Conversion Crop购买备用动力设备。

墨西哥的Cemex,世界第三大水泥生产商,在签订合同后的第五天,以128亿美元巨额竞标,欲收购澳大利亚Rinker集团公司,以世界上最大的建筑材料公司之一亮相美国。

在当今世界经济中,此类新闻已屡见不鲜。企业跨国经营原因众多,包括拓展产品市场,提高低生产成本优势等。一些跨国公司的全球化表现更是非同凡响,从本国业务逐渐发展至全球业务。例如,2005年,美国公司International Flavors and Fragrances在世界31个国家有营业活动,非北美分部资产达67%;Coca—cola的国外经营活动产生了71%的销售收入,77%的营业利润。

但是,国外经营活动给母公司带来了不同于国内经营的管理困难,一些困难是源于国内外的文化差异,另一些则是源于不同国家的法律法规。例如,大多数国家都要求采用本国货币按照当地会计规则编制财务报表。因此,学习如何准确地进行外币报表折算,进行财务报表合并就显得十分重要了。

本章结构

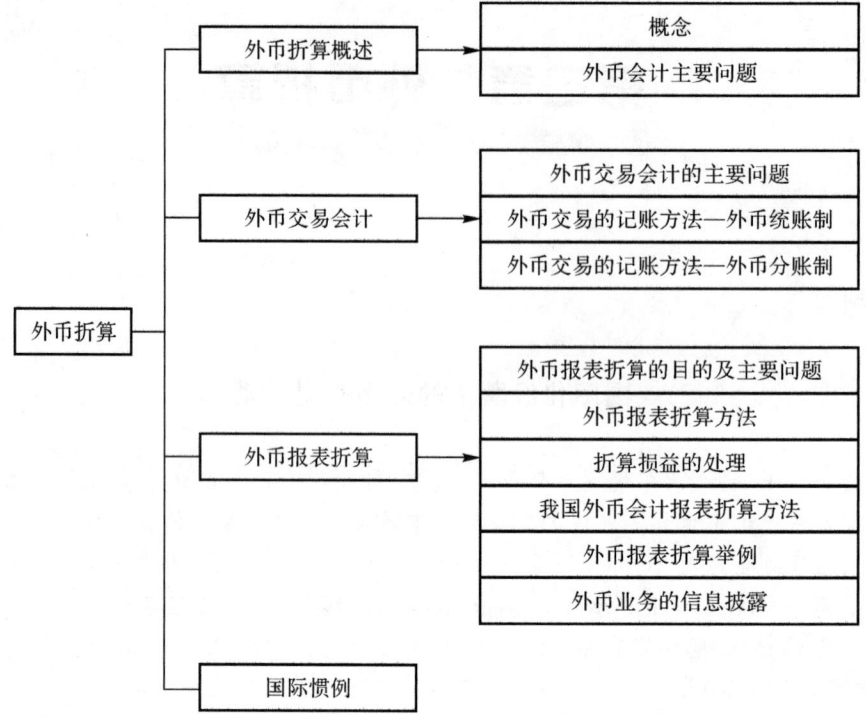

本章要点

- 外币、外币活动、外币折算、汇率的定义。
- 外币交易的会计处理。
- 外币报表的折算方法和步骤。

学习目标

◇ 理解：每种外币报表折算方法的具体内容；外币、外币交易、外币折算、记账本位币等相关概念。

◇ 掌握：熟知境内、境外经营记账本位币的确定条件；会计期末外币折算会计处理的全部内容和全部过程；汇兑损益的其他处理方式；我国会计准则对外币财务报表折算处理的要求，能够准确、灵活地进行外币财务报表折算的业务处理。

第一节 外币折算概述

一、概念

(一)外汇与外币

1. 外汇

外汇是指一国持有的以外币表示的用以进行国际结算的支付手段。国际货币基金组织对外汇的定义为:"外汇是货币行政当局(中央银行、货币管理机构、财政部门)以银行存款、财政部库券、长短期政府证券等形式,确保在国际收支逆差时可以使用的债权。"《中华人民共和国外汇管理条例》所称的外汇是指下列以外币表示的可以用作国际清偿的支付手段和资产:①外国货币,包括纸币、铸币;②外币支付凭证,包括票据、银行存款凭证、邮政储蓄凭证等;③外币有价证券,包括政府债券、股票等;④特别提款权、欧洲货币单位;⑤其他外汇资产。

外汇主要分为外汇现钞和外汇现汇,外汇现钞是指企业或个人手中直接持有的外币钞票,外汇现汇则是指境外寄来后直接存储于银行的汇款。而且现钞和现汇在银行有着不同的汇价,在汇往境外时也有不同的汇率要求。比如,一般情况下,经营外汇业务的银行其现汇买入价高于现钞买入价,而现钞和现汇的卖出价则一般是相等的,因此,若企业将现钞汇往境外,就需要将现钞的汇率调整至现汇的汇率。

2. 外币

外币有狭义和广义之分。狭义的外币,指本国货币以外的其他国家或地区的货币,包括各种纸币和铸币等。广义的外币,指所有以外国货币表示的能用于国际结算的支付凭证。除了国外的纸币和铸币外,还包括企业所持有的外国的有价证券,如以外币表示的政府公债、国库券、公司债券、股票和股息等;也包括外币支付凭证,如以外币表示的票据、银行存款凭证、邮政储蓄凭证等,还包括其他外币资金,如各种外币汇款、进出口贸易的外币性货款等。其涵义与外汇的静态涵义一致。

在会计学上,外币的概念和以上一般意义上的外币概念并不相同。它指记账本位币(或功能性货币)以外的货币,如企业以人民币为记账本位币,那么各种外国货币均为外币,包括港澳台地区的货币;若企业以某种非人民币货币的各种货币作为记账本位币,包括人民币均是外币。为了与一般意义上的外币概念相区别,会计上的外币概念通常以非记账本位币(或非功能性货币)来替代。

(二)外币活动(外币业务)

1. 外币交易

外币交易是以外币计价或结算的交易。常见的外币交易有:①企业购买、销售或提供以外币标价的商品和劳务;②为融资目的将以外币标价的应收款或应付款进行互换的行为;③企业作为应履行的期汇合同的当事人的交易活动;④企业基于其他原因取得或处理按外币计价的资产,承担或清偿以外币计价的负债行为。

外币交易因交割日不同,可分为即期外币交易与远期外币交易。即期外币交易又称现汇交易,是指在成交当日或以后的两个营业日办理实际货币交割的交易方式。远期外币交易又称期汇交易,是指交易双方在成交后并不立即办理交割,而是事先约定币种、金额、汇率、交割时间等交易条件,到期才进行实际交割的交易方式。

2. 境外经营

境外经营有两方面的含义,一是指企业在境外的子公司、合营企业、联营企业、分支机构;二是企业在境内的子公司、联营企业、合营企业或者分支机构,选定的记账本位币不同于企业的记账本位币的,也应当视同境外经营。确定境外经营,不是以位置是否在境外为判定标准,而是要看其选定的记账本位币是否与企业的记账本位币相同。

> **拓展阅读：**
>
> 在选择境外经营记账本位币时，应当考虑该境外经营从事的活动与本企业的关系：
>
> (1)境外经营活动对企业境内从事的活动是否拥有很强的自主性。如果境外经营从事的活动是视同企业经营活动的延伸，该境外经营应当选择与企业记账本位币相同的货币作为记账本位币，如果境外经营所从事的活动拥有极大的自主性，境外经营不能选择与企业记账本位币相同的货币作为记账本位币。
>
> (2)境外经营活动中与企业的交易是否在境外经营活动中占有较大比重。如果境外经营与企业的交易在境外经营活动中所占的比例较高，境外经营应当选择与企业记账本位币相同的货币作为记账本位币，反之，应选择其他货币。
>
> (3)境外经营活动产生的现金流量是否直接影响企业的现金流量、是否可以随时汇回。如果境外经营活动产生的现金流量直接影响企业的现金流量，并可随时汇回，境外经营应当选择与企业记账本位币相同的货币作为记账本位币，反之，应选择其他货币。
>
> (4)境外经营活动产生的现金流量是否足以偿还公司现有债务和可预期的债务。如果境外经营活动产生的现金流量在企业不提供资金的情况下，难以偿还其现有债务和正常情况下可预期的债务，境外经营应当选择与企业记账本位币相同的货币作为记账本位币，反之，应选择其他货币。
>
> 综上所述，企业确定记账本位币或其境外经营记账本位币时，当多种因素混合在一起、记账本位币不明显的情况下，应当优先考虑上述第(1)和第(2)项因素，然后考虑融资活动获得的货币，保存从经营活动中收取款项时所使用的货币，以确定记账本位币。

(三)外币兑换、外币折算与汇率

1.外币兑换

外币兑换是指在规定的情况下，企业根据外币业务的需要，将一种货币兑换为另一种货币的实际交易活动。外币兑换主要发生在一些需要用外币结算的交易中，比如用本国货币换取外国货币，或将外国货币换为本国货币等。

2.外币折算

外币折算是指将以外币编制的财务报表转换为以记账本位币表示的财务报表的折合换算过程。比如，某一母公司在境外经营一家子公司，该子公司采用所在地的货币作为记账本位币，因此母公司进行外币计价和结算时，在会计期末也应使用该外币编制财务报表。那么以该外币反映的财务报表即为外币财务报表，而将外币财务报表转换为非外币的财务报表，即为外币折算。从实际情况来看，这样的业务也存在于日常的外币交易的账务处理中。但是，这种折算只是货币表述形式的改变，其主要表现有两个方面：一是将在收支过程实际使用的外币折合为等值的记账本位币；二是将以外币表示的财务报表转为由记账本位币表示。这样的转换业务并没有相伴的货币转换业务，即不是真正的货币兑换，只是一种会计处理程序。

3.汇率

汇率又称外汇汇价，是指两个国家的货币在指定时间相互交换的比价。汇率有直接标价法和间接标价法两种形式。直接标价法，又称应付标价法，是指以一定单位的外国货币为标准，折算为一定数额的本国货币的标价方法，这种方法被包括我国在内的大多数国家所采用。

在这种方法下,外国货币的数额固定不变,本国货币的数额随外币或本国货币价值的变化而变化。

汇率的种类很多,有各种不同的划分方法。尤其在外汇实务中,从不同的角度划分,就有不同的汇率。

(1) 按国家外汇管理方式划分:

1) 市场汇率。市场汇率是指外汇市场上由交易双方的供求关系形成的汇率,这种汇率经常随市场行情的变化而上下波动。

2) 法定汇率(官方汇率)。法定汇率又称官方汇率,是国家机构,如财政部、中央银行或外汇管理当局确定并调整和公布的汇率,所有外汇交易都以这个汇率为基础。

(2) 按记账时间划分:

1) 现行汇率(记账汇率)。现行汇率是指企业将外汇款项记入账中,或者是编制财务报表时采用的汇率,因此又称为记账汇率。

2) 历史汇率(账面汇率)。历史汇率是相对于现行汇率而言的,是指最初取得外币资产、承担外币负债时记入账中的汇率,因此又称为账面汇率。

(3) 按银行买卖角度划分:

1) 买入汇率(买入价)。买入汇率也称买入价,是银行向客户或同业买入外汇时所使用的汇率。采用直接标价法时,是外币折合本币较小的汇率,间接标价法则反之。

2) 卖出汇率(卖出价)。卖出汇率也称卖出价,是银行向客户或同业卖出外汇时所使用的汇率。在直接标价法下,是指外币折合本币数额较多的那个汇率。

(4) 按外汇交易的交割期限划分:

1) 即期汇率。即期汇率是指外汇买卖的双方在成交后即期(原则上不超过两个工作日)办理交割业务时采用的汇率。在我国,通常是指中国人民银行公布的当日人民币外汇牌价的中间价。企业发生的外币兑换业务或涉及外币兑换交易事项,应当按照交易实际采用的汇率(即银行的买入汇率或卖出汇率)折算。

2) 近似汇率。近似汇率是指按照系统合理的方法确定的与交易发生日即期汇率近似的汇率,通常采用当期平均汇率或者加权平均汇率等。企业通常应当采用即期汇率进行折算,汇率变动不大的,也可以采用即期汇率的近似汇率进行折算。

3) 远期汇率。远期汇率是特指外汇买卖双方在成交时只是订立合同,规定外汇买卖的数额、汇率、期限等条款,到合同约定日办理外汇实际交割的远期外汇业务所使用的汇率,即在远期外汇交易订立合同时使用的约定汇率。

4. 外币折算与外币兑换

会计上的外币折算和实务中的外币兑换是两个不同的概念。外币折算是将会计记录中的外币金额按照其潜在的兑换能力折算为等值的记账本位币。而实务中的外币兑换则是将不同的货币进行实际的兑换,如将人民币兑换成美元。进行外币兑换时,汇率是唯一的、确定的,但是,外币折算的汇率选择却不是那么一目了然。

二、外币会计主要问题

(一) 外币会计

外币会计是处理外币活动的会计,包括即期外币交易会计和远期外币交易会计。

(二)外币交易及其不同类型

1.外币交易

外币交易,亦称外币业务,主要是指下列以外币计价或者结算的交易:①买入或者卖出以外币计价的商品、劳务或者设备等;②借入或者借出外币资金以及接受外币投资;③进行货币之间的互相兑换;④在会计期末将以外币计价的交易事项进行期末汇率的折算调整;⑤其他以外币计价或者结算的交易。

一般看来,企业外币交易多发生于国际交往的经济业务中,但是,若本国内企业间的交易约定以某一非记账本位币结算,其相关的交易活动也属外币业务;若企业与境外的企业交易按照本企业的记账本位币结算时,则不作为该企业的外币业务。

2.外币交易的不同类型

从最基本的意义上看,外币交易可以按照其发生时的具体情况划分为:

(1)货币兑换。即以本企业的记账本位币购买某种外币,或者将手中的某种外币卖出,取得记账本位币,也包括通过外币市场将一种外币转换成另一种外币的业务活动。

(2)取得或者支付外币资金。这类事项既包括取得以外币表现的权益、债务以及经营活动收入,也包括以外币对外支付的其他事项。

(3)通过结汇、购汇等方式销售或采购以外币计价的商品、劳务等。这是我国企业现阶段具有特殊性的业务类型,即企业发生的需要通过金融机构进行人民币与外币结算的业务。

(4)外币折算。与上述诸项外币业务相比,外币折算是指并没有实际的外币收款、支付事项,但却因为汇率变动、报表转换等原因,而在会计账表上对外币业务事项进行计算、调整,并将调整的差异计入损益等的业务活动。

拓展阅读:

外币折算业务的会计准则

1.国际财务报告准则

《国际会计准则第21号——汇率变动的影响》是专门规范关于如何将外币交易和国外经营反映在主体的财务报表中,以及如何将以外币编制的财务报表折算为报告主体列报其财务报表的货币的会计准则,主要解决使用何种汇率以及如何在财务报表中报告汇率变动的影响这一问题。该准则对外币折算业务的处理要求主要表现在以下几个方面:

(1)在编制财务报表时,每个个别主体,无论是独立的主体,还是拥有国外经营业务的主体或国外经营单位,都应该按照该准则的规定确定其功能货币(即为各会计主体编制财务报表使用的货币);主体应按照该准则的规定将外币项目折算成其功能货币并报告这种折算的影响。

(2)许多报告主体会包括多个个别主体,如企业集团等,必须将集团内每个个别主体的经营成果和财务状况折算成报告主体列报其财务报表的货币。准则允许采用任意一种或几种货币作为报告主体的列报货币;如果报告主体内存在任何个别主体的功能货币不同于列报货币的,都应该按照准则的规定进行折算。

(3)准则允许某一主体采用一种或几种货币列报其财务报表,如果主体的列报货币不同于其功能货币,其经营成果和财务状况则需要折算。比如,当集团由使用不同功能货币的多个个别主体构成时,所有主体的经营成果需要按同一种货币表述以便于列报合并财务报表。

2. 美国财务会计准则

在美国的财务会计准则中有多项准则直接或间接地与外币折算业务有关。比如,从《美国财务会计准则第1号——外币交易信息的披露》到《美国财务会计准则第8号——外币交易和外币报表折算的会计处理》(后者取代了前者),再到《美国财务会计准则第52号——外币折算》(又代替了第8号会计准则),体现了其对外币折算业务会计处理的重视程度。

就美国财务会计准则规范的内容来看,应当说是与国际财务报告准则大同小异。但必须说明的是,美国会计界对此方面的研究起步较早,比如,《美国财务会计准则第1号——外币交易信息的披露》的公布时间为1973年12月,《美国财务会计准则第8号——外币交易和外币报表折算的会计处理》的公布时间为1975年10月,《美国财务会计准则第52号——外币折算》的公布时间为1981年12月;而《国际会计准则第21号——汇率变动影响的会计》是于1983年7月公布的。

3. 我国会计准则

在最早的《中华人民共和国中外合资经营企业会计制度》中,就对外币业务的会计处理及其财务报表信息披露有了较为明确的规定。而在此后期间的每一次会计制度公布、修订中也都有关于外币折算业务会计处理的零散规定。所有这些,都是我国进行外币业务会计处理的依据。

新发布的《企业会计准则第19号——外币折算》,分总则、记账本位币的确定、外币交易的会计处理、外币财务报表的折算、披露五个部分对不含外币套期、借款费用及其现金流量表的外币业务进行了全面具体的规范,为我们更好地处理外币折算业务提供了详细、具体、与国际惯例基本一致的会计规范。

第二节 外币交易会计

一、外币交易会计的主要会计问题

(一)折算汇率

1. 初始确认时

采用交易发生日的即期汇率将外币金额折算为记账本位币金额,也可以采用按照系统合理的方法确定的、与交易发生日即期汇率近似的汇率折算。具体来说,如果本期汇率变动不大,可将其视为近似汇率;但是如果上月的汇率与交易发生日的汇率变动幅度较大,则应全部采用交易发生日的即期汇率。在实际应用中,若汇率变动导致企业采用近似汇率进行折算不适用时,企业应当采用交易发生日的即期汇率,近似汇率只适用于汇率变化不大时的情况。

2. 资产负债表日

外币货币性项目,采用资产负债表日即期汇率折算,因结算或采用资产负债表日的即期汇率折算而产生的汇兑差额,计入当期损益,同时调增或调减外币货币性项目的记账本位币金额。

以历史成本计量的外币非货币性项目,仍采用交易发生日的即期汇率折算,不改变其记账本位币金额,不产生汇兑差额。

以公允价值计量的股票、基金等非货币性项目,如果期末公允价值以外币反映,按照公允价值确定当日的即期汇率折算,差额作为公允价值变动损益处理。

3. 即期汇率的选择

即期汇率是指当日中国人民银行公布的人民币汇率中间价。但是,在企业发生单纯的货币兑换交易或涉及货币兑换的交易时,仅用中间价不能反映货币买卖的损益,需要使用买入价或卖出价折算。

企业发生的外币交易只涉及美元、欧元、日元、港元之间折算的,可直接采用中国人民银行每日公布的人民币汇率中间价作为即期汇率折算;若涉及其他货币的,应当按照国家外汇管理局公布的美元对各种货币的折算率进行套算;发生的外币交易涉及人民币以外的货币之间折算,可直接采用国家外汇管理局公布的各种货币对美元的折算率进行折算。

4. 即期汇率的近似汇率

在汇率变动不大时,为简化核算,企业也可以选择即期汇率的近似汇率折算,即期汇率的近似汇率是"按照系统合理的方法确定的、与交易发生日即期汇率近似的汇率",通常是指当期平均汇率或加权平均汇率等。加权平均汇率需要采用外币交易的外币金额作为权重进行计算。

(二)汇兑损益及其处理

1. 汇兑损益

汇兑损益是指将同一项目的外币资产或负债折合为本位币时,由于汇率不同而形成的差异额(折算损益),以及外币兑换由于汇率不同而产生的差额(兑换损益)。在会计实务中,汇兑损益是由交易损益和报表折算损益两部分内容构成。其中的交易损益可能来自实际的外币兑换业务,也可能来自存储外币以及记录外币交易事项所形成的折算差异,而报表折算损益则来自财务报表各外币项目的折算。

拓展阅读:

在实际成本原则和权责发生制原则下如何确认汇兑损益?

观点1. 在实际成本原则下,只确认已实现的汇兑损益。

观点2. 在权责发生制原则下,既确认已实现的汇兑损益,也确认未实现的汇兑损益。

第一种观点认为汇兑损益的确认应以实现为准,即汇兑损益的入账应当是由于实际发生的外币业务所引起的,如外币的买进卖出,以兑换成本位币为实现条件。持这种观点的人认为企业会计核算是建立在实际成本原则基础之上的,之所以采用实际成本进行核算,一是实际成本是实际发生的,具有客观性;二是实际成本数据的取得比较容易。

实际成本核算原则要求企业对资产、负债、所有者权益等项目的计量应当基于经济业务的实际交易价格或成本,而不考虑市场价格变动所带来的影响。这既有助于各项资产、负债项目确认与计量结果的检查与控制;又使得收入与费用的配合建立在实际交易的基础上,能够促进会计核算与会计信息的真实、可靠。这就是说,以外币表示的资产和负债项目,必须按照实际成本原则来进行确认和计量,尽管汇率变动会对企业的外币资产和负债项目产生影响,但这种影响同市场经济波动而对其他资产项目的影响是相似的,在会计处理上均不作相应的账面调整而保持其历史成本。

比如某公司收到的外币存款,只有在实际支用时才能发生汇兑损益;发生的外币应收账款,只有在实际收回时,才能发生汇兑损益;发生的外币应付账款和外币借款,只有在实际偿还时才能发生汇兑损益;不同货币只有在相互实际兑换时,才能发生汇兑损益。由此可见,以外币表示的资产和负债项目,如果外币款项没有实际支付,外币债权和外币债务没有实际收回和偿还,无论市场汇率怎样变化,也不确认汇兑损益。

第二种观点以汇率有无变化作为确认汇兑损益的标准,即凡是因汇率变化引起的外币与记账本位币的折算差额都作为汇兑损益。持这种观点的人认为企业会计核算必须遵循权责发生制原则。权责发生制的核心是根据权责关系的实际发生和影响来确认会计期间企业的收入和费用。根据权责发生制进行收入与成本费用的核算,能够更加准确地反映特定会计期间的财务状况及经营成果。对于企业的汇兑损益来说,汇兑损益的产生并不单单是一项外币业务完成的结果,而是产生于企业有关外币资产和负债存续期间相应的汇率变化。由于汇率变化引起企业以外币表示的资产和负债的价值发生变化,最终形成汇兑损益。这就是说,汇率变动是企业产生汇兑损益的根本原因。只要汇率始终保持不变,就不会产生汇兑损益。如果导致汇兑损益产生的汇率变动是在某一特定的会计期间中发生的,其损益必须计入当期的费用或收益,这才符合权责发生制的要求。如果对于本期已经发生,但尚未实现的汇兑损益不予以确认,它必然会被转入以后某个特定的会计期间,这既违反了权责发生制原则,也会导致各个相关会计期间内会计信息的失真。

基于以上认识,企业编制财务报表时,对外币款项、外币债权和外币负债账户应当按期末已变动了的市场汇率作为折合率,重新折合成记账本位币,与其账面上保留的记账本位币予以比较,并据此调整它们的余额。同时,将调整的差额作为汇兑损益处理。

比如某公司1994年年初因出售产品而形成一笔应收账款30 000美元,双方约定款项结算期为15个月。此笔业务发生时,折合人民币为255 000元。如果一年后的美元汇率为8.40元,折合人民币为252 000元,两者之间的差额3 000元,应在年末即予以确认,而非等到15个月后实际发生结算时再予以确认其汇兑损益。此种做法,旨在满足权责发生制原则的要求,同时,在汇率下调时,也符合稳健性原则。

在企业持有大量外汇资金的情况下,可能会造成企业多垫付或少交税金。上述两种汇兑损益的确认观点,均有其坚实的权威性支持。前者是实际成本原则,后者则是权责发生制原则。实践中,会计人员究竟以哪一种观点作为确认汇兑损益的标准呢?在不同的国家和地区均有不同程度上的应用,我国选择的是第二种观点,如《企业财务通则》第三十四条规定:"企业各种外币项目的期末余额,除国家另有规定者外,按照期末国家外汇牌价折合为记账本位币金额。期末国家外汇牌价折合为记账本位币金额与帐面账帐本位币金额的差额,作为汇兑损益,计入当期损益。"

3.汇兑损益的处理方法

一般来说,如果将企业的销售与收款业务视为一个整体,只在实际收到货币资金时才确定销售的实现,就是"单一交易"观点的体现;如果将销售实现和收取款项各视为一种业务,则为"两项交易"观点,其以权责发生制为基础,已得到会计界公认。但是,这样的处理在外币业务会计中会有不同的体现,即外币金额的记账本位币折合额是随着汇率的变动而变化的。因此,在会计处理中,究竟采用哪一时点的汇率确认收入,就成了各自采用不同观点的理由。"单一交易"观点和"两项交易"观点对比见表2-1。

表2-1 "单一交易"观点和"两项交易"观点对比表

单一交易观点(一笔业务观点)	两项交易观点(两笔业务观点)
①交易与结算视为一笔业务,以结算为交易结束的标志;	①交易与结算视为两笔业务;
②交易日至结算日汇率变化的影响不单设账户核算,而调整有关的资产成本或营业收入;	②交易日至结算日汇率变化的影响作为利得或损失单设账户核算,具体处理方法:即期确认、递延处理;
③确定资产成本或营业收入的依据是结算时的汇率	③确定资产成本或营业收入的依据是交易发生时的汇率

单一交易观较两项交易观存在以下缺点:①将折合差额追溯调整原账户,特别是跨年度、期限较长的账户,难度较大;②不单独设置汇兑损益,而将折合差额反映在其他账户中,不能清晰地反映汇率变动对企业的影响,不能集中反映外币风险程度和提供对外币有用的信息。而两项交易业务观点在理论上更为严密,计算也比较简便,符合国际惯例。因此,我国企业会计准则要求,企业在处理外币业务时,持两项交易观,采用当期确认法核算汇兑损益。

拓展阅读:

再对比"单一交易"和"两项交易"两种观点,我们还可以进一步看到:

(1)采用不同方法的焦点在于如何看待汇兑差额对当期损益的影响,这进一步会对其他会计事项的处理造成影响。在这一点上,各国的做法不尽相同。美国财务会计准则委员会肯定"两项交易"观点,并特别倾向于在会计期末将未实现的汇兑损益全部计入当期损益,且其范围不仅是短期货币性项目,还包括长期货币性项目。加拿大特许会计师协会对此观点的要求更特殊一些,它对长期性外币项目的未实现汇兑损益采用递延摊销法,其他项目则即期确认损益。相对而言,我国会计准则的规定只是列明了货币性项目的汇兑差额应当确认为当期损益,而未对短期、长期的货币性项目如何处理再作划分,尽管如此,应当说也是倾向于主要将外币货币性项目形成的汇兑差额作为即期损益处理,而对非货币性项目的记录则没有这方面的要求。

(2)更为重要的是,我们应当明确,无论是"单一交易"观点还是"两项交易"观点,对外币货币性项目都有着不同于其他资产、负债等的特殊计价方式。通过对这类业务的进一步分析应看到,外币货币性项目的计价既不按照历史成本,也不按照成本与市价孰低,而是采用即期汇率表示的现行成本,亦即公允价值,且在我国现阶段资产计价中保持着与其他资产有本质区别的特有属性。

4.我国汇兑损益的具体处理方法

我国现行会计制度规定,汇兑损益要根据产生的不同时期和不同类型进行分别核算。具体包括以下几种:

(1)企业因采购、销售商品、提高劳务等业务发生的汇兑损益,计入当期损益。

(2)与购建固定资产有关的汇兑损益,在资产尚未交付使用或者已交付使用但尚未办理竣工决算以前,应予以资本化计入"在建工程"账户;在固定资产达到预定可使用状态后发生的,计入当期损益。

(3)为购入无形资产发生的汇兑损益,计入无形资产价值。

(4)在筹建期间发生的汇兑损益,应作为开办费计入"长期待摊费用"账户。

(5)对外投资及收回投资时发生的,计入当期损益。

(6)企业支付投资者利润发生的,计入当期损益。

(7)企业内部外币转账业务发生的折合记账本位币差额,存入外币存款户。

(8)从外币存款户支取外币现钞发生的折合记账本位币差额,计入当期损益。

二、外币业务的记账方法——外币统账制

外币统账制记账方法是一种以本国货币为记账本位币的记账方法,在发生外币交易时,折算为记账本位币入账。在这种方法下,企业发生的外币业务都要折算为记账本位币加以反映,同时还要记录外币的金额,所以这种方法又称为复币记账法。在这种方法下,根据《企业会计准则第19号——外币折算》的规定,外币交易应当在初始确认时,采用交易发生日的即期汇率将外币金额折算为记账本位币金额;也可以采用按照系统合理的方法确定的、与交易发生日即期汇率近似的汇率折算。到期末,企业所有外币账户余额都必须按期末汇率折算为记账本位币,而这一金额与原来账面上记账本位币金额之间的差异,作为汇兑差额计入当期损益。

(一)要点

1.设置双三栏式外币账户

该记账方法也称双重货币记账法,是指将外币金额折算为本位币金额,同时对原币金额作辅助登记,见表2-2。

表2-2 应收账款——美元户

×年		凭证号	摘要	借方			贷方			余额		
月	日			美元	汇率	人民币	美元	汇率	人民币	美元	汇率	人民币
12	10			20 000	8.00	160 000						
12	31								5 000			
12	31									20 000	8.25	165 000

2. 确认初始确认时的折算率

发生外币交易时,采用交易发生日的即期汇率将外币金额折算为记账本位币金额;也可以采用按照系统合理的方法确定的、与交易发生日的即期汇率近似的汇率折算。

(1)以人民币兑换美元分为以人民币换入美元现汇和以人民币换入美元现钞。

【例2-3】某国内企业因业务需要,从经营外汇业务的银行分别购入1 000美元现钞和现汇,购入时的汇率,即当日中国人民银行的外汇牌价为1美元＝6.89元人民币,银行的现钞买入价为6.81,现钞卖出价为6.90;现汇买入价为6.87,现汇卖出价为6.90。该企业对不同情况的会计处理如下:

①购买现钞时

借:库存现金——美元（$1 000×6.89） 6 890
　　财务费用——汇兑损益 10
　　贷:银行存款——人民币 6 900

②购买现汇时

借:银行存款——美元（$1 000×6.89） 6 890
　　财务费用——汇兑损益 10
　　贷:银行存款——人民币 6 900

说明:在外币兑换交易中,外币按照市场汇率记录,记账本位币按照经营外汇银行的卖出汇率记录;由于银行在卖出外币时钞汇同价,二者支付记账本位币数额相等,因此记录的汇兑损益数额也相等。

由上述会计处理可以看出,在将人民币兑换成美元的过程中,会计处理过程及其结果都是一致的,而究其原因,是由于银行在卖出外币时钞汇同价。

(2)以美元兑换人民币分为以美元现汇兑换人民币和以美元现钞兑换人民币。

【例2-4】假设上述[例题2-3]中的企业向经营外汇业务的银行分别卖出1 000美元现钞和现汇,卖出当日中国人民银行的1美元＝6.89元人民币,银行的现钞买入价为6.81,现钞卖出价为6.90;现汇买入价为6.87,现汇卖出价为6.90。该企业对不同情况的会计处理如下:

①卖出现钞时

借:银行存款——人民币 6 810
　　财务费用——汇兑损益 80
　　贷:库存现金——美元（$1 000×6.89） 6 890

②卖出现汇时

借:银行存款——人民币 6 870
　　财务费用——汇兑损益 20
　　贷:银行存款——美元（$1 000×6.89） 6 890

拓展阅读:

通过对上述外币兑换会计处理的归纳,我们可以得到以下几点启示:

(1)要对外币资金进行现钞和现汇的区分,并根据企业的实际需要灵活管理。其实,按照我们对会计处理的一般理解,外币现钞就如同企业持有的不可直接对外汇兑结算的外币"现金",而现汇则如同企业持有的可直接对外汇兑结算的外币"银行存款"。由于既存在中国人民银行的市场汇率,又存在经营外汇银行的现钞、现汇的买入价、卖出价,也就有了由汇率决定的不同计价标准及其外币兑换业务在会计处理方面的上述差异。

(2)只要是专门设置的外币账户,就要采用交易日的即期汇率(或者是近似汇率)记账,而本币账户则一律采用实收实付的金额记账;若发生汇兑差异,一般是直接计入财务费用的汇兑损益。这是外币货币性项目会计处理的特殊要求,即采用的是现行成本法,而不是历史成本法。

(3)从账户设置的形式上来看,外币账户还有其特殊的内容。除对存货(采用"数量金额式"的账页格式)等有特殊记账要求的业务之外,会计上一般的账户格式设置都是采用"大三栏"(即"借""贷""余")的账页格式,但是外币账户在账页设置上还有其特殊性,即采用的是"小九栏"的账页格式,具体来说,就是在"借""贷""余"三个栏目之下再设有"外币金额""汇率""记账本位币折合"三个栏目。只有这样,外币业务会计的处理过程才能被清晰地表达出来。

3.确认资产负债表日的调整与折算

资产负债表日,对外币账户的本位币余额进行调整,并将调整的金额确认为汇兑损益。

(1)外币货币性项目的折算与调整见表2-3。

调整数=原币余额×资产负债表日即期汇率-调整前的本位币余额

表2-3　外币货币性项目的折算与调整

计算结果	外币资产	外币负债
正数	资产调增、汇兑收益	负债调增、汇兑损失
负数	资产调减、汇兑损失	负债调减、汇兑收益

(2)外币非货币性项目的折算与调整。以历史成本计量的外币非货币性项目:按照交易发生日的即期汇率折算,则资产负债表日不应改变其原记账本位币金额,不产生差额,如:存货、长期股权投资、交易性金融资产(股票、基金)、固定资产、无形资产等。

以公允价值计量的股票、基金等非货币性项目:如果期末公允价值以外币反映,则应当先将该外币按照公允价值确定当日的即期汇率折算为记账本位币金额,再与原记账本位币金额进行比较,其差额作为公允价值变动损益,计入当期损益。

(二)评价及适用范围

外汇统账制可以简化记账手续,所有币种都以即期或当期汇率折算,便于加总核算,一般适用于外币种类少,外币业务量较少的单位,适合普通企业采用。

三、外币业务的记账方法——外币分账制

外币分账制是指企业在日常核算时分别币种记账。企业发生外币业务时,直接按各种原币金额记账,不再折算为记账本位币金额,也称原币记账法。对于外币交易频繁、外币币种较多的金融企业,可以采用分账制记账方法进行日常核算。在这种方法下,企业的本币业务与外币业务分设不同的账户体系来反映,即按币种各设总账和明细账。资产负债表日,应当按规定分货币性项目和非货币性项目进行调整,货币性项目按资产负债表日即期汇率折算,非货币性

项目按交易日即期汇率折算,产生的汇兑差额计入当期损益。

(一)要点

(1)每种货币各设一套账户,外币业务发生时直接按原币记账,货币兑换业务应通过"货币兑换"辅助账户进行结转;

(2)期末将所有按原币记账的发生额(包括货币兑换)按一定的市场汇率折算成记账本位币金额;

(3)结转货币兑换账户借贷方记账本位币发生额,差额作为汇兑损益处理。结转后,"货币兑换"账户无余额;

(4)期末将各外币账户的期末余额按期末市场汇率折合为记账本位币金额,同时确认汇兑损益。

企业发生外币交易的,应在初始确认时采用交易日的即期汇率或即期汇率的近似汇率将外币金额折算为记账本位币金额。这里的即期汇率可以是外汇牌价的买入价或卖出价,也可以是中间价,在与银行不进行货币兑换的情况下,一般以中间价作为即期汇率。

【例2-6】某国内公司属于增值税一般纳税企业,选择确定的记账本位币为人民币,其外币交易采用交易日即期汇率折算。20×9年3月12日,从美国福特公司购入工业原料500吨,每吨价格为4 000美元。当日的即期汇率为1美元=6.8元人民币,进口关税为1 520 000元人民币,支付进口增值税2 842 400元人民币,货款尚未支付,进口关税及增值税由银行存款支付。

会计分录如下:

借:原材料　　　　　　　　　　　　　　　　15 120 000
　　应交税费——应交增值税(进项税额)　　 1 965 600(13%)
　贷:银行存款　　　　　　　　　　　　　　 3 485 600
　　应付账款　　　　　　　　　　　　　　　13 600 000

15 120 000＝500×4 000×6.8+1 520 000

3 485 600＝1 520 000(关税)+1 965 600(增值税)

【例2-7】某国内公司的记账本位币为人民币,对外币交易采用交易日的即期汇率折算。20×9年4月3日向日本丰田公司出口销售商品12 000件,销售合同规定的销售价格为每件250美元,当日的即期汇率为1美元=6.8元人民币。货款尚未收到。

相关会计分录如下:

借:应收账款——丰田公司(美元)　　　　　20 400 000
　贷:主营业务收入　　　　　　　　　　　　18 053 097.3
　　应交税金——应交增值税(销项税额)　　 2 346 902.7

20 400 000＝12 000×250×6.8

18 053 097.3＝20 400 000/1.13

2 346 902.7＝20 400 000/1.13×0.13

(二)评价及适用范围

外币分账制可以便于分类核算,所有币种都以原币核算、数据准确。一般适用于外币种类较多、外币业务繁多的企业,如经营外币业务的金融机构。

从我国目前的情况看,绝大多数企业采用外币统账制,只有银行等少数金融企业由于外币交易频繁,涉及外币币种较多,可以采用分账制记账方法进行日常核算。无论是采用分账制记账方法,还是采用统账制记账方法,只是账务处理程序不同,但产生的结果应当相同,即计算出的汇兑差额相同,与此同时,相应的会计处理也相同,即汇兑差额均计入当期损益。

第三节 外币报表折算

一、外币报表折算的目的及其主要问题

(一)外币报表折算的涵义与目的

外币报表折算是指为了特定目的将以某一货币表示的财务报表换为另一种货币表述。一般来讲,外币报表折算只是改变表述的货币单位,并不改变报表项目之间的关系。

外币报表折算的目的有以下几点:

(1)编制跨国公司的合并会计报表的需要。由于编制合并报表的主要目的是为了满足母公司股东和债权人等的需要,因而合并报表通常应以母公司报表所用货币来表述。

(2)母公司考核子公司财务状况的需要。母公司(总公司)为了考核、评价国外子公司(分支机构)的财务状况、经营成果以及现金流量情况,也需要将国外子公司用外币表述的报表转换为按母公司(总公司)所用货币表述的报表。

(3)报告财务信息的需要。在国外资本市场有证券上市交易的公司,必须按上市地区的货币对外报告。或有义务向其他国家的投资者和债权人报告财务信息。

(二)外币报表折算的主要问题

外币报表折算问题作为财务会计的三大难题之一,其困难源于汇率的变动。如果汇率固定不变,则外币报表的折算就是轻而易举的事情。在浮动汇率制度下,由于汇率经常变动,外币报表的折算面临以下两个问题。

1.折算汇率的选择

外币报表各个项目的折算,可供选择的汇率有三种:

(1)现行汇率。现行汇率又称期末汇率或单一汇率,是指企业将外币款项计入账中或当前编制会计报表时采用的汇率。采用现行汇率进行报表折算是一种最简便的外币报表折算方法。但是,在历史成本计量的会计模式下,以现行汇率来折算历史成本金额,在理论上是没有依据的。

(2)历史汇率。历史汇率亦称账面汇率,是指当企业发生外币业务时,所采用的已经登记入账的汇率,即过去的记账汇率。历史汇率与现行汇率是相对的,目前的现行汇率经过一段时间后,也就成了历史汇率。

(3)平均汇率。平均汇率亦称中间汇率,是银行买入汇率与卖出汇率之间的平均数。在实际业务中,外币的价格通常采用平均汇率折算,银行公布的外汇牌价也常用平均汇率表示。

在进行外币报表折算时,首先要明确应选择何种汇率进行折算。在实务中,并非对所有报表项目的折算均采用上述某一种折算汇率,而往往是对不同的报表项目选用不同汇率进行折算。

2.折算损益的处理

折算损益的处理从理论上有四种观点：

(1)折算损益全部计入当期损益。主张采用这种方法的人认为，利润可以定义为净资产的增加，因此，在进行外币报表折算时，将本期发生的外币报表折算差额作当期损益处理，全部计入本期利润表。这种方法认为汇率变动是客观事实，会使得资产、负债在折算后价值发生改变，而资产净额的变动会使企业收益受到影响，只有将折算损益计入当期损益，才能给报表使用者以真实的信息。但是外币报表折算损益并未导致子公司现金流量的增减，所以将其计入当期损益就会歪曲子公司的收益信息，使利润项目难以反映出公司的正常经营成果。

(2)折算损益全部递延。将外币报表折算损益在资产负债表的股东权益中以"报表折算差额"项目单独列示，作为递延处理。这种方法认为外币报表折算损益不是已经实现的损益。由于汇率多变，本期为外币折算收益（或损失），至下期就有可能转变为外币折算损失（或收益），可能使二者相互抵消。但是该方法缺乏足够的理论依据，产生于某一期间的报表折算损益，与其后的会计期间并没有关系。采用递延处理的结果是使子公司各期收益平稳化，掩盖了汇率变动的真实情况。

(3)折算损失计入当期损益，折算利得作递延项目处理。将外币报表折算损失计入当期损益列于当期利润表，将折算利得则列于资产负债表内，作为递延项目，用来抵消以后会计期间可能发生的损失。但是折算差额属于未实现的损益，因此对折算损失和折算利得应采取同样的处理方式，这种方法会低估企业的利润，企业采用这种方法主要是基于稳健性的考虑。

(4)作为所有者权益的调整额。将外币报表折算损益直接列入资产负债表的权益项目下作为"折算调整额"而不反映于利润表。这种方法认为外币报表折算损益并未实现，所以汇率变动因素不应该影响财务报表上的本期收益。但是，这种处理方法并不符合收益的总括观点，总括观点要求在利润表内应包括一切非正常和非经营性的损益项目。

二、外币报表折算方法

可供选择的外币报表折算方法有现行汇率法、流动与非流动项目法、货币与非货币项目法、时态法，见表2-4。

表2-4 外币报表折算方法汇总表

	现行汇率法	流动与非流动项目法	货币与非货币项目法	时态法
资产与负债	现行汇率	流动：现行汇率 非流：历史汇率	货币性：现行汇率 非货币性：历史汇率	历史成本计量：历史汇率现行；成本计量：现行汇率
资本与盈余公积	历史汇率	历史汇率	历史汇率	历史汇率
未分配利润	平衡数	平衡数	平衡数	平衡数
收入与费用	确认日的汇率或平均汇率	非流动资产的折旧与摊销：历史汇率；其他：现行汇率	非货币性资产的折旧、摊销、销售成本：历史汇率；其他：现行汇率	交易发生日的汇率或平均汇率

1. 现行汇率法

该方法将所有资产负债项目均按现行汇率进行折算，实收资本以其取得时的历史汇率折算，股利按支付日汇率折算，损益表上的收入和费用项目按照确认收入和费用时的汇率折算，也可简化为按照其相应期间内的平均汇率折算。美、英、德、法、加拿大、澳大利亚等23个国家地区选择现行汇率法。

这种方法的基本内容包括以下方面：①流动资产与流动负债各项目按编表日现行汇率折算。②其他资产负债表项目，除未分配利润项目之外，均按历史汇率折算。③资产负债表上的未分配利润属于平衡数，不必按特定汇率折算，可倒挤确定或从折算损益表转入。④利润表上的折旧费用、摊销费用项目按有关资产取得时的历史汇率折算，其他项目按编表期的平均汇率折算。

在现行汇率法下，其优点表现为大部分的项目采用相同的汇率进行折算，折算结果便于保持折算前已表述的财务关系。因此，该方法简便易行，并且能够保持外币报表各项目之间的经济关系。

但是，其缺点表现为所有的资产项目均采用现行汇率进行折算，就会使所有的资产都要承担相同的汇率风险，但实际上各项目承担的汇率风险是不同的；另外，将外币报表中按历史成本表示的资产项目按编表日现行汇率折算，其折算结果既非资产的历史成本，亦非资产的现行市价，导致资产的价值失去了其本身应有的意义。

2. 流动与非流动项目法

流动与非流动项目法是将资产与负债项目区分为流动性项目与非流动性项目两大类，将流动性项目按现行汇率折算、非流动性项目按历史汇率折算的一种外币报表折算方法。新西兰、南非等7个国家地区选择流动与非流动项目法。

这种方法的基本内容包括以下方面：①资产负债表上的货币性项目，包括货币性资产与货币性负债（如库存现金、应收账款、应付账款、长期负债等），都按现行汇率折算。②资产负债表上的非货币性资产与负债项目（如存货、固定资产、交易性金融资产、持有至到期投资、可供出售金融资产以及长期股权投资等），都按其取得时的历史汇率折算。③净资产项目中除未分配利润项目外，均按历史汇率折算。④未分配利润项目属于平衡数，由资产负债表其他项目折算后金额倒挤得出，并转入作为折算后损益表（期末）未分配利润金额。⑤利润表上的折旧费用与摊销费用项目，同流动与非流动项目法一样，按有关资产取得时的历史汇率折算。⑥由于存货按历史汇率，因而销售成本实际上也是按发生时的历史汇率折算的，在实际折算时，销售成本一般按倒挤法确定。其计算公式为：销售成本＝期初存货＋本期购货－期末存货。其中，期初存货按上年末汇率折算，本期购货按本期平均汇率折算，期末存货按期末现行汇率或取得时的平均汇率折算。⑦利润表上的其他项目均按业务发生时的汇率或编表期的平均汇率折算。

流动与非流动项目法的优点表现为简单易行，该方法认为非流动资产和非流动负债项目在短期内不会转变为现金，所以它们不会受现行汇率变动的影响；而对流动资产和流动负债项目按现行汇率折算，有利于对国外子公司的营运资金进行分析。

但是，流动与非流动项目法在实际操作上存在很多漏洞，其中所倡导的对流动项目实行现行汇率折算，对非流动项目实行历史汇率折算的方法缺乏足够的理论支持。对存货、现金、应收账款等采用现行汇率进行折算，会使其承受较大的汇率风险，而无法反映出存货的实际情况。

3. 货币与非货币项目法

货币与非货币项目法是将资产与负债项目分为货币项目与非货币项目,将货币项目按现行汇率折算,非货币项目按历史汇率折算的一种外币报表折算方法。芬兰、韩国、新西兰等10个国家地区选择使用货币与非货币项目法。

这种方法的基本内容包括以下方面:①资产负债表上的货币项目,包括货币资产与货币负债,都按现行汇率折算;②资产负债表上的非货币资产与负债项目,都按历史汇率折算;③资产负债表上的实收资本项目按历史汇率折算;④留存利润属于平衡数,可倒挤确定;⑤利润表的折旧费用与摊销费用按历史汇率折算,销售成本按倒挤法确定;⑥利润表上的其他项目均按业务发生时的汇率折算。

货币与非货币法的优点表现为充分考虑了汇率变动对货币项目的影响,其折算方法与外币交易的会计处理协调一致,具有足够的理论依据支撑。

但其也有一个很大的缺陷,当企业下属的国外子公司独立性较强时,子公司主要以所在地的货币形式进行收付,而货币与非货币项目法将汇率引起的折算差额计入当期损益中,并不符合企业的利润实际情况,降低了利润分配表的真实性。由此,这一方法也并未得到推广。

4. 时态法

时态法是一种以资产、负债项目的计量基础作为选择折算汇率依据的一种外币报表折算方法。这种方法的理论依据是,外币的折算实际上是将外币报表按一种新的货币单位重新表述的过程,在这一过程中,改变的只是计量单位,而不是被计量项目的计量属性。美国、英国、加拿大、阿根廷等13个国家地区选择时态法。

这种方法的基本内容包括以下几方面:①资产负债表上的现金、应收和应付项目以及长期负债项目,按现行汇率折算;②资产负债表上按历史成本计价的各项非货币性资产,按取得时的历史汇率折算;③资产负债表上按现行市价计价的非货币性资产项目,按编表日的现行汇率折算;④资产负债表上各所有者权益项目的折算,与前述现行汇率法等三种方法相同;⑤利润表上的折旧费用和摊销费用,按有关资产取得时的历史汇率折算;⑥利润表上的其他项目均按确认这些项目时的汇率折算,或为了简化,按编表期的平均汇率折算。

时态法的优点是其能充分实现企业编制合并会计报表的目的,其主要缺陷是使子公司原有的财务比率发生了改变。

但是,受浮动汇率的影响,时态法会使跨国公司的报告损益变得更加复杂,而影响其上市股票的价格,对跨国公司形成负面影响。

三、折算损益的处理

1. 外币报表折算损益的形成

浮动汇率制度下,由于汇率经常发生变动,因而外币报表的折算会产生折算损益。折算损益的方向与金额大小,取决于暴露在汇率变动风险之下的资产减负债的净额的方向和金额大小以及汇率变动的方向与幅度。

2. 外币报表折算损益的处理方法

(1)折算损益全部计入当期损益;

(2)折算损益全部递延;

(3)折算损失计入当期损益,折算利得递延;
(4)作为所有者权益的调整额。

四、我国外币会计报表折算方法

我国外币会计报表折算,包括境外子公司以外币表示的会计报表的折算,以及境内子公司采用与母公司记账本位币不同的货币编报的会计报表的折算。

1. 我国对资产负债表的折算方法

所有资产和负债类项目均按照合并会计报表决算日的市场汇率折算为母公司记账本位币;所有者权益类项目除"未分配利润"项目外,均按照发生时的市场汇率折算为母公司记账本位币;"未分配利润"项目以折算后利润分配表中该项目的金额直接填列;折算后资产类项目与负债类项目和所有者权益类项目合计数的差额,作为外币会计报表折算差额,在"未分配利润"项目下单列项目反映;年初数按照上年折算后的资产负债表有关项目列示。

2. 我国对外币利润表和利润分配表的折算方法

利润表所有项目和利润分配表有关反映发生额的项目应按照当期平均汇率折算,也可采用合并会计报表决算日的市场汇率折算;利润分配表中"净利润"项目按折算后利润表中该项目的金额填列;利润分配表中"年初未分配利润"项目,以上期折算后的会计报表"未分配利润"项目期末数列示;利润分配表中"未分配利润"项目根据折算后的利润分配表其他项目金额计算确定;上年实际数按照上年折算后利润表和利润分配表有关数字列示。

五、外币报表折算举例

【例 2-8】甲公司在美国有一子公司 A 公司。A 公司采用美元记账并编制会计报表,该公司于 2×19 年 12 月 31 日结束的会计年度的资产负债表、利润表及留存收益、有关汇率详见表 2-5、表 2-6。

表 2-5 A 公司资产负债表

2×19 年 12 月 31 日　　　　　　　　　　　　　　　单位:美元

库存现金	1 000
应收账款	3 000
存货(按市价)	5 000
固定资产	16 000
累计折旧	(4 000)
资产总额	21 000
应付账款	2 500
短期借款	2 000
应付债券	5 200
股本——普通股	9 000
未分配利润	2 300
负债与所有者权益总额	21 000

表 2-6 A 公司利润表

2×19 年 12 月 31 日　　　　　　　　　　　　　　　　　　　　　　　　　单位：美元

主营业务收入	28 000
主营业务成本	17 500
折旧费用	1 800
管理费用	2 000
税前利润	6 700
所得税	2 400
税后利润	4 300
年初未分配利润	0
可分配利润合计	4 300
股利分配	2 000
年末未分配利润	2 300

假设

2×19 年 12 月 31 日现行汇率	1 美元＝6.80 元人民币
2×19 年平均汇率	1 美元＝6.60 元人民币
2×19 年第四季度平均汇率	1 美元＝6.90 元人民币
股票发行日汇率	1 美元＝6.50 元人民币
股利支付日汇率	1 美元＝6.48 元人民币
存货市价历史汇率	1 美元＝6.58 元人民币
固定资产购置日汇率	1 美元＝6.50 元人民币
债券发行日汇率	1 美元＝6.48 元人民币

1. 现行汇率法

现行汇率法下，折算结果见表 2-7、表 2-8。

表 2-7 A 公司资产负债表

2×19 年 12 月 31 日

	美元	汇率	人民币
库存现金	1 000	6.80(现行)	6 800
应收账款	3 000	6.80	20 400
存货(按市价)	5 000	6.80	34 000
固定资产	16 000	6.80	108 800
累计折旧	(4 000)	6.80	(27 200)
资产总额	21 000		142 800
应付账款	2 500	6.80	17 000
短期借款	2 000	6.80	13 600
应付债券	5 200	6.48(发行日)	33 696
股本——普通股	9 000	6.50(发行日)	58 500
未分配利润	2 300		10 774
折算损益			9 230(直接列入)
负债与所有者权益总额	21 000		142 800

表2-8 A公司利润表
2×19年度

	美元	汇率	人民币
主营业务收入	28 000	6.60（平均）	184 800
主营业务成本	17 500	6.60	115 500
折旧费用	1 800	6.50（历史）	11 700
管理费用	2 000	6.60	13 200
折算损益（损失）			2150（直接列入）
税前利润	6 700		42 250
所得税	2 400	6.60	15 840
税后利润	4 300		26 410
年初未分配利润	0		0
可分配利润合计	4 300		26 410
股利分配	2 000	6.48（支付日）	12 960
年末未分配利润	2 300		13 450

2.流动与非流动法

在流动与非流动法下，折算结果见表2-9、表2-10。

表2-9 A公司资产负债表
2×19年12月31日

	美元	汇率	人民币
库存现金	1 000	6.80（现行）	6 800
应收账款	3 000	6.80	20 400
存货	5 000	6.80	34 000
固定资产	16 000	6.50（历史）	104 000
累计折旧	(4 000)	6.50	(26 000)
资产总额	21 000		139 200
应付账款	2 500	6.80	17 000
短期借款	2 000	6.80	13 600
应付债券	5 200	6.80	35 360
股本——普通股	9 000	6.50（历史）	58 500
未分配利润	2 300		5 510（倒挤）
折算损益			9230（直接列入）
负债与所有者权益总额	21 000		139 200

表 2-10　A 公司利润表
2×19 年度

	美元	汇率	人民币
主营业务收入	28 000	6.60(平均)	184 800
主营业务成本	17 500	6.60	115 500
折旧费用	1 800	6.50(历史)	11 700
管理费用	2 000	6.60	13 200
折算损益(损失)			2150(直接列入)
税前利润	6 700		42 250
所得税	2 400	6.60	15 840
税后利润	4 300		26 410
年初未分配利润	0		0
可分配利润合计	4 300		26 410
股利分配	2 000	6.48(支付日)	12 960
年末未分配利润	2300		13 450

3. 货币与非货币法

在货币与非货币法下，折算结果见表 2-11、表 2-12。

表 2-11　A 公司资产负债表
2×19 年 12 月 31 日

	美元	汇率	人民币
库存现金	1 000	6.80(现行)	6 800
应收账款	3 000	6.80	20 400
存货(按市价)	5 000	6.58(历史)	32 900
固定资产	16 000	6.50	104 000
累计折旧	(4 000)	6.50	(26 000)
资产总额	21 000		138 100
应付账款	2 500	6.80	17 000
短期借款	2 000	6.80	13 600
应付债券	5 200	6.80	35 360
股本——普通股	9 000	6.50(历史)	58 500
未分配利润	2 300		4 410(倒挤)
折算损益			9230(直接列入)
负债与所有者权益总额	21 000		138 100

表 2-12 A 公司利润表
2×19 年度

	美元	汇率	人民币
主营业务收入	28 000	6.60（平均）	184 800
主营业务成本	17 500	6.60	115 500
折旧费用	1 800	6.50（历史）	11 700
管理费用	2 000	6.60	13 200
折算损益（损失）			2150（直接列入）
税前利润	6 700		42 250
所得税	2 400	6.60	15 840
税后利润	4 300		26 410
年初未分配利润	0		0
可分配利润合计	4 300		26 410
股利分配	2 000	6.48（支付日）	12 960
年末未分配利润	2300		13 450

4. 时态法

在货币与非货币法下，折算结果见表 2-13、表 2-14。

表 2-13 A 公司资产负债表
2×19 年 12 月 31 日

	美元	汇率	人民币
库存现金	1 000	6.80（现行）	6 800
应收账款	3 000	6.80	20 400
存货（按市价）	5 000	6.80	32 900
固定资产	16 000	6.50（历史）	104 000
累计折旧	(4 000)	6.50	(26 000)
资产总额	21 000		138 100
应付账款	2 500	6.80	17 000
短期借款	2 000	6.80	13 600
应付债券	5 200	6.80	35 360
股本——普通股	9 000	6.50（历史）	58 500
未分配利润	2 300		16 550（倒挤）
折算损益			
负债与所有者权益总额	21 000		138 100

表 2-14 A 公司利润表
2×19 年度

	美元	汇率	人民币
主营业务收入	28 000	6.60（平均）	184 800
主营业务成本	17 500	6.60	115 500
折旧费用	1 800	6.50（历史）	11 700
管理费用	2 000	6.60	13 200
折算损益（损失）			2150（直接列入）
税前利润	6 700		42 250
所得税	2 400	6.60	15 840
税后利润	4 300		26 410
年初未分配利润	0		0
可分配利润合计	4 300		26 410
股利分配	2 000	6.48（支付日）	12 960
年末未分配利润	2300		13 450

> **拓展阅读：**
>
> 1. 恶性通货膨胀经济的判定
>
> 按照我国会计准则指南的解释，恶性通货膨胀经济通常具有一下特点之一：①最近三年累计通货膨胀率接近或超过100%；②利率、工资和物价指数挂钩；③公众不是以当地货币而是以相对稳定的外币为单位作为衡量货币金额的基础；④公众倾向于以非货币性资产或相对稳定的外币来保存自己的财富，持有的当地货币立即用于投资以保持购买力；⑤即使信用期限很短，赊销、赊购交易仍按补偿信用期预计购买力损失的价格成交。
>
> 2. 恶性通货膨胀经济环境下外币财务报表折算的准则要求
>
> 我国会计准则要求，企业在并入处于恶性通货膨胀经济中的境外经营的财务报表时，应当按照下列规定进行折算：首先对资产负债表项目运用一般物价指数予以重述，对利润表项目运用一般物价指数变动予以重述；然后再按照最近资产负债表日的即期汇率进行折算。在境外经营不再处于恶性通货膨胀经济中时，停止重述，按照停止之日的价格水平重述的财务报表进行折算。
>
> 严格来说，按《国际会计准则第29号——在恶性通货膨胀经济中的财务报告》的要求，要根据不同的项目对各报表项目进行重述。
>
> （1）对于资产负债表项目。由于货币性项目已经以报告期末当天的计量单位表述，因此，无论企业采用历史成本还是采用现行成本编制财务报表，货币性项目都不需要重述。
>
> 在采用历史成本编制财务报表时，若非货币性项目已经按照资产负债表日的计量单位列示（如存货采用了可变现净值），就不需调整，但若按照购入时的成本计量（如固定资产、无形资产等），则应自购置日起以一般物价指数变动予以重述。
>
> 在采用现行成本编制财务报表时，若报表项目是按照现行成本表述的不做重述，而非按现行成本表述的则要在期末转换为现行成本。

(2)对于利润表项目。在采用历史成本编制财务报表时,要求报表中的所有项目都应以报告期末的计量单位表述,因此,自收益到费用项目所有的金额都需要在财务报表中初始记录之日起,用一般物价指数变动进行重述。

在采用现行成本编制财务报表时,销售成本和折旧按消耗时的现行成本入账,销售费用和其他费用按发生时的货币金额入账,因此所有的金额都需要用一般物价指数重述为报告期末的计量单位。

综上所述,在对资产负债表项目进行重述时,货币资金、应收账款等货币性项目不需要重述,通过协议与物价变动挂钩的资产和负债应根据协议的约定进行调整,非货币性项目有的不需要重述(比如已经用可变现净值列示的存货等),有的应当予以重述(如固定资产等,应自购置日起按一般物价指数变动进行重述)。而对于利润表项目,所有的金额都需要自其初始确认之日起,以一般物价指数变动进行重述。在实际业务中,利润表重述时,较多采用年度内平均物价指数,且将由于重述而产生的差额计入当期净利润。对资产负债表和利润表进行重述后,再按资产负债日的即期汇率对资产负债表项目和利润表项目进行折算。

六、外币业务的信息披露

会计信息披露一直是会计处理的关键问题之一,在我国上市公司成为社会经济活动的重要力量之后,这方面的工作就显得尤为重要。

我国《企业会计准则第 19 号——外币折算》对外币业务的披露要求着重于记账本位币有关的事项和汇兑损益差额在本期的变动情况,具体体现为以下几方面:

(1)对企业应当披露的与记账本位币有关事项的要求。主要为:①企业及其境外经营选定的记账本位币及选定的原因,记账本位币发生变更的,说明变更理由。②采用近似汇率的,说明近似汇率的确定方法。

(2)对企业应当披露的汇兑损益差额在本期变动情况的要求。即企业应当披露包括在当期损益中的汇兑差额以及处置境外经营对外币报表折算差额的影响。

(3)处置境外经营对外币财务报表折算差额的影响。企业在处置境外经营时,应当将资产负债表中所有者权益项目下列示的、与该境外经营相关的外币财务报表折算差额,自所有者权益项目转入处置当期损益;部分处置境外经营的,应当按处置的比例计算处置部分的外币财务报表折算差额,转入处置当期损益。

第四节 国际惯例

外币报表折算方法选择的分布、应用情况如下:

1. 现行汇率法

该法应用于美、英、德、法、加拿大、澳大利亚等 23 个国家地区。

现行汇率法将所有的资产和负债项目均按现时汇率折算,可以看出,这种方法简便易行,便于操作,实际上是对外币报表中的资产负债项目都乘上一个系数,这样可以使折算后的外币报表各项目仍然保持原有比例关系和由此计算出来的各种财务比率,较为真实地表述了原外币报表所反映的财务成果;而且,折算差额列示在资产负债表的所有者权益项目下,汇率变动本期折算的损失(或利得)被下期的折算利得(或损失)所抵消,避免若折算差额直接计入当期损益中,企业的经营成果受折算损益忽高忽低的影响。此方法的缺陷在于,它假定外币表示的资产和负债项目都受汇率变动的风险影响是不合理的,但我们也应看到,若从衡量母公司在子公司的投资净额即子公司的净资产所受的汇率影响的角度来看,折算汇率选择也是合理的;另外一个缺点是:在历史成本模式下,以现时汇率折算一项以历史成本计价的项目,折算后的金额既不是母公司所在国货币表示的历史成本,也不是外币的历史成本,既不是现行市价,也不是可变现净值,因而缺乏经济意义,并导致外币报表某些项目的实际价值受到歪曲。

2. 流动与非流动项目法

该法应用于新西兰、南非等7个国家地区。

区分流动和非流动性项目法的理论依据是,非流动资产在短期内不会转变为现金,所以它们不受汇率变动影响。采用这种方法使汇率的变动在当期只影响流动资产和负债,因此该方法的优点在于,按现时汇率折算后的流动项目保留了原来报表上的真实比例关系,有助于对营运资本的分析。当然,该方法有明显的缺点:①以流动性作为分类标准来选择折算汇率,理论依据不很充分,无论怎样,流动性项目与非流动性项目的定义不过是一种分类方案,并不是折算中使用哪种汇率的概念性依据。②对存货与现金、应收账款一样采用现时汇率折算,意味着存货与现金、应收账款一样承受汇率风险,这样未能反映出存货的实际情况。③对长期应收款、长期应付款、长期借款、应付债券等项目采用历史汇率折算,没有反映这些项目承受的汇率风险。此外,这一方法与外币交易会计处理方法未能协调一致。从世界范围来看,这种方法是一种逐步被淘汰的方法,目前只有少数国家采用。

3. 货币与非货币项目法

该法应用于芬兰、韩国、新西兰等10个国家地区。

区分货币和非货币性项目法的理论依据是,货币性资产和负债代表的是未来一定时期收到或付出一笔固定的外币金额的权利或责任,汇率的变动直接影响跨国公司的本国货币发生等值变动,而非货币性项目则不然。它从汇率变动的角度分析对资产和负债项目的影响,进而进行分类选择折算汇率,可以看出,它更优越于区分流动与非流动项目法。然而,它仍然有显而易见的缺陷,它仍然没有超越对资产和负债项目进行某种分类组合的框架。它虽然恰当地分析了汇率变动对资产和负债项目的影响,从而提出货币性与非货币性项目的分类概念,以此作为选择折算汇率的准绳,但是,当企业存货、长期投资等非货币性资产按现行市场价值计量时,这一方法就显得不够合理了。归根结底,区分货币和非货币性项目法仍旧没有认识到外币报表折算这一问题涉及的是会计计量问题而不是项目分类问题。由于该方法理论依据上的固有缺陷,目前也仅有少数国家采用。

4. 时态法

该法应用于美、英、加拿大、阿根廷等13个国家地区。

时态法是建立在区分货币与非货币项目法的基础之上,以各资产、负债项目的计量属性作为选择折算汇率的依据,主要从会计计量理论的角度完善了区分货币与非货币项目法,这是时态法最突出的优点和最显著的特征。它对以历史成本计量的项目按历史汇率折算,对以现行成本计量的项目按现时汇率折算,能够适应各种会计计量模式,具有较大的适应性,并且保证这种会计模式折算前后的一致性,符合实务中多种计量属性的计量模式。这种方法的缺陷在于它把折算差额包括在当期损益中,一旦汇率发生变动会导致损益的波动,可能使得原外币报表的利润折算后变为亏损或亏损折算后变为利润;另外对存在较高负债比率的企业,汇率变动幅度较大时,会导致折算损益发生重大波动,不利于企业利润的平稳;而且这种方法会改变用子公司所在国货币表述的子公司报表各项目之间的比例关系,不利于报表使用者对子公司报表进行分析。

从时态法的实务运用来看,由于其相对其他方法有更强的概念依据,为不少国家会计准则制定机构所接受,如日本、德国等。

由此可见,现行汇率法和时态法在国际通行选择上处于主导地位。通行的国际惯例是:对境外经营进行了分类,如"属于报告企业经营有机组成部分的国外经营"和"国外实体"两类。在此基础上选择折算方法,即"属于报告企业经营有机组成部分的国外经营"选择时态法进行折算;"国外实体"选择现行汇率法进行折算。

如国际财务报告准则 IFRS(原为国际会计准则 IAS)规定:属于报告企业经营有机组成部分的国外经营所从事的业务,如同报告企业经营业务的扩展。例如,这种国外经营可能只限于销售从报告企业进口的商品,并将收入汇回给报告企业。在这种情况下,报告货币和国外经营所在国的货币之间的汇率变动,几乎立即影响报告企业的现金流量。因此,汇率变动影响的是国外经营所持有的货币性项目,而不是报告企业对国外经营的投资净额。

相反,国外实体在积累现金和其他货币性项目、发生费用、创造收益,甚至安排借款时,主要都使用当地货币。它也可能进行外币交易,包括以报告货币进行的交易。如果报告货币与当地货币之间的汇率发生变动,无论对国外实体还是对报告企业的经营所形成的现在或将来的现金流量,几乎都不会产生直接影响。汇率的变动只影响报告企业对国外实体中的投资净额,却不会影响国外实体所持有的货币性或非货币性项目。

本章小结

(1)记账本位币的确定。记账本位币是指企业经营所处的主要经济环境中的货币,企业通常应选择人民币作为记账本位币,企业选定记账本位币应综合考虑多项因素。企业记账本位币一经确定,不得随意变更,除非企业经营所处的主要经济环境发生重大变化。企业因经营所处的主要经济环境发生重大变化,确需变更记账本位币的,应当采用变更当日的即期汇率将所有项目折算为变更后的记账本位币。记账本位币以外的货币称为外币,以外币计价或者结算的交易称为外币交易,以外币反映的财务报表称为外币财务报表,将外币交易或外币财务报表折算为记账本位币反映的过程即为外币折算。

(2)汇率的选择与会计处理。企业对于发生的外币交易,应当将外币金额折算为记账本位币金额。外币交易应当在初始确认时,采用交易发生日的即期汇率或与交易发生日即期汇率近似的汇率折算为记账本位币金额;企业在资产负债表日,应当按照相应规定对外币货币性项目和外币非货币性项目进行处理。外币财务报表折算的基本方法主要有现行汇率法、流动与非流动项目法、货币与非货币项目法以及时态法 4 种。我国目前对于境外经营财务报表折算应当按照《企业会计准则第 19 号——外币折算》的相应规定进行。

案例讨论

TG集团公司对境外制药公司外币业务处理,涉及折算方法的选择及其折算程序的确定。

(1)折算方法的选择。根据我国《企业会计准则第19号——外币折算》规定,TG集团为了编制合并财务报表,需要对境外制药公司的外币报表进行折算,而可采用折算方法应该是现行汇率法折算。

(2)按照现行汇率法折算外币会计报表基本程序:

1)对外币利润表收入和费用项目,为了简单起见,按照整个报告期的平均汇率进行折算。

2)外币资产负债表中的资产和负债项目按编制资产负债表日的期末汇率进行折算。

3)对外币资产负债表中的所有者权益项目,按确认时的历史汇率折算;"未分配利润"项目根据折算后的利润表相关数据填列。

外币财务报表折算损益是以单独的"折算调整额"项目列示于资产负债表的所有者权益内,而不是填列在利润表及所有者权益变动表内。折算调整额将逐年累积,并与未分配利润分开揭示。

其他相关资料:

假定:2×19年1月1日汇率为1$=6.20¥

2×19年12月31日汇率为1$=6.45¥

2×19年平均汇率为1$=6.40¥

利润支付日的汇率为1$=6.50¥

TG集团公司对境外制药公司投资时的历史汇率为1$=6.00¥

境外药业公司期初未分配利润为900000美元,应付股利2800000美元

编制折算后的报表见表2-15、表2-16。

表2-15 制药公司折算后的利润表

项目	美元	现行汇率	人民币
一、营业收入	26 000	6.40	166 400
减:营业成本	14 500	6.40	92 800
营业税金及附加	455	6.40	2 912
销售费用	3 500	6.40	22 400
管理费用	1 000	6.40	6 400
财务费用	600	6.40	3 840
二、营业利润	5 945		38 048
加:投资收益	300	6.40	1 920
营业外收入	450	6.40	2 880
减:营业外支出	150	6.40	960
三、折算损益			
四、利润总额	6 545		41 888
减:所得税	2000	6.40	12 800
五、净利润	4 545		29 088

表 2-16 制药公司折算后的资产负债表

项目	美元	现行汇率	人民币
资产:			
货币资金	1 500	6.45	9 675
应收账款	4 000	6.45	25 800
存货	3 200	6.45	20 640
长期投资	2 000	6.45	12 900
固定资产	6 000	6.45	50 700
资产合计	16 700		107 715
负债及所有者权益			
流动负债	3 000	6.45	19 350
长期负债	4 500	6.45	29 025
实收资本	6 555	6.00	39 330
未分配利润	2 645①		16 480②
折算差额(收益)			3 530③
负债及所有者权益合计	16 700		107 715

①折算前未分配利润 = 4 545+900-2 800=2 645
②折算后未分配利润 = 29 088+900×6.2-2 800×6.5=16 480
③折算损益 = 107 715-(19 350+29 025+39 330+16 480)=3 530

若将折算过程中形成的折算差额计入当期损益,则外币报表折算的一般程序是先折算外币资产负债表,然后折算外币利润表及所有者权益变动表,具体报表项目的折算思路同上。

讨论思考题

外币报表折算的核心问题:一是解决折算汇率问题,二是解决折算差额的处理问题。你认为中国选用现行汇率有什么主要缺陷?

解析:在现行汇率法下,其缺点表现为所有的资产项目均采用现行汇率进行折算,就会使所有的资产都要承担相同的汇率风险,但实际上各项目承担风险的汇率风险是不同的;另外,将外币报表中按历史成本表示的资产项目按编表日现行汇率折算,其折算结果既非资产的历史成本,亦非资产的现行市价,导致资产的价值失去了其本身应有的意义。

思考题

1.如何确认汇兑损益?

2.外币报表折算方法有哪几种?

3.境外子公司财务折算报表时,为什么留存收益的估值显得尤为困难呢?通常又是怎么解决的呢?

4.我国企业会计准则对外币报表折算的要求是什么?涉及哪些汇率?进行这项工作的一般程序是什么?

5.在将境外子公司财务报表折算为以母公司报告货币计量时,必须要计算折算调整,并且列报。那么折算调整怎么计算?该如何列报?

讨论

查询资料,比较外币折算国际会计准则与国内准则的差异,试分析差异带来的影响。

参考资料

[1]曲远洋.高级财务会计[M].上海:上海财经大学出版社,2016.

[2]李倩.高级财务会计学[M].重庆:西南师范大学出版社,2016.

[3]张志英.高级财务会计[M].3版.北京:对外经济贸易大学出版社,2015.

第三章　债务重组

开篇案例

东盛科技债务重组事件

1. 案例背景介绍

东盛科技出现严重的财务危机主要是从 2007 年开始,企业内部的大股东为了自身的利益占用企业的周转资金,与此同时,与东盛科技公司互相担保的几家公司也相继出现问题,进入破产清算流程,这些突发状况导致该公司资金链发生断裂,不能按期偿还贷款。到 2008 年 7 月底,公司负债率达到 131.99%,出现严重的财务危机。

2008 年 6 月,中国银行首先采取措施帮助东盛科技解决债务问题,其次东盛科技又与所有的债权人进行交涉,提出减免欠款的申请,并且许诺把欠款的 25% 到 30% 一次性偿还完。2008 年 6 月 16 日,银监会将东盛科技所有的债权人组织成为债权委员会。委员会对东盛科技偿还债务和重组等事情进行了商讨,最终达成协议。

2. 东盛科技债务重组的方式及具体措施

东盛科技主要采用资产偿还和修改债务条件两种混合方式进行重组。2010 年 10 月底,债权委员会进行债务重组的会议,提出用 20% 的偿还比例消除高风险或存在负债的草案,根据会议协商表决制度,2010 年 12 月 31 日通过该草案。同时,债权委员会在 2009 和 2011 两年内,将固定资产和多个股份等非核心高价值的资产变现,并将资金转到债权委员会的账户下。2011 年上半年,债权委员会按照之前约定的比例偿还给相应的债权人,清偿了大部分高风险或存在欠款的债务,解决了造成该企业财务困境的最主要因素,规避了企业破产的风险。债权委员会的重心从解决存在较高风险的负债转移到解决企业根本债务的问题上。在 2012 年通过与各个债权人的协商,债权委员会把长城公司作为战略投资者,希望其将东盛科技的所有债权本息先都承担过去。经过不断地与长城公司协商,最终在 2013 年 9 月将所有债权转到长城公司账户,彻底解决了东盛科技债务的问题。具体措施如下:

(1)自 2010 年 12 月 30 日起,东盛科技先后与建设银行保定五四西路支行、农业银行保定阳光支行、北京东湾投资顾问公司等共签订 8 份《担保免除协议》,总共减除约 79 186 万元担保债款,共扣除债务合计 47 448 万元。

(2)2011 年 3 月 16 日,东盛科技与长城资产管理公司,同年 4 月 18 日与交通银行河北分行分别签订《担保免除协议》,共扣减担保债款 30 286 万元。

(3)2012 年间,债权银行把东盛科技及其子公司的大部分担保协定、借款协议、还款协议和其他文件事项的所有债权转给长城资产管理公司石家庄办事处,共转让本金 71 034 万元,利息 36 261.58 万元,合计 107 295.58 万元。

(4)2012 年 12 月 31 日,东盛科技公司及其子公司与长城资产管理公司石家庄办事处签署了《债务重组协议》,协议约定东盛科技及其子公司偿还借款 42 030 万元后,长城公司扣除减免剩余的 36 261.58 万元的利息欠款。到 2012 年年底,公司偿还了借款 42 030 万元,获得减免利息 36 261.58 万元,剩余偿还借款余额 29 004 万元。

(5)2013 年 6 月 12 日,东盛科技及其子公司与长城公司签订了《债务重组协议》,协议规定当该公司及其子公司偿还 15 456 万元后,必须减免利息债务 2 525.54 万元,并将这次债务重组计入当期损益。

(6)2013 年 9 月 13 日,东盛科技与石嘴山银行签订《债务重组协议》,协议规定当公司偿还 700 万元以后,石嘴山银行扣除企业 469 万元利息债务。到 2013 年年底时,公司完成该项偿还义务。

通过以上东盛科技债务重组过程的具体措施可看出,该公司主要采用了修改其他债务条件的方式进行了债务重组活动。债权人通过采用减免债务、免除利息、降低利率,延长还款期限等方法,延缓债务人的财务危机,给其一定时间重获生机,避免破产的危机。东盛科技也很好地利用了债务重组这次机会,扭亏为盈。

本章结构

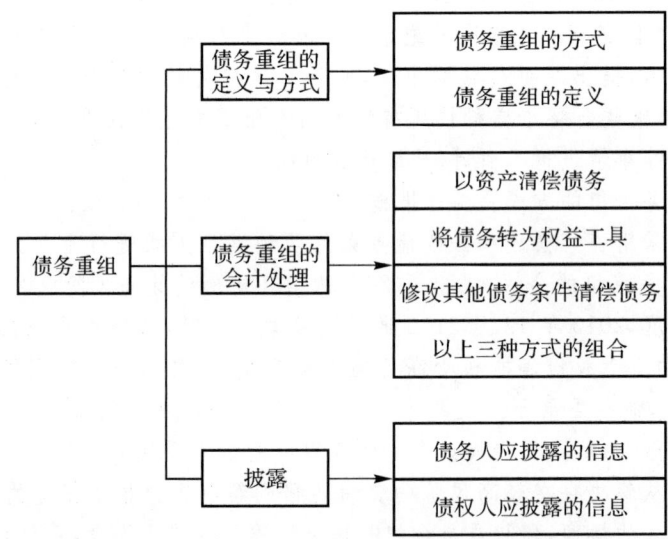

本章要点

- 债务重组的定义。
- 债务重组的方式。
- 不同债务重组方式下的会计处理。
- 债务重组的信息披露。

学习目标

◇ 了解:债务重组信息的披露要求。

◇ 理解:债务重组的基本概念和债务重组对公司利润质量的影响。
◇ 掌握:债务重组的性质和不同债务重组方式下债权人、债务人的会计处理方法。

第一节　债务重组的定义与方式

一、债务重组的定义

在市场经济条件下,竞争日趋激烈,企业为此需要不断地根据环境的变化,调整经营策略,防范和控制经营及财务风险,然而有时由于各种因素(包括内部和外部)的影响,企业可能出现一些暂时性或严重的财务困难,致使资金周转不灵,难以按期偿还债务。在此情况下,作为债权人,一种方式是可以通过法律程序,要求债务人破产清算,以清偿债务;另一种方式是债务重组。

债务重组是指在不改变交易对手方的情况下,经债权人和债务人协定或法院裁定,就清偿债务的时间、金额或方式等重新达成协议的交易。"不改变交易对手方"是债务重组的前提条件。如果是不同交易对手方之间的债权和债务相互抵消、重新修订协议等,应按金融工具相关准则进行处理。债务重组的达成方式为"经债权人和债务人协定"或"法院裁定"两种。债务重组的具体内容为"就清偿债务的时间、金额或方式等重新达成协议的交易"。

本章依据《企业会计准则第12号——债务重组》编写,该准则适用于所有债务重组,但下列各项适用其他相关会计准则:

(1)债务重组中涉及的债权、重组债权、债务、重组债务和其他金融工具的确认、计量和列报,分别适用《企业会计准则第22号——金融工具确认和计量》和《企业会计准则第37号——金融工具列报》。

(2)通过债务重组形成企业合并的,适用《企业会计准则第20号——企业合并》。

(3)债权人或债务人中的一方直接或间接对另一方持股且以股东身份进行债务重组的,或债权人与债务人在债务重组前后均受同一方或相同的多方最终控制,且该债务重组的交易实质是债权人或债务人进行了权益性分配或接受了权益性投入的,适用权益性交易的有关会计处理规定。

相对于债务人而言的"债务"重组,对于债权人而言实际上等于是"债权"重组,为简化表述,通常用"债务重组"表述债务人与债权人之间的债务、债权重组事项。同理,通常用"债务重组损益"表述债务人、债权人在双方债务、债权重组中产生的利得或损失。债务重组作为一种特殊的偿债方式,有其特殊的核算方式,以下将一一介绍。

> **拓展阅读:**
>
> 重组损益的确认、计量和报告
>
> 理论界关于债务重组损益的确认和计量大体有以下两种观点:一种观点认为,在利润表上确认同一项重组债务的财产转让损益和债务重组损益的意义不大,因此,他们主张重组债务的账面价值与受让非现金资产账面价值的差额全部确认为重组损益;另一种观点

认为,以公允价值计量转让的非现金资产的价值,对于评价和传递关于企业的有用信息是至关重要的,例如,在债务重组中转让的某些资产(如房地产),其公允价值往往高于账面价值;而另一些资产(如应收款项)的公允价值往往低于其账面价值,所以,只有采用公允价值,才能在债务重组业务中将企业持有某些资产的升值或贬值的有用信息充分地反映出来,间接向市场传递关于公司资产质量的有用信息,因此,他们主张将转让非现金资产的公允价值与其账面价值的差异确认为财产转让损益。我国《企业会计准则第12号——债务重组》采纳后一种观点,要求债务人将所清偿债务账面价值与转让非现金资产账面价值之间的差额计入当期损益,债权人将放弃债券的公允价值与账面价值之间的差额计入当期损益。

关于重组损益的报告问题,我国在制定新准则时,借鉴了国际会计准则理事会(IASB)和财务会计准则委员会(FASB)的理念,考虑到重组过程中财产转让损益和债务重组损益对信息使用者有一定的信息含量,因此赞成将重组损益包含在当期利润表中,在利润表中分别列示财产转让损益和债务重组损益;同时,为了保护投资者利益,要求债务人、债权人用转让(受让)非现金资产的公允价值确认重组过程中的利得或损失,并将此利得或损失包括在当期损益中计算,充分体现了我国向国际会计准则的趋同倾向。

【案例3-1】破产重整的收益确认时点

甲公司为上市公司,拟进行破产重整。2×20年2月,当地法院批准了甲公司的重整计划,对于超过10万元的普通债权,甲公司按照12%的比例以现金进行清偿,并在重整计划获法院批准之日起三年内分三期清偿完毕,每年为一期,每期偿还1/3。破产重整方案中还规定,只有在甲公司履行重整计划规定的偿债义务后,债权人才根据重整计划豁免其剩余债务,否则,管理人或债权人有权要求终止重整计划,债权人在重整计划中所做的债权调整承诺也随之失效。甲公司根据前述重整计划的安排,在2×20年2月确认了约10亿元债务重组收益。

2×20年年底,甲公司发布重大事项公告,称公司目前未能按照重整计划确定的第一期债务清偿时间和金额偿还债务。为了避免破产清算,公司一方面书面致函各相关债权人恳请延期偿还债务,截至2×20年12月31日,尚未收到各债权人及相关部门的书面异议;另一方面正全力加大工作力度和加快工作进程,力争在最短的时间内筹集到相应资金偿付第一期债务。公司将根据事情的进展情况及时履行信息披露义务。

问题:甲公司是否能在2×20年的年报中确认上述破产重整债务重组收益?

解析:一般应等到法院裁定破产重整实施完毕才能确认债务重组收益,债务人不得在法院批准其重整计划时,立即确认破产重整债务重组收益。根据甲公司的破产重整方案,"只有在甲公司履行重整计划规定的偿债义务后,债权人才根据重整计划豁免其剩余债务,否则,管理人或债权人有权要求终止重整计划,债权人在重整计划中所做的债权调整承诺也随之失效"。这说明,债权人所做的债务豁免承诺只有在甲公司按照重整计划的规定履行完所有偿债义务之后才生效,在此之前,甲公司不应该确认重组收益。

> 本案例中,甲公司已于2×20年年底前发布重大事项公告,称公司目前未能按照重整计划确定的第一期债务清偿时间和金额偿还债务,这进一步证明,在2×20年底,无法确定甲公司是否能够按照破产重整方案履行完毕所有的偿债义务。因此,甲公司不应在2×20年度确认相关债务重组收益。

二、债务重组的方式

债务重组一般包括下列方式,或下列一种以上方式的组合:第一,债务人以资产清偿债务;第二,债人以债务转为权益工具清偿债务;第三,以修改其他债权和债务条款清偿债务。

1. 以资产清偿债务

以资产清偿债务,是指债务人转让其资产给债权人以清偿债务的债务重组方式。

债务人用于清偿债务的资产包括现金资产和非现金资产,主要有:现金、存货、金融资产(包括交易性金融资产、持有至到期投资、可供出售金融资产和长期股权投资等)、固定资产、无形资产等。这里的现金,是指货币资金,即库存现金、银行存款和其他货币资金。在债务重组的情况下,以现金清偿债务,无论是以低于债务账面价值的现金清偿债务还是以高于债务账面价值的现金清偿债务,都属于本章所指的债务重组。

2. 以债务转为权益工具清偿债务

债务转为权益工具,是指债务人将债务转为资本,同时,债权人将债权转为对联营企业或合营企业权益性投资的债务重组方式。

以债务转为权益工具用于清偿债务的,债务重组准则澄清其规范的债务工具转为权益工具,仅包括将债务工具转为联营或合营企业权益性投资的交易。债务人根据转换协议,将可转换公司债券转为资本属于正常情况下的债务转资本,不能作为债务重组处理。

债务转为权益工具时,对股份有限公司而言是将债务转为股本;对其他企业而言,是将债务转为实收资本。债务转为权益工具的结果是,债务人因此增加股本(或实收资本),债权人因此增加股权(可以确认为长期股权投资的金融资产)。

3. 以修改其他债务条件清偿债务

修改其他债务条件,是指修改不包括上述两种情形在内的债务条件进行的债务重组方式。如减少债务本金、减少或免去债务应付未付的利息、降低利率、延长债务偿还期限并减少债务本金或债务利息等。

4. 以组合方式清偿债务

组合方式清偿债务,是指采用以上三种方式共同清偿债务的债务重组方式,也称混合重组方式。例如,以转让资产清偿某项债务的一部分,另一部分债务通过修改其他债务条件进行债务重组。主要包括以下可能的方式:

(1)债务的一部分以资产清偿,另一部分则转为权益工具;
(2)债务的一部分以资产清偿,另一部分则修改其他债务条件;
(3)债务的一部分转为权益工具,另一部分则修改其他债务条件;
(4)债务的一部分以资产清偿,一部分转为权益工具,另一部分则修改其他债务条件。

第二节 债务重组的会计处理

债务重组的会计处理,关键在于债务人及债权人是否确认并且何时确认债务重组损益。我国《企业会计准则第12号——债务重组》规定,债务方应当确认债务重组损益,并计入当期损益。下面分别讨论不同债务重组方式下的会计核算方式。

一、以资产清偿债务

在债务重组中,企业以资产清偿债务的,通常包括以现金清偿债务和以非现金资产清偿债务等方式。

(一)以现金资产清偿债务

债务人以现金清偿债务的,债务人应当将重组债务的账面价值与实际支付的现金之间的差额确认为债务重组损益,计入当期损益。其中,相关重组债务应当在满足金融负债终止确认条件时予以终止确认。重组债务的账面价值,一般为债务的面值或本金、原值,如应付账款;如有利息,还应加上应付未付利息,如长期借款等。相关会计处理如下:

1.借:应付账款等(账面价值)
　　贷:银行存款(实际支付的金额)
　　　　投资收益——债务重组利得(倒挤得到的差额)

2.借:应付账款等(账面价值)
　　　投资收益——债务重组利得(倒挤得到的差额)
　　贷:银行存款(实际支付的金额)
　　　　营业外收入——债务重组利得(倒挤得到的差额)

债务人以现金清偿债务的,债权人应当将重组债权的账面余额与实际收到的现金之间的差额,计入投资收益。其中,相关重组债权应当在满足金融资产终止确认条件时予以终止确认。重组债权已经计提减值准备的,应当先将上述差额冲减已计提的减值准备,冲减后仍有损失的,计入投资收益;冲减后减值准备仍有余额的,应予转回并抵减当期资产减值损失,贷记资产减值损失。相关会计处理如下:

借:银行存款(实际收到的金额)
　　坏账准备(债权人计提的减值准备)
　　投资收益(借方差额)
贷:应收账款等(账面价值)
　　资产减值损失(贷方差额)

【例3-1】甲企业于2×19年1月20日销售一批材料给乙企业,不含税价格为200 000元,增值税税率为13%,按合同规定,乙企业应于2×19年4月1日前偿付货款。由于乙企业发生财务困难,无法按合同规定的期限偿还债务,经双方协商于7月1日进行债务重组。债务重组协议规定,甲企业同意减免乙企业30 000元债务,余额转账立即偿清。甲企业已于7月10日收到乙企业通过转账偿还的剩余款项。

假定一:甲企业已为该项应收账款计提了20 000元的坏账准备。

①乙企业(债务人)的账务处理

借:应付账款——甲企业	226 000	
贷:银行存款		196 000
投资收益——债务重组利得		30 000

②甲企业(债权人)的账务处理

借:银行存款	196 000	
投资收益——债务重组损失	10 000	
坏账准备	20 000	
贷:应收账款——乙企业		226 000

假定二:甲企业已为该项应收账款计提了40 000元坏账准备

①乙企业(债务人)的账务处理与假定一相同。

②甲企业(债权人)的账务处理:

借:银行存款	196 000	
坏账准备	40 000	
贷:应收账款		226 000
资产减值损失		10 000

(二)以非现金资产清偿债务

债务人以非现金资产清偿债务的重组方式,主要包括以库存材料、商品产品、固定资产、无形资产和金融资产等非现金资产抵偿债务的方式。

1. 会计处理

(1)债务人的会计处理。以非现金资产清偿债务的会计处理方式:债务人应当将重组债务的账面价值与转让的非现金资产的账面价值之间的差额,确认为债务重组损益,计入当期损益,其中,相关重组债务应当在满足金融负债终止确认条件时予以终止确认。

债务人在转让非现金资产的过程中发生的一些税费,如资产评估费、运杂费等,直接计入费用。对于增值税应税项目,如债权人不向债务人另行支付增值税,则债务重组损益应为转让非现金资产的账面价值和该非现金资产的增值税销项税额与重组债务账面价值的差额,即债务重组损益=应付债务的账面价值-(抵债资产账面价值+增值税销项税额);如债权人向债务人另行支付增值税,则债务重组损益应为转让非现金资产的账面价值与重组债务账面价值的差额。

非现金资产账面价值与债务账面价值的差额,应当分别不同情况进行处理:

1)非现金资产为存货的,所清偿债务账面价值与转让存货账面价值之间的差额计入资产处置损益。

2)非现金资产为固定资产、无形资产的,所清偿债务账面价值与转让的固定资产、无形资产账面价值之间的差额,计入资产处置损益。

3)非现金资产为长期股权投资等金融资产的,所清偿债务账面价值与所转让长期股权投资账面价值之间的差额,计入投资收益。

4)非现金资产为投资性房地产的,按所清偿债务账面价值确认其他业务收入,同时结转其他业务成本。

(2)债权人的会计处理。债务人以非现金资产清偿某项债务的,债权人应当对受让的非现金资产按所放弃债权的公允价值和可直接归属于该资产的税金等其他成本入账,放弃债权的公允价值与债权账面价值之间的差额,确认为债务重组损益,作为投资收益,计入当期损益,其中,相关重组债务应当在满足金融负债终止确认条件时予以终止确认。重组债权已经计提减值准备的,应当先将上述差额冲减已计提的减值准备,冲减后仍有损失的,计入投资收益(债务重组损失),冲减后减值准备仍有余额的,应予转回并抵减当期资产减值损失。对于增值税应税项目,如债权人不向债务人另行支付增值税,则增值税进项税额可以作为冲减重组债权的账面余额处理;如债权人向债务人另行支付增值税,则增值税进项税额不能作为冲减重组债权的账面余额处理。

债权人收到非现金资产时发生的有关运杂费等,应当计入相关资产的价值。若债权人将取得的抵债资产作为交易性金融资产核算,适用金融工具相关准则规定。若债权人将取得的抵债资产作为长期股权投资核算,且能够控制被投资单位财务和经营决策,适用企业合并准则规定。

相关会计处理如下:
借:××资产(放弃债权的公允价值+可直接归属于该资产的相关税费)
　　应交税费——应交增值税(进项税额)
　　投资收益——债务重组损失(借方差额)
　　坏账准备
　贷:应收账款等
　　　银行存款(支付的取得资产相关税费)
　　　资产减值损失(贷方差额)

2. 按不同非现金资产分别分析

(1)以库存材料、商品产品抵偿债务。债权人对所受让的资产进行初始确认时,按放弃债权的公允价值和使该资产达到当前位置和状态所发生的可直接归属于该资产的税金、运输费、装卸费和保险费等其他成本入账,所放弃债权的公允价值与账面价值之间的差额,计入当期损益。债务人应当在相关资产和所清偿债务符合终止确认条件时予以终止确认,所清偿债务账面价值与转让库存材料、商品产品的账面价值之间的差额,计入当期损益。

【例3-2】甲公司欠乙公司购货款350 000元,由于甲公司发生财务困难,短期内不能支付已于5月30日到期的货款。7月12日,经双方协商,乙公司同意甲公司以其生产的产品偿还债务。该产品公允价值为200 000元,实际成本为120 000元。经评估,该欠款当月公允价值为355000元。乙公司于8月15日收到甲公司抵偿的产品,并作为库存商品验收入库(甲乙公司均为增值税一般纳税人,增值税税率为13%)。

假定一:乙公司对该项应收款计提了坏账准备50 000元,且乙公司不单独结算增值税。

①甲公司(债务人)的账务处理:

第一,计算债务重组利得:

应付账款账面余额	350 000
减:所转让产品的账面价值	120 000
增值税销项税额	26 000
债务重组利得	204 000

第二,应做会计分录如下:

借:应付账款　　　　　　　　　　　　　　350 000

贷:库存商品	120 000
应交税费——应交增值税(销项税额)	26 000
资产处置损益	204 000

②乙公司(债权人)的账务处理:
第一,计算债务重组损失:

应收账款的账面余额	350 000
减:放弃债权的公允价值	355 000
增值税进项税额	26 000
差额	－31 000
减:已计提坏账准备	50 000
债务重组损失	－81 000

第二,应做会计分录如下:

借:库存商品	355 000
应交税费——应交增值税(进项税额)	26 000
坏账准备	50 000
贷:应收账款	350 000
投资收益——债务重组利得	81 000

假定二:乙公司对该项应收款计提了坏账准备50 000元,且乙公司单独结算增值税。
①甲公司(债务人)的账务处理:

借:应付账款	350 000
银行存款	26 000
贷:库存商品	120 000
应交税费——应交增值税(销项税额)	26 000
资产处置损益	230 000

②乙公司(债权人)的账务处理:

借:库存商品	355 000
应交税费——应交增值税(进项税额)	26 000
坏账准备	50 000
贷:应收账款	350 000
银行存款	26 000
投资收益——债务重组利得	55 000

假定三:乙公司对该项应收款计提了坏账准备120 000,且乙公司不单独结算增值税。
①甲公司(债务人)的账务处理与假定一相同。
②乙公司(债权人)的账务处理:

借:库存商品	355 000
应交税费——应交增值税(进项税额)	26 000
坏账准备	120 000
贷:应收账款	350 000
资产减值损失	151 000

(2)以固定资产清偿债务。债务人以固定资产抵偿债务,应当以清偿债务的账面价值和转让的固定资产的账面价值确定债务重组损益,不涉及公允价值的计量。债权人对债务重组换入资产的初始成本应当以放弃债权的公允价值加上直接相关费用进行计量,与一般购买资产的初始计量原则一致。

【例3-3】 2×19年5月,甲公司原持有乙公司应收账款账面价值500万元。其中,原价为600万元,已计提坏账准备100万元。经评估,该应收账款当月公允价值为550万元。甲公司与乙公司当月达成协议,乙公司以其持有的一套房产抵偿对甲公司的债务。乙公司原将该房产作为固定资产核算,当月账面价值为350万元。其中,原值为500万元,已计提累计折旧150万元。经评估,该房产当月公允价值为500万元。双方于当月完成房产产权转移手续。甲公司发生转入房产相关税费10万元,乙公司发生转出房产相关税费15万元。

①乙公司(债务人)的会计处理:

对于债务人乙公司,应按新债务重组准则第十条的规定进行处理。即债务人应当在相关资产和所清偿债务符合终止确认条件时予以终止确认,所清偿债务账面价值与转让资产账面价值之间的差额记入"资产处置收益"科目。具体会计分录如下:

借:应付账款　　　　　　　　　　　　　　　　6 000 000
　　固定资产——累计折旧　　　　　　　　　　1 500 000
　　税金及附加　　　　　　　　　　　　　　　　150 000
　　贷:固定资产——原值　　　　　　　　　　　5 000 000
　　　　银行存款　　　　　　　　　　　　　　　 150 000
　　　　资产处置收益　　　　　　　　　　　　　2 500 000

根据上述计算,在新债务准则下,乙公司因该债务重组交易产生"资产处置收益"250万元。

②甲公司(债权人)的账务处理:

对于债权人甲公司,应按新债务重组准则第六条的规定进行处理。即以放弃债权公允价值加上直接相关费用作为换入房产的初始确认成本。放弃债权公允价值与账面价值之间的差额,作为金融资产终止确认损益,记入"投资收益"科目。具体会计分录如下:

借:固定资产——原值(550+10)　　　　　　　5 600 000
　　应收账款——坏账准备　　　　　　　　　　1 000 000
　　贷:应收账款——原值　　　　　　　　　　 6 000 000
　　　　银行存款　　　　　　　　　　　　　　　 100 000
　　　　投资收益　　　　　　　　　　　　　　　 500 000

根据上述计算,在新债务重组准则下,甲公司因该债务重组交易产生"投资收益"50万元。

(3)以无形资产抵偿债务。债务人以无形资产抵偿债务,应将无形资产的账面价值与所清偿债务账面价值的差额确认为债务重组损益,不涉及公允价值的计量,债权人应当以放弃债券的公允价值加上直接相关费用作为债务重组换入资产的初始成本,应收账款公允价值与应收账款账面价值之间的差额计入投资收益。

【例3-4】 甲公司于2×19年7月10日从乙公司购得一批产品,价值400 000元(含应付的增值税),至2×20年1月尚未支付货款。经与乙公司协商,乙公司同意甲公司以一项专利技术偿还债务。经评估,该项应收账款公允价值为350 000元,该项专利技术的账面价值为

390 000元,评估确认公允价值为260 000元,甲公司用银行存款支付无形资产转让费用13 000元。甲公司未对转让的专利技术计提减值准备,乙公司也未对债权计提坏账准备。假定不考虑其他相关税费。

①甲公司(债务人)的账务处理:
债务重组损益＝债务的账面价值－无形资产的账面价值
$\qquad$ ＝400 000－390 000＝10 000

借:应付账款	400 000
管理费用	13 000
贷:无形资产	390 000
银行存款	13 000
投资收益——债务重组利得	10 000

②乙公司(债权人)账务处理:

借:无形资产	350 000
投资收益——债务重组损失	50 000
贷:应收账款	400 000

(4)以股票、债券等金融资产抵偿债务。债务人以股票、债券等金融资产抵偿债务,应按相关金融资产的公允价值与其账面价值的差额,作为转让金融资产的利得或损失处理;相关金融资产的公允价值与重组债务的账面价值的差额,作为债务重组损益。债权人收到的相关金融资产按公允价值计量。

【例3-5】甲公司于2×20年1月1日销售给乙公司一批产品,价值450 000元(含税),乙公司于当日开出6个月承兑的商业汇票。乙公司于2×20年7月1日尚未支付货款。由于乙公司发生财务困难,短期内不能支付。经与甲公司协商,甲同意乙公司以其所拥有并以公允价值计量且其变动计入当期损益的某公司股票抵偿债务。该股票的账面价值400 000元(为取得时的成本),公允价值380 000元。假定甲公司为该项应收账款提取了坏账准备40 000元。用于抵债的股票已于当日办理了相关转让手续,甲公司将取得的某公司股票作为以公允价值计量且其变动计入当期损益的金融资产。债务重组前甲公司已将该项应收票据转入应收账款,乙公司已将应付票据转入应付账款。假定不考虑与商业汇票或者应付款项相关的利息。

①乙公司(债务人)的账务处理:

借:应付账款	450 000
贷:交易性金融资产	380 000
投资收益	70 000

②甲公司(债权人)的账务处理:

借:交易性金融资产	380 000
投资收益	30 000
坏账准备	40 000
贷:应收账款	450 000

二、将债务转为权益工具

(一)债务人的会计处理

对债务人而言,将债务转为权益工具方式进行债务重组的,债务人应当在所清偿债务符合终止确认条件时予以终止确认。债务人初始确认权益工具时应当按照权益工具的公允价值计量,权益工具的公允价值不能可靠计量的,应按照所清偿债务的公允价值计量。所清偿债务账面价值与权益工具确认金额之间的差额,应计入当期损益。

借:应付账款
　　贷:股本(实收资本)
　　　　资本公积——股本溢价(资本溢价)
　　　　投资收益——债务重组利得

(二)债权人的会计处理

对债权人而言,将债务转为权益工具方式进行债务重组致使债权人将债权转为对联营企业或合营企业的权益性投资的,债权人应当按照所放弃债权的公允价值和可直接归属于该资产的税金等其他成本计量其初始投资成本。所放弃债权的公允价值与账面价值之间的差额,应当计入当期损益。

借:长期股权投资(所放弃债权的公允价值＋可直接归属于该资产的税金等其他成本)
　　坏账准备
　　投资收益——债务重组损失(借方差额)
　　贷:应收账款等
　　　　资产减值损失(贷方差额)

【例3-6】2×20年2月10日,乙公司销售一批材料给甲公司,应收账款100 000元,合同约定6个月后结清款项。6个月后,由于甲公司发生财务困难,无法支付货款,与乙公司协商进行债务重组。经双方协商,乙公司同意甲公司将该债务转为甲公司的股份。乙公司对该项应收账款计提了坏账准备5 000元,经评估,该应收账款的公允价值为100 000。假定转股后甲公司注册资本为5 000 000元,净资产的公允价值为7 600 000元,抵债股权占甲公司注册资本的1%。假定相关手续已办理完毕,假定不考虑其他相关税费。

①甲公司(债务人)的会计处理如下:

(1)计算:

重组债务应付账款的账面价值与所转股权的公允价值之间的差额＝100 000－7 600 000×1%＝100 000－76 000＝24 000元

差额24 000元作为债务重组利得,所转股份的公允价值76 000元与实收资本50 000(5 000 000×1%)的差额26 000元作为资本公积。

(2)会计分录:

借:应付账款	100 000
贷:实收资本	50 000
资本公积——资本溢价	26 000
投资收益——债务重组利得	24 000

②乙公司(债权人)的会计处理如下：
(1)计算：

重组债权应收账款的账面价值与放弃债权的公允价值之间的差额＝100 000－5 000－100 000＝－5 000元

差额5 000元，计入投资收益。

(2)会计分录：

借：长期股权投资——甲公司	100 000
坏账准备	5 000
贷：应收账款	100 000
投资收益——债务重组利得	5 000

三、修改其他债务条件清偿债务

修改其他债务条件清偿债务是指采用调整债务本金、改变债务利息和变更还款期限等方式修改债权和债务的其他条款，进而形成重组债权和重组债务。债务人和债权人应分别以下情况处理：

(一)不附或有条件的债务重组

不附或有条件的债务重组，是指在债务重组中不存在或有应付(或应收)金额，该或有条件需要根据未来某种事项出现而发生的应付(或应收)金额，并且该未来事项的出现具有不确定性。

对债务人来说，重组债务的账面价值与重组后债务的入账价值之间的差额作为债务重组损益，计入当期损益。

对债权人而言，应将修改其他债务条件后的债权的公允价值作为重组后债权的账面价值，重组债权的账面余额与重组后债权的账面价值之间的差额作为债务重组损益，计入当期损益。如果债权人已对该债权计提减值准备的，应先将该差额冲减减值准备，减值准备不足以冲减的部分，作为债务重组损益，计入投资收益。

【例3-7】甲公司2×18年12月31日应收乙公司票据的账面余额为65 400元，其中5 400元为累计应收的利息，票面利率4%。由于乙公司连年亏损，资金周转困难，不能偿付到期的应付票据。经双方协商，于2×19年1月1日进行债务重组。甲公司同意将债务本金减至50 000元，免去债务人所欠的全部利息，将利率从4%降至2%(等于实际利率)，并将债务到期日延至2×20年12月31日，利息按年支付。该项债务重组协议从协议签订日起开始实施。甲、乙公司已将应收、应付票据转入应收、应付账款。甲公司已为该项应收款项计提了5 000元坏账准备。

①乙公司(债务人)的账务处理

1)计算债务重组利得：

应付账款的账面余额	65 400
减：重组债务后的公允价值	50 000
债务重组利得	15 400

2)债务重组时的会计分录：

2×19年1月1日债务重组时：

借:应付账款   65 400
    贷:应付账款   50 000
        投资收益——债务重组利得   15 400

2×19年12月31日支付利息时:
借:财务费用   1 000
    贷:银行存款   1 000(50 000×2%)

2×20年12月31日偿还本金和最后一年利息时:
借:财务费用   1 000
    应付账款——债务重组   50 000
    贷:银行存款   51 000

②甲公司(债权人)的账务处理
1)计算债务重组损失:

应收账款账面余额   65 400
减:重组后债权公允价值   50 000
差额   15 400
减:已计提坏账准备   5 000
债务重组损失   10 400

2)债务重组日的会计分录:

2015年1月1日债务重组时:
借:应收账款——债务重组   50 000
    投资收益——债务重组损失   10 400
    坏账准备   5 000
    贷:应收账款   65 400

2015年12月31日收到利息时:
借:银行存款   1 000
    贷:财务费用   1 000

2016年12月31日收到本金和最后1年利息时:
借:银行存款   51 000
    贷:财务费用   1 000
        应收账款——债务重组   50 000

(二)附或有条件的债务重组

附或有条件的债务重组,是指在债务重组协议中附或有应付条件的重组。或有应付金额,是指依未来某种事项出现而发生的支出,未来事项的出现具有不确定性。如债务重组协议规定,"将某公司债务1 000 000元免除200 000元,剩余债务展期两年,并按2%的年利率计收利息。如该公司一年后盈利,则自第二年起将按5%的利率计收利息"。根据此项债务重组协议,债务人依未来是否盈利而发生的24 000(800 000×3%)元支出,即为或有应付金额。但债务人是否盈利,在债务重组时不能确定,即具有不确定性。

以修改其他债务条件进行的债务重组,修改后的债务条款若涉及或有应付金额,且该或有应付金额符合或有事项准则中有关预计负债确认条件的,债务人应当根据或有事项准则的规定确定其金额,并将该或有应付金额确认为预计负债。重组债务的账面价值与重组后债务的入账价值和预计负债金额之和的差额,作为债务重组利得,计入营业外收入。若应付金额在随后期间没发生,则应冲销已确认的预计负债,同时确认营业外收入。需要说明的是,在附有或有条件的债务重组方式下,债务人应当在每期末,按照或有事项确认和计量的要求,确定其最佳估计数,期末所确定的最佳估计数与原预计数的差额,计入当期损益。

借:应付账款
　贷:应付账款——债务重组(公允价值)
　　预计负债
　　营业外收入——债务重组利得

对债权人而言,修改后的债务条款中涉及或有应收金额的,不应当确认或有应收金额,不得将其计入重组后债权的账面价值。或有应收金额属于或有资产,或有资产不予确认,只有在或有应收金额实际发生时,才计入当期损益。

借:应收账款——债务重组(公允价值)
　　坏账准备
　　投资收益——债务重组损失(借方差额)
　贷:应收账款
　　资产减值损失(贷方差额)

【例3-8】2×17年1月1日,甲公司公司从乙银行取得年利率4%,两年期的贷款200万元。现因甲公司财务困难,于2×18年12月31日进行债务重组,银行同意延长到期日至2×20年12月31日,利率降至3%,免除积欠利息16万元,本金减至180万元。但附有一条件:债务重组后,如甲公司自2×19年起有盈利,则利率恢复至4%;若无盈利,仍维持3%,利息按年支付。甲公司2×19年度亏损10万元。

(1)甲公司(债务人)自债务重组日至债务到期偿还债务的会计分录如下:

重组债务时的账面价值＝面值＋利息＝200＋16＝216万元

重组后债务公允价值＝180万元

或有支出＝180×(4%－3%)×2＝3.6万元

应确认的重组收益＝216－(180＋3.6)＝32.4万元

2×18年12月31日进行债务重组时:

借:长期借款	2 160 000
贷:长期借款——债务重组	1 800 000
预计负债	36 000
营业外收入	324 000

2×19年12月31日支付利息时:

| 借:财务费用 | 54 000(180×3%) |
| 贷:银行存款 | 54 000 |

2×20年12月31日支付利息和本金时:

借:长期借款——债务重组	1 800 000
财务费用	54 000
贷:银行存款	1 854 000

借:预计负债 36 000
  贷:营业外收入 36 000

(2)乙银行(债权人)自债务重组日至债务到期偿还债务的会计分录如下:

重组前的债权账面余额=面值+利息=200+16=216万元

重组后债权公允价值=180万元

应确认的重组损失=216-180=36万元

2×18年12月31日进行债务重组时:

借:中长期贷款——债务重组 1 800 000
  营业外支出 360 000
  贷:中长期贷款——甲公司 2 160 000

2×19年12月31日收到利息时:

借:吸收存款——甲公司 54 000(180×3%)
  贷:利息收入 54 000

2×20年12月31日收到利息和本金时:

借:吸收存款——甲公司 1 854 000
  贷:中长期贷款——甲公司 1 800 000
    利息收入 54 000

拓展阅读:

或有应付金额,是指需要根据未来某种事项出现而发生的应付金额,而且该未来事项的出现具有不确定性,即是由或有事项导致的应付金额。

或有事项,是指过去的交易或事项形成的,其结果须由某些未来事项的发生或不发生才能决定的不确定的事项。

或有事项具有以下特征:①或有事项是由过去的交易或者事项形成的;②或有事项的结果具有不确定性;③或有事项的结果须由未来事项决定。

与或有事项相关的义务同时满足下列条件的,应当确认为预计负债:

(1)该义务是企业承担的现时义务,即与或有事项相关的义务是在企业当前条件下已承担的义务,企业没有其他现实的选择,只能履行该现时义务;

(2)履行该义务很可能导致经济利益流出企业,即是指履行与或有事项相关的经济业务时,导致经济利益流出企业的可能性超过50%,但尚未达到基本确定的程度;

(3)该义务的金额能可靠地计量,即是指与或有事项相关的现时义务的金额能够合理地估计。

【案例3-2】第二大股东债务免息事项的确认

乙公司是原国有银行改制时设立的一家全资国有的专业资产管理公司,主要负责承接和处理银行转来的不良债权。截止2×16年1月,乙公司通过债权转股权的方式,持有甲上市公司37.78%的股权,成为甲上市公司控股股东。2×20年乙公司将20%股权出让给丙公司。股权转让后,丙公司成为甲公司的第一大股东,持股比例为20%,第二大股东乙公司,持股比例为17.78%。

> 2×20年11月12日,甲上市公司披露收到乙公司批复,同意甲公司归还截止协议生效日前2.37亿元债务所欠利息7 277.10万的10%后,免除剩余的90%利息。
> 　　问题:第二大股东豁免甲公司债务利息应确认为损益还是"资本公积"?
> 　　解析:乙公司向丙公司转让甲公司股权后,不再是甲公司的控股股东。在分析乙公司对甲公司债务豁免的性质时,应考虑其经济实质是否为资本性投入。
> 　　根据案例提供的相关材料,乙公司主要职能是管理和处置因收购国有银行不良贷款形成的资产,其豁免相关债务的行为,属于其经常性的经营管理行为,是市场化交易行为,在没有其他证据表明该项债务豁免的经济实质属于乙公司作为非控股股东对甲上市公司的资本性投入时,按照《企业会计准则解释第5号》的规定,该项债务豁免符合会计准则的确认条件,甲上市公司可以将其确认为当期收益。

四、以上三种方式的组合

(1)债务人以现金、非现金资产两种方式的组合清偿某项债务时,应将重组债务的账面价值与支付的现金、转让的非现金资产的账面价值之间的差额作为债务重组损益。

债权人应将重组债权的账面价值与所放弃债权的公允价值之间的差额计入当期损益。

(2)债务人以现金、将债务转为权益工具两种方式的组合清偿某项债务时,应将重组债务的账面价值与支付的现金、权益工具的公允价值之间的差额作为债务重组损益。权益工具的公允价值与股本(或实收资本)的差额作为资本公积。

债权人应将重组债权的账面价值与收到的现金、权益工具的初始计量以及已提坏账准备之间的差额作为债务重组损益。

(3)债务人以非现金资产、将债务转为权益工具两种方式的组合清偿某项债务时,应将重组债务的账面价值与转让的非现金资产的账面价值、权益工具的公允价值之间的差额作为债务重组损益。股权的公允价值与股本(或实收资本)的差额作为资本公积。

债权人应将重组债权的账面价值与受让的非现金资产的初始计量、权益工具的初始计量以及已提坏账准备之间的差额作为债务重组损失。

(4)债务人以现金、非现金资产、将债务转为权益工具三种方式的组合清偿某项债务时,应将重组债务的账面价值与支付的现金、转让的非现金资产的账面价值、权益工具的公允价值的差额作为债务重组利得;股权的公允价值与股本(或实收资本)的差额作为资本公积。

债权人应将重组债权的账面价值与收到的现金、受让的非现金资产的初始计量、权益工具的初始计量以及已提坏账准备之间的差额作为债务重组损失。

> **拓展阅读:**
> 　　　　　　　　　　债务重组日如何判定?
> 　　债务重组日,是指债务重组完成日,即债务人履行协议或法院裁定,将相关资产转让给债权人、将债务转为资本或修改偿债条件开始执行的日期。
> 　　债务重组可能发生在债务到期前、到期日或到期后。具体描述为:
> 　　(1)以现金或非现金资产清偿债务的,债务重组日为资产已到达债权人手里或已经交

付债权人使用,并办理了有关债务解除手续的日期;

(2)以债务转为股权的形式进行债务重组的债务重组日为债务人已经办妥增资批准手续,向债权人出具出资证明,并办理了有关债务解除手续的日期;

(3)以修改其他债务条件的形式进行债务重组的债务重组日为旧的债务解除、新的债务开始日。

第三节 披 露

债务重组的双方都应在财务报表附注中对债务重组的相关信息予以披露。

一、债务人应披露的信息

1. 债务重组方式

根据债务重组方式,分组披露债务账面价值与债务重组相关损益。债务人应根据不同的债务重组方式,分别披露在每种债务重组方式下的债权账面价值以及由于债务重组而带来的相关损益。

2. 将债务转为资本所导致的股本(或者实收资本)增加额

对于股份有限公司,披露债务转为资本所导致的股本增加额;对于其他企业,披露债务转为资本所导致的实收资本增加额。债务人可能有多项债务重组涉及债务转为资本,债务重组准则仅要求披露债务转为资本所导致的股本(实收资本)总增加额,不要求分别披露每项债务重组所导致的股本(实收资本)增加额。

二、债权人应披露的信息

1. 债务重组方式

根据债务重组方式:分组披露债权账面价值和债务重组相关损益。债权人应根据不同的债务重组方式:分别披露在每种债务重组方式下的债权账面价值以及由于债务重组而带来的相关损益。

2. 债权转为股份所导致的投资增加额及该投资占债务人股份总额的比例

在债权转股权的方式下,债务重组准则要求披露因此而导致的长期股权投资增加总额及长期股权投资总额占债务人股权的比例。

本章小结

1. 债务重组的定义。债务重组是指在债务人发生财务困难的情况下,债权人按照其与债务人达成的协议或者法院的裁定作出让步的事项。债务重组定义中的"债务人发生财务困难",是指因债务人资金周转困难、经营陷入困境或其他原因,使其无法按原定条件偿还债务;"债权人作出让步"是指债权人同意债务人现在或将来以低于重组债务账面价值的金额或者价值偿还债务。"债权人作出让步"的情形主要包括:减免债务人部分债务本金或利息、降低债务人应付债务的利率和延长还款期限等。

2. 债务重组的方式。债务重组的方式主要包括债务人以资产清偿债务、以债务转为资本清偿债务、以修改其他债务条件清偿债务、以组合方式清偿债务。"以资产清偿债务"是指债务人转让其资产给债权人以清偿债务的债务重组方式;"以债务转为权益工具清偿债务"是指债务人将债务转为资本,同时,债权人将债权转为权益工具的债务重组方式;"以修改其他债务条件清偿债务"是指以修改不包括上述两种情形在内的债务条件清偿债务,如减少债务本金、减少或免去债务应付未付的利息、降低利率、延长债务偿还期限、延长债务偿还期限并减少债务本金或债务利息等;"以组合方式清偿债务"是指采用以上三种方式共同清偿债务,称混合重组方式。

3. 不同债务重组方式下债务人和债权人的会计核算方法。以资产清偿债务包括以现金资产清偿债务和以非现金资产清偿债务两种方式。以非现金资产清偿债务包括以库存材料、商品产品抵偿债务、以固定资产抵偿债务、以无形资产抵偿债务和以股票、债券等金融资产抵偿债务等;采用以修改其他债务条件进行债务重组的企业,应当确定是否涉及或有应付(或应收)金额并进行相应的会计处理,其中,或有应付(或应收)是指需要根据未来某种事项出现而发生的应付(或应收)金额,而且该未来事项的出现具有不确定性;以组合方式清偿债务的会计核算,依据各债务重组方式的组合不同而有所区别。

4. 债务重组的信息披露。债务重组双方都应在财务报表附注中对债务重组的相关信息予以披露,债务人需要披露的信息包括债务重组方式、确认的债务重组利得金额、将债务转为资本所导致的股本(或实收资本)增加额、或有应付金额和公允价值的确定方法及依据等信息。债权人需要披露的信息包括债务重组方式、债务重组损失金额、债权转为股份增加的投资额和投资比例、或有应付金额和公允价值的确定方法以及依据等信息。

案例讨论

明远股份有限公司(简称明远公司)由于所生产的产品过时、经营管理不规范等原因,导致公司债务过重、财务状况逐年恶化。明远公司从 2012 年以来持续亏损,至 2017 年年末,该公司资产总额为 1.5 亿元,负债总额为 3.2 亿元,所有者权益为 -1.7 亿元。

(1)2017 年 7 月 31 日,明远公司在大华银行的贷款到期,贷款本息合计 6000 万元。大华银行将其拥有的明远公司债权转让给政府成立的创新资产管理公司,从而使创新资产管理公司成为明远公司最大的债权人。

(2)2017 年 9 月 8 日,明远公司与创新资产管理公司及其控股的新欣公司签订以下协议:

①明远公司将其拥有的产权房按评估价值转让给新欣公司。明远公司转让该产权房的账面价值为 3 600 万元,评估价值为 5 400 万元。

②明远公司转让该产权房以后,创新资产管理公司办理有关的债权、债务解除手续,剩余款项创新资产管理公司将全部予以豁免。

(3)2017 年 9 月 10 日,上述转让协议经明远公司董事会通过。明远公司于当日确认资产转让收益 1 800 万元,同时确认由债务豁免产生的资本公积 600 万元。

(4)2017 年 10 月 15 日,明远公司与新欣公司办理了有关产权房的所有权变更手续;同时,创新资产管理公司与明远公司办理了有关债权、债务的解除的手续。

讨论:

(1)大华银行将其拥有对明远公司的债权转让给创新资产管理公司,是否属于债务重组?

(2)明远公司将其拥有的产权房按评估价值转让给新欣公司,此项交易属于债务重组还是资产转让？明远公司上述会计处理是否正确？

解析：

(1)大华银行将其拥有对明远公司的债权转让给创新资产管理公司不属于债务重组。因为债务重组的基本特征是不改变交易对手方，而在此案例中，债权人由大华银行变为了新欣公司，此处的债权转让不满足债务重组的基本特征，所以不属于债务重组，应属于资产转让。

(2)①此项交易属于债务重组。因为明远公司债务过重、财务状况逐年恶化，难以全额偿还6 000万元的债务，明远公司与新欣公司经商定，就还款金额、方式与时间达成了新的协议，同意明远公司现以评估价值为5400万元的产权房抵还6000万元的债务。此项交易满足债务重组的基本特征，所以产权房的转让属于债务重组。

②明远公司的会计处理不正确。首先确认时点不正确，明远公司应于2017年10月15日对债务重组进行会计核算，因为以非现金资产清偿债务的债务重组，债务重组日为资产已到达债权人手里或已经交付债权人使用，并办理了有关债务解除手续的日期；其次固定资产的账面价值与应付债务的账面价值之间的差额应作为债务重组损益，计入资产处置损益，所以改正分录应为：

借：资本公积　　　　　　　6 000 000
　　贷：资产处置损益　　　　 6 000 000

思考题

1. 如何理解债务重组的本质特征？
2. 债务重组的方式有哪几种？
3. 债务重组的损益如何确定？
4. 各种债务重组方式下如何对债务重组损益进行计量？
5. 在债务重组协议涉及或有应付款项的情况下，债务人与债权人应当如何处理？为什么？

讨论

你认为债务重组涉及的会计问题主要是什么？企业会计准则允许债务人确认债务重组收益有何意义？可能存在什么问题？

参考资料

[1]耿建新.高级会计学[M].北京:中国人民大学出版社,2014.
[2]李江萍.会计专题[M].北京:立信会计出版社,2006.

第四章　分支机构会计

开篇案例

万向集团境外分支机构成功的管理经验

万向集团创立于1969年,位于国家级经济开发区——杭州市萧山区经济技术开发区。1990年成为浙江省计划单列集团,1997年成为国务院批复的120家试点企业集团之一,1999年起被列为全国520户重点企业之一,主要致力于汽车零部件产业。

万向集团为了在未来产业(清洁汽车)领域确立领先优势,对A123进行收购建立境外分支机构。为了使集团更好的发展,集团公司制定了一系列举措,具体内容如下:

第一,设法提高管理模式和制度的本土化程度。要积极设法融入主流社会,瞄准国际一流市场,自觉地利用当地的政策、法规来约束和管理当地员工;按照国际惯例办事,要与国际接轨,不可有丝毫的侥幸心理和短视行为。在境外经营企业一定要赢得国际市场的信任,否则,很难将规模做大,同时,要建立日常工作的监督和管理机制,例如,根据工作岗位的不同,要求当地聘用的人员定期提交工作报告,以便及时发现和解决问题。

第二,注重资金的本土化。外派企业融资的渠道比较多,既可以通过当地的银行或财团获得资金,也可以寻求当地中小基金的扶持。近年来,越来越多的中国企业尝试在境外发行股票,通过上市募集来的资金扩大企业的发展。中国的外派企业可以利用国内母公司的优势,通过资产优化及转让等手段尽快取得国外公众的认可。经过几年来的不懈努力,万向美国公司在资本的本土化方面取得了长足的进展:首先,万向美国公司在花旗银行、荷兰ABN银行等获得了大额信用贷款,同时,美林、加拿大银行等均希望成为万向美国公司的贷款银行,目前,万向美国公司可调动资金达到近1千万美元;其次,万向美国公司拟收购一家待上市公司的部分股权,此项目的前期谈判已经完成;最后,借用美国当地投资银行力量,通过债权抵押(或发行债券)等方式进行相关行业的企业收购,目前,万向美国公司正在积极实现就地上市,进入一级市场。

第三,实现产品的本土化。不同的市场对产品的要求不尽相同,包括产品的档次、质量标准、包装等。跨国经营的最终目的是增加产品销售,提高市场占有率,因此,为母公司提供当地产品信息,引导产品的更新换代是境外分支机构的一项日常任务。境外分支机构应该十分重视国外同类产品的相关信息,例如,主要竞争对手的变化、当地市场需求的新趋势以及消费管理部门突然推出的保护性、限制性措施。定期将这些调研资料反馈给国内,保证以本土化的产品使自己立于不败之地。万向集团完全以美国同行的最高标准来衡量,万向美国公司在一年前就拿到了QS9000证书。QS9000是全球性采购的最高标准,由美国三大汽车公司供应质量要求小组编制。至今,该集团在美国最大的竞争对手,如舍勒公司、精密公司等仍未通过该项认证。拿到了 QS9000,就等于拿到了当地市场的准入证,这是万向集团的产品在美国市场实现本土化的关键所在。

本章结构

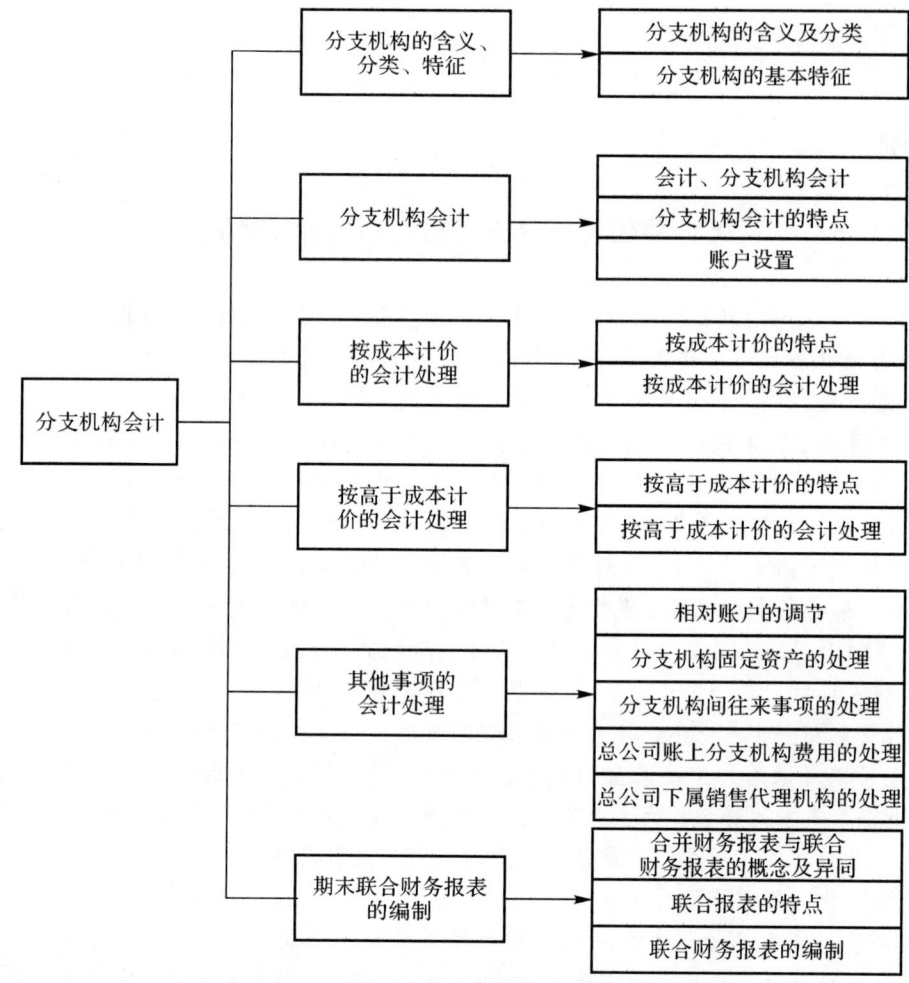

本章要点

- 分支机构的含义、分类、特征。
- 总公司与分支之间内部往来的会计处理。
- 分支机构其他事项的会计处理。
- 期末联合财务报表的编制。

学习目标

◇ 了解:联合财务报表工作底稿的编制方法及主要联合报表的编制程序。
◇ 理解:分支机构的经营特点及其基本核算模式。

◇ 掌握：总公司与分支机构会计核算主要账户的设置；分支机构存货按成本计价的会计处理；分支机构存货按高于成本计价的会计处理。

第一节 分支机构的含义、分类、特征

随着市场经济的发展，企业与外界的联系日益紧密。为扩大企业的经营规模，拓展企业的经营业务，更好地满足不同地区、不同层次的客户需求，使企业发展壮大，取得最大的经济效益，企业常常需要在本地区或其他地区设立分支机构，或者扩充相同的业务，或者开展多种经营，这样就出现了企业的分支机构，随之也产生了分支机构会计。

一、分支机构的含义及分类

(一)分支机构的概念

分支机构(Branch)：企业（总公司或者总部）设立的，不具备法人资格，经营管理受企业控制的业务经营单位。

分支机构是现代企业拓展延伸的一种组织形式，随着企业扩张和集团经济的发展，越来越多的分支机构在企业的经营过程中发挥着举足轻重的作用。分支机构在不同的企业或行业有不同的名称，例如，××××，有些企业称为分厂，商业系统称为分店，银行系统称为分行等。分支机构往往开设在公司总部以外的地区或城市，也可以开设在与公司总部同一城市的不同城区。

企业设立分支机构，应由企业法人向工商行政管理部门申请登记，经登记主管机关核准，领取营业执照，并在核准登记的经营范围内从事经营活动。分支机构不具有企业法人资格，其民事责任由设立该分支机构的企业承担。分支机构在经营业务、经营方针等各方面都要受到公司总部不同程度的控制，这种控制主要表现在资金的筹措及投放、人事管理、经营决策的确定等方面。尽管分支机构不是独立的法律主体，但是在一定意义上，它却是相对独立的会计主体。

(二)分支机构与子公司的比较

与分支机构最为接近的是母公司下属的子公司，它们两者存在以下相同点与不同点。

1. 相同点

都是在企业控制下的经营单位。分支机构并不是一个独立的法律实体，而是企业的一个组成部分，它在经营业务、经营方针等各方面都要受到公司总部不同程度的控制。而子公司与分支机构相同，企业合并的实质就是控制，因此，分支机构与子公司的相同点都是在企业控制下的经营单位。

2. 不同点

(1)企业法人资格不同。子公司从法律的角度而言，是一个独立的法律主体；分支机构虽然是一个独立的经济主体，但不是一个独立的法律主体。

(2)自主决策权不同。子公司的控制权虽然由母公司掌握，但日常经营是由子公司独立完成的，能独立签订经济合同，有其独立的会计处理体系，并单独纳税；分支机构的经营自主权通常直接由总公司决定，并且其所有的投资来源于总公司，纳税也由总公司统一进行。

(三)分支机构的分类

设置分支机构是企业为便于经营和管理而采取的措施。一般来说,总公司为有利于商品的购进和销售而在不同地区设置采购机构和分销店、销售代理店,大型企业为便于管理而设置的各工厂(总公司下的各工厂)、各分厂(总厂下面的分厂)以及相对独立核算的各车间、部门,乃至跨国公司派驻国外从事经营业务的分理处、办事机构等,都是分支机构的具体体现。

通常按分支机构的设置方式和与总公司的关系,我们可将分支机构分为以下几类:

(1)按分支机构的设立方式和它与企业的关系分类:

1)某行业不同生产环节的分支机构,如零件分厂、成品装配厂、设备维修厂等。

2)某专业企业的各区域性分支机构,如东北地区、华北地区、华东地区等。

从更广的范围来看,跨国公司的分支机构也是按区域设置的分支机构。

3)综合经营企业下各专业部门的分支机构,如采购、生产、销售、咨询等。

(2)按会计核算方式不同分类:

1)分级(分散)制分支机构。在总部的统一经营管理下,分支机构拥有相对独立的自主权,拥有较完整的账簿核算体系。适用于经营规模较大的分支机构。

2)集中制分支机构。分支机构不是独立的会计主体,不实行独立的会计核算,不设置正式账簿,只设置备查簿。适用于经营规模较小的分支机构。

拓展阅读:

分支机构的分类

根据总公司在资金和商品购销上对分支机构的控制程度不同,分支机构可分为分级制分支机构和集中制分支机构两类。

分级制分支机构有如下特点:分支机构奉行总公司统一经营方针和管理方针,在总公司管辖下拥有相对独立的业务经营自主权,其所需资本完全依赖总公司。

在分级核算制度下,分支机构是个相对独立的会计主体。在总公司的统一经营管理下,分支机构拥有相对独立的自主权,如分支机构可以以自己的名义开设银行往来账户;取得销售收入可作为分支机构资金存入银行;各项经营开支自行支付;分支机构拥有完备的商品库存(其货源大部分由总公司供给),也可以从公司以外的其他单位购进;分支机构有权支配营运资金,自行制定信用政策(如自行决定赊销客户、赊销额度和赊销期限),并由分支机构直接向客户交货取款;分支机构单独核算其盈亏等,但分支机构所需资本完全由总公司提供。此外分支机构拥有较完整的账簿核算体系,核算从总店收到的经营资金和商品,并独立地核算其经营损益,编制财务报表报送总公司。需要加以说明的是,分支机构的账户设置、会计核算方法和规范与总公司相一致,并由总公司统一制定。分级核算制度一般适用于经营规模较大的分支机构。

集中制分支机构有如下特点:分支机构不设置正式账簿,只有简单的辅助或备查记录,所有一切会计事项及其凭证都随时报送总公司,由总公司并入自己的账簿。

在集中核算制度下,分支机构不是独立的会计主体,故不实行独立的会计核算。分支机构不设置正式账簿,只是根据管理需要设置一些必要、简单的辅助或备查记录,所有会计事项及其凭证都随时报送总公司,由总公司统一入账核算,如固定资产的管理、调拨、报废等事宜均由总公司统一管理,分支机构无权处置;分支机构每日销售款存入总公司指定的银行后,要直接向总公司报送销售日报表、销售流水收款单等。分支机构存入总公司指定银行的款项由总公司统一调剂,分支机构的资金使用是通过备用金的方式予以解决的。由于分支机构没有独立经营自主权,所以分支机构所经营的商品一律由总公司统一采购、统一配送(不便统一配送的如鲜活商品等除外)。总公司对分支机构一般实行售价金额核算,进价数量控制,分支机构每月对商品进行盘点,建立实物负责制度。集中核算制度可以节省会计处理成本,并能保持总公司及各分支机构会计处理的一致性。但是由于各项凭证寄送时,容易遗失或延误,影响会计报表编报的时效性和正确性,因此在实际工作中很少采用。虽然随着会计信息技术的快速发展,上述种种弊端得以解决,很多公司已选用此制度进行会计核算,但是现实中仍存在着加大总公司核算工作量等方面的问题。集中核算制度一般适用于经营规模较小的分支机构。

二、分支机构的基本特征

1. 非法人主体

分支机构是公司的一个组成部分,《中华人民共和国公司法》明确规定:"公司可以设立分公司,分公司不具备企业法人资格,其民事责任由公司承担"。可见,分支机构是企业的一个组成部分,只是企业法人的一个延伸,而非法人实体。因此,它不具有对外筹集资金和对外投资的功能,它与总公司之间的业务往来属于一个法律主体内部的业务。

2. 受总公司控制

分支机构与总部其实是同一个经营整体内部的不同层次,分支机构与总部之间业务往来其实属于一个法律主体内部的业务,不是对外业务。分支机构的资金主要靠总部拨给,同时分支机构不能单独地承担民事责任,从而不能以自己的名义向外筹集资金或对外进行投资等。在层次分级上分支机构的经营方针等方面要受控于企业总部。

3. 独立的会计主体

尽管分支机构不是独立的法律主体,但在一定意义上,它是相对独立的会计主体,尤其在分散制的分支机构中,其需要独立开设账户、独立核算自己能控制和负责的经营业务、独立编制对内会计报表。

第二节 分支机构会计

一、会计、分支机构会计

会计是以货币为主要计量手段,对企业的经济活动过程进行完整、连续、系统、全面的核算和监督,向企业管理者、债权人、政府主管部门、投资者提供反映企业财务状况和经营成果信息的一项经济管理活动。

分支机构会计是以货币为主要计量手段,对企业分支机构的经济活动过程进行完整、连续、系统、全面的核算和监督,向企业管理者提供反映企业财务状况和经营成果信息的一项经济管理活动。

作为一个会计个体存在的分支机构，就内容而言，包括对资产、负债、净资产、收入、费用进行核算，从而满足内部管理需要。因此，分支机构会计往往要设置一整套账簿，用来记录从公司总部收到的营运资金和商品存货，以及对外发生的购货、销货、应付账款、应收账款、费用等等。

就会计报表而言，分支机构会计应当编制资产负债表、利润表。复杂的分支机构会计报表与独立法人所编制的会计报表几乎没有差别，只不过在所有者权益部分没有实收资本，而是划分为拨款（相当于实收资本）和经营成果（相当于未分配利润），或者将这些项目作为负债来反映。在利润表部分没有所得税等项目，并终止于利润总额，且无利润分配功能。

二、分支机构会计的特点

作为整个企业的一个组成部分，分支机构必须严格遵守总部统一的经营方针和管理方针。分支机构在总部授权范围内具有财务自主权，并作为一级核算单位进行独立核算。它们通常需要设置一套较为完整的账簿，用来记录其本身发生的经济业务，单独核算其财务状况和经营成果，并定期编制财务报表，向总部报告。其会计科目的名称与编号，财务报表的内容和格式以及内部控制制度和会计方针等，一般由总部事先规定。

总部对分支机构的营运资金实行严格控制，分支机构的营业额、现金回收率、库存资金占用等经营目标由总部核定并下达各分支机构执行，总部定期对各分支机构的经营情况进行考核。在此前提下，分支机构通常也具有相对独立的经营自主权。它们可以拥有齐全的库存商品，除向总部进货之外，也可以自行向其他厂商购进商品；顾客订货时，分支机构可以自行决定顾客订货条件，并直接向顾客交货；赊购、赊销引起的应付应收款，由分支机构自行结算。分支机构可以以自己的名义在银行开户，存取现金及委托银行办理结算业务。一般来说，分支机构的固定资产投资、巨额租赁和巨额广告投入等均由总部直接控制，分支机构无权对外投资、购置固定资产等。

分支机构会计具有以下特点：

1. 账户设置的对应性

总部与分支机构之间经营与管理关系密切，它们之间会发生大量的往来业务，总部与分支机构要设置一些相对应的账户，从不同的角度反映同一会计事项。

为反映总公司对分支机构的控制，总公司和分支机构分别设置"分支机构往来"或"投资分支机构"、"总公司往来"或"总部往来"两个账户，记录内容相同，但方向相反。在总公司相当于资产，在分支机构相当于权益或负债，余额相等，联合报表中需要相互抵销。期中可能因为单证传递的时间差异而出现暂时的不一致，但在年末必须查明原因，抵销双方余额。

"分支机构往来"的借方反映总部向分支机构提供的资产、劳务和分部的净利润，贷方反映从分部收回的现金、资产和分部亏损。

"总公司往来"的贷方反映由总公司提供的资产和劳务，借方反映上交总部或向总部提供的现金资产等业务。

2. 发交商品计价的可选择性

分支机构的大部分商品由总公司集中购买，再发交给分支机构，但分支机构可以按成本价计入存货，也可以按成本加成或零售价计入存货。由于总公司和分支机构都是相互独立的会计主体，在各自的账户上都要分别反映资金或存货的收发，对于存货而言，其发出的计价方法不同,不仅影响发交分支机构商品存货记账的金额,也影响总公司和分支机构的会计核算,同时还会影响总公司和分支机构的经营收益。通常情况下,分支机构多采用永续盘存制,即在总公司和分支机构间转移商品存货时可直接计入有关存货账户,不需再设置"发交分支机构存货"、"总公司发来存货"账户。

3. 会计信息披露的双重性

总公司与分支机构在各自编制个别会计报表时,应将总公司与分支机构作为一个会计主体,由总公司编制联合会计报表。即总公司需要将其所属的所有分支机构进行汇总、抵销和调整总公司与分支机构的内部会计事项,对外提供联合会计报表,以反映整个企业的财务状况和经营成果。因此,会计信息披露的双重性表现在:总公司与分支机构在各自编制个别会计报表的同时,将总公司与分支机构作为一个会计主体,由总公司编制联合会计报表。

三、账户设置

总部设置"分支机构往来"账户:该账户用来反映总部投资于分支机构的净资产价值。当总部向分支机构拨付现金、商品存货或其他资产时在该账户的借方登记,当总部由分支机构拨回现金、商品存货或其他资产时在该账户的贷方登记,在每期结账时,总部根据分支机构报来的财务报表,将其净收益或净损失计入账户的借方或贷方。

分支机构设置"总公司往来"账户:反映总部对分支机构净资产的权益。凡收到总部拨来的现金、商品存货或其他资产时,均贷记该账户,凡向总部拨回现金、商品存货或其他资产时,则借记该账户,每期结账时,分支机构所获得的净收益或净损失都转入该账户的贷方或借方。

借方	分支机构往来	贷方
总公司转给分支机构的资产、分支机构转给总公司的净利润		分支机构转给总公司的资产及净亏损

当总公司下设多个分支机构时,"分支机构往来"账户应按各个分支机构设置明细账,进行明细核算。

借方	总公司往来	贷方
分支机构转给总公司的资产及净损益		总公司拨付给分支机构的资产、分支机构转给总公司的净利润

上述两个账户记录的内容是相同的,只是方向相反。分支机构设置的"总公司往来"账户既可以看作是所有者权益账户,也可以看作是负债账户;企业总公司设置的"分支机构往来"账户既可以看作是长期投资账户,也可以看作是应收项目账户。如果两个账户都及时记账,其余额应该是一致的。由于分支机构是企业的一个组成部分,总公司在编制财务报表时,必须将本身的会计报表与分支机构的会计报表进行合并汇总,编制总公司与分支机构联合会计报表。

这一编报的程序类似于母子公司合并报表的编制,相互对应的"总公司往来"账户与"分支机构往来"账户应该相互抵销,不出现在联合会计报表中。

> **拓展阅读：**
>
> 监管分支机构的方法
>
> (1)会计方法。由总部财务处统一向分支机构委派会计进行日常监督。
>
> 委派会计要做到两个相对独立。一个是行政关系上的相对独立,委派会计仍与总部保持行政关系,委派会计的评价、去留、升降都由总部管理,而不受分支机构负责人的影响和支配。另一个是经济上的相对独立,委派会计的工资奖金仍由总部统一发放,不得从分支机构领取报酬,也不对分支机构的盈亏负责。
>
> 地位独立才可能客观核算。按规定委派会计只是在分支机构核算监督,会计人员定期向总部报送真实报表,使总部对分支机构的财务收支情况时时做到心中有数,起到客观核算的作用;同时还可以起到日常监督的作用,使分支机构经理人员无法徇私舞弊、为所欲为,会计人员与分支机构负责人之间只是工作上的业务伙伴,并不存在领导和被领导的上下级关系,也无权授意、指使、强令会计人员违法办理会计事项。这样既监督了经理人员,也减少了合谋舞弊的可能性。
>
> (2)审计方法。由总部对分支机构进行定期审计或专题审计。
>
> 审计人员的委派也要保持相对独立性。一方面与分支机构负责人保持独立,行政关系、工资奖金都不被其支配;另一方面与委派会计人员也要保持独立,如果审计人员也是由总部会计处派出的,那么审计人员对会计人员的审计就成了"自己人审自己人",也就难免失去客观公正、流于形式、失去作用。审计人员的委派也要讲究,最好选择资历深资格老的审计人员并由总经理直接委派,这样在具体工作中遇到问题,提出建议时才具有权威。否则审计人员级别太低、资历太浅就容易形成"下级审上级、小兵审领导",没人会看在眼里,放在心上,意见、建议也不容易被采纳。
>
> 审计监督首先要检查委派会计是否客观地发挥着日常监督作用,审计重点放在会计人员和分支机构负责人身上。对会计人员,主要看其是不是坚持了原则,关键看是不是从分支机构拿钱或变相拿钱,如果会计人员从分支机构拿了钱,就很容易失去其独立性、客观性、公正性立场,也就很容易失去其监督作用,甚至同流合污、合谋作弊;对经理人员,主要检查其对总部计划、决议的执行情况以及有无违法乱纪、徇私舞弊行为。审计后,要对会计人员、经理人员做出评价,上报总经理,总经理核实后,对于恪尽职守的人员进行奖励,对于违规、违章的人员给予处罚并与职务升降挂钩。只有做到以上这些,整个企业集团才能在总部的统一监管之下,按照统一部署健康运转。

第三节　按成本计价的会计处理

一、按成本计价的特点

(1)总公司和分支机构都以成本为计价标准,不仅保持了计价标准的一致性,而且简化了联合财务报表编制中对存货等项目的汇总工作。真实地反映了分支机构的存货信息,避免在分支机构的期末存货中出现内部未实现利润。

(2)总公司发交存货收益的确认不是以存货发交分支机构为准,而是在存货由分支机构实际售出,并将收入转回总公司时确认。因此,总公司收益的确认较好地遵循了收入实现原则。

(3)总公司发交存货的行为仅看作是存货在总公司与分支机构之间存放场所的转移,存货出售收益首先全部体现为分支机构的经营业绩。

二、按成本计价的会计处理

【例4-1】百度公司2×20年年初为了满足某大型社区的购物需要,设立一家分公司,该分公司的营运资金由总公司负责拨给,分公司经营商品的货源主要由总公司提供,少量商品由厂家直接进货。该年度分公司发生的部分经济业务如下:

(1)总公司拨付分公司营运资金100 000元。
(2)总公司发交分公司商品,成本价520 000元。
(3)分公司从厂家购进商品160 000元,货款暂欠。
(4)分公司对外销售商品480 000元,收到转账支票一张。销售商品成本共336 000元。
(5)分公司偿付前欠某厂家货款110 000元。
(6)分公司收回应收客户账款98 000元。
(7)分公司支付销售人员工资等费用7 800元。
(8)分公司对外销售商品400 000元,货款尚未收到。销售商品成本共280 000元。
(9)分公司支付租金费用120 000元。
(10)分公司汇交总公司账款80 000元。

解答:根据上述经济业务,应分别在总公司和分支机构的账册上编制如下会计分录:

分支机构账册   总公司账册
(1)借:银行存款   100 000   借:分支机构往来   100 000
    贷:总公司往来   100 000   贷:银行存款   100 000
(2)借:库存商品   520 000   借:分支机构往来   520 000
    贷:总公司往来   520 000   贷:库存商品   520 000
(3)借:库存商品   160 000
    贷:应付账款   160 000
(4)借:银行存款   480 000
    贷:主营业务收入   424 778.76
        应交税费——应交增值税(销项税额)   55 221.24
   借:主营业务成本   336 000
    贷:库存商品   336 000
(5)借:应付账款   110 000
    贷:银行存款   110 000
(6)借:银行存款   98 000
    贷:应收账款   98 000
(7)借:销售费用   7 800

    贷:银行存款　　　　　　7 800
(8) 借:应收账款　　　　　　　　　　　　　　400 000
    贷:主营业务收入　　　　　　　　　　　353 982.30
      应交税费——应交增值税(销项税额)　46 017.70
    借:主营业务成本　　　　　　　　　　　280 000
    贷:库存商品　　　　　　　　　　　　　280 000
(9) 借:管理费用　　　　　　120 000
    贷:银行存款　　　　　　120 000
(10) 借:总公司往来　　　　80 000　　　　借:银行存款　　　　　　80 000
     贷:银行存款　　　　　80 000　　　　贷:分支机构往来　　　　80 000

从上述会计处理中可以看出,有关分支机构发生的经济业务,在总公司账册上反映的只是与分支机构发生的往来事项,其他业务则无须记录。根据总公司与分支机构之间往来事项的会计分录可分别登记分支机构账上的"总公司往来"账户和总公司账上的"分支机构往来"账户,并结出期末余额。

拓展阅读:

总公司与分支机构异地货物转移用于销售时的会计处理

按照税法的规定,相关机构(不设在同一个县市)货物转移用于销售的,应视同销售货物,计算缴纳增值税。而在会计上这种业务不符合收入的确认条件,不确认收入。对这样的业务在会计实务中应区分不同的情况,做出不同的会计处理。

1. 总公司与分支机构单独核算、自负盈亏时的会计处理

总公司与分支单独核算、自负盈亏时,总公司发给分支机构用于销售的货物应视同为代销商品处理。

(1) 分支机构不加价出售,只收取手续费。总公司发出商品时,不确认收入,但由于增值税纳税义务已发生,应确认增值税;收到分支机构转来的销货清单时确认收入;分支机构扣除的手续费作销售费用处理。

(2) 视同买断。总公司将商品委托分支机构销售,分支机构加价出售,不再向总公司收取手续费,对于这样的货物转移,应视同买断。在进行会计核算时应区分两种情况处理:一是发出的商品不论能否售出,分支机构均不退还商品给总公司,那么总公司在发出商品时就应确认收入;二是分支机构没有售出的商品退还给总公司,总公司发出商品给分支机构时不符合会计收入的确认条件,不能确认会计收入,收到代销清单时再确认收入。

2. 总公司与分支机构不独立核算时的会计处理

在总公司与分支机构不独立核算的情况下,总公司将货物发送给分支机构,属于内部转移,不符合收入确认的条件。但这种情况在税法上又属于收入已经实现,应确认收入。针对这种情况,应增设"库存商品——总公司库存商品"和"库存商品——分支机构库存商品"两个明细科目。在商品发出时,将总公司库存商品转为分支机构库存商品,并确定应交增值税;收到分支机构交来的销售清单时再确认收入。

第四节　按高于成本计价的会计处理

一、按高于成本计价的特点

(1)分支机构对于总公司发交的存货按购货成本或自制成本加一定百分比的利润计价,考虑了存货调拨对经营的适度贡献。使存货销售收益一部分体现为总公司的经营成果,一部分体现为分支机构的经营成果,有利于客观评价分支机构的经营业绩,从而克服了按成本计价的缺陷。

(2)分支机构账面上对存货的计价反映出成本和转移价格两部分,不仅影响了分支机构自身计价标准的一致性,而且影响了分支机构与总公司之间计价标准的一致性。同时也使得联合财务报表的编制程序比按成本计价模式更复杂。

(3)按高于成本计价,成本加成百分比的确定具有一定的主观性,有时不一定符合实际情况。另外,分支机构按成本加成计价的期末存货还包含了内部未实现利润,须在编制总公司与分支机构联合财务报表时予以调整。

二、按高于成本计价的会计处理

一般会计处理:在存货高于成本计价的情况下,如果总公司发交分支机构的商品是由分支机构在当期全部售完而无存货的,其全部价款就成为分支机构的营业成本,会计处理比较简便。假使总公司发交分支机构的商品,分支机构未在当期全部售完而余有存货,则由于这部分存货包含超过成本的加价,就不能并入按成本计价的总公司,列示于财务报表上。为了正确计算企业的净收益和反映企业的财务状况,会计上对于超过成本价格计价的发往分支机构商品,一般采用如下方法处理:

(1)在总公司方面,对于按成本以上的价格(按成本加上一定百分数或按售价)计价的发往分支机构商品,分设"库存商品"和"备抵存货超成本数"两个账户。前者核算发往分支机构的成本价额,后者核算发往分支机构商品的超过成本数。"备抵存货超成本数"账户的期末余额,列作资产负债表中"分支机构往来"项目的对销数。

(2)期末结账时,总公司除了根据分支机构的财务报表,将其净损益按常规方法予以转账外,还应按分支机构已销售的发交商品计算其已实现的利润,从"备抵存货超成本数"账户中转入"本年利润"账户。

(3)在分支机构方面,对于总公司发来商品的记账方法,与上述方法一致,即按总公司所开来的价款计入"存货"账户。

1.无期初存货情况下的会计处理

商品调拨按高于成本计价,包括按成本加成或按售价计价。当分支机构在不存在期初存货的情况下,总公司与分支机构往来事项的会计处理除商品调拨需按高于成本计价入账册外,其余的经济业务都与上述按成本计价作相同的会计处理。

【例4-2】百度公司下设一家分公司,分公司2×20年度的商品存货全部由总公司提供,总公司发运给分公司的商品按成本加成10%计价,该年度发生的部分经济业务如下:

(1)总公司拨付分公司营运资金100 000元。

(2)总公司发交分公司商品,成本价 490 000 元。
(3)分公司对外销售全部存货的 80%,售价总额为 560 000 元,已收货款 300 000 元,余额尚未收回。
(4)分公司支付销售人员工资等费用 58 000 元。
(5)分公司汇交总公司现金 80 000 元。

分支机构账册
(1)借:银行存款　　　　　　　　　　　　100 000
　　　贷:总公司往来　　　　　　　　　　　　100 000
(2)借:库存商品　　　　　　　　　　　　539 000
　　　贷:总公司往来　　　　　　　　　　　　539 000
(3)借:银行存款　　　　　　　　　　　　300 000
　　　应收账款　　　　　　　　　　　　260 000
　　　贷:主营业务收入　　　　　　　　　　495 575.22
　　　　应交税费—应交增值说(销项税额)　64 424.78
　　借:主营业务成本　　　　　　　　　　431 200(539 000×80%)
　　　贷:库存商品　　　　　　　　　　　　431 200
(4)借:销售费用　　　　　　　　　　　　58 000
　　　贷:银行存款　　　　　　　　　　　　58 000
(5)借:总公司往来　　　　　　　　　　　80 000
　　　贷:银行存款　　　　　　　　　　　　80 000

总公司账册
(1)借:分支机构往来　　　　　　　　　　100 000
　　　贷:银行存款　　　　　　　　　　　　100 000
(2)借:分支机构往来　　　　　　　　　　539 000
　　　贷:库存商品　　　　　　　　　　　　490 000
　　　　备抵存货超成本数　　　　　　　　　49 000
(5)借:银行存款　　　　　　　　　　　　80 000
　　　贷:分支机构往来　　　　　　　　　　80 000

上述例题中总公司账册"备抵存货超成本数"49 000 元,实质是由于总分支机构之间商品调拨按高于成本作价产生的内部未实现利润。由于总公司与分支机构间商品调拨改按高于成本作价,分支机构账册上的"总公司往来"账户和总公司账册上的"分支机构往来"账户余额比按成本计价处理增加了 49 000 元。

2.有期初存货情况下的会计处理
在持续经营的情况下,总公司和分支机构一般会存在期初存货。对于存货由总公司拨付并按高于成本计价的分支机构来说,在编制联合报表时应分别按不同销售情况编制抵销分录:
(1)本期接收,本期全部销售。
借:备抵存货超成本数
　贷:主营业务成本
　　　存货

(2)本期接收,本期全部未销售。
借:备抵存货超成本数
　　贷:存货
(3)部分实现销售,部分形成期末存货。
借:备抵存货超成本数
　　贷:主营业务成本
　　　　存货

除此之外,其他总、分支机构之间往来事项的会计处理,以及总、分支机构编制联合会计报表工作底稿的方法,基本与前述商品调拨按高于成本计价——无期初存货相同,不再赘述。

第五节　其他事项的会计处理

一、相对账户的调节

从前面章节的学习中,我们可以看出总公司的"分支机构往来"账和分支机构"总公司往来"账的期末余额原则上应当相等。但在实际工作中,这两个账户余额往往不一致。导致这一现象的原因有两个方面:一是总公司或分支机构一方或双方账务记录错误;二是总公司与分支机构之前存在未达账项。由于总、分支机构资金和存货的拨付和接收时间不同,导致一方已入账而另一方尚未入账。如总公司拨付给分支机构的营运资金或商品,当资金付出或商品发出时总公司即可登记入账;但分支机构则要待相关的原始单据收到后才予以入账。又如分支机构汇交总公司的现金,当现金汇出时,分支机构即可根据结算凭证登记入账,而对总公司来说,在现金未汇入银行账户之前不会入账。这种情况类似于企业银行存款未达账项。对于记录总公司和分支机构之间往来事项的这对相对账户,要求在会计期末编制联合会计报表工作底稿之前予以调节,使之彼此相等。然后,根据调节后的余额,在联合会计报表的工作底稿中进行抵销。总公司与分支机构之间往来事项的调节,可以在期末通过先编制调节分录,然后编制"总公司与分支机构相对账户调节表"进行处理。举例说明如下。

【例4-3】百度公司2×19年年末总公司"分支机构往来"账户期末借方余额96 000元,分支机构"总公司往来"账户期末贷方余额67 000元。经核对有如下未达账项:

(1)12月29日,分支机构汇交总公司现金35 000元,总公司因未接到收款通知,尚未入账。

(2)12月30日,分支机构代总公司收取应收款项18 000元,总公司尚未接到分支机构通知,而未登记入账。

(3)12月28日,总公司代分支机构收妥应收账款60 000元,因分支机构未接到总公司的记账通知,而未登记入账。

(4)12月29日,总公司代分支机构支付应付账款72 000元,分支机构尚未接到总公司通知,而未登记入账。

在编制联合财务报表工作底稿之前,总公司应作调节分录为:
(1)借:其他货币资金　　　　　　35 000
　　　贷:分支机构往来　　　　　　　35 000

(2)借:分支机构往来　　　　　　　　18 000
　　贷:应收账款　　　　　　　　　　　　　18 000
在编制联合财务报表工作底稿之前,分支机构应作调节分录为:
(3)借:总公司往来　　　　　　　　60 000
　　贷:应收账款　　　　　　　　　　　　　60 000
(4)借:应付账款　　　　　　　　　72 000
　　贷:总公司往来　　　　　　　　　　　　72 000

由于未达账项的影响使总公司与分支机构往来账户的记录不一致,实际工作中可编制相对账户调节表,以消除未达账项的影响。相对账户调节情况见表4-1。

表4-1　总公司与分支机构相对账户调节表

2×19年12月31日　　　　　　　　　　　　　　　　　　　　　单位:元

总公司"分支机构往来"账户	金额	分支机构"总公司往来"账户	金额
调节前余额	96 000	调节前余额	67 000
加:分支机构代收应收款	18 000	加:总公司代付应付账款	72 000
减:分支机构汇交现金	35 000	减:总公司代收应收款	60 000
调解后余额	79 000	调节后余额	79 000

经过相对账户的调节处理后,其余的步骤与前面章节所讲的处理方法基本相同。

二、分支机构固定资产的处理

对于分支机构使用的固定资产的会计处理,应该由管理模式决定。

在集中制管理模式下,分支机构固定资产一般由总公司统一核算和管理,总公司负责折旧费用的计提和核算,而不需要在分支机构账上反映。

在分散制模式下可以由分支机构自行核算与管理,分支机构负责折旧费用的计提和核算。有关分支机构固定资产的会计处理如下所述。

1.集中核算制下的会计处理

总公司账册　　　　　　　　　　　　　　　分支机构账册

(1)为分支机构购置固定资产:
借:固定资产
　贷:银行存款
(2)分支机构自行购置固定资产:
借:固定资产　　　　　　　　　　　　　　借:总公司往来
　贷:分支机构往来　　　　　　　　　　　　贷:银行存款
(3)计提折旧并将折旧费分摊到分支机构:
借:销售费用
　贷:累计折旧
借:分支机构往来　　　　　　　　　　　　借:销售费用
　贷:销售费用　　　　　　　　　　　　　　贷:总公司往来

2. 分散核算制下的会计处理

总公司账册 　　　　　　　　　　　　　　分支机构账册

(1) 总公司购置固定资产拨付分支机构使用。

借：固定资产　　　　　　　　　　　　　借：固定资产
　　贷：银行存款　　　　　　　　　　　　　贷：总公司往来
借：分支机构往来
　　贷：固定资产
借：销售费用
　　贷：累计折旧
借：分支机构往来　　　　　　　　　　　借：销售费用
　　贷：销售费用　　　　　　　　　　　　　贷：总公司往来

(2) 分支机构自行购置固定资产。

在分散制核算时，分支机构自行购置固定资产需向总公司报备，由总公司核算与管理，进行账务处置。

借：固定资产
　　贷：银行存款
借：销售费用
　　贷：累计折旧

三、分支机构间往来事项的处理

在总公司下设多家分支机构的情况下，通常在总公司账上应分别按各分支机构设置"分支机构往来"明细账户，以处理总分支机构之间的往来事项。而各分支机构之间也会发生一些往来事项。对各分支机构之间的往来事项的处理，可采用总公司集中核算制，也可采用分支机构分散制核算。

1. 集中核算制下的会计处理

在采用总公司集中核算制的情况下，各分支机构间的往来业务，一律通过总公司核算，即将原属各分支机构间的往来事项置换处理为各分支机构对总公司的往来事项。

总部若有多个分支机构的情况下，一般的处理方式是分支机构只设对总部的往来账户，不设对各分支机构的往来账户。

若公司内有分支机构之间的物资调拨时，会计处理上视同分支机构把物品交给总部和总部把物品交给另一分支机构。

采用这种方法，能在总公司账上完整地反映整个企业的往来业务，便于总公司的统一调度和管理控制。

【例 4-4】C 公司下设两个分支机构，其中分支机构 A 将其制造的产品转给分支机构 B，由分支机构 B 对外售出，该批商品的制造成本为 200 000 元，送交时又发生费用 5 000 元。具体见表 4-2。

表 4-2

分支机构 A	借:总部往来　　　　　205 000 贷:库存商品—甲产品　　200 000 　　银行存款　　　　　　5 000
总部	借:分支机构往来—B　205 000 贷:分支机构往来—A　205 000
分支机构 B	借:库存商品—甲产品　205 000 贷:总公司往来　　　　205 000

【例 4-5】天磊公司设有湖南、贵州两家分公司。湖南分公司调拨商品一批给贵州分公司,成本价 90 000 元。则作如下会计处理:
(1)湖南分公司会计分录:
借:总公司往来　　　　　　　　90 000
　贷:存货　　　　　　　　　　　　90 000
(2)贵州分公司会计分录如下:
借:存货　　　　　　　　　　　　90 000
　贷:总公司往来　　　　　　　　90 000
(3)总公司会计分录:
借:分支机构往来——贵州分公司　90 000
　贷:分支机构往来——湖南分公司　90 000

一般情况下,商品运杂费计入购货费用。分支机构之间调拨商品同样会发生运杂费。为准确地计算分支机构间拨付商品的成本,有的总公司要求商品成本中只包括该商品直接从总公司运到该分支机构的费用,超过部分由总公司负责,计入总公司当期损益。

【例 4-6】华宝公司下设湖南、河南两家分公司。总公司将成本为 165 000 元的商品发运到湖南分公司,支付运费 1 800 元;现根据经营状况,总公司指示湖南分公司将该批商品调拨给河南分公司,支付运费 2 100 元。假定该批商品直接由总公司运到河南分公司的运费为 1 900 元。

(1)总公司的会计分录:
①拨付给湖南分公司商品时:
借:分支机构往来——湖南分公司　　166 800
　贷:存货　　　　　　　　　　　　　165 000
　　银行存款　　　　　　　　　　　　1 800
②将商品拨付给河南分公司时:
借:分支机构往来——河南分公司　　166 900
　　运费损失　　　　　　　　　　　　2 000
　贷:分支机构往来——湖南分公司　　168 900
(2)湖南分公司公司的会计分录:
① 收到总公司拨付的商品时:

```
借:存货                          165 000
   进货运费                        1 800
   贷:总公司往来                            166 800
②将商品转发给河南分公司时:
借:总公司往来                     168 900
   贷:进货运费                              1 800
      存货                                 165 000
      银行存款                               2 100
(3)河南分公司的会计分录:
借:存货                          165 000
   进货运费                        1 900
   贷:总公司往来                            166 900
```

2.分散核算制下的会计处理

在采用分散核算制的情况下,各个分支机构的往来应设有对方分支机构各自的往来明细账,各分支机构之间的往来事项直接计入相互的分支机构往来明细账中,不需通过总公司往来账户。

采用这种方法能够直接反映各分支机构之间往来事项的实际状况,但是编制联合会计报表工作底稿的抵销分录的工作量较大,实际工作中很少采用。

【例4-7】某总公司设有沈阳、大连两家分公司。沈阳分公司调拨一批商品给大连分公司,成本价90 000元。分散制下作如下会计处理。

(1)沈阳分公司会计分录。
```
借:分支机构往来—大连分公司        90 000
   贷:存货                                 90 000
```
(2)大连分公司会计分录。
```
借:存货                           90 000
   贷:分支机构往来—沈阳分公司               90 000
```
总公司不作会计分录处理。

四、总公司账上的分支机构费用的处理

分支机构发生的销售费用,如固定资产折旧费用、应收账款的坏账费用、保险费、房产税等,可能会统一记在总公司账上,而不记在分支机构账上。在这种情况下,当总公司收到分支机构利润表,并将分支机构利润登记入账后,应作借记"利润—分支机构"账户,贷记"销售费用"账户的会计分录。使分支机构账上由于少记费用而虚增的利润,经过调整后成为真正的利润。

总公司也可能将某笔营业费用,如广告费等,在统一由总公司支付后,再分摊给各分支机构。这时,总公司可以采用开具借项通知单的方式告知各分支机构,并在账上借记"分支机构往来"账户,贷记"销售费用"账户。当各分支机构接到总公司的通知单时,则应借记"销售费用"账户,贷记"总公司往来"账户。在这种情况下,分支机构编制的利润表反映的是其真正的利润。

> **拓展阅读：**
>
> **加强分支机构税收管理的措施**
>
> （1）理顺总公司与分支机构的税收征管关系，强化税务登记管理，避免漏征漏管户的出现。借新税法实施之机，对非法人分支机构进行一次清理，以保证总机构与非法人分支机构的主管税务机关一致。
>
> （2）实行分支机构注册税务登记向总机构所在地税务机关备案制度。在要求非独立核算分支机构或经营场所均应在经营地国税机关办理注册税务登记的基础上，同时向总机构所在地税务机关备案。
>
> （3）借鉴汇总缴纳企业所得税就地监管办法，赋予分支机构所在地国税机关部分税收管理权。如：分支机构在向总机构报送月度经营情况资料时，应同时抄报所在地国税机关接受其监管；总机构汇总办理纳税申报时，要附报由分支机构所在地税务机关签章的销售情况明细表；分支机构所在地税务机关可以依据其向总机构报送的有关资料进行检查等。
>
> （4）明确总机构会计核算责任。总机构要全面正确核算各分支机构的经营情况，并按分支机构设置明细账。未按规定进行会计核算的，严格依法查处。
>
> （5）建立工作联系制度。总机构与分支机构所在地国税机关要建立工作联系制度，交流信息，堵塞漏洞，共同加强分支机构的税收管理。

五、总公司下属销售代理机构的处理

（一）销售代理机构与分支机构的区别

总公司由于拓展业务的需要可能在其他城市或地区建立销售代理机构。销售代理机构与分支机构不同，两者的主要区别在于其经营自主权的大小。销售代理机构通常不具有独立经营的自主权，一切听从总公司的安排，而分支机构则可以独立从事商品购销业务。其具体区别见表4-3。

表4-3　销售代理机构与分支机构的区别

销售代理机构	分支机构
（1）销售代理机构通常只陈列样品以供客户挑选，其本身没有商品存货，也不经营商品购销业务	（1）分支机构通常拥有完备的商品存货，除了向总公司进货之外，也可以自行向其他厂商购进商品
（2）客户来代理机构看样订货后，代理机构即将购货订单转交总公司，由总公司决定客户能否享受赊销额度，并由总公司直接向客户交货，应收账款也由总公司登记入账并负责催收	（2）客户订货后，由分支机构自行决定客户能否享受赊销额度并由分支机构直接向客户交货，赊销商品引起的应收账款也由分支机构登记入账并负责催收
（3）销售代理机构内需设置定额备用金，由总公司拨款以应付日常支出，将近用完时向总公司报销补足，除此之外，销售代理机构不经办其他现金收支业务	（3）分支机构可以自己的名义在银行开户，收到的销货款存入银行，发生的营业费用由分支机构开具支票直接支付

(二)销售代理机构会计的特点

销售代理机构会计较分支机构会计简单,一般只需设置一本现金登记簿,用以记载由总公司拨付或报销补足的备用金收入以及应付日常开支的备用金支出。至于总公司账上有关销售代理处业务的记录,需视代理机构的净收益是否要单独反映而定。如果不需要销售代理机构的详细资料,总公司则不单独确认代理机构的净收益;如果销售代理机构的净收益需单独反映,代理机构的营业收入和费用就应在记账时同总公司和其他代理机构的营业收入和费用划分清楚。

第六节 期末联合报表的编制

一、合并财务报表与联合财务报表的概念及异同

年度终了,总公司与分支机构应分别编制个别财务报表。总公司还需要编制联合财务报表。

联合财务报表是将整个企业,包括总部和所有分支机构的财务状况和经营成果视为一个整体,由总公司根据总公司与分支机构的个别财务报表而编制的,是反映总、分支机构整体财务状况、经营成果和现金流量的财务报表。

合并财务报表是将母公司的个别财务报表和子公司的个别财务报表进行汇总,并抵销一些内部交易之后而编制的财务报表。

联合财务报表与合并财务报表在很多地方非常相似,都对相对应的账户进行抵销。如合并财务报表中对母公司的"长期股权投资"与子公司的"股东权益"进行抵销,而联合财务报表中则是对总公司的"分支机构往来"与子公司的"总公司往来"进行抵销;对内部交易中所产生的未实现的损益进行抵销。

当然,两者之间也存在很大的区别,如联合会计报表中的分公司没有设置权益类账户,总部将一些费用分摊给分公司等。最后,联合报表编制的复杂程度远远小于合并报表的编制。

二、联合报表的特点

分支机构作为一个独立的会计主体,通常要设置一套完整的账簿,用来记录从总部收到的商品和资金,以及对外的购货、销货、应付账款、应收账款及发生的费用等,并定期编制会计报表,向总部报告其财务状况和经营成果。账户的名称和编号、会计报表的内容和格式以及内部控制制度和会计方针,一般都由总部根据资产关系统一规定。

在会计期终了,为使管理当局了解分支机构的经营成果和财务状况,分支机构应当编制独立利润表和资产负债表。由于总分支机构各自编制的独立报表只能供内部管理之用,不可作为对外提供的报表,所以,总部应以本部的会计报表和账簿记录以及各分支机构的报表为基础,编制能反映企业整体的经营成果和财务状况的联合会计报表,以满足投资者、债权人和其他有关方面的需要。

联合会计报表把总部和分支机构视为一个整体,内部交易和各种往来事项均须抵销,使其只反映与外界发生的交易事项的结果。联合财务报表的编制与合并财务报表的编制程序相近。主要有以下三个步骤:①合并相同的项目;②抵销总部与分支机构的内部往来业务;③抵

销总部与分支机构内部交易所产生的未实现利润。为了便于编制联合会计报表,可先编制联合会计报表的工作底稿。

拓展阅读:
防范企业分支机构财务欺诈行为的方法

1. 建立科学、合理的业绩评价机制

(1)业绩目标要着眼于现实。现实的业绩目标应该使分支机构经理不产生短期财务目标的压力,同时又能够最大限度地调动分支机构管理人员,特别是其经理的工作积极性,促使他们一方面尽力去节约开支,降低成本;另一方面尽量地扩大销售额,增加收入。企业总部管理人员可以与分支机构经理或管理人员一起通过分析、预算及制定现实的财务目标。

(2)定量指标与非定量指标相结合。过于定量的评价指标可能无法全面衡量分支机构经理的经营业绩,有很多分支机构经理努力并有效工作的标志在单一的收益指标中无法体现,如企业产品的市场份额、员工的工作积极性与团结合作精神、企业文化的凝聚力等。因此,企业应该把定量指标与非定量指标结合起来考核分支机构经理的业绩。

2. 实行适度的集权管理

对处于事业上升阶段的中小企业而言,起初设立分支机构时,应该采用较为集权的管理方法。因为一个企业的规模还不大时,高度集权可能是必须的,而且可以充分显示其优越性。它至少可以带来两个方面的好处:其一,可以保证企业总体决策的统一性,使企业经理政令畅通,上下统一认识,统一行动;其二,可以保证决策迅速地得到执行。在采取集权体制的企业中,当任何问题得到了公司高层的决策后,可以借助于较集中的指挥系统,使各分支机构迅速地组织人力、物力实施。当然,集权管理只能是一定程度上的集权,过度集权会限制分支机构作用的正常发挥,把握好集权与分权之度是应注意的问题。

3. 建立企业内部会计控制制度

为有效地防止分支机构的财务欺诈发生,其内部会计控制制度的主要内容应包括:第一,明确会计事项相关人员的职责权限,可对会计帐务处理实行分级授权,会计人员不得超越权限范围处理会计帐务事项;第二,明确会计政策和程序,由企业总部根据会计准则及会计制度,从本单位的会计工作实际出发,制定统一合理的会计政策和程序,并以书面的形式下发给各分支机构;第三,规定财产清查的时间、程序和内容,定期与非定期进行财产清查;第四,对会计资料定期进行内部审计的办法和程序应当明确。

三、联合财务报表的编制

总部与分支机构是通过各自独立的会计系统记录并单独提供会计报表的,但总部及分支机构单独的会计报表仅供企业内部使用,作为符合《公司法》的需要对外提供的会计报表则属于公司整体的会计报表,该会计报表是根据总部与分支机构各自单独的会计报表及其他有关资料编制而成的联合会计报表。

这一过程和原理与合并会计报表的编制一致,即将总部与分支机构视为一个企业整体来编制联合会计报表,总部与分支机构之间的交易在编制过程中抵销。具体而言,就是将总部会计报表中的"分支机构往来"与分支机构会计报表中的"与总公司往来"进行抵销即可。

不过,联合会计报表的编制也有与合并会计报表编制不同的特点,通常不抵销利润表中的项目。这是因为,总部与分支机构、分支机构相互之间的往来不属于销售而是商品的调拨,因此它们之间的会计处理不像母公司与子公司、子公司相互之间要按照对外销售的方式进行会计处理、编制会计报表。这样一来,就不存在编制合并报表时为防止收入与成本"虚增"而对销售收入与销售成本进行抵销。

1. 内部往来账户余额核对

在日常业务核算中,为了避免总公司的"分支机构往来"账户与分支机构的"总公司往来"账户间账目差错,需要定期进行对账。编制"总公司与分支机构内部往来账户余额调节表"。

2. 期末结账

会计期末,总公司与分支机构均应确定本期实现的利润,即总公司与分支机构都应进行损益类账户的结账。

通过往来账户,将分支机构"本年利润"账户的余额结转到总公司。

借:本年利润
　　贷:总公司往来
　　　　(亏损就作相反的分录)

总公司在"本年利润"账户下按分支机构名称设置明细账进行核算。

借:分支机构往来——××分支机构
　　贷:本年利润——××分支机构
　　　　(亏损就作相反的分录)

3. 联合财务报表的编制

(1) 将总公司和分支机构各自的资产、负债、收入和费用等项目列示到工作底稿中。

(2) 编制调整和抵销分录,并填入联合财务报表工作底稿中,将总公司与分支机构间的内部往来及债权债务事项予以抵销。

(3) 计算出各项目抵销后的联合财务报表金额及总、分支机构相同项目的汇总金额。

(4) 将工作底稿中"联合财务报表金额"一栏的数字填到联合财务报表中。

【例 4-8】假定 A 公司于 2×20 年年初设立一家分支机构,总部要求分支机构进行独立核算,单独编制财务报表。总部与分支机构均采用永续盘存制,分支机构经营的商品一部分由总部按成本拨给,一部分自行采购。分支机构使用的固定资产由总部统一核算和管理。总部为分支机构支付的费用,如广告费、保险费、折旧费等,由总部通知并划转给分支机构,由分支机构入账。假定总部发运给分支机构的商品按成本加成 20% 计价。

2×20 年该分支机构与总部发生的经济业务如下:

(1) 总部拨给分支机构现金 18 000 元。

(2) 总部向分支机构调拨商品,成本为 50 000 元,按成本加成 20% 计价。

(3) 假定总部发运给分支机构的商品,向外界销售了 60%,赊销 30 000 元,现销 20 000 元。

(4) 分支机构汇交总部现金 24 000 元。

(5) 总部发生应由分支机构负担的费用 5 760 元。

为反映上述业务,分支机构应编制如下分录:

①借:库存现金　　　　　　　　　　　18 000
　　贷:总公司往来　　　　　　　　　　　18 000
②借:存货　　　　　　　　　　　　　60 000
　　贷:总公司往来　　　　　　　　　　　60 000
③借:应收账款　　　　　　　　　　　30 000
　　库存现金　　　　　　　　　　　20 000
　　贷:主营业务收入　　　　　　　　　44 247.79
　　　应交税费—应交增值税(销项税额)　5 752.21
　借:主营业务成本(60 000×60%)　　36 000
　　贷:存货(60 000×60%)　　　　　　　36 000
④借:总公司往来　　　　　　　　　　24 000
　　贷:库存现金　　　　　　　　　　　　24 000
⑤借:营业费用　　　　　　　　　　　5 760
　　贷:总公司往来　　　　　　　　　　　5 760
总部应编制如下分录:
①借:分支机构往来　　　　　　　　　18 000
　　贷:库存现金　　　　　　　　　　　　18 000
②借:分支机构往来　　　　　　　　　60 000
　　贷:存货　　　　　　　　　　　　　　50 000
　　　未实现利润　　　　　　　　　　　10 000
③由于销售商品是分支机构发生的行为,并且总公司要求分支机构进行独立核算,单独编制财务报表,所以总部不在此做分录。
④借:库存现金　　　　　　　　　　　24 000
　　贷:分支机构往来　　　　　　　　　　24 000
⑤借:分支机构往来　　　　　　　　　5 760
　　贷:营业费用　　　　　　　　　　　　5 760

表4-4　总公司往来

④24000	①18 000
	②60 000
	⑤5 760
	59 760

表4-5　分支机构往来

①18 000	④24 000
②60 000	
⑤5 760	
59 760	

在编制汇总财务报表的时候,需要作以下两笔抵销分录:

(1)将总公司账上的"未实现利润"账户的贷方余额与分支机构账上的"营业成本"和"存货"账户相抵销,以使分支机构本年的营业成本和期末存货账户都按原始成本计价。因为商品是按高于成本的金额计价的,所编的抵销分录为:

借:未实现利润　　　　　　10 000
　　贷:主营业务成本　　　　　　6 000
　　　　存货　　　　　　　　　　4 000

(2)将总公司账上和分支机构账上的相对账户抵销,应编制的分录为:

借:总公司往来　　　　　　59 760
　　贷:分支机构往来　　　　　　59 760

将上述两笔抵销分录记入工作底稿中"抵销"栏后,即可进行加减计算,求出汇总财务报表项目的数据。在利润表和利润分配表中,由于减少营业成本6 000元,相应使销售毛利、利润和年末留存收益增加6 000元。汇总财务报表工作底稿见表4-6。

表4-6　汇总财务报表工作底稿

2×20年度　　　　　　　　　　　　　　　　　　　　　单位:元

项目	总部	分支机构	抵销分录 借方	抵销分录 贷方	汇总报表
利润表					
主营业务收入	400 000	105 760			505 760
减:主营业务成本	320 000	70 000		①6 000	384 000
主营业务利润	80 000	35 760		6 000	121 760
减:营业费用	12 000	15 360			27 360
利润	68 000	20 400		6 000	94 440
资产负债表					
库存现金	70 400	24 040			94 440
应收账款	100 000	26 120			126 120
存货	180 000	80 000		(1)4 000	256 000
分支机构往来	59 760	——		(2)59 760	0
固定资产	100 000				100 000
资产合计	510 160	130 160		63 760	576 560
应付账款	80 000	50 000			130 000
应交所得税	12 160				12 160
未实现利润	10 000	——	(1)10 000		0
总公司往来	——	59 760	(2)59 760		0
股本	200 000				200 000

续表

项目	总部	分支机构	抵销分录		汇总报表
			借方	贷方	
资本公积	140 000	——			140 000
年末留存收益	68 000	20 400		6 000	94 400
负债与权益合计	510 160	130 160	69 760	6 000	576 560

注：总部与分支机构的个别报表数据均为假设。

由于工作底稿仅仅是为了便于编制汇总财务报表而设置的，并不是企业必需的会计程序，因此，工作底稿上的两笔抵销分录均不必记入总部和分支机构的正式账册。

本章小结

1. 分支机构存在的必要性及其含义

随着企业经营规模的扩大，企业营业场所及地区的扩展，各地往来顾客之间的销售、采购和货款的结算等业务的不断增加，为了进一步拓宽企业的经营业务，获得规模经济效应，企业经常需要在本地区或其他地区设置分支机构，这就产生了总分支机构经营问题。总分支机构经营不仅适合于商品流通企业，也适合于其他行业。这里的总公司一般指企业的总部，而分支机构则指企业的分公司或分部。

大型企业设置的分支机构，可以采用不同的经营管理方式，但是，一般而言，分支机构经营所需要的资金完全依靠总公司拨给，并遵循总公司统一的经营管理方针。同时，分支机构拥有一定的、相对独立的业务经营自主权。一般来说，分支机构是一个独立的会计主体，但不是一个法律主体，不具有法人资格。为了正确地处理总分支机构之间的业务往来事项，在总公司需要设置"分支机构往来"账户，相应地，在分支机构则需要设置"总公司往来"账户，以反映总分支机构之间的往来事项所产生的债权债务、投资与权益关系。

2. 分支机构的会计核算

总公司账簿上的"分支机构往来"账户余额与分支机构账簿上的"总公司往来"账户余额原则上应该相等。但是，在实际工作中，除了总公司或者分支机构记账错误外，还可能由于存在未达账项致使两者不符。这就如同企业银行存款账户余额与开户银行对账单余额不符。因此需要在编制联合财务报表之前予以调节，使之相符。分支机构使用的固定资产可以由总公司统一核算和管理，也可以由分支机构管理和核算，但是，采用不同方式，其折旧费的计提和负担者不同。总分支机构之间存在的费用分担问题，需要在总公司或分支机构的账簿上予以调整。分支机构之间的往来事项可以采用总公司集中核算制，也可以采用分支机构分散核算制。

年度终了，总公司和分支机构根据各自的会计分录，分别编制财务报表，以反映各自的财务状况和经营成果。但是，总公司和分支机构单独编制的财务报表只能供企业内部管理使用，而不能对外提供。总、分支机构对外需要编制联合财务报表，以便为投资者、债权人及其他报表使用者提供企业整体财务状况和经营成果。在编制联合财务报表时，需要把总公司和分支机构各自的资产、负债、收入和费用等项目联合列示，但对于总、分支机构之间的内部业务往来事项及其结果必须予以抵销，使联合财务报表所列示的是企业整体对外发生的经济业务事项及其结果。具体抵销方法可以将"总公司往来"账户的贷方余额与"分支机构往来"账户的借方余额对抵。通常先编制联合财务报表的工作底稿,然后再据以编制联合财务报表。

案例讨论

唐山市商业银行分支机构会计结算业务操作风险

唐山市商业银行成立于1998年,成立之初,营业室结算业务分为会计、储蓄、出纳三个专柜,2008年实行综合柜员制以来,会计、储蓄、出纳业务不再严格分专柜办理,统一称为会计结算业务。一个柜员可以从事会计、储蓄、出纳业务,身兼多职,既是会计员,又是储蓄员,同时又是出纳员。随着该行综合业务系统、核算流程系统的投产运行,该行核算一体化格局初步形成,通过有效的事权划分、重要岗位分离、事后监督、银企对账、支付密码等手段,全行柜面服务质量和操作风险控制能力明显增强。但由于该行现有的部门间职责划分不明确及业务处理流程的限制,仍造成一些风险隐患存在。主要表现为以下五个方面:

(1)该行操作风险管理职责不明确,操作风险隐患不能及时发现和纠正。

(2)各分支机构会计结算业务管理架构不科学,日常的会计结算业务操作风险隐患不能很好地识别、管理。

(3)未将操作风险管理纳入柜员、分支机构考核体系,柜员的积极性受到影响,操作风险诱发因素上升。

(4)总行各部门对分支机构管理缺乏统一协调,形成操作风险管理的空白点。

(5)有的制度建设滞后,部分规定与业务操作系统不匹配,存在漏洞。

讨论题:请结合案例内容以及所学知识,分析唐山市商业银行分支机构存在操作风险隐患的原因。

解析:可从以下几个方面具体分析存在操作风险隐患的原因。

(1)由于机构的复杂性导致分支机构管理的职能弱化。

(2)对分支机构及前台柜员的管理考核缺乏长效机制。

(3)分支机构管理人员风险意识淡薄。

(4)分支机构会计结算人员培训不到位。

思考题

1. 简述分支机构的基本特征。
2. 在编制汇总财务报表的时候为什么必须抵销内部往来项目?
3. 总分支机构之间的商品调拨可采用哪几种计价方法?各有什么优缺点?
4. 简述分支机构会计与销售代理会计的主要区别。
5. 为什么总分支机构经营需编制联合会计报表?具体如何编制?

讨论

将总部的费用分摊给分部或者将分部的费用归集到总部,对企业集团的整个利润会产生影响吗?

参考资料

[1] 耿建新. 高级会计学[M]. 北京:中国人民大学出版社,2010.
[2] 刘永泽. 高级财务与会计[M]. 大连:东北财经大学出版社,2018.
[3] 孙自愿. 高级会计学[M]. 江苏:中国矿业大学出版社,2017.

第五章 企业合并

开篇案例

蒙牛"娶妻",是"两情相悦"还是"父母之命"?

(一)案例简介

2010年11月22日上午,蒙牛联手君乐宝对外公布:蒙牛以4.692亿元交易价款收购君乐宝51%的股权。此次收购后,"君乐宝"及其附属品继续以其独立品牌运营和发展,并为蒙牛继续打造优势产业链。

一、案例背景

2011年最具影响力的央视黄金资源广告招标结束后,内蒙古蒙牛乳业(集团)股份有限公司(以下简称"蒙牛")以23 050万元的天价竞得电视剧特约剧场时段广告。但在诸多的竞争企业中,一个洋品牌也进入了人们的视线,毫不手软地以8 000万元人民币拿下两个A段广告,它就是新西兰天然乳液控股有限公司(以下简称"天然乳品")。据悉,天然乳品之所以砸下巨资,是因为看好中国市场的巨大潜力。其有关负责人介绍,未来天然乳品将把重心放到中国,计划两年内在24个省市区建立3 000家乳品专卖店。

洋乳业进军中国,中国乳业只有做大做强,建立优势产业链,以更低的成本、更高的品质为广大消费者服务才是发展之道。

二、相关公司简介

(1)蒙牛集团。成立于1999年年初的蒙牛,总部设在中国乳都核心区——呼和浩特市和林格尔县盛乐经济园区。蒙牛总资产超过100亿元,职工近3万人,乳制品年生产能力达600万吨。已在全国156个省市区建立生产基地20多个,拥有液态奶、酸奶、冰淇淋、奶品、奶酪5大系列400多个品项,产品以其优良的品质覆盖国内市场,并出口到美国、加拿大、蒙古国、东南亚及港澳等国家和地区。

(2)君乐宝。石家庄君乐宝乳业有限公司成立于1995年,集产、销、研于一体,包括9家生产子公司,拥有全国规模最大、设备自动化程度最高的单体酸奶生产车间,是华北乳业第一品牌。目前销售区域已扩展到河北、河南、山东、山西、辽宁、江苏、安徽等全国主要省份。据Ac尼尔森监测,君乐宝低温酸奶市场占有率位居全国第四位,液态奶销量位居全国前十位。

(3)中粮集团。中粮集团有限公司(COFCO)成立于1949年,通过日益完善的产业链条,中粮形成了诸多品牌产品与服务组合:福临门食用油、长城葡萄酒、金帝巧克力、屯河番茄制品、家佳康肉制品、大悦城Shopping Mall、亚龙湾度假区、凯莱酒店、雪莲羊绒、中茶茶叶、金融保险等。这些品牌与服务塑造了中粮高品质、高品位的市场形象。2009年7月7日,中粮集团与厚朴基金组建的新公司（中粮集团持股70%），以港币每股17.6元的价格，投资61亿港元收购蒙牛20%的股权，中粮集团成为蒙牛第一大股东。

三、并购过程及主要数据

2000年起，三鹿持有君乐宝34%的股份，品牌占29%，现金占5%。2008年三鹿集团因三聚氰胺事件被停产，君乐宝遭受牵连。君乐宝果断决定与三鹿"分道扬镳"，不仅更改了公司名称，企业法人也进行了相应的变更。2009年上半年，君乐宝先后两次共支付3 390万元购回自己在三鹿的股份，分别以2 500万元回购原三鹿所持有的17%君乐宝股权和890万元回购君乐宝乐时乳业22%的股权。君乐宝主要进行酸奶生产，拥有生产厂8家，其中河北4家、江苏1家、黑龙江2家、陕西1家。品牌除了君乐宝，还有东方知味等50多个品种。

2009年蒙牛营业收入达到257亿元，在全国拥有40多个生产基地。目前，蒙牛的牧场数量攀升至14家，但牧场原奶在全部原料供应中尚不足10%，未来还将陆续建设20~30家大型牧场。

2010年11月22日，蒙牛和君乐宝乳业在北京联合召开新闻发布会，蒙牛将投资4.692亿元持有君乐宝乳业51%的股权，成为君乐宝最大股东。君乐宝股权价值最终评估为9.2亿元，并购后君乐宝管理层维持不变，"君乐宝"也将作为独立品牌运作。2010年蒙牛集团公布的年报是按照国际会计准则委员会颁布的国际财务报告准则及香港公司法的披露规定编制的，摘取有关数据如下：

2010年11月30日，本集团向独立第三方收购君乐宝51%股权。君乐宝主要从事生产及分销酸奶制品。该收购为本集团扩大在中国酸奶产品市场份额策略的一部分。该收购的购买代价以现金形式支付，其中人民币100 000 000元为或有负债，倘若君乐宝能于收购日后的3年达到若干经营条件，将于2014年支付。

蒙牛选择按占有君乐宝的可辨认资产的比例来计量君乐宝的非控股股东权益。

收购日君乐宝的可辨认资产及负债的公允价值见表5-1。

表5-1 收购日君乐宝的可辨认资产及负债的公允价值 单位：千元

资产	
物业、厂房及设备	317 035
在建工程	27 188
土地使用权	43 850
其他无形资产	184 476
联营公司权益	138 75
可供出售投资	13 000
现金及银行结存	101 001
保证金存款	10 000
应收票据	6 247
应收账款	29 877
预付账款	24 526
其他应收款项	94 883
存货	50 497

续表

资产	
资产总计	916 455
负债	
应付账款	(135 472)
应付票据	(20 000)
预提费用及客户定金	(38 184)
其他应付款项	(74 346)
计息银行贷款及其他借款	(202 996)
应付所得税	(18 139)
长期应付款项	(2 761)
负债总计	(491 898)
可辨认净资产总额	424 557
非控股股东权益	(221 287)
收购产生的商誉	252 470
购买代价	455 740

四、并购过程会计处理

合并商誉的计算：

合并商誉＝455 740－(424 557－221 287)＝252 470 千元

会计分录：

借：相关资产类账户　　　916 455 000
　　商誉　　　　　　　　252 470 000
　　贷：相关负债类账户　　491 898 000
　　　　银行存款　　　　　455 740 000

五、并购原因分析

1."两情相悦"

(1)蒙牛："图谋"优质奶源。"蒙牛看中君乐宝,与君乐宝的优质奶源分不开。"东方艾格高级乳业分析师陈连芳认为,2009年以后,君乐宝在河北当地乳制品企业中一枝独秀,依托国内三大优质奶源带之一的华北平原,拥有优质的奶源。蒙牛与君乐宝合作是一项战略投资,在当前奶源紧张的情况下,能够保证其建立长期稳定的奶源供应。

目前,君乐宝拥有华北地区最大的酸奶生产基地,酸奶市场占有率全国第四,仅次于蒙牛、伊利、光明,在其2009年12.6亿元的年营业额中,高达84%的业绩来源于酸奶。蒙牛乳业年报数据显示,2006—2009年蒙牛酸奶复合增长率为27.3%,2010年上半年的同比增长率达到30.3%。收购君乐宝后,蒙牛的酸奶市场份额将超过30%。

(2)君乐宝：背靠大树好乘凉。对于本次合作,君乐宝也有自己的想法。近两年,河北政府在河北奶源建设上给予了很大支持,但河北乳品加工企业整体规模和实力距离全国品牌还有一定差距。跟蒙牛的合作,目的就是借助蒙牛的优势资源,把君乐宝品牌做大做强,做成全国性品牌。

2."父母之命"

颇具深意的是,蒙牛收购君乐宝或许更多体现的是中粮集团的战略意图。

2009年7月7日,中国中粮集团与厚朴基金组建的新公司(中粮集团持股70%),以港币每股17.6元的价格,投资61亿港元收购蒙牛20%的股权,中粮集团成为蒙牛的第一大股东。并购蒙牛不仅可以使企业在竞争中脱颖而出,也将加速中粮集团实现"全产业链"的目标。

中粮集团其实一直是资本市场的熟练"操盘手",旗下已有7家上市公司,包括中国食品、中粮控股、蒙牛乳业、中粮包装4家香港上市公司,中粮屯河、中粮地产和丰原生化3家内地上市公司。最近,又传出中粮地产准备在香港上市的消息。正是通过数次并购,中粮集团成为名副其实的"巨无霸",旗下产业涉及粮食贸易、粮食及农产品加工、生物能源、品牌食品、地产酒店、土畜产、包装和金融等众多领域。

本章结构

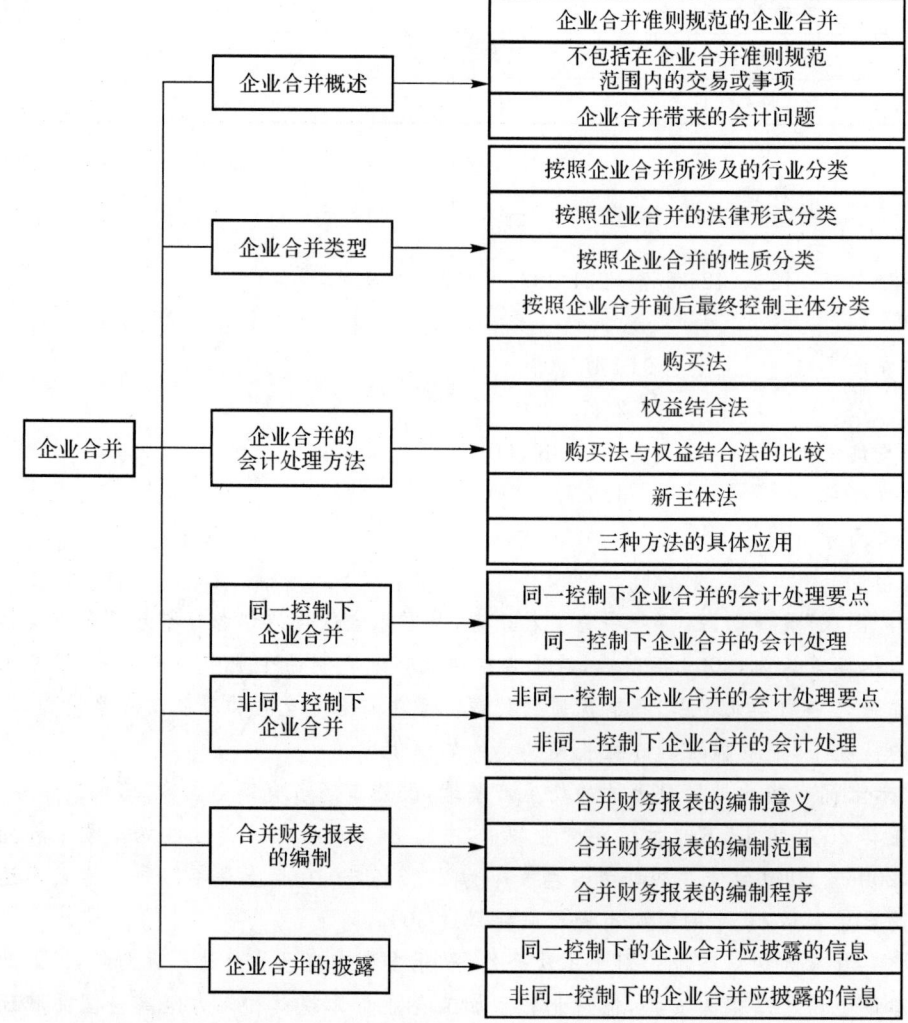

第五章 企业合并

本章要点
- 企业合并的概念、不属于企业合并的情况、企业合并带来的问题。
- 企业合并的分类。
- 企业合并的会计处理方法。
- 同一控制下企业合并的处理。
- 非同一控制下企业合并的处理。

学习目标
◇ 了解：企业合并的含义；购买子公司少数股权的会计处理方法。
◇ 理解：企业合并的基本类型；反向购买的会计处理方法。
◇ 掌握：同一控制下的企业合并与非同一控制下的企业合并的会计处理方法；购买法和权益结合法的基本原理。

第一节 企业合并概述

一、企业合并准则规范的企业合并

企业合并是将两个或两个以上单独的企业合并形成一个报告主体的交易或事项，企业合并的结果通常是一个企业取得了对另一个企业或其多个业务的控制权。构成企业合并至少包括两层含义：一是取得对另一个或多个企业（或业务）的控制权；二是所合并的企业必须构成业务。业务是指企业内部某些生产经营活动或资产、负债的组合，该组合具有投入、加工处理和产出能力，能够独立计算其成本费用或所产生的收入。

有关资产、负债的组合要形成一项业务，通常应具备以下要素：

（1）投入。其指原材料、人工、必要的生产技术等无形资产以及构成生产能力的机器设备等其他长期资产的投入。

（2）加工处理过程。其指具有一定的管理能力、运营过程，能够组织投入形成产出。

（3）产出。如生产出产成品，或是通过为其他部门提供服务来降低企业整体的运行成本等其他带来经济利益的方式。有关资产或资产、负债的组合要构成一项业务，不一定要同时具备上述三个要素，某些情况下具备投入和加工处理过程两个要素即可认为构成一项业务。业务的目的主要是向投资者提供回报，如生产的产品出售后形成现金流入，或是能够为企业的生产经营带来其他经济利益，如能够降低成本等。

有关资产或资产、负债的组合是否构成一项业务，应结合所取得资产、负债的内在联系及加工处理过程等进行综合判断。实务中出现的一个企业对另一个企业某条具有独立生产能力的生产线的合并、一家保险公司对另一家保险公司寿险业务的合并等，一般构成业务合并。

如果一个企业取得了对另一个或多个企业的控制权，而被购买方（或被合并方）并不构成业务，则该交易或事项不形成企业合并。企业取得了不形成业务的一组资产或是净资产时，应将购买成本以购买日所取得各项可辨认资产、负债的相对公允价值为基础进行分配，不按照企业合并准则进行处理。

从企业合并的定义看，是否形成企业合并除了要看取得的企业是否构成业务之外，关键要看有关交易或事项发生前后是否引起报告主体的变化。

报告主体的变化产生于控制权的变化。在交易事项发生以后,若一方能够对另一方的生产经营决策实施控制,形成母子公司关系,则涉及控制权的转移,从合并财务报告角度形成报告主体的变化;交易事项发生以后,一方能够控制另一方的全部净资产,被合并的企业在合并后失去其法人资格,也涉及控制权及报告主体的变化,形成企业合并。实务中,对于交易或事项发生前后是否形成控制权的转移,应当遵循实质重于形式原则,综合可获得的各方面情况进行判断。

假定在企业合并前 A、B 两个企业为各自独立的法律主体,且构成业务(在合并交易发生前,不存在任何投资关系),企业合并准则中所界定的企业合并,包括但不限于以下情形:

(1)企业 A 通过增发自身的普通股自企业 B 原股东处取得企业 B 的全部股权,该交易事项发生后企业 B 仍持续经营。

(2)企业 A 支付对价取得企业 B 的净资产,该交易事项发生后撤销企业 B 的法人资格。

(3)企业 A 以其资产作为出资投入企业 B,取得对企业 B 的控制权,该交易事项发生后企业 B 仍维持其独立法人资格继续经营。

二、不包括在企业合并准则规范范围内的交易或事项

实务中,某些交易或事项因不符合企业合并的界定,不属于企业合并准则的规范范围,或者虽然从定义上属于企业合并,但因交易条件等各方面的限制,不包括在企业合并准则的规范范围之内。

1. 购买子公司的少数股权

购买子公司的少数股权,是指在一个企业已经能够对另一个企业实施控制,双方存在母子公司关系的基础上为增加持股比例,母公司从子公司的少数股东处购买少数股东持有的对该子公司全部或部分股权。根据企业合并的定义,考虑到该交易或事项发生前后不涉及控制权的转移、不引起报告主体的变化,因此不属于准则中所称的企业合并。

2. 其他不按照企业合并准则核算的情况

(1)两方或多方形成合营企业的情况,主要是指作为合营方将其拥有的资产、负债等投入所成立的合营企业,按照合营企业章程或是合营合同、协议的规定,在合营企业成立以后,由合营各方对其生产经营活动实施共同控制。在这种情况下,因合营企业的各合营方中并不存在占主导作用的控制方,不属于企业合并。

(2)仅通过合同而不是所有权份额将两个或者两个以上的企业合并形成一个报告主体的情况。在这种情况下一个企业能够对另一个企业实施控制,但该控制并非产生于持有另一个企业的股权,而是由于一些非股权因素产生的。例如,通过签订委托受托经营合同,作为受托方虽不拥有受托经营企业的所有权,但按照合同协议的约定能够对受托经营企业的生产经营活动实施控制。这样的交易由于无法明确计量企业合并成本,有时甚至不发生任何成本,因此即使涉及控制权的转移也不属于企业合并。

三、企业合并带来的会计问题

1. 会计上如何看待企业合并

第一个层次的会计问题是会计上如何看待企业合并。企业合并会计的目标是什么?如果以反映企业合并的经济实质为目标的话,企业合并的经济实质是什么?关于这一问题主要有

三种观点:

(1)购买观。企业合并是一家企业购买另一家企业或几家企业的购买行为。基于购买观的企业合并会计方法称为购买法。

(2)权益结合观。企业合并是参与合并的各企业的原有权益的简单结合。基于权益结合观的企业合并会计方法称为权益结合法。

(3)新实体观。企业合并是所有参与合并的企业重新组成新的实体的行为。基于新实体观的企业合并会计方法称为新实体法,或称新主体法。

2. 可辨认资产与负债的计价

在具体的会计处理层次上,企业合并带来的首要会计问题是参与合并的企业的可辨认资产与负债如何在合并后企业的报表上反映。解决这一问题的方法主要有以下三种:

(1)参与合并的所有企业都不改变其计价基础,所有资产、负债都按其原来的账面价值计价,这是权益结合法的主要特点。

(2)对于合并企业和被并企业的资产与负债的计价采用不同的会计处理方法,合并企业不改变其计税基础,其资产、负债都按其原来的账面价值计价;而被并企业要改变其计价基础,资产、负债按其合并日的公允价值计价,这是购买法的主要特点。

(3)参与合并的所有企业都改变其计价基础,所有资产、负债都按其合并日的公允价值计价,这是新实体法的主要特点。

我国《企业会计准则第 20 号——企业合并》规定,同一控制下的企业合并应采用权益结合法,非同一控制下的企业合并应采用购买法。关于权益结合法与购买法的详细内容将在后续具体展开。

3. 企业合并带来的其他会计问题

(1)企业合并中发生的各项直接相关费用的处理。在企业合并过程中往往会发生一些直接相关费用,如咨询费用、法律费用等,这些直接相关费用如何处理,也是企业合并带来的会计问题。可能的选择主要有计入当期损益和不计入当期损益两种,计入当期损益的处理方法操作简单。

在权益结合法下直接相关费用只能计入当期损益。在购买法下,从理论上来讲还有计入当期损益或计入合并成本两种不同的选择。

(2)被并企业期初至合并日的损益的处理。企业合并有可能不是在期初或期末完成,而是在会计期间中间的某一天完成的,于是就产生了被并企业期初至合并日的损益处理问题。

合并后企业的当期利润表中是否应该包括被并企业期初至合并日的损益,购买法下不应包括,权益结合法下则应包括。

(3)被并企业的留存收益是否保留。购买法下不予保留,权益结合法下则应当保留。

第二节 企业合并的类型

一、按照企业合并所涉及的行业分类

1. 横向合并

其又称水平式合并,指生产同类产品的企业之间的合并,其目的主要是达到规模经济、降

低成本、扩大市场占有率及影响力。横向合并的目的在于,把一些规模较小的企业联合起来,组成企业集团,以实现规模效益;或者是利用现有的生产设备,增加产量,提高市场占有率,在激烈的竞争中处于有利的地位,或者是优势互补,共度难关。

横向合并会削弱企业间的竞争,甚至造成垄断的局面,在一些国家受到反托拉斯法(Antitrust law)的限制。

2. 纵向合并

其又称垂直式合并,指生产不同类产品,但相互之间有关联的企业之间的合并,如一家生产彩电的企业和一家生产彩电显像管的企业间的合并。企业通过垂直式合并往往能够形成一个集产、供、销于一体的企业集团,以此来加强企业实力。

3. 混合合并

其又称多元化合并,指生产产品和行业没有内在联系的企业之间的合并,如银行对影视行业的合并。企业通过多元化合并可以扩大经营行业,以达到分散企业经营风险的目的。如上海日立电动工具有限公司于1994年8月合并了上海护身用品制造厂;又如2001年李嘉诚收购同仁堂;2002年3月22日德国的RWEAG能源集团以并购的方式收购英国电气设备公司Innogy控股公司。

二、按照企业合并的法律形式分类

1. 吸收合并

吸收合并也称兼并,是指一家公司通过股票交换、支付现金或其他资产,或发行债务性证券而取得另一家或几家公司的全部净资产,参与合并的公司中,只有一家继续存在,其余公司都丧失其法律地位。丧失法律地位的公司,其经营活动可能继续进行,但只是作为合并后公司的一部分而存在。

如1996年12月,波音公司以133亿美元的价格购得麦道公司,组建成世界上最大的航空航天制造公司。企业合并后,麦道公司消失,除100架MD—95以外,民用客机均改姓波音。

2. 创立合并

创立合并也称新设合并,是指几家企业以其净资产换取新成立的公司的股份之后宣告解散,合并创建一个新的企业。其结果是指新设一个单一的经济主体和法律主体。

如2000年1月,全球最大的互联网服务提供商——美国在线(AOI)与全球娱乐及传媒巨人——时代华纳公司(TW)合并成立新公司"美国在线时代华纳公司"(AOI Time Woer Inc)就是一项典型的新设合并。

3. 控股合并

控股合并是企业合并中最常见的一种方式,是指一家企业通过支付现金、发行股票或债券等方式取得另一家企业的全部或部分有表决权的股份,从而达到能够对被投资企业实施控制的程度,而参与合并的两家企业仍然保留其法律地位。在这种情况下,投资企业与被投资企业之间形成母子关系,需要编制合并报表。

吸收合并(兼并):A公司 + B公司 → A公司

创立合并(新设合并):A公司 + B公司 → C公司

控股合并:A公司+B公司 → A公司+B公司+AB企业集团

依据法律形式对企业合并进行分类,是传统上讨论企业合并会计问题时采用的主要分类方法。吸收合并和新设合并的结果是形成单一的法律主体,不存在编制合并财务报表的问题。而控股合并后,合并企业与被合并企业仍然是两个独立的法律主体和会计主体。但是从经济角度看,由于控股事实的存在,两者已构成了一个经济实体。为了综合、全面地反映这一经济实体的财务状况和经营成果,有必要将母子公司组成的整个企业集团视为单一的会计主体,编制集团的合并财务报表,以反映整体的财务状况、经营成果和现金流量的情况。

三、按照企业合并的性质分类

1. 购买性质合并

它是指一个企业通过支付现金、转让资产、承担债务或发行股票的方式取得另一个企业的净资产或经营权的合并行为。通过买卖将被收购企业的全部资产经营权一次性转移到收购企业,有利于收购企业按照自己的意志对企业进行改造利用。但要对被并企业的资产进行评估,一般适合于大型企业对那些濒于破产或微利、迫切要求转产的企业合并。

2. 股权联合性质合并

当参与合并的企业根据签订的平等协议共同控制其全部净资产和经营活动,参与合并企业的股东共同分担合并企业的风险和利益时,这种企业合并属于股权联合性质的合并。

合并后的任意一方都不能认为是购买企业。股权联合法之所以与购买法不同,是因为参与合并的各方签订的是平等的协议,合并各方没有控制与被控制的关系,合并企业的股东在合并后的企业中拥有与合并前相同的表决权。

四、按照企业合并前后最终控制主体分类

企业合并按照参与合并的企业在合并前后是否受同一方或相同多方最终控制进行分类,可以分为同一控制下的企业合并与非同一控制下的企业合并。

1. 同一控制下企业合并

同一控制下的企业合并,是指参与合并的企业在合并前后均受同一方或相同多方最终控制且该控制并非暂时性的。

(1)能够对参与合并各方在合并前后均实施最终控制的一方通常指企业集团的母公司。同一控制下的企业合并一般发生于企业集团内部,如集团内母子公司之间、子公司与子公司之间等。因为该类合并从本质上是集团内部企业之间的资产或权益的转移,不涉及到自集团外购入子公司或是向集团外其他企业出售子公司的情况,能够对参与合并企业在合并前后均实施最终控制的一方为集团的母公司。

(2)能够对参与合并的企业在合并前后均实施最终控制的相同多方,是指根据合同或协议的约定,拥有最终决定参与合并企业的财务和经营政策,并从中获取利益的投资者群体。

(3)实施控制的时间性要求,是指参与合并各方在合并前后较长时间内为最终控制方所控制。具体是指在企业合并之前(即合并日之前),参与合并各方在最终控制方的控制时间一般在一年以上(含一年),企业合并后所形成的报告主体在最终控制方的控制时间也应达到一年以上(含一年)。

(4)企业之间的合并是否属于同一控制下的企业合并,应综合构成企业合并交易的各方面情况,按照实质重于形式的原则进行判断。通常情况下,同一控制下的企业合并是指发生在同一企业集团内部企业之间的合并。同受国家控制的企业之间发生的合并,不应仅仅因为参与

合并各方在合并前后均受国家控制而将其作为同一控制下的企业合并。

(5)同一控制下企业合并的特点有:并非完全自愿进行;在很大程度上是资产、负债的重新组合;价格往往不公允等。

2.非同一控制下企业合并

非同一控制下的企业合并,是指参与合并各方在合并前后不受同一方或相同多方最终控制的合并交易,即除了判断属于同一控制下的企业合并的情况以外其他的企业合并。

(1)非同一控制下企业合并的特点有:属于非关联的企业间的合并;交易作价相对公平合理等。

(2)对非同一控制下的企业合并应运用购买法进行会计处理。非同一控制下企业合并的会计处理步骤包括购买方与被购买方的认定、购买方购买日企业合并成本的计量和企业合并成本的分配。

第三节 企业合并的会计处理方法

正确理解合并按法律形式分类和按经济实质分类,是正确选择会计处理方法的关键。我们不能简单地将两种分类联系起来,认为吸收合并属于购买性质的,兼并方属于购买方,而被兼并方属于被购买方;认为创立合并就是股权联合形式的合并,因为它们是联合成立一个新企业。事实上,这两种分类之间没有必然的内在联系。吸收合并从法律上看,一方被取消法律资格并入另一方从而成为另一方的下属单位,另一方则以原来的法律实体和地位继续从事生产经济活动。但是,在实质上,双方股东可能是以平起平坐的身份通过股权的联合、董事会的构成和高管人员的安排共同控制并购后的企业。例如,新潮实业向山东新牟股份有限公司股东定向增发新股的吸收合并、青岛双星吸收合并青岛华星、亚盛集团吸收合并龙喜股份等等。创立合并从法律形式上看是两个或两个以上的企业联合成立一个新的企业,用新企业的股份交换原来各公司的股份,但并非创立合并不存在主并购方。如果有主并购方存在,从实质上讲就属于购买形式的合并。

因此在实务操作中,会计方法选择的基础,是经济实质而非法律形式。对企业合并的会计处理有购买法和权益结合法两种方法。

一、购买法

购买法认为,企业合并是一个企业主体通过购买方式取得其他参与合并企业净资产的一种交易,在合并后被购买的企业丧失法人地位不再继续经营,被购买企业资产的风险和收益转移到购买方。在购买法下,对所收到的资产与承担的负债用与之交换的资产或权益的公允价值来衡量,购买成本超过所取得的被购买企业净资产公允价值的差额,确认为商誉。合并企业的收益包括购买企业当年本身实现的收益以及购买日后被购买企业所实现的收益。

(一)购买法的主要特点

(1)实施合并的企业要按公允价值记录所收到的资产和承担的债务。

(2)合并对价可以是有形资产(如现金等),也可以是增发的权益性证券(股票)的公允价值。

(3)合并成本超过所取得净资产公允价值的差额,计入商誉,但在控股合并方式下,在投资的分录中不记录商誉。

(4)合并时的相关费用分几种情况处理:若以发行权益证券(股票)为代价,登记和发行费用直接冲减股票的公允价值,即减少超面值缴入的资本;法律费、咨询费和佣金等其他直接费用增加净资产或投资的成本;合并的间接费用作为期间费用处理。

(5)计入合并企业的收益包括实施合并的企业当年自身实现的收益,以及被合并企业自合并日后所实现的收益。

(二)购买法的优缺点

1. 购买法的优点

购买法的最大优点是坚持资产购置的传统会计处理原则。因为在合并谈判的过程中,合并双方是以有关资产和负债的公允价值而不是账面价值为基础进行讨价还价。所以,企业合并实质上是独立主体之间讨价还价的一种公平交易行为。购买法正是体现了这种交易的实质,将企业合并视为收购方获得对另一家公司资产的控制权,并以公允价值对所取得的被合并企业的资产和负债计价,从而坚持了资产购置的传统会计处理原则。

2. 购买法的缺点

(1)公允价值有可能难以确定。购买法要求建立新的计价基础,用公允价值重新计量被购买方的资产和负债,而要客观确定这些资产和负债的公允价值往往存在困难。此外,如果购买方是以本公司的股票作为合并对价,那么所发行股票的公允价值的确定也可能是一个难题。

(2)购买方与被购买方的计量基础不一致。购买法要求按公允价值对被购买方的资产和负债计价,而购买方原来的资产和负债仍然按历史成本记录,这就必然导致合并后企业的财务报表成为一个新旧价格混杂的产物。

(3)商誉的确认和计量存在争议。采用购买法会涉及对商誉如何确认和计量的问题,目前国际会计理论界对于商誉的确认和计量仍然存在争议。

(三)购买法下的会计处理

采用购买法实施企业合并时,有关的会计处理包括以下各项内容:

首先,对被购买企业净资产的账面价值予以确认,即对被购买企业的资产、负债、所有者权益项目进行核实;然后(也是最重要的一环),对被购买企业的净资产进行评估,即由具有资产评估资格且独立的资产评估机构或会计师事务所评估被购买企业净资产的公允价值;最后,在公允价值的基础上,由购买双方经过讨价还价确定购买成本。

吸收合并时,购买法下实施合并企业的有关账务处理为:

借:有关资产(被购买企业有关资产项目的公允价值)　　　　A
借或贷:商誉(被购买企业净资产公允价值与购买成本之差)　　D
　　贷:有关负债(被购买企业有关负债项目的公允价值)　　　　B
　　　　银行存款等(购买企业支付的购买成本)　　　　　　　　C

$D = C - (A - B)$

控股合并时,购买法下实施合并企业(控股公司)有关账务处理为:

借:长期股权投资(合并成本)
　　合并费用(间接费用)
　　贷:银行存款等(购买企业支付的购买成本及间接费用)

【例题 5-1】A 公司于 2×19 年 3 月 31 日取得 B 公司 70% 的股权。为核实 B 公司的资产价值，A 公司聘请专业资产评估机构对 B 公司的资产进行评估，支付评估费用 300 万元。合并中，A 公司支付的有关资产在购买日的账面价值与公允价值见表 5-2。

表 5-2　购买日资产账面价值与公允价值明细表

2×19 年 3 月 31 日　　　　　　　　　　　　　　　　　　　　　单位：万元

项　目	账面价值	公允价值
土地使用权（自用）	6 000	9 600
专利技术	2 400	3 000
银行存款	2 700	2 700
合　计	10 800	15 000

假定合并前 A 公司与 B 公司不存在任何关联方关系，A 公司用作合并对价的土地使用权和专利技术原价为 9 600 万元，至企业合并发生时已累计摊销 1 200 万元。

分析：

本例中因 A 公司与 B 公司在合并前不存在任何关联方关系，应作为非同一控制下的企业合并处理。

A 公司对于合并形成的对 B 公司的长期股权投资，应按确定的企业合并成本作为其初始投资成本。A 公司账务处理如下：

借：长期股权投资　　　　　　150 000 000
　　管理费用　　　　　　　　　3 000 000
　　累计摊销　　　　　　　　 12 000 000
　贷：无形资产　　　　　　　 96 000 000
　　　银行存款　　　　　　　 27 000 000
　　　营业外收入　　　　　　 42 000 000

【例题 5-2】2×19 年 5 月 1 日，甲公司以一项可供出售金融资产向丙公司投资（甲公司和丙公司不属于同一控制下的两个公司），取得丙公司 70% 有表决权股份，能够控制其生产经营决策。购买日，该可供出售金融资产的账面价值为 3 000 万元（其中成本为 3 200 万元，公允价值变动为 −200 万元），公允价值为 3 100 万元。不考虑其他相关税费。

甲公司会计处理如下：

借：长期股权投资　　　　　　　　　　　 31 000 000
　　可供出售金融资产——公允价值变动　 2 000 000
　贷：可供出售金融资产——成本　　　　 32 000 000
　　　投资收益　　　　　　　　　　　　 1 000 000
借：投资收益　　　　　　　　　　　　　 2 000 000
　贷：其他综合收益　　　　　　　　　　 2 000 000

二、权益结合法

权益结合法是处理企业合并的另一种会计方法。权益结合法认为，企业合并是权益结合而不是购买,其实质是参与合并的各方企业的所有股东联合起来控制其全部的净资产,以继续共同分担合并后企业主体的风险和收益,是原企业所有者风险和利益的联合。在权益结合法下,资产和负债采用账面成本核算,不存在商誉确认问题。由于合并后的企业视同一开始就存在,不论合并发生在年度的哪个时点,参与合并企业整个年度的损益都要包括在合并后企业的损益中。

(一)权益结合法的主要特点

(1)不论合并发生在会计年度的哪一个时点,参与合并企业的整个年度的损益都要全部包括在合并后的企业之中。

(2)参与合并企业的整个年度留存利润均应转入合并后的企业。

(3)所发生的与股权联合有关的支出应在发生的当期确认为费用。

(4)参与合并的企业,会计报表通常毋须变动,依然按账面价值反映。换言之,不应将其反映为公允价值,也不确认商誉。

(5)已登记入账的发行股本的金额加上以现金或其他资产形式支付的额外价款,与账面登记的购买股本的金额之间的差额,调整股东权益。

(二)权益结合法的优缺点

1. 权益结合法的优点

(1)有利于促进企业合并的进行。由于权益结合法允许合并企业在合并当年的报表中将其净利润予以合并,使合并当年合并实体的利润比较可观,可避免合并当年合并实体净资产收益率、每股收益率等指标的大幅度下降,从而给企业合并带来有利影响。同时,由于对购买方的购买价格超过被购买企业资产账面价值部分不予以确认,因此不存在商誉。从而可避免合并后已确认商誉部分的摊销或减值对合并后企业的利润的不利影响,使上市公司避免因对合并商誉的摊销而造成合并后利润率的下降,减少投资者的风险。因此,权益结合法有利于促进企业合并的进行。

(2)符合持续经营假设。权益结合法是以合并后各个参与合并企业的股权及持续经营活动为前提,以原有资产、负债的历史数据为基础,且合并前后的数据有连贯性,可以更好地反映参与合并企业股权的集合和存续。从而符合持续经营假设,这有利于对企业未来经营状况进行预测分析。

(3)方法简单,便于操作。对报告主体而言,运用权益结合法的成本低,它保留了参与合并企业所有资产和负债的账面价值,无需确认、计量和报告参与合并企业原来尚未确认的资产和负债及其公允价值,而且合并双方的账面价值处理仅简单相加,大大节省了操作成本。权益结合法所追求的是反映合并主体各方的连续性,其会计处理相对简单。

2. 权益结合法的缺点

(1)不能准确反映企业合并的经济实质。采用权益结合法所记录的是参与合并的企业在合并前以历史成本计量的资产、负债的账面价值,这种处理忽视了一个重要的事实:即使企业合并是通过股票交换进行的,股票作为有价证券也必然有其公允价值,企业之间进行股票交换实质上相当于进行了一次新的交易。实际上,企业并购作为产权交易,其本身也是一种资源。它可能使合并方受益于被合并方所具有的获取超额收益的能力,也可能通过合并产生协同效应,从而为参与合并的企业带来一定的价值。可见,在合并后企业的财务报表中不反映合并协议最终对资产、负债产生的影响,而仍然只反映基于历史成本计量的原账面价值,这种做法不能准确反映企业合并的经济实质。

(2)不利于社会资源的优化配置。采用权益结合法的企业其现金流量与采用购买法的企业无差异,经济实质无差别。因此,财务报告中显示的盈余差异完全是会计处理的结果,但在市场经济条件下,资源配置往往偏向于那些报告收益较高的企业,从而导致社会资源配置实质上不合理,这不但会损害其他企业的利益,也会对整个资本市场造成不良影响。

(三)权益结合法的会计处理

权益结合法的核心是按账面价值实现"合股"。下面是各种合并方式下权益结合法实施合并时的基本账务处理。

(1)吸收合并时实施合并企业的账务处理为:

借:有关资产(按入股比例计算的被并方资产的账面价值)
　　合并费用(实际发生的合并费用)
　贷:有关负债(按入股比例计算的被并方负债的账面价值)
　　股本(换出股本金额,即合并方新发行股票的面值)
　　银行存款等(支付的合并费用等)
　　留存收益(按入股比例计算的被并方留存收益的账面价值)
　　资本公积(差额)

(2)新设合并时,新设立企业的账务处理与吸收合并基本相同。

(3)控股合并时,实施合并企业(主并企业)的基本账务处理为:

借:长期股权投资(换入股本金额,即按入股比例计算的被并方净资产的账面价值)
　　合并费用(实际发生的合并费用)
　贷:股本(换出股本金额,即合并方新发行股票的面值)
　　银行存款等(支付的合并费用等)
　　留存收益(按入股比例计算的被并方留存收益的账面价值)
　　资本公积(差额)

三、购买法与权益结合法的比较

在购买法下,重估后资产的公允价值通常高于其账面价值,这些增值的资产将在以后年度通过折旧或摊销等形式转化为成本或费用,从而导致购买法下的成本费用要高于权益结合法。购买法下合并企业当年的利润仅仅包括被合并企业购买日后实现的利润,而权益结合法下合并企业当年的利润包括被合并企业整个年度的利润。因此,权益结合法下的利润要高于购买法。由于合并后权益结合法仍以资产的原账面价值核算,而购买法以资产的公允价值核算,购买法下资产账面金额高于权益结合法,利润却低于权益结合法,所以权益结合法下的净资产收益率也要高于购买法。

购买法采用公允价值对购入的资产和负债进行计量,更能反映合并的经济实质,也便于投资者预测合并后企业未来的现金流量。而权益结合法虽然核算简单,但缺乏合理的概念基础,容易导致利润操纵行为。因此,国际上的做法是逐渐取消权益结合法,将购买法作为企业合并唯一的会计处理方法。

> **拓展阅读：**
>
> 美国是最早采用权益结合法的国家，1970年发布的APB第16号意见书《企业合并》允许同时采用购买法和权益结合法，并对权益结合法的使用在参与合并企业的性质、所有者权益的结合方式、是否存在有计划的交易等方面提出了12项限制性条件，规定只有完全符合这12项条件的企业合并才能采用权益结合法编制合并报表。权益结合法虽然在一定程度上推动了美国的并购浪潮，但由于其通常能报告较高的收益，在实务中往往被滥用。并且它与购买法的并用也产生了不少问题，相似的并购可以通过一系列的策划而选用有利于合并方的会计处理方法。特别是20世纪90年代以来，美国出现了第五次兼并浪潮，收购和兼并涉及的金额越来越大，通过权益结合法操纵合并后企业经营业绩的经济影响日益增大。因此FASB在2001年颁布了《会计准则第141号——企业合并》取代APB第16号意见书，取消了权益结合法，明确购买法是唯一可以使用的方法。
>
> 国际会计准则委员会在其《会计准则第22号——企业合并》中提出，当参与合并的企业的股东共同分担和分享合并后主体的风险和利益时，企业合并作为股权联合核算，采用权益结合法。但后来国际会计准则委员会认为，尽管通过权益性工具的交换会导致所有者权益的存在，但这些权益会在合并后发生变化。而权益结合法并没有反映所有者权益的变化，并且该方法忽略了企业合并中交换的价值。鉴于采用权益结合法不能反映管理层对所进行的投资及其后续绩效的受托责任，2004年3月31日新发布的《国际财务报告准则第3号——企业合并》取消了权益结合法。

四、新主体法

新主体法，又称新实体法或新起点法。该方法假设企业合并产生了一个全新的报告主体，在合并日，所有参与合并企业的资产、负债均以合并日的公允价值为基础进行计量。

新主体法将企业合并视为完全建立一个新企业，无论原法人主体是否消失，参加合并的各个企业的资产、负债均调整为现行市场价值，然后再合并相应的账户或编制合并会计报表。另外，合并前双方的留存收益都不转入新的会计主体，因此，在合并日的合并留存收益为零。这种方法要确定参与合并企业的公允价值，所以在操作上比较烦琐和困难，实务中一般不采用此种方法。

五、三种方法的具体应用

购买法要求被并企业的资产、负债，按现时价值反映在购并企业的账户中或合并的会计报表上；权益结合法要求企业各自的会计报表均保持原来的账面价值；新实体法则要求将参与合并的各企业资产、负债项目均调整为公允价值，然后再合并相应的账户或编制合并会计报表。三种方法的具体应用见例题5-3。

【例题5-3】(1)资料见表5-3。

表 5-3　合并前的资产负债表　　　　　　　　　　　　　　　单位:万元

项目	购并企业		被并企业	
	账面价值	现时价值	账面价值	现时价值
资　产	400	600	60	80
负　债	300	260	40	30
净资产	100	340	20	50

流通在外普通股:购并企业 200 万股,被并企业 20 万股;

每股净资产:购并企业 0.5 元,被并企业 1 元。

(2)方式一:购并企业以 2 股换 1 股的方式交换被并企业全部流通在外的股份,合并后的企业资产负债表见表 5-4。

表 5-4　合并后企业的资产负债表　　　　　　　　　　　　　单位:万元

方法 项目	权益结合法	购买法	新主体法
可辨认资产	460	480	680
负　债	340	330	290
可辨认净资产	120	150	390
流通在外普通股	240 万股	240 万股	240 万股
每股可辨认净资产	0.5 元	0.63 元	1.63 元

(3)方式二:购并企业以每股 3 元的现金购买被并企业的全部流通在外股份,合并后的企业资产负债表见表 5-5。

表 5-5　合并后企业的资产负债表　　　　　　　　　　　　　单位:万元

方法 项目	权益结合法	购买法	新主体法
可辨认资产	400	420	620
负　债	340	330	290
可辨认净资产	60	90	330
流通在外普通股	200 万股	200 万股	200 万股
每股可辨认净资产	0.3 元	0.45 元	1.65 元

第四节　同一控制下企业合并

同一控制下企业合并是指参与合并的企业,在合并前后均受同一方或相同多方最终控制,且该控制并非暂时性的企业合并。我国《企业会计准则第 20 号——企业合并》对同一控制下的企业合并的确认和计量进行了详细的规范。

一、同一控制下企业合并的会计处理要点

(一)控股合并的会计处理要点

1. 合并方初始投资成本价值的入账

对于同一控制下进行的企业控股合并,合并方应当按照取得的被合并方所有者权益账面价值的份额作为其初始投资成本,计入长期股权投资账户。

2. 购买方合并对价的处理

对于作为合并对价所支付的资产、发生或承担的负债,合并方也按照账面价值记账,发行的股份则按照面值记录。

3. 合并方取得的长期股权投资价值与支付对价差额的处理

如果合并方取得的长期股权投资的账面价值与支付的合并对价账面价值之间有差额,应当调整资本公积。

(二)吸收合并的会计处理要点

1. 合并方取得的资产、负债的确认处理

合并方在合并中确认取得的被合并方的资产、负债,仅限于被合并方账面上原已确认的资产、负债,合并中不产生新的资产和负债。

2. 合并方取得的资产、负债的入账

合并方在合并中取得的被合并方各项资产、负债应维持其在被合并方的原账面价值不变。

3. 合并方取得的净资产价值与支付对价差额的处理

合并方在合并中取得的净资产的入账价值,与合并方支付的对价账面价值之间的差额,不作为资产处置损益,应调整所有者权益相关项目。

二、同一控制下企业合并的会计处理

(一)控股合并

同一控制下的企业控股合并,初始投资成本为合并方在合并日应享有的被合并方账面所有者权益的份额,合并对价的账面价值(或发行股票的面值)和初始投资成本的差额,调整资本公积(资本溢价或股本溢价),资本公积(资本溢价或股本溢价)的余额不足冲减的,依次冲减盈余公积和未分配利润。

借:长期股权投资(合并日于享有被合并方相对于最终控制方而言的账面价值的份额)
　　应收股利(享有被投资单位已宣告但尚未发放的现金股利)
贷:有关资产、负债(支付的合并对价的账面价值)
　　股本(发行股票面值总额)
　　资本公积——资本溢价或股本溢价(倒挤)

注意:"资本公积"也可能在借方。当资本公积在借方时,表示冲减母公司的资本公积(资本溢价或股本溢价),资本公积(资本溢价或股本溢价)的余额不足冲减的,应冲减留存收益(盈余公积和未分配利润)。

(二)吸收合并

1. 合并中取得资产、负债入账价值的确定

合并方对同一控制下吸收合并中取得的资产、负债应当按照相关资产、负债在被合并方的原账面价值入帐。从最终控制方角度来看,最终控制方在吸收合并事项发生前控制的资产、负债,在该合并事项发生后仍在其控制之下。因此,吸收合并原则上不引起所涉及资产、负债的计价基础发生变化。

对于合并方与合并方在企业合并前采用的会计政策不同的,在将被合并方的相关资产、负债并入合并方的帐簿和报表进行核算之前,应基于重要性原则,统一合并方与被合并方的会计政策。即应按照合并方的会计政策对被合并方的有关资产、负债的账面价值进行调整,以调整后的账面价值入账。

2. 合并差额的处理

合并中取得有关净资产的入账价值与支付的合并对价账面价值(股份面值总额)之间差额,应记入资本公积(资本溢价或股本溢价),资本公积(资本溢价或股本溢价)的余额不足冲减的,相应冲减盈余公积和未分配利润。

会计处理:

借:资产(被合并方账面价值)
　　资本公积(倒挤出的差额)
贷:负债(被合并方账面价值)
　　资产　　　⎫
　　银行存款　⎬(合并方支付的对价)
　　股本　　　
　　资本公积(倒挤出的差额)

注意:①合并方向被合并方原股东支付对价,取得的是被合并方的资产和负债,上述分录中不会涉及被合并方的所有者权益。②吸收合并编制的是个别财务报表,不存在合并财务报表问题。

(三)合并方为进行企业合并发生的有关费用的处理

合并方为进行企业合并发生的有关费用,指合并方为进行企业合并发生的各项直接相关费用,如为进行企业合并支付的审计费用、资产评估费用以及有关的法律咨询费用等。同一控制下企业合并进行过程中发生的各项直接相关费用,应于发生时费用化并计入当期损益。借记"管理费用"等账户,贷记"银行存款"等账户。但以下两种情况除外:

(1)以发行债券方式进行的企业合并,与发行债券相关的佣金、手续费等应按照《企业会计准则第22号——金融工具确认和计量》的规定进行会计处理。该部分费用虽然与筹集用于企业合并的对价直接相关,但其会计处理应遵照金融工具准则的原则,有关的费用应计入负债的初始计量金额。

(2)发行权益性证券作为合并对价的,与所发行权益性证券相关的佣金、手续费等应按照《企业会计准则第37号——金融工具列报》的规定处理。即与发行权益性证券相关的费用,不管其是否与企业合并直接相关,均应自所发行权益性证券的收入中扣减。在权益性工具发行有溢价的情况下,自溢价收入中扣除;在权益性证券发行无溢价或溢价金额不足以扣减的情况

下,应当冲减盈余公积和未分配利润。

企业专设的购并部门发生的日常管理费用,如果该部门的设置并不是与某项企业合并直接相关,而是企业的一个常设部门,其设置目的是寻找相关的购并机会。维持该部门日常运转的有关费用,不属于与企业合并直接相关的费用,应于发生时计入当期损益。

第五节 非同一控制下企业合并

非同一控制下的企业合并是指参与合并各方在合并前后不受同一方或相同多方最终控制的合并交易,即除判断属于同一控制下企业合并情况以外的其他企业合并。我国《企业会计准则第20号——企业合并》对非同一控制下的企业合并的确认和计量进行了详细的规范。

一、非同一控制下企业合并的会计处理要点

(一)控股合并的会计处理要点

1. 购买方取得长期股权投资的入账

非同一控制下的企业控股合并,购买方应在购买日,按确定的企业合并成本计入长期股权投资。实际支付的价款或对价中包含的已宣告但尚未发放的现金股利或利润,不包含在企业合并成本中,应作为应收项目处理,不计入长期股权投资的成本。

2. 购买方合并对价的处理

对于作为合并对价所支付的资产,视同按公允价值进行计量的销售处理。对于合并对价的支出是为承担负债或发行权益性证券的,购买方对合并成本的会计处理等同于发行权益性证券及发行债券的会计处理方式。

3. 长期股权投资成本与被购买方净资产公允价值差额的处理

在控股合并情况下,购买企业并不需要把该差额作为商誉或者负商誉入账,而是将其计入所取得的长期股权投资成本,只有在编制合并会计报表时才加以确认。

(二)吸收合并的会计处理要点

1. 购买方取得被购买方可辨认净资产的入账

非同一控制下的企业吸收合并,购买方取得的被购买方各项可辨认资产和承担的被购买方负债,均采用公允价值进行计量并入账。

2. 购买方合并对价的处理

对于作为合并对价所支付的资产,按公允价值进行计量,视同销售处理;对于合并对价的支出是为承担负债,以及发行权益性证券的,购买方对合并成本的会计处理,等同于发行权益性证券及发行债券的会计处理方式。

3. 企业合并成本与被购买方可辨认净资产公允价值差额的处理

在吸收合并情况下,购买方对于企业合并成本,与确认的可辨认净资产公允价值之间的差额,是购买方应在其账簿及个别财务报表中确认的商誉。如果企业合并成本大于合并中取得的被购买方可辨认净资产公允价值,则该差额应作为"正商誉"予以确认入账;如果企业合并成本少于合并中取得的被购买方可辨认净资产公允价值,则该差额作为"负商誉"直接计入购买方合并当期的"营业外收入"。

二、非同一控制下企业合并的会计处理

(一)控股合并

该合并方式下,购买方所涉及的会计处理问题主要是两个方面:一是购买日因进行企业合并形成的对被购买方的长期股权投资初始投资成本的确定,该成本与作为合并对价支付的有关资产账面价值之间差额的处理;二是购买日合并财务报表的编制。

非同一控制下的企业合并中,购买方取得对被购买方控制权的,在购买日应当按照确定的企业合并成本(不包括应自被投资单位收取的现金股利或利润),作为形成的对被购买方长期股权投资的初始投资成本,借记"长期股权投资"账户;按享有投资单位已宣告但尚未发放的现金股利或利润,借记"应收股利"账户;按支付合并对价的账面价值,贷记有关资产或借记有关负债账户;按发生的直接相关费用,贷记"银行存款"等账户;按其差额,贷记"营业外收入"账户或借记"营业外支出"等账户。

购买方为取得对被购买方的控制权,以支付非货币性资产为对价的,有关非货币性资产在购买日的公允价值与其账面价值的差额,应作为资产的处置损益,计入合并当期的利润表。

(二)吸收合并

非同一控制下的吸收合并,购买方在购买日应当将合并中取得的符合确认条件的各项可辨认资产、负债,按其公允价值确认为本企业的资产和负债;作为合并对价的有关非货币性资产在购买日的公允价值与其账面价值的差额,应作为资产处置损益计入合并当期的利润表;确定的企业合并成本与所取得的被购买方可辨认净资产公允价值之间的差额,视情况分别确认为商誉或是计入企业合并当期的损益。

(三)通过多次交易分步实现的非同一控制下企业合并

通过多次交易分步实现的非同一控制企业合并,企业在每一单项交换交易发生时,应确认对被购买方的投资。投资企业在持有被投资单位的部分股权后,通过增加持股比例等达到对被投资单位形成控制的,应分别每一单项交易的成本与该交易发生时应享有被投资单位可辨认净资产公允价值的份额进行比较,确定每一单项交易中产生的商誉。达到企业合并时应确认的商誉(或合并财务报表中应确认的商誉)为每一单项交易中应确认的商誉之和。

通过多次交易分步实现的非同一控制下企业合并,应按以下顺序处理:

一是对长期股权投资的账面余额进行调整,达到企业合并前长期股权投资采用成本法核算的,其账面余额一般无需调整;达到企业合并前长期股权投资采用权益法核算的,应进行调整,将其账面价值调整至取得投资时的初始投资成本,相应调整留存收益等。

二是比较达到企业合并时每一单项交易的成本与交易时应享有被投资单位可辨认净资产公允价值的份额,确定每一单项交易应予确认的商誉或是应计入发生当期损益的金额。购买方在购买日确认的商誉(或计入损益的金额)应为每一单项交易产生的商誉(或应予确认损益的金额)之和。

三是对于被购买方在购买日与交易日之间可辨认净资产公允价值的变动,相对于原持股比例的部分,在合并财务报表(吸收合并是指购买方个别财务报表)中应调整所有者权益相关项目,其中属于原取得投资后被投资单位实现净损益增加的资产价值量,应调整留存收益,差额调整资本公积。

【例题 5-7】 A 上市公司于 2×19 年 9 月 30 日通过定向增发本企业普通股对 B 企业进行合并,取得 B 企业 100%股权。假定不考虑所得税影响。A 公司及 B 企业在进行合并前简化资产负债表见表 5-10。

表 5-10　A 公司及 B 企业合并前资产负债表　　　　单位:万元

	A 公司	B 企业
流动资产	3 000	4 500
非流动资产	21 000	60 000
资产总额	24 000	64 500
流动负债	1 200	1 500
非流动负债	300	3 000
负债总额	1 500	4 500
所有者权益:		
股本	1 500	900
资本公积		
盈余公积	6 000	17 100
未分配利润	15 000	42 000
所有者权益总额	22 500	60 000

其他资料:

(1)9 月 30 日,A 公司通过定向增发本企业普通股,以 2 股换 1 股的比例自 B 企业原股东处取得了 B 企业全部股权。A 公司共发行了 1 800 万股普通股以取得 B 企业全部 900 万股普通股。

(2)A 公司普通股在 9 月 30 日的公允价值为 20 元,B 企业每股普通股当日的公允价值为 40 元。A 公司、B 企业每股普通股的面值为 1 元。

(3)9 月 30 日,A 公司除非流动资产公允价值较账面价值高 4 500 万元以外,其他资产、负债项目的公允价值与其账面价值相同。

(4)假定 A 公司与 B 企业在合并前不存在任何关联方关系。

对于该项企业合并,虽然在合并中发行权益性证券的一方为 A 公司,但因其生产经营决策的控制权在合并后由 B 企业原股东控制,B 企业应为购买方,A 公司为被购买方。

1.确定该项合并中 B 企业的合并成本

A 公司在该项合并中向 B 企业原股东增发了 1 800 万股普通股,合并后 B 企业原股东持有 A 公司的股权比例为 54.55%(1 800/3 300),如果假定 B 企业发行本企业普通股在合并后主体享有同样的股权比例,则 B 企业应当发行的普通股股数为 750 万股(900÷54.55%-900),其公允价值为 30 000 万元,企业合并成本为 30 000 万元。

2.企业合并成本在可辨认资产、负债的分配

企业合并成本　　　　　　　30 000

A 公司可辨认资产、负债:

流动资产	3 000
非流动资产	25 500
流动负债	(1 200)
非流动负债	(300)
商誉	3 000

合并资产负债表见表5-11。

表5-11　A公司2×19年9月30日合并资产负债表　　单位：万元

项目	金额
流动资产	7 500
非流动资产	85 500
商誉	3 000
资产总额	96 000
流动负债	2 700
非流动负债	3 300
负债总额	6 000
所有者权益：	
股本(3 300万股普通股)	1 650
资本公积	29 250
盈余公积	17 100
未分配利润	42 000
所有者权益总额	90 000

3. 每股收益

本例中假定B企业当年实现合并净利润1 800万元，A公司与B企业形成的主体实现合并净利润为3 450万元，自2×17年1月1日至2×18年9月30日，B企业发行在外的普通股股数未发生变化。

A公司当年基本每股收益＝3 450/(1 800×9÷12＋3 300×3÷12)＝1.59元。

提供比较报表的情况下，比较报表中的每股收益应进行调整，A公司20×6年的基本每股收益＝1 800/1 800＝1元。

4. 上例中，B企业的全部股东中假定只有其中的90%以原持有的对B企业股权换取了A公司增发的普通股。A公司应发行的普通股股数为1 620万股(900×90%×2)。企业合并后，B企业的股东拥有合并后报告主体的股权比例为51.92%(1 620/3 120)。

通过假定B企业向A公司发行本企业普通股在合并后主体享有同样的股权比例，在计算B企业须发行的普通股数量时不考虑少数股权的因素，故B企业应当发行的普通股股数为750万股(900×90%÷51.92%－900×90%)，B企业在该项合并中的企业合并成本为30 000万元(750×40)，B企业未参与股权交换的股东拥有B企业的股份为10%，享有B企业合并前净资产的份额为6 000万元(60 000×10%)，在合并财务报表中应作为少数股东权益列示。

第六节 合并财务报表的编制

一、合并财务报表的编制意义

编制合并财务报表的意义在于可以弥补母公司个别财务报表的不足,为会计信息使用者提供更为全面的决策有用的会计信息,编制合并财务报表主要是为了满足母公司的投资者、债权人等对会计信息的需要。

(1)为母公司的股东提供决策有用的会计信息

由于母公司与子公司组成了一个企业集团,母公司的股东必须通过以整个集团为会计主体的合并财务报表才能从总体上了解母公司的财务状况、经营成果和现金流量等情况,以做出正确的投资决策。

(2)为母公司的债权人提供决策有用的会计信息

母公司与子公司合并为一个企业集团后,债权人不仅要通过母公司个别会计报表了解母公司自身的偿债能力、盈利能力等,还要通过合并财务报表对整个企业集团的偿债能力做出分析,以做出正确的决策。

(3)为母公司的管理者提供决策有用的会计信息

母公司管理者必须通过分析整个集团的合并财务报表才能对整个企业做出正确评价,并做出相应的决策。

(4)为有关政府管理机关提供决策有用的会计信息

企业合并有可能导致市场垄断,进而影响整个国民经济的发展。因此,有关政府管理机关可以通过企业的合并财务报表分析企业的市场占有情况和对国民经济影响情况,以防止由于控股合并出现的市场垄断。

二、合并财务报表的编制范围

所谓合并报表的范围是指应纳入母公司合并财务报表的子公司的范围。根据我国企业会计准则的规定,母公司应当将其全部子公司纳入合并财务报表的合并范围,而所谓子公司是指被母公司控制的企业或主体。由此可见,企业合并报表范围的确定基础是控制,即合并报表的范围包括母公司能够实施控制的全部企业或主体。

所谓控制,是指一个企业能够决定另一个企业的财务和经营政策,并能从另一个企业的经营活动中获取利益的权力。以控制为基础确定合并报表范围,应遵循实质重于形式原则。下列被投资单位,应当认定为子公司,并纳入母公司合并财务报表的合并范围。

1. 母公司拥有50%以上(不含50%,下同)表决权资本的子公司

一般认为,当母公司拥有被投资企业50%以上的表决权资本时,母公司能够拥有对被投资企业的控制,则母公司应将被投资企业作为子公司纳入其合并报表的范围。其中,母公司拥有子公司50%以上表决权资本可以分为直接拥有、间接拥有以及直接和间接合计拥有三种情况。

(1)投资单位直接拥有被投资单位半数以上的表决权资本。

(2)投资单位间接拥有被投资单位半数以上的表决权资本,即投资单位通过其子公司而间

接拥有某被投资单位半数以上表决权资本。

(3)投资单位直接和间接合计拥有被投资单位半数以上的表决权资本。

2.实质上被母公司控制的其他被投资公司

尽管投资单位拥有被投资单位半数以下的表决权资本,但是投资单位在实质上拥有被投资单位的控制权,此时被投资单位需纳入投资单位合并财务报表的合并范围,主要表现为以下四种情况。

(1)投资单位与被投资单位的其他投资者签订协议。通过签订协议,投资单位拥有了被投资单位半数以上的表决权资本。

(2)根据公司章程或者协议,投资单位能够控制被投资单位的财务经营决策。能够控制企业的财务经营决策就相当于控制了整个企业的日常生产经营活动,即使投资单位没有取得被投资单位半数以上的表决权资本,但投资单位仍然获取了被投资单位的控制权。

(3)投资单位有权任免被投资单位的董事会或类似机构的多数成员。董事会或类似机构是企业的日常经营决策机构,如果投资单位有权任免被投资单位该机构中的多数成员实际上就控制了被投资单位日常生产经营活动,获得了被投资企业的控制权。

(4)投资单位在被投资单位的董事会或类似机构占有多数席位。与上一情况类似,获取了董事会或类似机构半数以上的席位,相当于取得了被投资单位日常生产经营活动的控制权。

如果投资单位拥有被投资单位半数以下的表决权,但满足上述任意一条的条件,则表明该投资单位能够控制被投资单位,投资单位应将该被投资单位作为子公司纳入其合并报表的范围。

三、合并财务报表的编制程序

合并财务报表的编制是一项复杂的工作,不仅涉及本企业的会计业务和财务报表,而且还涉及纳入合并范围的子公司的会计业务和财务报表。为了使合并财务报表的编制工作有条不紊,必须按照一定的程序有步骤地进行。合并财务报表的编制程序大致如下:

(1)编制合并工作底稿。合并工作底稿的作用是为合并财务报表的编制提供基础,在合并工作底稿中,对母公司和纳入合并范围的子公司的个别财务报表各项目的数据进行汇总、调整和抵消处理,最终计算出合并财务报表各项目的合并数。合并工作底稿的基本格式见表5-14。

表5-14 合并财务报表工作底稿

单位:元

项目	个别报表		合计数	调整与抵消分录		合并数
	母公司	子公司		借	贷	
资产负债表项目:						
……						
利润表项目:						
……						
所有者权益变动表中的有关利润分配项目:						
……						

(2)将个别财务报表的数据过入合并工作底稿。将母公司和纳入合并范围的子公司的个别资产负债表、个别利润表、个别现金流量表及个别所有者权益变动表各项目的数据过入合并工作底稿,并在合并工作底稿中对母公司和子公司个别财务报表各项目的数据进行加总计算得出个别资产负债表、个别利润表、个别现金流量表及个别所有者权益变动表各项目合计数额。

(3)编制调整分录和抵消分录。将母公司与子公司、子公司与子公司之间发生的经济业务对个别财务报表有关项目的影响进行调整、抵消处理,进行调整、抵消处理是合并财务报表编制的主要内容。其目的在于将因会计政策及计量基础导致的差异对个别财务报表的影响进行调整,以及将个别财务报表各项目的加总数据中重复的因素等予以抵消或调整。

(4)计算合并财务报表各项目的合并金额。在母公司和纳入合并范围的子公司个别财务报表项目加总金额的基础上,分别计算合并财务报表中各资产、负债、所有者权益、收入和费用项目等的合并金额。

(5)填列合并财务报表。根据合并工作底稿中计算出的资产、负债、所有者权益、收入、费用以及现金流量表中各项目的合并金额,填列生成正式的合并财务报表。合并所有者权益变动表也可以根据合并资产负债表和合并利润表进行编制。

第七节 企业合并的披露

一、同一控制下的企业合并应披露的信息

企业合并发生当期的期末,合并方应当在附注中披露与同一控制下企业合并有关的下列信息:

(1)参与合并企业的基本情况。
(2)属于同一控制下企业合并的判断依据。
(3)合并日的确定依据。
(4)以支付现金、转让非现金资产以及承担债务作为合并对价的,所支付对价在合并日的账面价值;以发行权益性证券作为合并对价的,合并中发行权益性证券的数量、定价原则,以及参与合并各方交换有表决权股份的比例。
(5)被合并方的资产、负债在上一会计期间资产负债表日及合并日的账面价值;被合并方自合并当期期初至合并日的收入、净利润、现金流量等情况。
(6)合并合同或协议约定将承担被合并方或有负债的情况。
(7)被合并方采用的会计政策与合并方不一致所作调整情况的说明。
(8)合并后已处置或准备处置被合并方资产、负债的账面价值、处置价格等。

二、非同一控制下的企业合并应披露的信息

企业合并发生当期的期末,购买方应当在附注中披露与非同一控制下企业合并有关的下列信息:

(1)参与合并企业的基本情况。
(2)购买日的确定依据。

(3)合并成本的构成及其账面价值、公允价值,以及公允价值的确定方法。

(4)被购买方各项可辨认资产、负债在上一会计期间资产负债表日及购买日的账面价值和公允价值。

(5)合并合同或协议约定将承担被购买方或有负债的情况。

(6)被购买方自购买日起至报告期期末的收入、净利润和现金流量等情况。

(7)商誉的金额及其确定方法。

(8)因合并成本小于合并中取得的被购买方可辨认净资产公允价值的份额计入当期损益的金额。

(9)合并后已处置或准备处置被购买方资产、负债的账面价值、处置价格等。

本章小结

1. 企业合并的类型

企业合并的分类标准主要有四个:分别按照所涉及的行业、企业合并的法律形式、企业合并的性质以及是否属于同一控制下企业合并进行分类。将企业合并按照所涉及的行业划分可以分为横向合并、纵向合并以及混合合并;以企业的法律形式作为划分标准则可以将企业合并分为吸收合并、创立合并、控股合并;还可以按照企业合并的性质将企业合并分为购买性质合并、股权联合性质合并;最后一个分类标准按照企业合并前后最终控制主体分类,将企业合并分为同一控制下的企业合并和非同一控制下的企业合并。

2. 企业合并的会计处理方法

企业合并的会计处理方法有购买法、权益结合法以及新主体法。在实务操作中,主要运用到的方法是购买法和权益结合法。结合企业合并的最后一个分类标准,同一控制下的企业合并采用权益结合法,非同一控制下的企业合并采用购买法。购买法,亦称购受法,把购买企业获取被并购企业净资产的行为视为资产交易行为。该方法主要特点是按公允价值并入净资产,并确认商誉。权益结合法视企业合并为参与合并的双方,通过股权的交换形成所有者权益的联合。该方法的步骤与与购买法类似,但确定被并购企业净资产公允价值的主要目的不是确定商誉,而是确定交换股票的数量。

3. 同一控制下的企业合并

同一控制下的企业合并又分为控股合并和吸收合并两种。控股合并中,合并方在合并日涉及两个方面的问题:一是被合并方的长期股权投资的确认和计量;二是合并财务报表的编制。吸收合并中,合并方主要涉及合并日取得被合并方资产、负债入账价值的确定,以及合并中取得有关净资产的入账价值与支付的合并对价账面价值之间差额的处理。

4. 非同一控制下的企业合并

非同一控制下的企业合并是指参与合并各方在合并前后不受同一方或相同多方最终控制的合并交易,即除判断属于同一控制下企业合并情况以外的其他企业合并。非同一控制下,不仅有控股合并和吸收合并,还有通过多次交易分步实现的企业合并。通过多次交易分步实现的非同一控制下企业合并,应按以下顺序处理:①对长期股权投资的账面余额进行调整;②比较达到企业合并时的成本,与交易时被合并方可辨认净资产公允价值的份额,确定应予确认的商誉或是当期损益的金额;③对于被购买方可辨认净资产公允价值的变动,合并方在合并财务报表中调整所有者权益相关项目。

案例讨论

甲公司为境内上市公司，专门从事能源生产业务。2×19年，甲公司发生的企业合并及相关交易或事项如下：

(1)2×19年2月20日，甲公司召开董事会，审议通过了以换股方式购买专门从事新能源开发业务的乙公司80%股权的议案。2×19年3月10日，甲公司、乙公司及其控股股东丙公司的各自内部决策机构批准了该项交易方案。2×19年6月15日，证券监管机构核准了甲公司以换股方式购买乙公司80%股权的方案。

2×19年6月30日，甲公司以3:1的比例向丙公司发行6 000万股普通股，取得乙公司80%的股权，有关股份登记和股东变更手续当日完成；同日，甲公司、乙公司的董事会进行了改选，丙公司开始控制甲公司，甲公司开始控制乙公司。甲公司、乙公司普通股每股面值均为1元，2×19年6月30日，甲公司普通股的公允价值为每股3元，乙公司普通股的公允价值为每股9元。

2×19年7月16日，甲公司支付为实施上述换股合并发生的会计师、律师、评估师费用350万元，支付财务顾问费1 200万元。

(2)甲公司、乙公司资产负债等情况如下：

2×19年6月30日，甲公司账面资产总额17 200万元，其中固定资产账面价值4 500万元，无形资产账面价值1 500万元；账面负债总额9 000万元；账面所有者权益（股东权益）合计8 200万元，其中：股本5 000万元（每股面值1元），资本公积1 200万元，盈余公积600万元，未分配利润1 400万元。2×19年6月30日，甲公司除一项无形资产外，负债的公允价值与其账面价值相同，该无形资产为一项商标权，账面价值1 000万元，公允价值3 000万元，按直线法摊销，预计尚可使用5年，预计净残值为0。

2×19年6月30日，乙公司账面资产总额34 400万元，其中固定资产账面价值8 000万元，无形资产账面价值3 500万元，账面负债总额13 400万元，账面所有者权益（股东权益）合计21 000万元。其中，股本2 500万元（每股面值1元），资本公积500万元，盈余公积1 800万元，未分配利润16 200万元。

2×19年6月30日，乙公司除一项固定资产外，其他资产、负债的公允价值与其账面价值相同，其固定资产为一栋办公楼，账面价值3 500万元，公允价值6 000万元，按年限平均法计提折旧，预计尚可使用20年，预计净残值为0。

(3)2×19年12月20日，甲公司向乙公司销售一批产品，销售价值（不含增值税）为100万元，成本为80万元，款项已收取。截至2×19年12月31日，乙公司自甲公司购入的产品已对外出售50%，其余50%形成存货。

其他相关资料如下：

合并前，丙公司、丁公司分别持有乙公司80%和20%的股权，甲公司与乙公司、丙公司、丁公司不存在任何的关联方关系；合并后，甲公司与乙公司除资料(3)所述内部交易外，不存在其他任何内部交易。

甲公司和乙公司均按照年度净利润的10%计提法定盈余公积，不计提任意盈余公积。企业合并后，甲公司和乙公司没有向股东分配利润。

甲公司和乙公司适用的企业所得税税率均为25%，甲公司以换股方式购买乙公司80%股权的交易适用特殊税务处理规定，即收购企业、被收购企业的原有各项资产和负债的计税基础保持不变,甲公司和乙公司合并前的各项资产、负债的账面价值与其计税基础相同。不存在其他未确认暂时性差异所得税影响的事项。甲公司和乙公司预计未来年度均有足够的应纳税所得额用以抵扣可抵扣暂时性差异。除所得税外,不考虑增值税及其他相关税费,不考虑其他因素。

请分析该项企业合并的类型与购买日以及会计上的购买方与被购买方。并计算该项企业合并的合并成本和商誉(如有)。最后在合并财务报表中对内部交易进行相关的抵消处理。

解析:

该项企业合并的合并类型为构成业务的反向购买;购买日为2×19年6月30日;会计上的购买方为乙公司,会计上的被购买方为甲公司。

理由:合并前甲公司与乙公司、丙公司不存在任何关联方关系。甲公司以3:1的比例向丙公司发行6 000万股普通股,通过此种方式取得乙公司80%的股权,与此同时,丙公司持有甲公司的股权比例=6 000/(5 000+6 000)×100%=54.55%,持股比例大于50%,丙公司开始控制甲公司,故该项企业合并类型为构成业务的反向购买。有关股份登记和股东变更手续于2×19年6月30日完成。同日,甲公司、乙公司的董事会进行了改选,实质上购买方取得对被购买方的控制权,故购买日为2×19年6月30日。合并后丙公司作为乙公司的控股股东开始控制甲公司,甲公司开始控制乙公司,故该项企业合并业务会计上的购买方为乙公司,被购买方为甲公司。

该项企业合并的合并成本=1 666.67×9=15 000万元。企业合并商誉=15 000-[8 200+(3 000-1 000)-(3 000-1 000)×25%]×100%=5 300万元。

理由:合并成本是购买方乙公司购买甲公司反向购买前净资产(甲公司5000万股股票对应的部分)付出对价的公允价值,故首先应确定乙公司发行本公司普通股合并甲公司所需的普通股股数。甲公司5 000万股股票对应的净资产是甲公司反向购买前的净资产,新发行的6 000万股对应的是乙公司80%的净资产(即乙公司2 000万股股票部分)。发行购买后,甲公司发行在外的股数为11 000万股(5 000+6 000),丙公司占54.55%(6 000÷11 000),假定乙公司发行本公司普通股股票合并甲公司,在合并后主体享有同样的股权比例,即两部分净资产(甲公司全部和乙公司80%部分)需要乙公司股票股数=2 000÷54.55%=3 666.67万股,扣除乙公司80%部分对应股数2 000万股,则购买甲公司反向购买前净资产需要乙公司股票股数=3 666.67-2 000=1 666.67万股。或者可以简单理解为:因甲公司3股股票换入乙公司1股股票,假定乙公司发行本公司普通股股票合并原甲公司净资产,则需发行股票股数=5 000÷3=1 666.67万股。需要注意的是购买方乙公司购买的是被购买方甲公司反向购买前的全部净资产(甲公司5 000万股股票对应部分),不是54.55%对应的部分。用计算得出的股票股数乘以乙公司普通股的每股公允价值得到合并成本。商誉产生于企业合并,是合并对价超过子公司可辨认净资产公允价值的部分。当被购买方一项资产的公允价值大于其账面价值时,即计税基础与账面价值不同,产生暂时性差异。在计算商誉时应考虑暂时性差异的影响。

在合并财务报表中应进行相关抵消处理:冲减营业收入100万元,对应冲减营业成本100万元。计提营业成本10万元,对应减少存货10万元。

理由:内部交易出售方是甲公司,未实现内部交易损益在甲公司个别财务报表中,少数股东对应的净资产是乙公司的,因此未实现内部交易损益均应反映在归属于法律上母公司净利润中。

思考题

1. 采用吸收合并时,合并方取得的资产、负债的入账价值如何确定?
2. 怎样理解同一控制下控股合并一体化存续原则?
3. 同一控制下的企业合并,合并方在合并中取得的被合并方各项资产、负债为什么以其账面价值并入到合并财务报表中?
4. 简述非同一控制下的企业合并如何确定合并成本?
5. 如何处理企业合并成本与合并中取得的被购买方可辨认净资产公允价值的差额?
6. 企业合并按照不同的方式,可以分为哪些类型?

讨论

企业合并会计问题一直以来都是会计理论界和实务界所共同关注的问题,同时也是争议不断的会计议题。选择不同的合并会计方法会导致不同的会计结果以致不同的经济结果,甚至会影响到企业合并的顺利进行。美国 FASB 和 IASB 相继取消了权益结合法,面对会计准则"国际趋同"的趋势,我国应如何选择,取消或是保留? 若是保留,应该如何建立合并会计方法的选择标准。

参考资料

[1] 刘颖裴,余国杰,许新霞.高级财务会计理论与实务[M].北京:清华大学出版社,2019.
[2] 张志英.高级财务会计[M].北京:对外经济贸易大学出版社,2015.
[3] 武玉容.企业合并与合并财务报表[M].2版.北京:首都经济贸易大学出版社,2014.
[4] 王爱国.高级财务会计[M].北京中国经济出版社,2013.
[5] 曲远洋.高级账务会计[M].上海:上海财经大学出版社,2016.
[6] 李倩,赵娜,魏延博.高级账务会计[M].重庆:西南师范大学出版社,2016.

第六章 租 赁

开篇案例

中海油"海洋石油 289"船的融资租赁助力新跨越

中国海洋石油总公司继 2010 年实现油气产量 500 万吨后,前瞻性提出"二次跨越"宏伟目标,即从 2011 年开始,用 10 年时间,实现油气总产量比 2010 年翻一番,液化天然气年引进量增加 3 倍。深水油气勘探成了中海油发展的重点,而深水多功能安装船是进行水下工程施工作业的重要载体,因此公司迫切需要配备南海深水多功能安装船,以突破水下业务板块发展的瓶颈。深水多功能工程船具有建设周期长、资产价值高、租赁费用高等特点,结合当前及未来市场情况,中海油决定对"海洋石油 289"船的购置采取融资租赁的形式。

通过测算,"海洋石油 289"船采用融资租赁的形式,具有以下优势:

1. 改善公司现金流

公司前期支付 20% 的首付款跟 10% 的预付款,即可取得"海洋石油 289"船的使用权,这会在船舶使用期的前几年大大改善公司现金流量。工程船的建设周期一般为 3 年,而"海洋石油 289"船的融资租赁期限为 6 年,融资租赁期限比建造期时限长,明显减轻船舶营运前期的资金压力。同时,租金支付采取按季度支付的形式,比银行贷款还款的方式灵活,有利于公司合理分配和充分使用资金。

2. 降低公司融资成本

资金具有时间性,现有的一笔资金通常比将来某一时间同一数额的资金更具有价值,相应的,在今后付出一笔既定的资金比现在付出同一数额资金的成本要小。"海洋石油 289"船融资比例为 80%,融资期限为 6 年,分期付款的周期为季度,有效地降低了公司的融资成本。根据税法,企业折旧费和贷款利息可以税前抵扣以获得税赋利益。"海洋石油 289"船在融资租赁方案下,该船每月计提的折旧费、租金包含的利息,可以用来减少应税所得额,获得税赋利益。

3. 优化公司资本结构

在法律上,融资租赁企业不拥有资产的所有权,但实质上掌握资产的使用权。通过融资租赁"海洋石油 289"船,公司实现资产由流动性较差的固定资产向流动性最强的现金资产转变,有助于增强企业资产的流动性,调整资本结构,提高资产使用效率和资本回报率。

从"海洋石油 289"船实例可以看出,融资租赁可以减少企业一次性现金的支出,改善流动比率;融资租赁增加企业资产总数,直接提升产权比率;企业在获得最大限度融资的同时,不必求助于资本市场,免受资本限额的限制;融资租赁资产产生的折旧和利息费用在税前扣除,获得税赋利益。但同时,融资租赁也存在一定的汇率风险和利率风险,企业需要健全财务管理制度,以降低财务风险。

本章结构

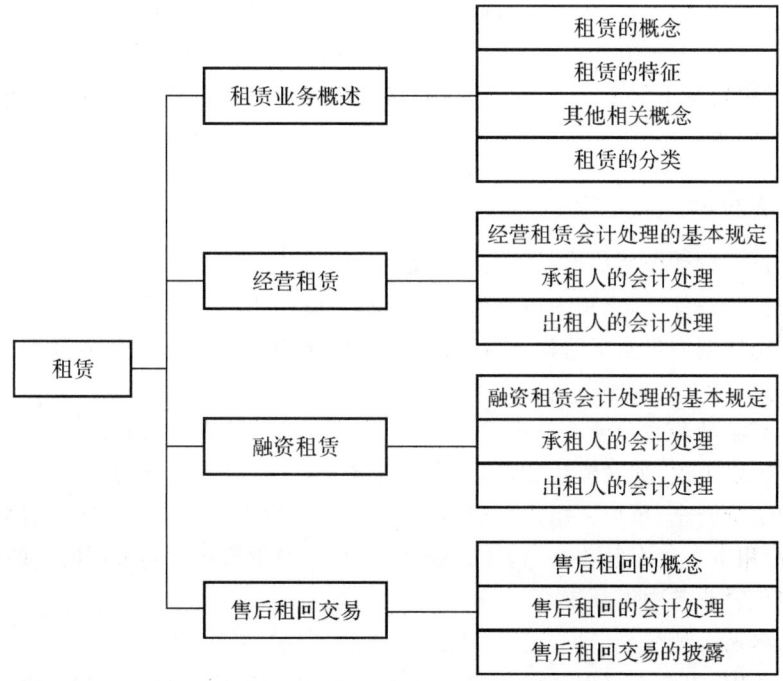

本章要点

- 租赁的概述、特征与分类。
- 经营租赁下承租人和出租人的会计处理方法。
- 融资租赁下承租人和出租人的会计处理方法。
- 售后租回交易分别形成经营租赁和融资租赁的会计处理方法。

学习目标

◇ 理解：不同租赁业务中同一事项会计处理的差异。
◇ 掌握：租赁的主要类别及各自的特点；租赁，尤其是融资租赁的一些特殊概念和特定标准；融资租赁、经营租赁以及售后租回业务中融资费用或收益的递延分摊、折旧费用计提、销售损益的递延分摊等会计处理。

第一节 租赁业务概述

一、租赁的概念

所谓租赁，是指在约定的时间内，出租人将资产的使用权转让于承租人以获取租金的行为。租赁由出租人和承租人共同组成，通常以协议或合同的形式存在，是出租人和承租人这两个经济主体之间通过签订协议，约定转让资产使用权的时间、支付对价以及期满后的资产处理等内容的过程。因此，会计准则也常将租赁定义为一项协议。如《国际会计准则第17号——

租赁》将租赁定义为:在一个议定的期间内,出租人将某项资产的使用权让于承租人,以换取一项或一系列支付的协议。《美国会计准则公告第13号——租赁》将租赁定义为:在一个规定的期间转让固定资产(土地和/或可折旧资产)的使用权的协议。我国《企业会计准则第21号——租赁》对租赁所下的定义为:租赁是指在约定的期间内,出租人将资产使用权让于承租人,以获取租金的协议。

二、租赁的特征

1. 租赁是一种把资产的所有权与使用权分离的交易

在一定的租约条件下,承租人以支付租金而不必以购买的方式即可获得租赁资产的使用权。出租人在租赁期内仍然保留租赁资产的使用权,在租赁期间承租人不得作出任何侵犯资产所有权的行为。

2. 某些租赁集融物与融资于一体,使融资行为与融物行为有机组合

就租赁的手段来说,如融资租赁,出租人出让资产,无异于向需要使用资产的承租人同时提供了等量的信贷资金;承租人租入资产,也无异于同时取得了相当于资产购置成本的信贷资金。因此,融资租赁不仅有融物行为,还有融资行为,以融物形式达到融资的目的,使融物行为与融资行为在租赁业务中得到统一。

3. 按期收取或交纳租金

在租赁业务中,租金不仅包括设备的买价,还包括租期内价款利息,因此,租金总额必定高于设备买价。承租人在支付租金时,采用分期支付的方式,支付租金的次数和每次所付的金额可以通过与出租人协商确定。就出租人而言,分期收取租金,实质上是出租人投资成本和投资收益的分期收回。

4. 独特的资金运动方式

基于租赁信用实现了融资与融物的有机结合,它是一种特殊的商业活动,它的价值运动以商业资本的价值运动为基础,包括购入、租出、偿还三个阶段。

5. 租赁交易方式灵活方便

租赁业务非常灵活,它既可以满足承租人短期或临时使用资产的需要,也可以解决承租人长期拥有某种设备而一次性购买能力不足的困难。在租赁交易中租期的选择也比较灵活,可长可短,由经营需要灵活确定。租赁期满以后,租赁资产的处置也多种多样,可以续租、留购或退还。租赁交易的灵活性,给租赁双方特别是承租人提供了极大的方便。

6. 有效避免无形损耗带来的筹资风险

租赁对承租人来说,虽然要支付较高的租金,但相对一次性购买设备价款遭受无形损耗而言,其风险明显较小;对出租人而言,其风险可以通过其资金优势加以避免,用不同的租赁资产满足不同层次的生产需要。

三、其他相关概念

1. 租赁期

租赁期是指租赁合同规定的不可撤销的租赁期间。

承租人有权选择续租该资产,并且在租赁开始日就可以合理确定承租人会行使这种选择权,不论是否再支付租金,续租期也包括在租赁期之内。

2. 不可撤销租赁

不可撤销租赁,是指在合同到期前不可以单方面解除的租赁。但出现以下任意一种情况为可撤销租赁:①经出租人同意;②承租人与原出租人就同一资产或同类资产签订了新的租赁合同;③承租人支付一笔足够大的额外款项;④发生某些很少会出现的或有事项。

3. 租赁开始日

租赁协议日与租赁各方就主要租赁条款做出承诺的时间较早者为租赁开始日。

4. 最低租赁付款额

最低租赁付款额,是指在租赁期内,承租人应支付或可能被要求支付的各种款项(不包括或有租金和履约成本),加上由承租人或与其有关的第三方担保的资产余值。

租赁合同的内容不同,最低租赁付款额的构成内容也不相同。如果租赁合同没有规定优惠购买选择权,则承租人租赁期内应支付或可能被要求支付的各种款项包括:①租赁期内承租人每期支付的租金;②租赁期届满时,由承租人或与其有关的第三方担保的资产余值;③租赁期届满时,承租人未能续租或展期而造成的任何应由承租人支付的款项。

如果租赁合同规定有优惠购买选择权,则承租人租赁期内应支付或可能被要求支付的各种款项包括:①自租赁开始日起至行使优惠购买选择权之日止,即整个租赁期内承租人每期支付的租金;②承租人行使优惠购买选择权而支付的任何款项。

5. 最低租赁收款额

最低租赁收款额,是指最低租赁付款额加上独立于承租人和出租人的第三方对出租人担保的资产余值。

6. 担保余值

担保余值,就承租人而言,是指由承租人或与其有关的第三方担保的资产余值;就出租人而言,是指就承租人而言的担保余值加上独立于承租人和出租人的第三方担保的资产余值。

7. 资产余值

资产余值,是指在租赁开始日估计的租赁期届满时租赁资产的公允价值。

8. 未担保余值

未担保余值,是指租赁资产余值中扣除就出租人而言的担保余值以后的资产余值。

9. 或有租金

或有租金,是指金额不固定、以时间长短以外的其他因素(如销售量、使用量、物价指数等)为依据计算的租金。

10. 履约成本

履约成本,是指在租赁期内为租赁资产支付的各种使用费用,如技术咨询和服务费、人员培训费、维修费、保险费等。

11. 初始直接费用

初始直接费用,是指在租赁谈判和签订租赁合同过程中,承租人或出租人发生的、可直接归属于租赁项目的费用。通常有印花税、佣金、差旅费、谈判费等。

12. 租赁期开始日

租赁期开始日,是指承租人有权行使其使用租赁资产权利的开始日。

四、租赁的分类

租赁按照不同的标准,可以进行不同的分类,其中最基本和最重要的一种分类方式是按照租赁的目的进行分类。

1. 按租赁的目的分类

根据租赁的目的,以与租赁资产所有权相关的风险和报酬归属于出租人或承租人的程度为依据,可以将租赁分为融资租赁(capital leases)和经营租赁(operating leases)两大类别。如果实质上转移了与租赁资产所有权有关的全部风险和报酬,无论资产的所有权最终转移与否,该项租赁都为融资租赁;反之,则为经营租赁。这也是从会计核算角度来说最重要的一种租赁分类方式。国际会计准则以及英国会计准则即按与资产所有权有关的风险和报酬的转移将租赁分为融资租赁和经营租赁,我国会计准则也对租赁做了类似的分类。

可见,对租赁进行分类首先要理解与租赁资产所有权相关的风险和报酬的含义。所谓与资产所有权相关的风险,是指由于经营情况变化造成相关收益的变动,以及由于资产闲置或技术陈旧而发生的损失等。所谓与资产所有权相关的报酬,是指在资产可使用年限内直接使用资产而获得的经济利益、资产增值,以及处置资产所实现的收益等。对特定租赁项目而言,只有在实质上转移了与资产所有权有关的全部风险和报酬,才能认定为融资租赁,否则就应认定为经营租赁。

经营租赁主要是出于承租人经营上的临时需要或季节性需要。在经营租赁下,租赁资产的所有权不转移,租赁期届满后,承租人只有退租或续租的选择权,而不存在优惠购买选择权;出租人则保留了与资产使用权有关的大部分风险和报酬,租赁期一般也明显短于资产的使用年限。

在租赁的分类中,应该注意两个问题:第一,与资产所有权有关的风险和报酬的转移并不意味着所有权的必然转移。如果一项租赁的承租人在租赁资产使用寿命的大部分时期内,获得租赁资产在使用上的各种经济利益,同时,作为取得这项权利的代价,需支付大致相当于该项资产公允价值的金额和有关的财务费用;而出租人在资产使用寿命的大部分时期内让渡资产的使用权,同时取得相应的租金作为回报,那么,即使租赁资产最终归还给出租人,没有发生所有权的转移,由于此时这项资产的价值与其出租前相比已不重要,这项租赁也应认定为融资租赁。第二,租赁的分类应视租赁的经济实质而不是法律形式进行。一项租赁是否应认定为融资租赁,不在于租赁合同的形式,而应视出租人是否将资产所有权有关的风险和报酬转移给了承租人。如果实质上转移了与资产所有权有关的全部风险和报酬,那么,无论租赁合同的称谓如何,都应当将其认定为融资租赁。

2. 按出租人取得租赁资产的来源和方式分类

按出租人租赁资产的来源为标准,租赁可以分为销售型租赁(sales-type leases)、直接融资租赁(direct financing leases)和售后租回(sale-leaseback)等。

(1) 销售型租赁,顾名思义,是指具有销售性质的租赁。它是制造商或经销商营销商品的一条途径,即制造或经销商作为出租人,将其制造或经销的商品以一定租金提供给承租人使用。在这种情况下,出租人获取的收益不仅含有融资收益,还包括产销差价或进销差价,即租赁开始日租赁资产的公允市价或最低租赁付款额的现值大于或小于资产的成本或账面价值。销售型租赁与分期付款方式较为接近,主要区别是前者的资产所有权没有转移,而后者的所有权发生了转移。

(2)直接融资租赁,是指出租人将自行购入的资产租给承租人并收取租金的租赁业务。它在形式上与销售型租赁十分类似,主要的区别是在直接融资租赁中,出租人所赚取的主要是融资收益,换言之,在租赁开始日,租赁资产的公允价值等于该资产成本或账面价值。从事金融业务的出租人通常提供的是直接融资租赁。

(3)售后租回,又称回租租赁。它是一项特殊的租赁业务,是指卖主(即承租人)将一项自制或外购的资产出售后,又将该项资产从买主(即出租人)那里租回。在这种租赁方式下,卖主同时是承租人,买主同时是出租人。承租人通过售后回租,在不影响其对租赁资产的占有、使用和收益的前提下,将一次性的固定投入转化为未来的分次支出,既保证正常的生产经营活动,又有效缓解自身的资金压力,是一种灵活的租赁方式。售后租回也可以按照前述的分类标准划分为融资租赁和经营租赁。

拓展阅读:

新国际租赁会计准则的变化与影响

2016年1月13日新的国际租赁会计准则《国际财务报告准则第16号——租赁》(IFRS 16)颁布,取代现行的《国际会计准则第17号——租赁》(IAS 17),该准则将于2019年1月1日正式生效。

1. 新准则的主要变化

IFRS16最根本的变化在于不再区分经营租赁和融资租赁,除了租赁期短于12个月或是小额资产的租赁,其他所有租赁都要在资产负债表中反映。这也就意味着,表外融资不再潜伏在阴影中,大大提高了企业租赁资产和租赁负债的透明度。但这种变化对于会计处理的影响主要在于承租人方面,出租人会计处理基本不变。

(1)会计模型的变化。现行的IAS17采用的是所有权模型,这种模型根据与租赁资产所有权有关的主要风险和报酬的归属来进行账务处理。若是转移了与租赁资产所有权有关的主要风险和报酬,则确认为承租人的资产和负债;反之,则作为经营租赁,不在资产负债表中确认资产和负债,只在支付租金时进行费用化处理。这无疑造成了大量的表外融资,大大降低了资产租赁企业和资产购买企业的财务报表可比性,这也正是此次准则变革的症结所在。

IFRS16采用的是使用权模型,当一项合同是建立在使用一项已辨认资产之上(无论使用条款是否明确),或者当承租人根据合同有权决定该项可辨认资产的使用,以及有权获取与使用该项资产相关的几乎所有的经济利益时,承租人可以根据IFRS16确认一项租赁安排。承租人无须区分经营租赁和融资租赁,所有租赁(租赁期短于12个月或是小额资产的租赁除外)都确认为一项使用权资产和一项租金支付义务负债,即增加了租赁资产和金融负债。这种处理在提高报表透明度和可比性的同时,也在很大程度简化了会计实务中对租赁分类的工作。

(2)会计计量的变化。根据IFRS16的要求,承租人以租赁付款额现值来对使用权资产和金融负债进行初始计量。其后续计量,承租人通常使用直线法对使用权资产进行折旧,折旧年限为租赁期和使用权资产的使用寿命中的较短者;承租人根据租赁期开始日确定的折现率,使用利率法对金融负债确认利息费用;对于低值资产(5000美元以下的相关资产可能被认为是低值资产)和租赁期不超过12个月的短期租赁安排,承租人可以选择按照直线法直接确认租赁费用。这种处理方法意味着承租人的资产和负债将随着经营租赁的租金承诺而大幅膨胀,同时改变了原有经营租赁承租人按直线法分摊费用的方式,变为与融资租赁一致的"前大后小"模式,会计处理方式更加符合成本收益配比原则。

2. 新准则变化带来的影响

承租人会计处理的变化,势必影响其披露财务报告以及相关的财务指标,特别是对于有重大经营租赁安排的承租人企业,例如零售行业、交通运输行业、酒店业、电信行业以及能源设施行业等存在租用营业场所和设备需求的企业。

(1)对资产负债表的影响。IFRS16最大的影响就是增加了租赁资产及金融负债。新确认的租赁资产以租赁付款现值作为使用权资产反映,是一项非流动性资产,与其他固定资产一样,列示在资产负债表不动产、厂房或设备项。应支付的租金也按照租赁付款额现值确认为一项金融负债,表示为一项未来应付租金的义务。同时,由于租赁期间租赁资产通常按平均年限法折旧,而金融负债的减少需要综合考虑租赁付款额减少的数额和增加的利息,这使得租赁资产数量的减少速度通常会比金融负债的减少速度更快,从而影响了租赁期企业的所有者权益,使其在其他条件不变的情况下减少。但在租赁开始和结束时,资产、负债变化金额是相同的,所有者权益不受影响。

资产、负债和所有者权益绝对数额的变化必然导致资产负债率、产权比率和流动比率的改变。由于资产和负债的同时增加,以及租赁期间金融负债价值高于租赁资产的特点,导致企业资产负债率(资产负债率=负债平均总额/资产平均总额)有所提高;由于金融负债的增加,导致企业产权比率(产权比率=负债总额/所有者权益)上升;同时也由于伴随金融负债增加的是非流动资产而不是流动资产,导致企业流动比率(流动比率=流动资产/流动负债)下降。这些比率的变动方向无不说明了企业融资风险的增加,偿债能力的削弱,使之前采用IAS17时隐含的风险呈现于资产负债表上,有利于广大投资者以及企业经营者更清晰地判断出企业的风险程度,从而做出恰当的决策。

(2)对利润表的影响。根据IAS17要求,经营租赁仅需要在利润表中按直线法确认一项费用;而IFRS16要求确认使用权资产的折旧和金融负债的利息两项费用,由于金融负债是按摊余成本法核算的,其计入损益的利息将随本金的归还而减少,使得利润表中与租赁相关的费用总和呈现递减的趋势。

由于费用的构成及金额发生了改变,导致息税折旧摊销前利润(EBITDA)显著提高、息税前利润(EBIT)提高、资产周转率下降、杠杆比率提高等变化。

(3)对现金流量表的影响。IFRS16也将影响企业的现金流量表。虽然会计政策变更不会引起租赁双方之间的现金转移量的差异,也就是不会对现金流量总额产生任何的影响,但是原本应用IAS17的企业,为使现金流出体现表外租赁的特性,将其归类为经营活动现金流出。相比之下,实施IFRS16后,为了保持现金流量表与资产负债表、利润表之间的联系,要求企业对现金流出作出以下分类:①偿还的租赁负债本金,划分在筹资活动现金流出中;②支付的利息根据《国际会计准则第7号——现金流量表》的要求,结合其他利益有关的事项进行具体分析和再分类,可能被包含在筹资活动现金流出中。总之,

IFRS16预计将减少经营活动现金流出,增加筹资活动现金流出,但总量保持不变。

由此可知,现金流量比率也会受到影响,现金流量比率=经营活动产生的现金净流量/流动负债,该比率用于衡量企业经营活动所产生的现金流量可以抵偿流动负债的程度,比率越高,说明企业的财务弹性越好。IFRS16的实施使得经营活动现金流出减少,从而使经营活动产生的现金净流量增加,现金流量比率提高,这使企业呈现出了更好的财务弹性。

IFRS16的生效日为2019年1月1日,然而许多租赁合同的期限都较长且影响广泛,同时考虑到整理以及评价合同是一个耗时耗力的过程,因此,许多原本存在表外融资的赴海外上市的中国企业现在就得评估其影响并采取行动。国内企业和准则制定者不妨从旁参考其政策优势,结合企业实际操作,从中发现适合我国租赁会计准则变革的做法,以促进我国租赁业的发展和高质量会计准则的建立。

第二节 经营租赁

一、经营租赁会计处理的基本规定

在经营租赁中,租赁资产的风险和报酬没有转移给承租人,因此,承租人取得资产的目的仅仅是使用资产用于经营或生产中,而并不是为了在租赁期满时取得资产的所有权;出租人出租资产的目的是为了取得租赁收入,而不是为了最终将租赁资产出售。承租人根据租赁合同的规定取得租赁资产的使用权,租赁资产由出租人移交给承租人以后,承租人不能将其作为本企业的自有资产入账,而只需要登记在备查账簿中,在承租人资产负债表中并不包含租入资产。由于租出的资产仍属于出租人所有,因而,应仍由出租人对资产进行折旧和减值处理。

租赁业务包含租赁期内发生的一系列经济活动,这些经济活动都是会计要反映的对象。对于融资租赁而言,会计核算主要包括以下内容:

1. 租赁资产的转移

经营租赁中租赁资产只是实体的暂时转移,与所有权有关的风险和报酬并没有转移,因此租赁资产的转移不需要在表内反映。但承租人应当将通过租赁取得的资产在表外账户进行登记,以反映和监督租赁资产的使用情况;出租人也应将租赁资产记入单独的明细账户中。

2. 租金的收付

租金收付是经营租赁业务会计处理的主要内容。在经营租赁中,承租人没有实际控制或拥有租赁资产,资产不在表内确认,支付的租金也无须资本化,其只需将租金确认为租赁期内各期的费用即可。同时,出租人应在租赁期内的各个期间将收取的租金直接确认为业务收入。

3. 租赁相关费用

经营租赁会发生印花税、佣金、律师费、差旅费以及修理费、培训费等初始直接费用,在经营租赁中,承租人和出租人在发生初始直接费用时,应当在发生当期确认为费用。关于或有租金的会计处理,承租人支付的或有租金需在发生当期确认为费用,出租人收取的或有租金应确认为当期收入。此外,对于固定资产租赁来说,由于租赁资产与所有权有关的风险和报酬仍然留在出租人一方,那么应当由出租人按期计提固定资产折旧等。

4. 相关会计信息披露

企业以经营租赁方式租入的固定资产不必列入资产负债表,但关于经营租赁的信息披露,应当遵循重要性原则。承租人应当对重大的经营租赁作如下披露:①资产负债表日后连续三个会计年度每年将支付的不可撤销经营租赁的最低租赁付款额;②以后年度将支付的不可撤销经营租赁的最低租赁付款额总额。

经营租赁的出租人应当按照资产的性质,将用作经营租赁的资产记入资产负债表上的相关项目中。同时,出租人应当按照资产类别披露租出资产在资产负债表日的账面价值。账面价值是指原值扣除已提折旧和已确认减值后的净值,如果租出资产已经进行计提折旧或发生了减值等情况,应披露原价扣除已计提的折旧和已确认的减值损失后的净值;如果租出资产已经进行了摊销,则应披露其摊余价值。

二、承租人的会计处理

经营租赁中,承租人的会计处理主要是租金的费用化。具体来说,就是所付租金在租赁期内的各个会计期间进行分摊确认。我国会计准则规定,承租人应当将租金在租赁期内的各个期间按直线法确认为费用,如果其他方法更为合理,也可以采用其他方法。比如根据租赁资产的使用量来确认租金费用,承租人确认的租金费用可以按照实际情况记入"营业费用""管理费用"或"制造费用"等科目中。

某些情况下,出租人可能会对经营租赁提出一些激励措施,如免租期、承担承租人的某些费用等。按照实质重于形式的原则,在出租人提供了免租期的情况下,承租人仍应将租金总额在整个租赁期内而非在租赁期扣除免租期后的期间内进行分摊;在出租人承担了承租人的某些费用的情况下,承租人应将该费用从租金总额中扣除后,将实际应支付的租金额在租赁期内进行分摊。

【例6-1】A公司于2×20年年初从B公司租入全新建筑物一栋,租期为3年。建筑物原账面价值为900 000元,预计使用年限为25年。A公司向相关单位支付初始直接费用6 000元。租赁合同规定,租赁开始日A公司向B公司一次性预付租金36 000元,第一年年末支付租金30 000元,第二年年末支付租金30 000元,第三年年末支付租金12 000元。租赁期满后预付租金不退回,B公司收回办公用房使用权。

分析:该项租赁业务是临时的使用权转移,承租人没有实际拥有或控制该建筑物,租赁合同的约定也不符合融资租赁的任何一条标准,因此,应将其作为经营租赁进行会计处理。对于承租人而言,不能按各期实际支付的租金额来确定各期租金费用,应按直线法在租赁期内平均分摊租金总额。此项租赁租金总额为108 000元(36 000+30 000+30 000+12 000),按直线法计算,3年租赁期内每年应分摊的租金为36 000元。

承租人(A公司)的会计分录为:

2×20年年初:

借:管理费用　　　　　　　　　　　　　6 000
　　贷:银行存款　　　　　　　　　　　　　　6 000
借:长期待摊费用　　　　　　　　　　　36 000
　　贷:银行存款　　　　　　　　　　　　　　36 000

2×20年12月31日:

借:管理费用——租赁费	36 000	
贷:银行存款		30 000
长期待摊费用		6 000

2×21 年 12 月 31 日:

借:管理费用——租赁费	36 000	
贷:银行存款		30 000
长期待摊费用		6 000

2×22 年 12 月 31 日:

借:管理费用——租赁费	36 000	
贷:银行存款		12 000
长期待摊费用		24 000

三、出租人的会计处理

与承租人的租金费用化相对应,在经营租赁中,出租人应当将收取的租金在租赁期内的各个期间按直线法确认为收入,如果其他方法更为合理,也可以采用其他方法。同样,如果出租人提供了免租期或承担了承租人的某些费用等激励措施,则应当将租金总额扣除这部分费用后的余额,在包含免租期在内的整个租赁期内进行分摊。

对于经营租赁的固定资产,出租人需要对其计提折旧,一般应按照出租人所拥有的其他类似固定资产使用的折旧政策来计提折旧;对于其他经营租赁资产,应当采用合理的方法进行摊销。

【例 6-2】 承例 6-1,出租人(B 公司)在确认这项经营租赁的租金收入时,不能依据各期实际收到的租金额确认各期租金收入,而应按直线法在租赁期内平均分摊确认各期的租金收入。此项租赁租金总额为 108 000 元,按直线法计算,每年应确认的租金收入为 36 000 元。

会计分录为:

2×20 年年初:

借:银行存款	36 000	
贷:其他应收款		36 000

2×20 年 12 月 31 日:

借:银行存款	30 000	
其他应收款	6 000	
贷:其他业务收入——经营租赁收入		36 000

2×21 年 12 月 31 日:

借:银行存款	30 000	
其他应收款	6 000	
贷:其他业务收入——经营租赁收入		36 000

2×22 年 12 月 31 日:

借:银行存款	12 000	
其他应收款	24 000	
贷:其他业务收入——经营租赁收入		36 000

B公司应当按照与本公司其他类似固定资产相同的方式对租赁资产计算折旧，由于会计处理与一般的固定资产折旧一致，此处略。

第三节 融资租赁

一、融资租赁会计处理的基本规定

融资租赁的一个特性是"转移"，融资租赁的实质是转移了与资产所有权有关的全部风险和报酬的租赁。转移与资产所有权有关的全部风险和报酬，关键在于转移过程中所支付的代价和所获取的利益。如果承租人支付了大致等于租赁资产的公允价值和有关融资费用之和的金额，换取了在租赁资产大部分经济寿命内使用租赁资产的权力，就可以认定与资产所有权有关的全部风险和报酬发生了转移，即为融资租赁。融资租赁的另一个特性在于它的"融资"特征，承租人实质上是通过出租人的融资才取得了资产的相关利益，因此需要承担相应的利息费用，而利息费用以及资产价值都将通过未来租金的支付来体现。所以，融资租赁的经济结果是，承租人实质上取得一项资产，同时承担了包含资产价值和相关利息的一项债务；出租人转出一项资产，同时获得了未来收取资产对价和相关利息的债权。

融资租赁在风险和报酬转移方面与经营租赁存在着实质的区别，按照实质重于形式的原则，其会计核算也存在明显差异。

(一)租赁开始日

1. 租赁类型的确定

融资租赁和经营租赁在经济实质及其经济结果上存在较大差异，会计核算也有明显的区别。对于租赁业务的核算，首先应当判断租赁的类型，只有符合融资租赁标准的租赁，才能按照融资租赁的原则和方法进行核算。租赁的类型应当在租赁开始日予以确定，而且对于同一项租赁，出租人和承租人所认定的租赁类型应当是一致的。

2. 租赁资产的转移

在融资租赁中，虽然租赁资产的所有权在法律形式上没有转移，但与租赁资产所有权有关的全部风险和报酬发生了转移，资产已经由承租人实际控制了。此时，会计处理上会本着实质重于形式的原则，将租赁资产从出租人的账面中转出，计入承租人的资产中。资产的转移过程中，最为关键的是资产计价，按照我国会计准则的规定，出租人应当按照资产的账面价值予以转出，承租人则应遵循谨慎性原则，按照资产的原账面价值和最低租赁付款额二者中的较低者入账。

3. 债权债务的发生

资产的转移伴随着对价的支付，租赁资产的转移会伴随着未来租金的支付，由此承租人承担了一项债务，出租人获取了一项债权。由于在融资租赁中，出租人为承租人提供了融资，相应地需要收取一定的利息，因此债权债务的计价不仅要考虑资产的价值，还要考虑利息的因素。

4. 初始直接费用

初始直接费用是指承租人在租赁谈判和签订租赁合同过程中发生的，可归属于租赁项目的手续费、律师费、差旅费、印花税等初始直接费用。与经营租赁不同，融资租赁产生的初始直接费用需要分别计入承租人的租入资产价值和出租人的债权中。

(二)租赁期间

1. 租金的支付

租赁期内租金的逐期支付相当于债务的分期偿付,它会减少承租人的债务以及出租人的债权。租金包含债务本金和利息这两部分,即资产价值和融资费用两部分。

2. 融资费用和收益的分摊

伴随着租金的逐期支付,承租人应在各期确认融资费用,出租人则需计算相应的融资收益。融资费用或收益在各期的确认和分摊可以采取实际利率法、直接法以及年数总和法等方法,我国现行会计准则规定应采用实际利率法。

3. 租赁资产的折旧

融资租赁一般都是对固定资产进行租赁,因此需要按期计提折旧。由于租赁资产实际上已经转移成为承租人的资产,所以应当由承租人对这项固定资产计提折旧。租赁资产的折旧政策应与承租人自有固定资产的折旧政策一致。能够合理确定租赁期届满时取得租赁资产所有权的,应当在租赁资产使用寿命内计提折旧;无法合理确定租赁期届满时能够取得租赁资产所有权的,应当视情况按照租赁期或者资产尚可使用年限来确定折旧年限。

4. 或有租金和履约成本

在租赁期内发生的或有租金应当在发生当期计入费用。为了保证资产正常使用而发生的履约成本,其中受益期较长的资产改良支出、人员培训费等,可以按照受益期间进行递延和分摊,金额较小的经常性支出,如修理费、保险费等则可以直接计入当期费用。

(三)租赁期满

租赁期满时,对租赁资产的处理有三种情况:返还、续租和留购。承租人和出租人应当根据具体情况,记录可能发生的资产转移和债权、债务清结。

二、承租人的会计处理

(一)租赁资产和相应负债的确认和计价

融资租赁的承租人以承担未来支付租金等款项的义务为代价,取得租赁资产大部分经济寿命中的经济利益,只有将这一租赁业务反映在资产负债表中,才能完整、恰当地反映其所拥有和控制的经济资源以及所承担的经济责任。因此,在租赁开始日,承租人应当将租赁资产在表内确认,同时确认一笔未来支付租赁款项的负债。按照实际成本原则,租赁资产的入账价值应当是对未来租赁付款额的资本化,它可以通过最低租赁付款额在租赁开始日的现值加以确定。根据国际会计准则的规定,承租人应当根据最低租赁付款额的现值确认租赁资产。但如果最低租赁付款额的现值高于租赁资产的公允价值,按照谨慎性原则,承租人应当按照租赁资产的公允价值进行资产的计价。我国会计准则规定,在租赁期开始日,承租人应当将租赁开始日租赁资产公允价值与最低租赁付款额现值两者中较低者作为租入资产的入账价值,将最低租赁付款额作为长期应付款的入账价值,其差额作为未确认融资费用。

承租人租赁资产的取得伴随着其负债的增加,租赁开始日也要进行负债的确认,但对于负债的计价,国际会计准则与我国会计准则的规定也存在着差异。按照国际会计准则的要求,承租人的负债应以与租赁资产相同的金额在资产负债表内予以确认;而按照我国会计准则的要求,承租人应按照最低租赁付款额作为长期应付款的入账价值,资产和负债入账价值的差额被列入未确认融资费用而单独进行处理。

由于确定资产入账价值和未确认融资费用的主要因素是最低租赁付款额的现值,因此,计算最低租赁付款额现值的折现率就显得非常重要。对于折现率的确定,我国会计准则也作出了规定,如果承租人知悉出租人的租赁内含利率,应当采用内含利率作为折现率;否则,应当采用租赁合同规定的利率作为折现率。如果租赁内含利率和租赁合同规定的利率均无法知悉,应当采用同期银行贷款利率作为折现率。

【例6-3】2×19年12月1日,A公司与租赁公司签订了一份租赁合同。合同主要条款如下:

(1) 租赁标的物:某生产线。
(2) 起租日:第二年1月1日。
(3) 租赁期:第二年1月1日至第四年12月31日,共3年。
(4) 租金支付方式:每年年初支付租金54 000元。
(5) 租赁期届满时该生产线的估计余值:23 400元。
    其中:由A公司担保的余值为20 000元;未担保余值为3 400元。
(6) 该生产线的维护等费用由A公司自行承担,每年5 000元。
(7) 该生产线在第二年1月1日的公允价值为167 000元(此处暂不考虑账面价值)。
(8) 租赁合同规定的年利率为6%。
(9) 该生产线估计使用年限为4年。承租人采用年数总和法计提折旧。
(10) 第四年12月31日,A公司将该生产线交回租赁公司。

此外,假设该生产线占A公司资产总额的30%以上,且不需安装。

承租人(A公司)的租赁开始日的会计处理如下:

第一步,判断租赁类型。

由于最低租赁付款额的现值169 782元(计算过程见后)大于租赁资产公允价值167 000元的90%即150 300元(167 000×90%),符合融资租赁判断标准,因此这项租赁应当认定为融资租赁。

最低租赁付款额=各期租金之和+承租人担保的资产余值
                =54 000×3+20 000=182 000元

第二步,计算租赁开始日最低租赁付款额的现值,确定租赁资产入账价值。

由于承租人不知悉出租人的租赁内含利率,因此选择租赁合同规定的年利率6%作为折现率。

计算现值的过程如下:

三年租金的现值=54 000+54 000×PA(2,6%)
            =54 000+54 000×1.833=152 982元

担保余值20 000元的复利现值=20 000×PV(3,6%)=20 000×0.84
                    =16 800元

现值合计=152 982+16 800=169 782元>167 000元

由于最低租赁付款额的现值169 782元高于租赁资产公允价值167 000元。根据孰低原则,租赁资产的入账价值应为其公允价值。

第三步,计算未确认融资费用。
未确认融资费用＝最低租赁付款额－租赁开始日资产的入账价值
$\qquad$＝182 000－167 000＝15 000 元

会计分录如下：
第一年1月1日：
借：固定资产——融资租入固定资产　　　　　　　　　　　　167 000
　　未确认融资费用　　　　　　　　　　　　　　　　　　　 15 000
　贷：长期应付款——应付融资租入租赁　　　　　　　　　　 182 000

(二)租金的支付和融资费用的分摊

租赁期内租金的逐期支付相当于债务的分期偿还,它将减少承租人的负债。租金既包括租赁资产的价值,也包括因融资租赁而承担的利息费用,这些利息费用应当伴随租金的支付在租赁期内的各个会计期间予以确认。按照我国会计准则的规定,在租赁开始日确定的未确认融资费用将在租赁期内分摊确认,分摊时应采用实际利率法。而按照国际会计准则的规定,在租赁开始日并不确认"未确认融资费用",租金要按比例分摊计入融资费用并减少尚未结算的负债。此外,国际会计准则还要求融资费用的分摊应使各期的负债余额承担一个固定的利率,这实际上是要求按照实际利率法进行分摊。

【例6-4】 承例6-3,在租赁期内各年支付租金并分摊融资费用。

(1)第二年至第四年每年1月1日支付租金。
借：长期应付款——应付融资租赁款　　　　　　　　　　　　54 000
　贷：银行存款　　　　　　　　　　　　　　　　　　　　　 54 000

(2)融资费用的分摊。

首先,确定融资费用分摊率。由于租赁资产入账价值为其公允价值,因此应重新计算融资费用的分摊率。该分摊率应当使租赁开始日最低租赁付款额的现值等于租赁开始日租赁资产的公允价值,即

$\qquad$ 54 000×PA(2,r)＋54 000＋20 000×PV(3,r)＝167 000

分摊率的计算可在多次测试的基础上,运用插值法加以确定。

当 r＝7%时：
$\qquad$ 54 000×(1.808＋1)＋20 000×0.816＝167 952＞167 000

当 r＝8%时：
$\qquad$ 54 000×(1.783＋1)＋20 000×0.794＝166 162＜167 000

因此,7%＜r＜8%。用插值法计算如下：

$$\frac{167952-167000}{167952-166162}=\frac{7\%-r}{7\%-8\%}$$

r＝7.53%

即融资费用分摊率为7.53%。

其次,采用实际利率法,在租赁期内分摊未确认融资费用,见表6-1。

表 6-1　未确认融资费用的分摊表（实际利率法）　　　　　　　单位：元

日期	租金	确认的融资费用	应付本金减少额	应付本金余额
①	②	③=期初⑤×7.53%	④=②-上期③	期末⑤=期初⑤-④
第二年1月1日				167 000
第二年1月1日	54 000		54 000	113 000
第二年12月31日		8 508.9		113 000
第三年1月1日	54 000		45 491.1	67 508.9
第三年12月31日		5 083.4		67 508.9
第四年1月1日	54 000		48 916.6	18 592.3
第四年12月31日		1 407.7*	-1 407.7	20 000
合计	162 000	15 000	147 000	20 000

* 做尾数调整：1 407.7=20 000-18 592.3

会计分录如下：

第二年12月31日，确认本年应分摊的融资费用：
借：财务费用　　　　　　　　　　8 508.9
　　贷：未确认融资费用　　　　　　　8 508.9

第三年12月31日，确认本年应分摊的融资费用：
借：财务费用　　　　　　　　　　5 083.4
　　贷：未确认融资费用　　　　　　　5 083.4

第四年12月31日，确认本年应分摊的融资费用：
借：财务费用　　　　　　　　　　1 407.7
　　贷：未确认融资费用　　　　　　　1 407.7

至租赁期满的第四年12月31日，未确认融资费用已全部分摊完毕，相应账户余额减记至零。

(三)租赁资产计提折旧

承租人融资租入一项固定资产后，应当对其计提折旧，折旧政策应与承租人自有资产的折旧政策相一致。如果承租人或与其有关的第三方对租赁资产余值提供了担保，则应计折旧总额为租赁开始日固定资产的入账价值扣除担保余值后的余额；如果承租人或与其有关的第三方没有对租赁资产余值提供担保，则应计折旧总额为租赁开始日固定资产的入账价值。关于折旧年限，能够合理确定租赁期满时将会取得租赁资产所有权的，应当在租赁资产尚可使用年限内计提折旧；无法合理确定租赁期满时能够取得租赁资产所有权的，应当在租赁期和租赁资产尚可使用年限两者中较短的期间内计提折旧。

【例6-5】 承例6-3，由于在租赁开始日，A公司无法合理确定租赁期满时能够取得租赁生产线的所有权，而生产线的估计使用年限为4年，租赁期为3年，公司应当按照其中较短者3年计提生产线的折旧。采用年数总和法计提折旧参见表6-2。

表 6-2　固定资产折旧计提表　　　　　　　　　　　　　　　　　　　　单位：元

日　　期	固定资产原价	担保余值	折旧率	当年折旧费	固定资产净值
第二年 1 月 1 日	167 000	20 000			147 000
第二年 12 月 31 日			3/6	73 500	93 500
第三年 12 月 31 日			2/6	49 000	44 500
第四年 12 月 31 日			1/6	24 500	20 000
合　　计	167 000	20 000	1	147 000	

会计分录如下：

第二年，计提本年折旧。

借：制造费用——折旧费　　　　　　　　73 500
　　贷：累计折旧　　　　　　　　　　　　　　　73 500

第三年，计提本年折旧。

借：制造费用——折旧费　　　　　　　　49 000
　　贷：累计折旧　　　　　　　　　　　　　　　49 000

第四年，计提本年折旧。

借：制造费用——折旧费　　　　　　　　24 500
　　贷：累计折旧　　　　　　　　　　　　　　　24 500

（四）租赁相关费用和支出

在租赁业务中，除租金的支付外，承租人还可能发生一些相关的费用，主要是租赁期内应当计入租入资产价值的初始直接费用，再就是按照销售百分比、资产使用量等具体因素支付的或有租金。按照我国会计准则的规定，或有租金等一般在发生的当期计为费用，对于资产的其他费用也应当计入相关费用。

【例 6-6】承例 6-3，A 公司各年支付该生产线的维护费，会计分录如下：

借：制造费用　　　　　　　　　　　　　5 000
　　贷：银行存款　　　　　　　　　　　　　　　5 000

（五）租赁期满

租赁期满时，租赁资产的处理有三种情况：返还、续租和留购。承租人需根据实际情况，记录可能发生的资产转移和债权、债务清结。

1. 退还

租赁期满，承租人向出租人返还租赁资产时，应减少公司资产，同时结转债务。

【例 6-7】承例 6-3，第四年 12 月 31 日，公司将生产线退还租赁公司。

在支付了 3 年租金后，公司的"长期应付款"账户余额即担保余值 20 000 元，在返还生产线后，公司的债务全部结清，会计分录如下：

借：长期应付款——应付融资租赁款　　　20 000
　　累计折旧　　　　　　　　　　　　　147 000
　　贷：固定资产——融资租入固定资产　　　　　167 000

如果在租赁期满生产线已经报废，公司应就其提供的担保向租赁公司支付相应的款项，会计分录如下：

借：长期应付款——应付融资租赁款　　20 000
　　贷：银行存款　　　　　　　　　　　　　20 000

2. 优惠续租

如果承租人行使优惠续租选择权，则视同该项租赁一直存在，进行会计处理；如果租赁期满没有续租，根据租赁合同承租人须向出租人支付违约金时，应将其计入当期"营业外支出"核算。

3. 留购

如果承租人持有并行使优惠购买选择权，应当在行权支付价款时，结清债务，同时将固定资产进行重新分类，将其由"融资租入固定资产"明细科目转至其他有关明细科目。

（六）相关信息披露

按照我国会计准则的要求，承租人应在财务报告中（主要是在财务报表附注中）披露与融资租赁有关的事项，主要包括：

(1) 各类租入固定资产的期初和期末原价、累计折旧额。

(2) 资产负债表日后连续三个会计年度每年将支付的最低租赁付款额，以及以后年度将支付的最低租赁付款额总额。

(3) 未确认融资费用的余额，以及分摊未确认融资费用所采用的方法。

【例6-8】 承例6-3，假定A公司无其他租赁事项，其第二年12月31日公布的财务报表附注中与租赁相关的资料见表6-3。

表6-3　年末财务报表附注的相关资料　　　　　　　　　　　　　　单位：元

资产	年末数	负债和所有者权益	年末数
固定资产：		流动负债：	
固定资产原价	750 000	一年内到期的长期负债	45 491.1*
其中：融资租入固定资产	167 000	长期负债	
		长期应付款	67 508.9
		其中：应付融资租赁款	67 508.9**

*45 491.1元＝54 000元（第三年应支付的租金）－8 508.9元（第二年应分摊的融资费用）

**67 508.9元＝128 000元（"长期应付款——应付融资租赁款"科目的年末余额）－15 000元（"未确认融资费用"年初余额）－45 491.1元

对上述资料的补充说明：

(1) 融资租入固定资产系从租赁公司租入的生产线，该生产线的入账价值为167 000元，累计折旧为73 500元，账面净值为93 500元。

(2) 资产负债表日后连续三个会计年度每年将支付的最低租赁付款额及以后年度将支付的最低租赁付款额总额如表6-4所示：

表 6-4 最低租赁付款额与总额的计算表

项　　目	会计年度	金额/元
最低租赁付款额	第三年	54 000
	第四年	74 000 *
	以后年度	0
最低租赁付款额总额		128 000

*74 000元＝54 000元(第四年应支付的租金)＋20 000元(担保余值)

(3)未确认融资费用的余额为 6 491.1 元。
(4)采用实际利率法分摊未确认融资费用。

三、出租人的会计处理

(一)租赁资产的转出和相应债权的确认

融资租赁中,伴随租赁资产与所有权有关的风险和报酬的转移,出租人实际控制的资产减少,同时获得一项对承租人的债权。因此,在租赁开始日,出租人要在判断租赁类型的基础上,记录资产的转出和债权的增加。按照我国会计准则的要求,对于租赁资产的转出,一般按照资产的账面价值进行记录,租赁资产公允价值与其账面价值如有差额,应当计入当期损益。对于债权的确认,则应按租赁开始日最低租赁收款额予以确认。同时,还要确认租赁资产的未担保余值。对于资产公允价值与租赁开始日最低租赁收款额与未担保余值之和的差额,应确认为未实现融资收益,它是出租人提供融资租赁要收取的利息。应指出的是,根据内含利率的定义,就出租人来说,资产的账面价值等于最低租赁收款额和未担保余值按照内含利率折现的现值之和,因此,租赁开始日确认的未实现融资收益金额也可以表述为最低租赁收款额和未担保余值之和与二者现值之和的差额。

对于出租人的会计核算,国际会计准则的规定也与我国存在一定差异。与承租人租赁债务的入账金额相对应,国际会计准则要求出租人的债权按照租赁项目的投资净额进行确认。投资净额即出租人的最低租赁收款额与未担保余值之和,减去未实现的融资收益,即最低租赁收款额和未担保余值按照内含利率折现的现值之和。这意味着,在租赁开始日,国际会计准则并不对未实现融资收益加以确认,此部分融资收益将伴随租金的支付逐期确认。

【例 6-9】承例 6-3,此处从出租人,即例中的租赁公司的角度进行会计处理。按照我国会计准则的规定,租赁公司在租赁开始日会计处理如下:

首先,判断租赁类型。在本例中,租赁开始日最低租赁收款额的现值为 164 383.6 元(计算过程在后面说明),大于租赁资产价值的 90%(167 000×90%＝150 300 元),符合融资租赁的判断标准,因此,这项租赁应认定为融资租赁。

其次,最低租赁收款额及其现值的计算如下:

最低租赁收款额＝最低租赁付款额＋初始直接费用(本例为零)＋担保余值
　　　　　　＝各期租金之和＋初始直接费用(本例为零)＋承租人担保的资产余值＋
　　　　　　　第三方担保的资产余值(本例为零)
　　　　　　＝54 000×3＋0＋20 000＋0＝182 000 元

最后,计算最低租赁收款额的现值,需要计算租赁内含利率 r,它应使最低租赁收款额的现值＋未担保余值的现值＝租赁资产公允价值,即

$54\,000 \times PA(2,r) + 54\,000 + 20\,000 \times PV(3,r) + 3\,400 \times PV(3,r) = 167\,000$(租赁资产的公允价值)

由此:$54\,000 \times [PA(2,r) + 1] + 23\,400 \times PV(3,r) = 167\,000$

当 $r = 10\%$ 时:

$54\,000 \times (1.736 + 1) + 23\,400 \times 0.751 = 165\,317.4 < 167\,000$

当 $r = 9\%$ 时:

$54\,000 \times (1.759 + 1) + 23\,400 \times 0.772 = 167\,050.8 > 167\,000$

因此,$9\% < r < 10\%$。用插值法计算如下:

$$\frac{167050.8 - 167000}{167050.8 - 165317.4} = \frac{9\% - r}{9\% - 10\%}$$

$$r = 9.03\%$$

最低租赁收款额的现值 $= 54\,000 + 54\,000 \times PA(2, 9.03\%) + 20\,000 \times PV(3, 9.03\%)$

$= 54\,000 \times (1 + 1.7584) + 20\,000 \times 0.7715$

$= 148\,953.6 + 15\,430$

$= 164\,383.6$ 元

租赁开始日的会计处理如下:

借:应收融资租赁款——A 公司　　　　182 000
　　未担保余值　　　　　　　　　　　　3 400
　贷:融资租赁资产　　　　　　　　　　167 000
　　未实现融资收益　　　　　　　　　　18 400

(二)租金的收取和融资收益的确认

对于出租人来说,租赁期内租金的逐期收取相当于债权的分期收回,租金既包括租赁资产的价值,也包括因提供融资租赁而取得的利息收入,这些利息收入应当伴随租金的收取在租赁期内的各个会计期间予以确认。按照我国会计准则的规定,在租赁开始日确定的未实现融资费用将在租赁期内分摊确认。同承租人的未确认融资费用一样,出租人应当采用实际利率法计算当期应确认的融资收入。在采用实际利率法进行分摊时,所依据的利率即出租人的租赁内含利率。

在国际会计准则中,在租赁开始日并不确认"未实现融资费用",出租人收取的租金按比例分别计入各期的融资收益并减少尚未结算的债权。此外国际会计准则要求融资收益的确认应使出租人在融资租赁中的未收回投资净额在每个期间实现固定回报率,这实际要求按照实际利率法进行收益的分摊。

【例 6-10】承例 6-3,在租赁期内各年收取租金并分摊融资收益。

第二年至第四年每年 1 月 1 日收到租金时。

借:银行存款　　　　　　　　　　　　54 000
　贷:应收融资租赁款——A 公司　　　54 000

采用实际利率法分配未实现融资收益。计算租赁期内各期应分配的为实现融资收益,见表 6-5。

表 6-5 未实现融资收益分配表(实际利率法)   单位:元

日期 ①	租金 ②	确认的融资收入 ③=(期初⑤-②)×9.03%	租赁投资净额减少额 ④=②-③	租赁投资净额余额 ⑤=期初⑤-④
第二年1月1日				167 000
第二年1月1日	54 000		54 000	113 000
第二年12月31日		10 203.9		113 000
第三年1月1日	54 000		43 796.1	69 203.9
第三年12月31日		6 249.1		69 203.9
第四年1月1日	54 000		47 750.6	21 453
第四年12月31日		1 947*	-1 947	23 400
合计	162 000	18 400	143 600	23 400

*做尾数调整:1 947=23 400-21 453

确认融资收益的会计分录为:
第二年12月31日,确认融资收入:
借:未确认融资收益   10 203.9
  贷:主营业务收入——融资收入   10 203.9
第三年12月31日,确认融资收入:
借:未确认融资收益   6 249.1
  贷:主营业务收入——融资收入   6 249.1
第四年12月31日,确认融资收入:
借:未确认融资收益   1 947
  贷:主营业务收入——融资收入   1 947
至第四年年末,记录的未实现融资收益已经全部转入各期损益。

(三)未担保余值的估价变动

我国会计准则规定,出租人应当至少于每年年度终了,对未担保余值进行复核。未担保余值增加的,不作调整。有证据表明未担保余值已经减少的,应当重新计算租赁内含利率,将由此引起的租赁投资额的减少计入当期损益,以后各期根据修正后的租赁投资净额(租赁投资净额是融资租赁中最低租赁收款额及未担保余值之和与未实现融资收益之间的差额)和重新计算的租赁内含利率确认融资收入。已确认损失的未担保余值得以恢复的,应当在原已确认的损失金额内转回,并重新计算租赁内含利率,以后各期根据修正后的租赁投资净额和重新计算的租赁内含利率确认融资收入。

【例6-11】承例6-3,假设第二年12月31日,租赁公司对未担保余值进行定期审核时,发现该生产线的未担保余值发生了永久性减少,未担保余值由3 400降为1 400元。

针对此种情况,出租人应重新计算其租赁内含利率,由此引起的租赁投资净额的减少应确认为当期损失,并在第三年和第四年根据修正后的租赁投资净额和重新计算的租赁内含利率确定融资收益。

第一步,重新计算租赁内含利率。

因为,最低租赁收款额＋未担保余值＝(54 000×3＋20 000)＋1 400
$$=183\,400 \text{ 元}$$

最低租赁收款额现值＋未担保余值现值
$$=54\,000\times PA(2,r)+54\,000+20\,000\times PV(3,r)+1\,400\times PV(3,r)$$
$$=54\,000\times [PA(2,r)+1]+21\,400\times PV(3,r)$$

公允价值＝167 000 元

所以,$54\,000\times [PA(2,r)+1]+21\,400\times PV(3,r)=167\,000$

当 $r=9\%$ 时:
$$54\,000\times(1.759+1)+21\,400\times 0.772=165\,506.8<167\,000$$

当 $r=8\%$ 时:
$$54\,000\times(1.783+1)+21\,400\times 0.794=167\,273.6>167\,000$$

由于因此,$8\%<r<9\%$。用插值法计算如下:
$$\frac{167273.6-167000}{167273.6-165506.8}=\frac{8\%-r}{8\%-9\%}$$
$$r=8.15\%$$

即修正后的租赁内含利率为 8.15%。

第二步,计算未实现融资收益。

未实现融资收益＝(最低租赁付款额＋未担保余值)－(最低租赁收款额的现值＋未担保余值的现值)
$$=183\,400-167\,000=164\,000 \text{ 元}$$

第三步,进行相关数据的计算。即计算因未担保余值发生永久性减少而引起的租赁投资净额的减少额,并重新计算租赁期内各期应分配的融资收益。具体内容见表 6-6。

表 6-6 未实现融资收益分配表(实际利率法)　　　　　　　　　　单位:元

日期	租金	确认的融资收入	租赁投资净额减少额	当期确认的损失	租赁投资净额余额
①	②	③＝(期初⑥－②)×8.15%	④＝②－③	⑤	⑥＝期初⑥－④
第二年1月1日					167 000
第二年1月1日	54 000		54 000		113 000
第二年12月31日		9 209.5*		994.4**	
第三年1月1日	54 000		44 709.5		68 209.5
第三年12月31日		5 559.05			
第四年1月1日	54 000		48 440.95		19 768.55
第四年12月31日		1 431.45***	－1 431.45		21 400
合计	162 000	16 200	145 600	994.4	

＊ 9 209.5＝113 000×8.15%

＊＊ 994.4＝10 203.9－9 209.5(10 203.9 为已确认融资收入,计算见表 6-5。)

＊＊＊ 做尾数调整:1 431.45＝21 400－19 768.55

第四步,编制会计分录。

收取租金的会计分录同前,有关融资收入和未担保余值的相关分录如下:

第二年12月31日,确认融资收入:

借:未确认融资收益　　　　　　10 203.9
　　贷:主营业务收入——融资收入　10 203.9

第二年12月31日,调整未担保余值和未实现融资收益:

借:未实现融资收益　　　　　　2 000
　　贷:未担保余值　　　　　　　2 000

第二年12月31日,确认未担保余值发生永久性减少所产生的损失:

借:营业外支出　　　　　　　　994.4
　　贷:未实现融资收益　　　　　994.4

第三年12月31日,确认融资收入:

借:未确认融资收益　　　　　　5 559.05
　　贷:主营业务收入——融资收入　5 559.05

第四年12月31日,确认融资收入:

借:未确认融资收益　　　　　　1 431.45
　　贷:主营业务收入——融资收入　1 431.45

(四)租赁期内发生的初始直接费用和收取的或有租金

出租人同承租人一样,可能在租赁谈判和合同签订中发生印花税、佣金、律师费、差旅费、谈判费等初始直接费用。根据我国会计准则的规定,出租人发生的初始直接费用应当与最低租赁收款额一起确认为应收融资租赁款的入账价值;而或有租金则应当在实际发生时计入当期损益。比如,出租人若在一项融资租赁中收到或有租金,就应在实际发生时贷记"主营业务收入——融资租赁收入"等科目。

(五)租赁期满

租赁期届满时,出租人同样面临着将租赁资产返还、续租和留购三种情况,出租人应根据不同的情况进行会计处理:

1.返还租赁资产

承租人将租赁资产返还出租人时,可能出现以下四种情况:

(1)存在担保余值,不存在未担保余值。在这种情况下,出租人收到承租人返还的租赁资产时,借记"融资租赁资产"科目,贷记"应收融资租赁款"科目。

(2)存在担保余值,同时存在未担保余值。在这种情况下,出租人收到承租人返还的租赁资产时,借记"融资租赁资产"科目,贷记"应收融资租赁款"、"未担保余值"科目。

(3)存在未担保余值,不存在担保余值。在这种情况下,出租人收到承租人返还的租赁资产时,借记"融资租赁资产"科目,贷记"未担保余值"科目。

(4)担保余值和未担保余值均不存在。在这种情况下,出租人无须作账务处理,只需作相应的备查登记。

2. 优惠续租租赁资产

如果承租人行使优惠续租选择权,则出租人应视同该项租赁一直存在而作相应的账务处理;如果租赁期届满时承租人没有续租,根据租赁合同规定应向承租人收取违约金时,借记"其他应收款"科目,贷记"营业外收入"科目。同时,将收回的租赁资产按上述规定进行处理。

3. 留购租赁资产

租赁期届满时,承租人行使了优惠购买选择权。出租人应按收到的承租人支付的购买资产的价款,借记"银行存款"等科目,贷记"应收融资租赁款"科目。

【例6-12】承例6-3,租赁期内,若生产线未担保余值没有发生减少,第四年12月31日,租赁公司收回该生产线,会计处理如下:

借:融资租赁资产　　　　　　　　　　　20 000
　　贷:应收融资租赁款——A公司　　　　　　　20 000
借:融资租赁资产　　　　　　　　　　　3 400
　　贷:未担保余值　　　　　　　　　　　　　　3 400

(六)财务报告中的列示与披露

按照我国会计准则的要求,出租人应在财务报告中(主要是在财务报表附注中)披露与融资租赁有关的事项,主要包括:

(1)资产负债表日后连续三个会计年度每年将收到的最低租赁收款额,以及以后年度将收到的最低租赁收款额总额;

(2)未实现融资收益的余额,以及分摊未实现融资收益所采用的方法。

【例6-13】承例6-3,假定租赁公司无其他租赁事项,第二年12月31日财务报表附注的相关内容如下:

(1)资产负债表日后连续三个会计年度每年将收到的最低租赁收款额及以后年度将收到的最低租赁收款额总额见表6-7。

表6-7　最低租赁收款额与总额计算表

项目	会计年度	金额/元
最低租赁收款额	第三年	54 000
	第四年	74 000*
	以后年度	0
最低租赁收款额总额		128 000

* 74 000元=54 000元(第四年应收取的融资租赁款)+20 000元(担保余值)

(2)未实现融资收益的余额为8 196.1元。

(3)采用实际利率法分配未实现融资收益。

第四节 售后租回交易

一、售后租回的概念

售后租回交易是一种特殊形式的租赁业务,是指卖主(即承租人)将一项自制或外购的资产出售后,再将该项资产从买主(即出租人)租回的交易,习惯上将其称为"回租"。通过售后租回交易,资产的原所有者(即承租人)在保留对资产的占有权、使用权和控制权的前提下,将固定资本转化为货币资本,在出售时可取得全部价款的现金,而租金则是分期支付的,从而获得生产经营所需要的资金;资产新的所有者(即出租人)通过售后租回交易找到一个风险小、回报有保障的投资机会。20世纪90年代以来,售后租回交易在我国得到充分发展,大部分租赁公司特别是中外合资租赁公司的租赁业务以售后租回为主。

由于在售后租回交易中,资产的售价和租金是相互关联的,是以一揽子方式谈判的,是一并计算的,因此,资产的出售和租回实质上是一项交易。即售后租回交易实质上是一项融资行为而非销售行为,因此,出售资产的损益应分期摊销,而不应确认为出售当期的收益。

二、售后租回的会计处理

作为一种租赁业务,售后租回交易的会计核算同样要首先判断租赁的类型,即是融资租赁还是经营租赁。无论是承租人还是出租人,均应按照租赁的分类标准,将售后租回交易认定为融资租赁或经营租赁。对于出租人来讲,售后租回交易(无论是融资租赁还是经营租赁的售后租回交易)同其他租赁业务的会计处理没有实质上的差异。而对于承租人来讲,由于其既是资产的承租人同时又是资产的出售者,因此,售后租回交易同其他租赁业务的会计处理有所区别。

(一)售后租回交易形成经营租赁

对于经营租赁形式的售后租回,基于谨慎性原则,国际会计准则和西方会计惯例均将售价高于资产账面价值的差额作为递延收益在租赁期内摊销;而对于售价低于资产账面价值的差额直接计入当期损益。但是,如果该损失由低于市场价格的租金予以弥补,则应将其作为递延损失,并按各期支付租金的比例在租赁期内摊销。

我国会计准则规定,卖主(即承租人)应将售价与账面价值的差额(无论是售价高于资产账面价值还是低于资产账面价值)作为未实现售后租回损益,予以递延,并按租金支付比例进行分摊,作为租金费用的调整。按租金支付比例进行分摊是指在确认当期该项资产的租金费用时,按与确认当期该项资产租金费用所采用的支付比例相同的比例对未实现售后租回损益进行分摊。

账务处理方面,承租人应设置"递延收益——未实现售后租回损益"科目,以核算在售后租回交易中售价与资产账面价值的差额(无论是售价高于资产账面价值还是售价低于资产账面价值)。租赁资产按高于资产账面价值出售时,借记"银行存款"科目,贷记"固定资产清理""主营业务收入""递延收益——未实现售后租回损益"等科目;租赁资产按低于资产账面价值出售时,借记"银行存款""递延收益——未实现售后租回损益"等科目,贷记"固定资产清理""主营业务收入"等科目。

分摊递延收益时,如果租赁资产是按高于资产账面价值出售的,应借记"递延收益——未实现售后租回损益"科目,贷记"制造费用""营业费用""管理费用"等科目;如果租赁资产是按低于资产账面价值出售的,应借记"制造费用""营业费用""管理费用"等科目,贷记"递延收益——未实现售后租回损益"科目。其他的会计处理应与一般情况下对经营租赁的处理相同。

【例6-14】2×20年1月1日,C公司将公允价值为600 000元的一套全新办公用房,按照620 000元的价格售给D公司,并立即签订了一份租赁合同,该合同要求C公司在租赁开始日向D公司一次性支付租金30 000元,租赁期内的第一年年末支付租金25 000元,第二年年末支付租金25 000元,第三年年末支付租金10 000元。租赁期满后预付租金不退回,D公司收回办公用房使用权。

分析:在该项租赁业务中,办公用房是临时的使用权转移,承租人没有实际拥有或控制该房产,租赁合同的约定也不符合融资租赁的任何一条标准,因此,应将其作为经营租赁进行会计处理。

卖主即承租人(C公司)的会计处理:

计算未实现售后租回损益:

未实现售后租回损益=售价—资产的公允价值
=620 000-600 000
=20 000元

未实现售后租回损益在租赁期内按租金支付比例分摊见表6-8。

表6-8 未实现售后租回收益分摊表 单位:元

日期	售价	固定资产账面价值	支付的租金	租金支付比例	摊销额	未实现售后租回收益
第一年1月1日	620 000	600 000				20 000
第一年12月31日			55 000	61.11%	12 222	7 778
第二年12月31日			25 000	27.78%	5 556	2 222
第三年12月31日			10 000	11.11%	2 222	0
合计	620 000	600 000	90 000	100%	20 000	

会计分录如下:

第一年1月1日,向D公司出售办公用房:

借:银行存款　　　　　　　　　　　　　　　620 000
　贷:固定资产清理　　　　　　　　　　　　　600 000
　　　未实现融资收益——售后租回　　　　　　20 000

第一年1月1日,结转出售固定资产的成本:

借:固定资产清理　　　　　　　　　　　　　600 000
　贷:固定资产——办公用房　　　　　　　　　600 000

第一年12月31日,确认本年应分摊的未实现售后租回损益:

借:未实现融资收益——售后租回　　　　　　12 222

贷:管理费用——租赁费		12 222

第一年有关租金支付和分摊的会计分录:

借:长期待摊费用		30 000
贷:银行存款		30 000
借:管理费用——租赁费		30 000
贷:银行存款		25 000
长期待摊费用		5 000

可见,在该项租赁中,C公司第一年原本应承担的租赁费用为30 000元,而由于出售固定资产时取得了20 000元的收益,按租赁期3年分摊,公司第一年实际承担的租赁费用降低了12 222元。以后年度的会计处理略。

出租人(D公司)的会计处理与一般经营租赁业务的会计处理相同,此处略。

(二)售后租回交易形成融资租赁

对于融资租赁形式的售后租回,其交易实质上转移了买主(即出租人)所保留的与该项资产的所有权有关的全部风险与报酬,是出租人提供资金给承租人并以该项资产作为担保,因此,资产售价与资产账面价值之间的差额(无论是售价高于资产账面价值还是低于资产账面价值)在会计上均未实现。其实质是,售价高于资产账面价值的差额实际上是在出售时高估了资产的价值,而售价低于资产账面价值的差额实际上是在出售时低估了资产的价值。因此,基于谨慎性原则,国际会计准则和西方会计惯例均将售价高于资产账面价值的差额作为递延收益在租赁期内摊销,而对于售价低于资产账面价值的差额直接计入当期损益。

我国会计准则规定,卖主(即承租人)应将售价与账面价值的差额(无论是售价高于资产账面价值还是低于资产账面价值)作为未实现售后租回损益,予以递延,并按折旧进度进行分摊,作为折旧费用的调整。按折旧进度进行分摊是指在对该项租赁资产计提折旧时,按与该项资产计提折旧所采用的折旧率相同的比例对未实现售后租回损益进行分摊。

账务处理方面,承租人应设置"递延收益——未实现售后租回损益"科目,以核算在售后租回交易中售价与资产账面价值的差额。租赁资产按高于资产账面价值出售时,借记"银行存款"科目,贷记"固定资产清理""主营业务收入""递延收益——未实现售后租回损益"等科目。

【例6-15】 2×19年12月1日,B公司签订合同,将一条生产线以200 000元的价格销售给C公司。该生产线的账面原价为175 000元,已计提折旧8 000元,资产净值即其公允价值;同时又签订了一份租赁合同将生产线租回。合同条款同例6-3。

卖主即承租人(B公司)的会计处理:

根据前面的分析,该租赁合同可以认定为融资租赁,租赁开始日最低租赁付款额的现值及融资费用分摊率的计算过程与结果见例6-3。

计算未实现售后租回损益:

未实现售后租回损益=售价-资产的账面价值
=售价-(资产的账面原价-累计折旧)
=200 000-(175 000-8 000)
=33 000元

在租赁期内分摊未实现融资费用,同时在折旧期内按折旧进度(年数总和法)分摊未实现售后租回损益见表6-9。

表 6-9 未实现售后租回收益分摊表   单位:元

日期	售价	固定资产原价	担保余值	折旧率	折旧额	分摊率	未实现售后租回收益摊销额
2×20年1月1日	200 000	167 000	20 000				
2×20年12月31日				3/6	73 500	3/6	16 500
2×21年12月31日				2/6	49 000	2/6	11 000
2×22年12月31日				1/6	24 500	1/6	5 500
合计		167 000	20 000	1	147 000	1	

2×20年1月1日,向C公司出售设备:
借:银行存款   200 000
　贷:固定资产清理   167 000
　　　递延收益——未实现售后租回损益   33 000
2×20年1月1日,结转出售固定资产的成本:
借:固定资产清理   167 000
　　累计折旧   8 000
　贷:固定资产   175 000
2×20年12月31日,确认本年度应分摊的未实现售后租回损益:
借:未实现融资收益——售后租回   16 500
　贷:制造费用——折旧费   16 500
借:制造费用——折旧费   73 500
　贷:累计折旧   73 500

公司在租赁期第一年计提的折旧额为73 500元,但由于在出售固定资产时售价高于原账面价值出现了销售收益,销售收益递延分摊使公司实际承担的折旧费用减少16 500元。以后年度的会计处理略。

三、售后租回交易的披露

售后租回交易作为一种特殊交易,应特别加以披露。我国会计准则规定,承租人和出租人除应当按照一般情况下融资租赁或经营租赁对售后租回交易进行披露外,还应当对售后租回交易和售后租回合同中的特殊条款作出披露。其中,特殊条款的披露可借鉴国际会计准则的有关规定。

(1)披露对因租赁而产生的重大财务限制、购买选择权、或有租金、其他或有事项等。

(2)披露对融资租赁和经营租赁的特殊条款要求如下:①任何续租选择权、购买选择权或租金调整条款的性质;②租赁协议规定的财务限制,比如对另行借贷或另行租赁的限制;③任何租金或有的性质,比如按销售量或使用量确定的租金;④与租赁期满预计发生的成本有关的或有负债的性质等。

本章小结

1. 租赁的一些基本概念

（略）

2. 经营租赁的会计核算原则是本章的重点和难点

在经营租赁中，租赁资产的风险和报酬没有转移给承租人，承租人取得资产的目的仅仅只是使用资产于经营或生产中，而并不是为了在租赁期满时取得资产的所有权；出租人出租资产的目的是为了取得租赁收入，而不是为了最终将租赁资产出售。因此，对承租人而言，其会计处理主要是租金的费用化，即所付租金在租赁期内的各个会计期间进行分摊确认；对出租人而言，会计上按照权责发生制原则分期确认租金收入，即将收取的租金在租赁期内的各个期间按直线法确认为收入。

3. 融资租赁的会计核算原则是本章的重点和难点

融资租赁的一个特性是"转移"，其实质是转移了与资产所有权有关的全部风险和报酬的租赁。如果承租人支付了大致等于租赁资产的公允价值和有关融资费用之和的金额，换取了在租赁资产大部分经济寿命内使用租赁资产的权力，就可以认定与资产所有权有关的全部风险和报酬发生了转移。因此，对承租人而言，主要是确定资本化的租赁金额，即最低租赁付款额的现值的确定；对出租人而言，主要是确定最低租赁收款额，按租赁投资净额以确认企业的长期债权，并核算各期租赁收益。

4. 其他租赁业务——售后租回交易的核算

主要介绍了售后租回交易的会计处理方法，在掌握基本的融资租赁和经营租赁业务的会计处理方法基础上，对售后租回交易分别认定为融资租赁或经营租赁参照前面的会计处理方法进行。

案例讨论

凯丰公司于2×20年年1月1日将一台原价为500 000元，已提折旧为200 000元的固定资产出售给宏达公司，售价为450 000元，并立即签订了一份租赁合同承租该资产，租期3年。合同规定，租赁开始日，凯丰公司向宏达公司一次性预付租金100 000元，第一、第二、第三年年末分别支付租金50 000元、60 000元、60 000元，租赁期满后，预付租金不予退回，宏达公司收回固定资产。假设凯丰公司和宏达公司均在年末确认租金费用和租金收入，租金到期按时支付。

请分析该项售后租回的业务是属于什么类型的租赁。

解析：由上述资料可以看出，这是一个关于售后租回的业务，但要正确判断出是属于什么类型的租赁，先看是否满足融资租赁的五个标准中的任何一个，下文中引号中为满足融资租赁的判断标准（结合本案例）：

第一，"在租赁期届满时，租赁资产的所有权转移给承租人"。本例中承租人凯丰公司在租赁期满后，由宏达公司收回该固定资产，租赁资产的所有权未转移给承租人，本租赁业务不符合这一条要求。

第二，"承租人有购买租赁资产的选择权，所订立的购价预计远低于行使选择权时租赁资产的公允价值，因而在租赁开始日就可以合理地确定承租人将会行使这种选择权"。本例中承租人凯丰公司在租赁开始日就已决定到租赁期满时，由出租人宏达公司收回该固定资产，本租赁业务不符合这一条要求。

第三,"租赁期占租赁资产尚可使用年限的大部分"。在资料中此项条件未给,可以认为本租赁业务不符合这一条要求。(在实务操作中,资料要详细)

第四,"对承租人来说,租赁开始日最低租赁付款额的现值几乎相当于租赁开始日租赁资产原账面价值;对出租人来说,租赁开始日最低租赁收款额的现值几乎相当于租赁开始日租赁资产原账面价值"。在资料中租金总额＝100 000＋50 000＋60 000＋60 000＝270 000元,但要折算成现值,一定小于270000元,而租赁开始日租赁资产原账面价值＝500 000－200 000＝300 000元,270 000/300 000＝90％,用现值来计算时,比值一定小于90％,而此标准中的"几乎相当于"指该比值大于或等于90％,所以本租赁业务不符合这一条要求。

第五,"租赁资产性质特殊,如果不作重新改制,只有承租人才能使用"。在资料中此项条件未给,可以认为本租赁业务不符合这一条要求。(在实务操作中,资料要详细)

由以上分析可以看出,此项租赁不符合融资租赁的任何一条标准,因此,此租赁属于经营租赁。

思考题

1. 经营租赁和融资租赁是以什么为基础进行分类?二者的本质区别是什么?
2. 如何判断一项租赁业务是融资租赁还是经营租赁?
3. 最低租赁付款额和最低租赁收款额的概念是什么?二者的区别是什么?各应用于哪些方面?
4. 或有租金、履约成本、租赁内含利率在租赁会计处理方面有什么意义?各自的具体内容是什么?
5. 在售后租回交易中,形成经营租赁与融资租赁的条件是什么?二者在会计处理上有哪些区别?

讨论

你认为新国际会计准则中将融资租赁与经营租赁合并对我国租赁会计有怎样的影响?

参考资料

[1] 曲远洋.高级财务会计[M].上海:上海财经大学出版社,2016.
[2] 李倩.高级财务会计学[M].重庆:西南师范大学出版社,2016.
[3] 张志英.高级财务会计[M].3版.北京:对外经济贸易大学出版社,2015.
[4] 孙瑜.融资租赁法律原理与实务[M].杭州:浙江大学出版社,2017.

第七章 衍生金融工具

开篇案例

巴林银行事件

1995年2月27日,英国中央银行突然宣布:巴林银行不得继续从事交易活动并将申请资产清理。这个消息让全球震惊,因为这意味着具有233年历史、在全球范围内拥有270多亿英镑的英国巴林银行宣告破产。

巴林银行雄厚的资产实力使它在世界证券史上具有特殊的地位。里森自1995年起担任巴林银行新加坡期货公司执行经理,他的工作是在日本的大阪及新加坡进行日经指数期货套利活动,同时一人身兼首席交易员和清算主管两职。有一次,他手下的一个交易员,因操作失误亏损了6万英镑,当里森知道后却因为害怕事情暴露影响他的前程,便决定动用"错误账户"。而所谓的"错误账户",是指银行对代理客户交易过程中可能发生的业务错误进行核算的账户(作备用)。

之后,里森为了私利一再动用"错误账户",使银行账户上显示的均是赢利交易。当他认为日经指数期货将要上涨时,不惜伪造文件筹集资金,通过私设账户大量买进日经股票指数期货头寸,从事自营投机活动。

然而,日本关西大地震打破了里森的美梦,日经指数不涨反跌,里森持有的头寸损失巨大。若此时他能当机立断斩仓,损失还能得到控制,但过于自负的里森在1995年1月26日之后又大幅增仓,导致损失进一步加大。1995年2月23日,里森突然失踪,其所在的巴林新加坡分行持有的日经225股票指数期货合约超过6万张,占市场总仓量的30%以上,预计产生巨额损失约10亿美元。这笔数字,是巴林银行全部资本及储备金的1.2倍,已完全超过巴林银行约5.41亿美元的全部净资产,英格兰银行于2月26日宣告巴林银行破产。3月6日,英国高等法院裁决,巴林银行集团被荷兰商业银行收购。巴林银行事件的主要原因是银行经理人未能合理使用衍生金融工具,否则巴林银行事件是可以避免的。

本章结构

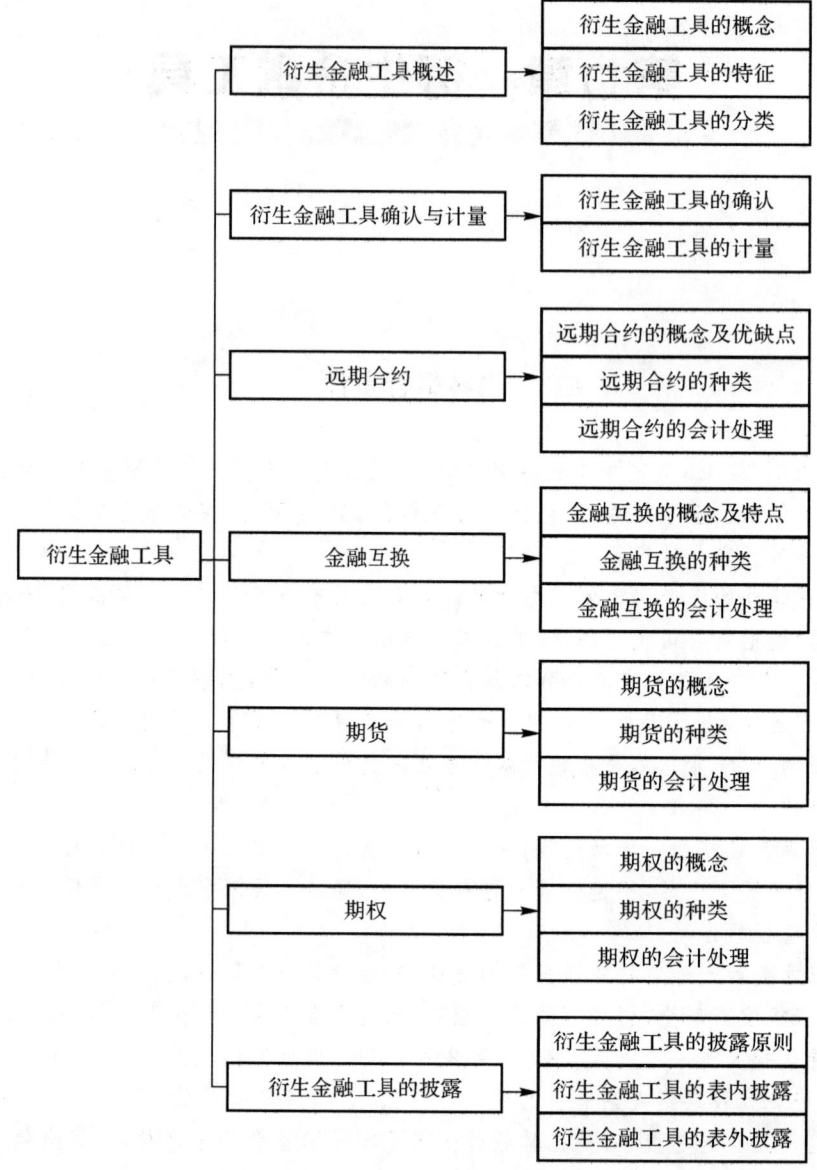

本章要点

- 衍生金融工具的特征及分类。
- 衍生金融工具的确认与计量原则。
- 远期合约、金融互换、期货和期权的会计处理方法。
- 衍生金融工具的披露原则。

学习目标

◇ 了解:衍生金融工具的概念及特征。

◇ 理解：远期、互换、期货和期权的概念和原理。
◇ 掌握：衍生金融工具的确认、计量、披露以及基本的会计处理方法。

第一节 衍生金融工具概述

一、衍生金融工具的概念

衍生金融工具(financial derivative instruments)又称金融衍生产品，是在基本金融工具的基础上派生出来的金融工具。《企业会计准则第22号——金融工具确认和计量》规定，具有以下特征的金融工具可以确认为衍生金融工具：

(1)其价值随特定利率、金融工具价格、商品价格、汇率、价格指数、费率指数、信用等级、信用指数或其他类似变量的变动而变动，变量为非金融变量的，该变量与合同的任一方不存在特定关系。

(2)不要求初始净投资，或与对市场情况变化有类似反应的其他类型合同相比，要求很少的初始净投资，如期权合同在签约时需要交纳的期权费。

(3)在未来某一日期结算，在形式上表现为在将来执行的经济合同。

二、衍生金融工具的特征

衍生金融工具派生自股票、债券、利率和汇率等基础金融工具，但又不同于这些基础工具，有其自身的特点：

1. 不确定性

不确定性是衍生金融工具最显著的特性。

(1)交易盈亏的不确定性。由于衍生金融工具是由基础金融工具派生出来的，因此它的价值随基础金融工具价格的波动而变化。影响基础金融工具价格的因素有很多，这些因素变动的不确定性，造成了衍生金融工具收益及损失的不确定性。比如，在利率互换交易中，交易一方支付浮动利息，另一方支付固定利息。利率互换交易中的标的利率受市场状况、交易双方信用和法律规定等多种因素的影响，这些因素变动的不确定性会导致标的利率的波动，进而造成利率互换交易双方收益及损失的不确定性。金融工具价格的变幻莫测决定了其交易盈亏的不确定性。

(2)合同履行的不确定性。衍生金融工具合同是否履行，很大程度上取决于交易的盈亏。在有利于买方的情况下，合同一般都能得到履行。但大多数情况下，衍生金融工具合同是通过反向交易，即对冲来完成交易的。此外，合同的履行还受签约双方的信用状况等因素的影响。衍生金融工具的这种不确定性是衍生金融工具与传统会计体系中历史成本计量属性产生冲突的根源所在。

2. 虚拟性

虚拟性是指证券具有独立于现实资本运动之外，却能给证券持有者带来一定收入的特性。具有虚拟性的有价证券本身没有什么价值，只是代表获得收入的权利，是一种所有权证书。衍生金融工具交易获利的过程与有价证券一样，通过简单而又复杂的持有和适时的卖出即可获利，其价值增值过程脱离了实物运动。同时，衍生金融工具又导致相当一部分货币资本也脱离了实物运动过程,形成虚拟资本。而且,由于大部分衍生金融工具以股票、债券等作为基础工具,所以它还具有双重虚拟性。随着衍生金融工具的发展,这种虚拟性日益增强,因此衍生金融工具的虚拟性所产生的市场后果使衍生金融市场的规模会大大超过基础工具市场的规模,甚至脱离基础工具市场。

3. 杠杆性

杠杆性是衍生金融工具最主要的特征之一。衍生金融工具是以基础工具的价格为基础,交易时不必缴清相关资产的全部价值,而只要缴存一定比例的押金或保证金,通过以小搏大的杠杆作用操作大额合同。如期货交易保证金通常是合同金额的5%,也就是说,期货投资者可以控制20倍于所投资金额的合同资产,实现以小搏大。这样,基础工具价格的轻微变化就能导致衍生金融工具账户资金的巨额变动。只要衍生金融工具操作得当,就可以获取高额利润;如运作不当,衍生金融工具的杠杆作用则会最大限度地增大企业的风险。

4. 产品的复杂性

衍生金融工具可以根据客户所要求的时间、金额、杠杆比率、价格和风险级别等参数进行设计,使其达到充分保值、避险等目的。不同的机构和个人使用衍生金融工具的目的并不相同,为了满足市场的需要,就要在基本类别的基础上灵活设计,不断变化组合或合成,构成种类繁多的衍生金融工具新产品。企业为了自身的发展和规避风险,往往不惜重金聘请金融工程师来设计新衍生金融工具,这使得衍生金融工具成为一种技术性很强的产品,其发展日新月异,并不是每个交易者都能对它有充分的理解。由于衍生金融工具的复杂性,客观上只有富有专业知识和经验并拥有先进交易技术的机构才能顺利开展这项业务。

三、衍生金融工具的分类

衍生金融工具按照产品形态、交易场所、原生资产性质和交易方法的不同而有不同的分类:

(1)按照产品形态分类,衍生金融工具可分为独立衍生工具和嵌入式衍生工具。

(2)按照交易场所分类,衍生金融工具可分为交易所交易的衍生工具和OTC交易的衍生工具。

(3)按照原生资产性质分类,衍生金融工具可分为股票类、利率类、汇率类和商品类衍生工具。

(4)按照自身交易的方法及特点分类,衍生金融工具可分为金融远期合约、金融互换合约、金融期货、金融期权和结构化衍生工具。

需要特别指明的是,衍生金融工具大体分为两个层次:一类是非套期保值业务中的衍生金融工具,另一类则是套期保值业务中的衍生金融工具。虽然套期保值是衍生金融工具的一大功能,套期保值会计也是衍生金融工具会计中的一大难点,但由于篇幅限制,本书主要对非套期保值业务中的衍生金融工具进行详细阐述,对套期保值性的衍生金融工具不做详述。

第二节 衍生金融工具确认与计量

一、衍生金融工具的确认

衍生金融工具的确认分为初始确认、后续确认和终止确认。

1. 衍生金融工具的初始确认

衍生金融工具的初始确认,是指在特定交易、约定或事项导致的权利、义务和损益等已经发生,且这些权利、义务和损益等首次符合确认标准时进行的确认。金融工具合约一旦生效,在双方当事人之间就自然形成现实或潜在的债权债务关系。《企业会计准则——第22号金融工具确认和计量》(简称CAS22)规定:企业成为金融工具合同的一方时,应当确认一项金融资产或金融负债。按照该确认标准,初始确认的时间是"成为金融工具合同的一方时"。通常,在金融工具合同签署的时候,企业已经成为了合同的一方,因此应该在此时立即进行初始确认,这也正是交易日会计的实质。

2. 衍生金融工具的后续确认

衍生金融工具的后续确认,是指对经过初始确认的衍生金融工具项目发生价值变动时的确认。一个项目的价值在初始确认之后,其价值会因为有关因素的变化而发生变动,如金融工具的公允价值变动等。由于公允价值经常发生变动,因而需要对金融资产或金融负债的公允价值变动形成的利得或损失进行确认。

3. 衍生金融工具的终止确认

衍生金融工具的终止确认,是指将已确认的金融资产或金融负债从企业的账户和资产负债表内予以转销。

金融资产满足下列条件之一的,应当终止确认:①收取该金融资产现金流量的合同权利终止;②该金融资产已转移,且企业已将金融资产所有权上几乎所有的风险和报酬转移给转入方。

金融负债的现时义务全部或部分已经解除时,才能终止确认该金融负债全部或部分。金融负债全部或部分进行终止确认后,企业应当将终止确认全部或部分的账面价值与支付的对价(包括转出的非现金资产或承担的新金融负债)之间的差额计入当期损益。

4. 衍生金融工具的确认时点

对于衍生金融工具而言,合同的取得是在签约之时,但签约之时的合同只是一份待执行的合同。从所有权的转移来看,合约签订之时,债权债务关系宣告成立,相应的风险就转移到了企业。由于衍生金融工具是一种高风险且高收益的交易方式,从签订合同到履行合同过程中,价值变化很大,履约时的价值不过是最后的价值。如果在履约时才确认衍生金融工具,会计信息中就没有反映其变动的情况,整个会计信息相关性就很差,无法达到"决策有用性"这一会计目标。另外,随着经济环境的日益复杂,竞争的日益加剧,信息使用者不仅需要了解发生过程中的信息,还需要了解信息对未来财务状况和经营成果的影响,尤其是衍生金融工具所蕴含的风险和收益都非常大,此时决策者就更需要了解全方位的信息。所以,衍生金融工具的确认时点必须是在合约签订时,而不是履约时。

二、衍生金融工具的计量

1. 初始计量

CAS22规定:企业初始确认金融资产或金融负债时,应当按照公允价值计量,初始确认时的公允价值通常指交易价格,交易过程中的相关交易费用应当计入初始确认金额。

公允价值是指在公平交易中,熟悉情况的交易双方自愿进行资产交换或者债务清偿的金额。公允价值的获取有如下三个层次：①存在活跃市场的，采用活跃市场中的报价确定公允价值；②存在活跃市场但没有报价的，应参考类似金融工具的现行价格或利率，调整最近交易的市场报价，以确认公允价值；③不存在活跃市场的，应采用估值技术确定公允价值。当企业选择采用估值技术估计公允价值时，应当涵盖可观察到的市场数据，还应当考虑如下一项或几项因素：货币时间价值、信用风险、外币兑换价格、商品价格、权益价格波动性、提前偿付风险和履约风险、金融资产或金融负债的服务费用。

交易费用，是指直接归属于购买、发行或处置金融工具新增的外部费用。新增外部费用，则是指企业不购买发行或处置金融工具就不会发生的费用，包括支付给代理机构、咨询公司和券商等的手续费和佣金及其他必要支出。

2. 后续计量

在衍生金融工具持有期间，其初始确认的项目价值会发生变动，因此要进行后续计量。后续计量指价值发生变动时变动金额的计量。CAS22规定：企业应当按照公允价值对金融工具进行后续计量，且其价值变动计入当期损益，不扣除将来处置该金融工具时可能发生的交易费用。但是被指定且为有效套期工具的衍生金融工具、属于财务担保合同的衍生金融工具等除外。

第三节 远期合约

一、远期合约的概念及优缺点

1. 远期合约的概念

远期合约(Forward Contract)是指交易买者和卖者双方先行谈妥价格，未来某一确定时间再办理交割手续的合同。准备买入标的物的一方为多头，准备卖出标的物的一方为空头。如果远期合约以一般商品为交易标的，则这种合同其实就是先谈妥价格后提货的买卖合同，如购买期房所签订的房屋买卖合同。在风险管理实践中，常用的是金融远期合约，即以金融原生工具为标的资产的远期合约。

2. 远期合约的优缺点

远期合约的优点主要体现在以下几个方面：

(1)远期合约是非标准化合约，灵活性较大是其主要优点。交易双方可以就交割地点、交割时间、交割价格、合约规模和标的物的品质等细节进行谈判，实现"按需定制"。

(2)远期合约可以弥补期货合约的不足。期货的交易品种相对有限，且期货的到期日可能与套期保值对象的期限不匹配。

(3)远期交易在买卖成交时并不发生现金流动，双方只是将交易的各项条件（如交易标的物的质量、交易的数量、交易的价格及交割结算日等）用合约的形式确定下来，而实际交割则在预约的将来某一个特定日期进行。

(4)与场内交易的衍生金融工具（期货、期权）相比，远期合约的优点是简便、灵活、不需支付保证金等。虽然场外交易存在信用风险和流动性风险，但是由于仅仅存在差额结算，不涉及本金，因此其风险相对有限。

与期货相比，远期合约的缺点主要表现在：

一方面，远期合约通常不在交易所中进行集中交易，这不利于信息交流和传递，导致价格发现的效率较低;另一方面,远期合约流动性较差,履约没有保证,违约风险较高,即使采取缴纳定金、第三方担保等方式仍无法解决违约风险问题。

二、远期合约的种类

根据标的物资产的不同,远期合约可划分为远期利率合约、远期外汇合约和远期权益工具合约。

1. 远期利率合约

远期利率合约是指交易双方约定于未来某一日期,交换协议期间内在一定名义本金基础上分别以合同利率和参考利率计算利息的金融合约。签订该协议的双方同意交易将来某个预先确定时间的短期利息支付,是用以锁定利率和对冲风险敞口为目的的衍生工具之一。其中,远期利率合约的买方支付以合同利率计算的利息,卖方支付以参考利率计算的利息。

2. 远期外汇合约

远期外汇合约又称期汇交易,是指买卖外汇双方先签订合同,规定买卖外汇的数量、汇率和未来交割外汇的时间,到了规定的交割日期,双方再按合同规定办理外币收付的外汇交易。

3. 远期权益工具合约

远期权益工具合约的标的物资产是股票,因此也称为远期股票合同,它是指在将来某特定日期按特定价格交付一定数量的单个股票或一揽子股票的协议。

三、远期合约的会计处理

企业采用"衍生工具"科目对远期合约进行账务处理时,需要把握以下四个要点:

(1)在交易日,不需要做账务处理。这是因为远期合约属于场外交易的合约,企业在签约时不发生交易代价。

(2)在交易日后的首个资产负债表日,应当将远期合约按照公允价值做入账分录。该衍生工具形成资产的,按其公允价值借记"衍生工具"科目,贷记"公允价值变动损益"科目;衍生工具形成负债的,做相反的会计分录。在后续的资产负债表日,凡用远期合约投资时其公允价值变动所导致的利得或损失,都应在发生时立即确认计入当期损益。当发生有利变动时,借记"衍生工具"科目,贷记"公允价值变动损益"科目;当发生不利变动时,做相反的会计分录。

(3)远期合约到期时,应注销其账面价值,收取对方给付的款项时,按实际收到的结算金额借记"银行存款"科目,贷记"衍生工具"科目;支付结算金额的情形,做相反的分录。同时调整当期损益。

【例7-1】甲股份公司预期英镑将会走强,遂于2×19年10月2日与某银行签订了一个180天的购入1 000 000英镑的远期外汇协议。约定的汇率为1英镑=9.1元人民币。汇率信息见表7-1。

表7-1 英镑的即期汇率和远期汇率变动情况表

	2×19年10月2日	2×19年12月31日	2×20年3月31日
即期汇率	1英镑=9.0元人民币	1英镑=9.3元人民币	1英镑=9.8元人民币
远期汇率	1英镑=9.1元人民币(期限6个月的远期外汇协议)	1英镑=9.5元人民币(期限3个月的远期外汇协议)	1英镑=9.8元人民币

假定采用 3‰ 的折现率,计息基准为"30/360"(即计息天数按照每月 30 天、每年 360 天计算),则会计处理情况如下。

(1)2×19 年 10 月 2 日(交易日),不作会计处理。

(2)2×19 年 12 月 31 日(资产负债表日),记录公允价值变动损益。

借:衍生工具——远期外汇协议　　　　　　　　397 022
　　贷:公允价值变动损益　　　　　　　　　　　　　397 022

上述数字是采用折现算法计算的,计算过程如下:

在 2×19 年 12 月 31 日,甲股份公司预期当前已经实现的利率差(9.5－9.1)能够一直持续到合同终止,则其在合同终止时(即 3 月 31 日)预期可实现的盈利额为(9.5－9.1)×1 000 000 元。但距合同到期还有三个月(计算时按每月 30 天计算),所以要把上述预期的盈利额折算为 12 月 31 日的现值,即(9.5－9.1)×1 000 000÷(1＋3‰×90/360)。

(3)2×20 年 3 月 31 日,远期外汇协议已经到期,计算甲股份公司已经实现的盈利额＝(9.8－9.1)×1 000 000＝700 000 元。此前已经记录公允价值变动损益 397 022 元,因此,需要补记公允价值变动损益 302 978 元。

借:衍生工具——远期外汇协议　　　　　　　　302 978
　　贷:公允价值变动损益　　　　　　　　　　　　　302 978

(4)收回对方给付的款项时。

借:银行存款　　　　　　　　　　　　　　　　700 000
　　贷:衍生工具——远期外汇协议　　　　　　　　　700 000
借:公允价值变动损益　　　　　　　　　　　　700 000
　　贷:投资收益　　　　　　　　　　　　　　　　　700 000

【例 7-2】乙公司在 2×19 年 11 月 1 日与银行签订一项以人民币购买美元的远期购汇合同,购入 3 000 000 美元,120 天交割,期汇汇率 1 美元＝7.1 元人民币,该公司以人民币为记账本位币。有关汇率资料见表 7-2。

表 7-2　远期购汇合同有关汇率

项目	即期汇率	远期汇率	折现率
2×19 年 11 月 1 日	7.00	7.10(120 天)	
2×19 年 12 月 31 日	7.50	7.53(60 天)	6‰
2×20 年 3 月 1 日	7.70	7.70	

乙公司的账务处理如下:

(1)2×19 年 11 月 1 日(交易日),不作会计处理。

(2)2×19 年 12 月 31 日,预期的盈利额折算的现值为(7.53－7.10)×3 000 000÷(1＋6‰×60/360)＝1 277 228 元。

借:衍生工具——远期外汇协议　　　　　　　1 277 228
　　贷:公允价值变动损益　　　　　　　　　　　　1 277 228

(3)2×20 年 3 月 1 日,乙公司与银行结算该远期购汇合同,收取金额为(7.70－7.10)×3 000 000＝1 800 000 元,即为该项远期合同实现的投资收益。

借:银行存款　　　　　　　　　　　　　　　　1 800 000
　　贷:衍生工具——远期外汇协议　　　　　　　　　　1 277 228
　　　　投资收益　　　　　　　　　　　　　　　　　　522 772
借:公允价值变动损益　　　　　　　　　　　　1 277 228
　　贷:投资收益　　　　　　　　　　　　　　　　　1 277 228

第四节　金融互换

一、金融互换的概念及特点

金融互换(Swap Contracts)又称套购、掉期,是指两个或两个以上的当事人按照商定条件,在约定的时间内,交换某种资产(即他们认为具有相同经济价值的现金流)的合同。交易双方如果在两种资产或负债上存在比较优势且对对方的资产或负债均有需求,就可以进行互换。

互换市场的特征是互换不在交易所内进行交易,而主要是通过银行间市场进行场外交易,目前对互换交易几乎没有政府监管。为了达成交易,互换合约的一方必须找到愿意与之交易的另一方。如果一方对期限或现金流等有特殊要求,则不大容易找到交易对手。由于互换是两个对手之间的合约,因此如果没有双方的同意,互换合约不能更改或终止。对于期货和在场内交易的期权而言,交易所对交易双方都提供了履约保证,而互换市场则没有人提供这种保证,因此互换双方都必须时刻关注对方的信用。

二、金融互换的种类

金融互换主要有货币互换、利率互换、同时兼具货币互换和利率互换功能的互换合同以及其他一些特殊互换。

1. 货币互换

货币互换是指以一种货币表示的本金、利息和以另一种货币表示的本金、利息进行相互交换的交易,互换后,每年以约定利率和本金为基础进行利息支付的互换,协议到期后再按照原先约定的利率将本金换回。换言之,货币互换要在期初、计息日和到期日发生多次资金流动,而且资金的流动是双向的。

2. 利率互换

利率互换是交易双方在一笔名义本金数额的基础上相互交换具有不同性质的利率支付,即同种通货不同利率的利息交换。通过这种互换行为,交易一方可将某种固定利率资产或负债,换成浮动利率资产或负债,另一方则取得相反结果。利率互换的主要目的是为了降低双方的资金成本(即利息),并使之各自得到自己需要的利息支付方式(固定或浮动利息)。

3. 货币互换和利率互换的组合

从上述货币互换和利率互换的定义中可以看出:货币互换中双方利率水平相同而币种不同,利率互换中币种相同而利率水平不同。如果将币种和利率水平进行组合,则还可能出现货币利率互换、基准利率互换和卡特尔互换等多种互换组合。

4. 其他特殊互换

其他特殊互换主要有分期偿付互换、累积额互换、期货互换和期权互换等。

三、金融互换的会计处理

在利率互换中,由于交换的货币是相同的,只是利率形式不同,所以一般采用净额支付的方法来支付利息,即由利息支出较高的一方向利息支出较低的一方支付按相同本金和两种利率形式计算出的利息差额。两者之间的利息差额,可设置"互换损益"账户,列入当期损益表。由于金融互换可以看成是互换双方相互的借款,则可以使用现有的借款核算的科目进行会计处理,而无需设置新的核算科目。

【例7-3】甲公司2×20年1月1日发行5年期利率10%的公司债券1亿元。为规避利率波动风险,甲公司与D银行签订利率互换协议,将10%的固定利率调换成6个月LIBOR利率相关的浮动利率,每半年计算并支付一次利息。2×20年上半年的浮动利率为11%,下半年的浮动利率为9.5%。(不考虑交易手续费)

(1)互换合同的基础为市场利率时,合同双方未来交换的权利和义务是等值的,所以合同签订日的公允价值为零。因此无需编制会计分录。

(2)由于2×20年上半年的浮动利率为11%,甲公司需要向D银行支付1%的利率差额:100 000 000×1%=1 000 000元。

  借:财务费用   1 000 000
    贷:银行存款   1 000 000

(3)由于2×20年下半年的浮动利率为9.5%,D银行需要向甲公司支付0.5%的利率差额:100 000 000×0.5%=500 000元。

  借:银行存款   500 000
    贷:财务费用   500 000

第五节 期 货

一、期货的概念

期货(Futures)又称期货合约,是由特殊的期货交易所发起的,买卖双方在未来特定时间和地点,对一定数量的标准化商品进行交割的标准化合约。合约价格随市场行情而变化,但交易达成后价格便固定下来。期货交易是西方金融创新的产物,是各种金融工具演变为金融商品之后的一种期货合约交易行为。

二、期货的种类

根据标的物资产不同,期货可分为商品期货和金融期货两大类。

1. 商品期货

商品期货是指买卖双方在有组织的交易所内,以公开竞价的方式达成协议,约定在未来某特定时间交割标准数量特定商品的交易合同。按商品交易的种类划分,商品期货有如下几类:

(1)农产品:如玉米、小麦、大豆、燕麦、大米、大豆油、油菜籽、豆粕、咖啡糖、可可、木材、棉花、红豆和橡胶等。

(2)畜产品:如生猪、活牛和育肥牛等。

(3)工业用品:如棉纱、毛和生丝等。
(4)金属货物:如金、银、铜、铝、锌、镍、锡、铂和钯等。
(5)能源产品:如原油、取暖油、无铅汽油和轻柴油等。

2. 金融期货

金融期货是指买卖双方在有组织的交易所内,以公开竞价的方式达成协议,约定在未来某特定时间,交割标准数量特定金融工具的交易合同。与金融远期合同不同的是,由于金融期货是标准化合同,具有较强的流动性,绝大多数合同在到期前被平仓,所以到期交割的比例极小。根据标的的不同,金融期货主要分为外汇期货、利率期货和股票价格指数期货三类。

(1)外汇期货。外汇期货是指在特定的交易场所内,通过会员或经纪人公开叫价的方式决定汇率价格,再由清算所清算,同时买卖交割数量、时间、地点和币种等合同条件高度标准化的期货合同。外汇期货合同的标的是各种可自由兑换的货币,通常包括日元、加拿大元、英镑、欧元、澳元和美元等,可以用于规避汇率变动风险或利用汇率变动获取利益。

(2)利率期货。利率期货是指在有组织的场所内,按照交易规则,通过公开竞价,买卖特定数量、特定交割期的标准合同的交易。利率期货有如下两点特征:①期货价格与实际利率呈反方向变动,即利率越高,债券期货价格越低;利率越低,债券期货价格越高。②利率期货主要采取现金或现券交割方式,即以银行现有利率为转换系数来确定期货合同的交割价格。

利率期货一般可分为短期利率期货和长期利率期货。前者大多以银行同业拆借市场3月期利率为标的物,如各种期限的商业票据期货、国库券期货及美元定期存款期货等;后者大多以5年期以上的长期债券为标的物,如中长期国库券、美国政府公债和定期存单等。

(3)股票价格指数期货。股票价格指数期货以股票价格指数作为合同标的物,又称股指期货或期指。目前全球较有影响力的期指包括美国的标准普尔500股价指数、道琼斯指数、中国香港的恒生指数、日本的日经股价指数和英国的金融时报工业普通股价指数,以及中国金融期货交易所2010年推出的沪深300股票指数期货等。股指期货合同的价格是按指数的点数与一个固定金额相乘计算的,合同以现金进行结算或交割。

三、期货的会计处理

当企业成为金融工具合约条款的一方时,应该进行初始确认,即在资产负债表内确认金融资产(合约权利)或金融负债(合约义务),期货合约公允价值的变动计入当期损益,在签订期货合约时缴纳的保证金(初始保证金)及期货合约期间对保证金的追缴和退回,属于企业的应收债权,也应进行相应的会计处理。资产负债表日,若衍生工具的公允价值高于其账面余额,按其差额借记"衍生工具"科目,贷记"公允价值变动损益"科目;若公允价值低于其账面余额,做相反的会计分录。衍生工具终止确认时,应比照"交易性金融资产""交易性金融负债"等科目的相关规定进行会计处理。

【例7-4】假设2×20年度E公司发生以下期货投资业务:1月18日,以120元报价买入国债期货合同20手,每手200份国债,交易保证金500元/手,交易手续费5元/手。2月28日结算价为123元。3月31日将上述国债期货全部平仓,平仓成交价125元,交易手续费5元/手。要求:对E公司的期货投资业务进行会计核算。

(1)2×20年1月18日

借:衍生工具——国债期货　　　　　　　　　　10 000(20×500)

  投资收益   100(20×5)
   贷：银行存款   10 100
(2) 2×20 年 2 月 28 日
  借：衍生工具——国债期货   12 000
   贷：公允价值变动损益   12 000(123−120)×200×20
(3) 2×20 年 3 月 31 日
  借：衍生工具——国债期货   8 000
   贷：公允价值变动损益   8 000(125−123)×200×20
(4) 2×20 年 3 月 31 日将上述国债期货全部平仓
  借：银行存款   30 000
   贷：衍生工具——国债期货   30 000
(5) 支付交易手续费
  借：投资收益   100
   贷：银行存款   100
(6) 将原确认的持仓盈亏转入投资收益
  借：公允价值变动损益   20 000
   贷：投资收益   20 000

【例 7−5】 假设 2×20 年度 A 公司发生以下期货投资业务。

(1) 11 月 1 日向证券期货公司申请开立期货买卖账户，存入资金 20 万元；

(2) 11 月 2 日买入大豆期货 20 手，每手 10 吨，2 000 元/吨，交易保证金为合约价值的 10%，交易手续费 4 元/手；

(3) 11 月 30 日结算价 1 970 元/吨；

(4) 12 月 31 日将上述大豆期货全部平仓，平仓成交价 1 950 元/吨，交易手续费 4 元/手。

A 公司的有关会计分录如下：

(1) 11 月 1 日向证券期货公司申请开立期货买卖账户，存入资金 20 万元。
  借：其他货币资金——存出投资款   200 000
   贷：银行存款   200 000

(2) 11 月 2 日买入大豆期货 20 手，交纳交易保证金 40 000 元，交易手续费 80 元(20×4)。
  借：衍生工具——大豆期货   40 000
    投资收益   80
   贷：其他货币资金——存出投资款   40 080

(3) 11 月 30 日，大豆期货合约亏损 6 000 元[20×10×(2 000−1 970)]。
  借：公允价值变动损益   6 000
   贷：衍生工具——大豆期货   6 000

(4) 12 月 31 日，大豆期货合约亏损 4 000 元[20×10×(1 970−1 950)]。
  借：公允价值变动损益   4 000
   贷：衍生工具——大豆期货   4 000

(5) 12 月 31 日，将上述大豆期货全部平仓，并支付交易手续费 4 元/手。
  借：其他货币资金——存出投资款   30 000

贷:衍生工具——大豆期货　　　　　　　　　　30 000
　借:投资收益　　　　　　　　　　　　　　　　　　80
　　贷:其他货币资金——存出投资款　　　　　　　80
　借:投资收益　　　　　　　　　　　　　　　　　10 000
　　贷:公允价值变动损益　　　　　　　　　　　10 000

第六节　期　权

一、期权的概念

期权(Option)是赋予购买者选择权的一种法律合同,以股票作为标的物的一种期权合约,即合同购买者具有依据某一事先约定的价格向合同出售者购买或出售一定数量指定标的物(期货或现货)的权利,这种权利可以不行使,但一旦行使则出售者必须履行合同。

二、期权的种类

1. 按交易方向分类

按交易方向分类,期权可分为看涨期权和看跌期权两种类型。看涨期权的持有者有权在某一特定时间以某一确定的价格购买某项标的资产,为了得到这种权利,期权的持有者需要支付给期权出售者一定的费用(即期权费)。看跌期权的持有者有权在某一特定时间以某一确定的价格出售某项标的资产。前者赋予期权合同持有者买入标的物资产的权利,后者则赋予持有者卖出标的物资产的权利。

2. 按行权日分类

按行权日分类,期权可分为美式期权和欧式期权。前者在到期前任何一个日期都可以执行,后者只能在到期日执行。

3. 按标的物资产分类

按标的物资产分类,期权可分为外汇期权、利率期权、股票期权、股指期权、商品期权和期货期权(复合型衍生工具)。

4. 按交易场所分类

按交易场所分类,期权可分为场内期权和场外期权。场内期权是在有组织的交易所内进行交易,场外期权是在交易所之外的柜台市场进行交易。场内期权的合约是标准化的,每一份合约上的合约要素都是交易所规定好的,不可以改变,对每一位投资者都适用。场外交易则不然,场外期权是非标准化的,可以根据双方需要共同协商确定。

三、期权的会计处理

国际会计准则委员会(IASB)发布《国际财务报告准则第2号——以股份为基础的支付》,简称IFRS No.2,并于2005年1月1日开始执行。IFRS No.2正式规定了期权"费用化"的原则,而且要求全部上市公司从2005年1月1日起对于股票期权的计量必须采用公允价值法,同时确定授予日为股票期权计量日。

我国关于股票期权的会计确认时点、计量属性和摊销方法与国际会计准则的相关规定基

本一致。2006年2月我国财政部颁布了《企业会计准则第11号——股份支付》,相关规定主要包括以下三个方面:

(1)股票期权的成本必须费用化。根据收入费用配比原则,应将股票期权的价值确认为一项递延成本,在员工提供服务的相关期间内进行摊销,同时在报表中予以列示。这样可真实地反映企业因实施股票期权计划而应承担的成本费用,更能体现收入费用配比原则,使得会计信息更加客观可靠。

(2)股票期权的费用应按照公允价值法进行计量。采用公允价值法计量股票期权,考虑了期权的所有价值即内在价值和时间价值。公允价值是一种复合型的会计计量属性,在实际的运用中可以根据市场的具体情况确定金额,当被计量的对象不存在活跃市场时,企业可以采用估值技术确定其公允价值。

(3)股票期权的费用应该在授予日确认。授予日股票期权带来的实际影响已经发生,若不在授予日入账则相当于延迟确认费用,这不符合收入费用配比原则。因此,为了保证会计信息的决策有用性,应在授予日及时将其费用化,这更加符合激励约束机制的基本要求。

【例7-6】2×20年1月5日,甲上市公司签订了购入债券期货180 000元的3个月期美式看涨期权合约,并向立权的证券公司交付期权费2 400元(预期此项债券期货将上涨到184 800元,假定不考虑所含时间价值)。假定1月31日,该项债券期货的市价上涨到183 000元,相应地期权费的公允价值将上涨到3 000元;2月28日,甲上市公司预测债券期货的涨幅已到极限,决定按3 360元转让此项期权合约。

(1)1月5日,交付期权费。

借:衍生工具——看涨期权　　　　　　　　2 400
　　贷:银行存款　　　　　　　　　　　　　　　　2 400

(2)1月31日,确认此项期权费的公允价值变动600元。

借:衍生工具——看涨期权　　　　　　　　600
　　贷:公允价值变动损益　　　　　　　　　　　　600

(3)2月28日,转让并终止确认此项债券期货期权合约。

借:银行存款　　　　　　　　　　　　　　3 360
　　贷:衍生工具——看涨期权　　　　　　　　　　3 000
　　　　投资收益　　　　　　　　　　　　　　　　360
借:公允价值变动损益　　　　　　　　　　600
　　贷:投资收益　　　　　　　　　　　　　　　　600

甲上市公司在购入此项债券期货看涨期权的交易中,交付期权费2 400元,转让价3 360元,赚取差价960元的利得。如果行情的实际走势下跌,则甲上市公司可以选择不执行期权合约来降低投资损失,但要损失所缴纳的期权费2 400元。

【例7-7】A公司预测美元的汇率将下跌,于2×19年11月28日在外汇市场上购入一份2×20年1月份到期的1 000元的看跌期权合约。合约的履约汇率是1:6.83,支付期权费1 000元人民币,并在2×20年1月27日出售该看跌期权。在期权的持有期间汇率和外汇期权的市场价见表7-3。

表 7-3　汇率和外汇期权的市场价格信息　　　　　　　　　　　　单位:元

日期	即期汇率(USD/RMB)	期权的市场价格
2×19 年 11 月 28 日	1:6.83	1 000
2×19 年 12 月 31 日	1:6.82	1 600
2×20 年 1 月 27 日	1:6.81	2 000

要求:对 A 公司的期权投资业务进行会计核算。
(1) 2×19 年 11 月 28 日
借:衍生工具——看跌期权　　　　1 000
　　贷:银行存款　　　　　　　　　　1 000
(2) 2×19 年 12 月 31 日
借:衍生工具——看跌期权　　　　600
　　贷:公允价值变动损益　　　　　　600
(3) 2×20 年 1 月 27 日,净额结算期权合同:
借:银行存款　　　　　　　　　　2 000
　　贷:衍生工具——看跌期权　　　　1 600
　　　　投资收益　　　　　　　　　　400
将前期公允价值变动损益转出:
借:公允价值变动损益　　　　　　600
　　贷:投资收益　　　　　　　　　　600

第七节　衍生金融工具的披露

一、衍生金融工具的披露原则

由于衍生金融工具具有高风险性、杠杆性和虚拟性等特点,所以对其进行披露时,更应遵循以下原则:

1. 充分披露原则

充分披露原则是指财务报告应该披露对信息使用者决策有用的所有重要信息。也就是说如果某项信息被忽略或遗漏时,会引起使用者对财务报告的误解,从而造成决策失误,则该项信息就应予以揭示。对衍生金融工具而言,凡是对使用者评价衍生金融工具的价值和风险,以及对决策有重要影响的信息都应该披露。

2. 实质重于形式原则

实质重于形式原则是指当交易的经济实质与其法律形式不一致时,应以其经济实质为准,而不必拘泥于外在法律形式。衍生金融工具作为一项未来交易的合约,其经济实质往往与其法律形式相背离,此时应按其经济实质来披露信息。

3. 可理解性原则

衍生金融工具通常具有复杂的结构,非专业人士往往很难理解金融工具交易的过程,及其对企业财务状况和经营成果造成的影响。为了使信息使用者能够清楚地掌握有关信息,在会计披露时应当充分考虑信息的可理解性。

4. 及时性原则

衍生金融工具的价值与金融市场的变动联系十分紧密,而金融市场的情况经常变化,因此信息使用者要作出正确的决策,必须及时获取有关信息。为此可以考虑采用网络报告的方式,实时反映会计信息。

二、衍生金融工具的表内披露

对衍生金融工具的会计披露分为表内披露和表外披露两部分。表内披露主要是指资产负债表和损益表的表内列报。

1. 资产负债表列报内容

(1)合约的金额,在合约买卖方确认为一项金融资产和金融负债。

(2)缴纳保证金的金额和支付期权费的金额,确认为企业的一项资产。

(3)上述金融资产和金融负债在报告日的公允价值。

2. 损益表列报内容

(1)不构成套期关系且因交易而持有的金融资产,公允价值变动形成的当期净利润或亏损。

(2)不构成套期关系的可供出售金融资产,重新计量至公允价值形成的利得或损失。

(3)不构成套期关系且以摊余成本记录的金融资产和金融负债,在其终止确认、减值或摊销时形成的相关利得或损失。

(4)以摊余成本记录的金融资产形成的减值。

(5)构成套期关系的公允价值套期,以公允价值重新计量套期工具形成的利得或损失。

(6)除上述情况之外,划分为金融负债的,与金融工具有关的利息、股利、损失和利得。

除资产负债表和损益表之外,对于已确认实现的利得和损失,按照 IAS39 的规定应计入权益变动表,按照美国 FASB 的规定计入综合收益表。

三、衍生金融工具的表外披露

财务报表的表外披露,能够反映财务报表本身无法全面反映的前瞻性和不确定性的信息。由于衍生金融工具本身具有虚拟性、不确定性和风险性等特点,因此对于衍生金融工具而言,表外信息披露显得尤为重要。同其他项目的表外披露一样,衍生金融工具的表外披露也应包括定性化信息和定量化信息两个方面,并以定性化信息为主。然而无论哪一类信息,都要以有助于报告使用者对衍生金融工具的风险作出正确估计和合理判断为目标。IASC32 号准则《金融工具:披露和列报》中指出,金融工具的披露目的是,为信息使用者提供有助于理解资产负债表表内和表外信息,以及对企业财务状况、经营业绩和现金流量产生重要影响的信息,进而帮助信息使用者掌握与这些金融工具相关的未来的现金流量金额和时间等信息。因此,除了提供关于特定金融工具余额和交易的特别信息外,企业还应提供有关金融工具的使用、风险及经营目的等相关信息。

具体来讲,表外披露包括:

(1)披露已确认或尚未确认的衍生金融工具。披露内容应包括衍生金融工具的持有目的、性质、条件、面值、期限、公允价值以及对未来现金流量可能产生的重大影响等。

(2)衍生金融工具的计量属性及其相关取得基础的信息。在历史成本与公允价值共存的报表体系下,必须披露各项衍生金融工具的计量属性。如果含有公允价值信息,不论是在表内确认还是在附注披露,都必须同时披露取得该公允价值的方法和相关信息(如实际利率、到期日、账面价值等)。

(3)披露衍生金融工具相关的风险。要求披露衍生金融工具的信用风险、市场风险(包括利率风险、汇率风险和一般市场波动风险)、现金流量风险和运营风险等信息。

(4)对于套期保值而持有的衍生金融工具,应揭示如下信息:持有衍生金融工具的目的、背景和策略;在资产负债表或损益表内描述此类工具及相关损益的项目;被套期保值交易的情况;套期保值有效性的评价方法、持有期间以及套期保值中止时可能采用的会计政策等。

(5)对以投机为目的而持有的衍生金融工具,应揭示如下信息:在财务报告期内,就衍生金融工具交易所产生的金融资产和金融负债,分别计算其平均公允价值,并与其期末相关的公允价值一并列示;在财务报告期,按衍生金融工具的类别分别揭示其因投机活动所产生的损益。

(6)市场价格的预测信息。对于企业在报告日所持有的衍生金融工具,应揭示其市场价格在未来的可能变化。

(7)对企业未来现金流量产生影响的预测信息。对于报告日所持有的衍生金融工具,应揭示其在未来可能引起企业现金流量波动的风险。

本章小结

(1)衍生金融工具又称金融衍生产品,具有衍生性和杠杆性等特点,是与基础金融产品相对应的一个概念,指建立在基础产品或基础变量之上,其价格取决于基础金融产品价格(或数值)变动的派生金融产品。衍生金融工具合约一旦生效,在双方当事人之间就自然形成现实或潜在的债权债务关系。当企业成为金融工具合同的一方时,应当确认一项金融资产或金融负债。衍生金融工具的后续确认,是其价值在初始确认之后由于相关因素的变化而发生价值变动的确认。衍生金融工具的终止确认,是指将已确认的金融资产或金融负债从企业的账户和资产负债表内予以转销。企业对衍生金融工具所形成的金融资产或金融负债进行初始确认时,应当按照公允价值计量,即按照取得时的公允价值作为初始确认金额,相关的交易费用在发生时计入当期损益。我国准则与其他国际上的准则相比,总体上的规定一致,但也会存在一些我国企业会计准则所特有的规定,这也体现了准则的适用性。

(2)目前市场上衍生金融工具主要有远期合约、金融互换、期货和期权,以及具有以上几种工具一种或多种特点的衍生金融工具。远期合约是交易双方先行谈妥价格,未来某一确定时间再办理交割手续的合同。灵活性较大是其主要优点,交易双方可以就交割地点、交割时间、交割价格、合约规模以及标的物的品质等细节进行谈判,实现按需定制。金融互换是两个或两个以上的当事人按照商定条件,在约定的时间内交换某种资产的合同,交易双方如果在两种资产或负债上存在比较优势且对对方的资产或负债均有需求,就可以进行互换。期货是指由特许的期货交易所发起,买卖双方在未来特定时间和地点对一定数量的标准化商品进行交割的标准化合约,合约价格随市场行情而变化,但交易达成后价格便固定下来。期权是赋予购买者选择权的一种法律合同,以股票作为标的物的一种期权合约,即合同购买者具有依据某一事先约定的价格,向合同出售者购买或出售一定数量指定标的物(期货或现货)的权利,这种权利可以不行使,但一旦行使,出售者必须履行合同。

案例讨论

自全球性金融危机爆发以来,世界金融市场不断发生企业因衍生金融工具投资失败而破产倒闭的事件。从中航油豪赌原油期货巨亏5.5亿美金到雷曼兄弟次贷资产投资巨亏破产,再到红筹公司中信泰富外汇买卖合约巨亏,一时之间人们对衍生金融工具谈虎色变,将其视为洪水猛兽。中信泰富注册成立于香港,是大型国企中信集团在香港的6家上市公司之一,为恒生指数成分股之一。中信泰富的最大股东是北京中国国际信托投资公司的全资附属公司。

中信泰富在澳大利亚有一个磁铁矿项目,该项目是西澳洲最大的磁铁矿项目。这个项目总投资约42亿美元,很多设备和投入都必须以澳元来支付。整个投资项目的资本开支,除当前的16亿澳元外,在项目进行的25年期内,还将在全面营运的每一年度投入至少10亿澳元。为了降低项目面对的货币风险,中信泰富签订了若干杠杆式外汇买卖合约以对冲风险。杠杆式外汇合同被普遍认为是投机性很强的高风险产品,导致中信泰富巨额亏损的杠杆式外汇买卖合约正是变种累股证Accumulator,其不是股份,而是汇价。

从促销对象来看,Accumulator会集中出售给个人投资者,而累股证主要以上市公司及中小企业为对象。累股证一般由欧美私人银行出售给高资产户。Accumulator因其杠杆效应,既在牛市中放大收益,又在熊市中放大损失。累股证其实是一个期权产品,发行商锁定股价的上下限,并规定在一个时期内(通常为一年)以低于目前股价水平的价格为客户提供股票。这样的产品在牛市时无疑是"天上掉下的馅饼"。在股市高峰时,不少股票特别是中资股单日暴涨的不在少数,这对于累股证投资者来说,就像"捡钱"一样,合约也经常在签约后数天甚至是当日就自动终止,投资者超短线收益率达20%的例子不胜枚举。但是,当市场行情越走越高,行权价也越来越高,尝到甜头的富人们开始加大筹码,其相应的风险也悄然倍增。

自2008年9月7日中信泰富察觉到该合约带来的潜在风险后,公司终止了部分合约。2008年10月17日,仍在生效的杠杆式外汇买卖合约亏损为147亿港元,即相关外汇合约导致已变现及未变现亏损总额为155.07亿港元。2008年10月20日,中信泰富发布公告称,公司为降低西澳洲磁铁矿项目面对的货币风险,签订若干杠杆式外汇买卖合约而引致亏损,实际亏损已达8.07亿港元。2008年10月22日,香港证监会确认已对中信泰富事务展开正式调查。

从该案件可以看出,衍生金融工具虽然具有提高市场效率、规避风险、降低成本和增加收益等作用,但不能因此忽略实际运用中衍生金融工具自身的复杂性和巨大的风险,如果使用不当则会带来巨大损失,我们应对衍生金融工具的投资问题进行深入的分析与思考。请结合案例,分析中信泰富的衍生金融工具投资存在哪些控制缺陷,以及我国监管部门及企业应如何控制衍生金融工具的投资风险。

解析:

1.中信泰富衍生金融工具投资控制缺陷分析

(1)主观方面的分析:①对投资风险的评估不足。中信泰富对远期合约风险评估不足,对澳元汇率的判断过于乐观。在其签订的远期合约中如果澳元大幅升值,过低的合约终止价格将使中信泰富的套期保值作用非常有限,但是如果澳元贬值,则中信泰富必须以高汇率行权,在全球金融危机爆发背景下,该风险就显得异常突出,而且中信泰富的财务主管没有遵循远期合约的风险政策和尽到应尽的职责,这使得远期合约的风险被无限放大。②内部控制制度失效,投资行为缺乏有效监管。衍生金融工具的操作常常与企业的发展战略密切相关,这使得内部控制制度设计所依赖的授权、执行、监督相分离的理念在实践中难以有效贯彻。中信泰富事件反映出其公司内部风险管理的缺失。从其没有经过董事会的授权审批,使得这笔远期合约的投资行为没有得到有效的事前控制,到中信泰富在发现问题六个星期之后才进行相应的信息披露,这些都反映出其整个内部控制体系存在重大的缺陷和漏洞。

(2)客观方面的分析:①衍生金融工具自身的风险。衍生金融工具与传统金融工具相比,其风险系数更大,对价格变动更为敏感。杠杆性也是衍生金融工具的一个重要特征,参与者只需支出少量资金就可以进行大额交易,在这种情况下极容易产生信用风险。目前的会计制度还不足以充分记录和反映衍生金融工具的当前价值,传统的监管数据很难真实反映交易头寸的最新情况。作为企业或银行的表外业务,财务报告难以公允反映衍生投资业务给企业财务状况和经营成果造成的影响。②金融产品创新速度快,缺乏有效的监管。经济学上有"交易先于制度"这一规律,即在没有交易之前制度不可能制定得非常完善。在金融产品飞速发展之时,金融监管办法和监管体制并没有进行与之相应的改进,使得衍生金融工具风险的可控性降低,风险增大。同时,金融全球化的发展消除了金融市场的阻隔,银行之间、银行和非银行之间的业务界限日益模糊,为了逃避监管、规避汇率和利率风险,国际银行纷纷进行大规模的金融创新,但衍生金融市场基础并不完善,无法对衍生金融工具进行有效监管。

2.我国衍生金融工具发展的应对措施

(1)宏观方面:①强化衍生金融工具的会计制度建设。利用创新思维积极进行衍生金融工具会计有效功能再造的研究,加强衍生金融工具的会计规范,推进会计在服务经济、防范风险、正确估量和预测未来中的功能拓展,将研究前沿的成果及时转化为会计人才培养的优化方案,在教育办学、技术培养中促进会计工作者的交流互动。②加强会计监管,规范市场行为。积极稳妥地推进利率市场化、可汇率形成机制及其他金融领域的市场化改革,为衍生金融工具市场的建立创造有利的市场环境。同时应转变政府职能,减少行政干预,推进社会主义市场经济体制的建设,真正发挥市场在资源配置中的基础性作用。在促进金融创新过程中,通过金融产品、金融工具和金融制度的创新,促进金融市场的建立和规范发展。

(2)企业内部方面:①完善衍生金融工具的信息披露。在信息披露上,衍生金融工具定性信息披露的内容应当至少包括衍生金融工具的持有目的、管理风险和动机,与衍生金融工具相关的风险管理制度、程序及重大变化,衍生金融工具使用策略描述、风险上限和相关的应急处理程序,整体风险的计量和管理政策,公允价值的取得程序,相关的会计政策。企业应该以直观、简洁的形式披露定量信息。而对于那些不是以市场可观察数据为基础进行评估的衍生金融工具,企业应当进行敏感性分析。②完善内部控制制度。内部控制制度是控制风险的第一道屏障,要求每一笔衍生金融工具交易满足风险管理和内部控制的基本要求,必须有来自董事会和高级管理层的充分监督,成立由实际操作部、高级管理层和董事会组成的自律机构,保证相关法规、原则和内部管理制度得到贯彻执行。严格执行交易程序,将操作权、结算权、监督权分开,有严格的、层次分明的业务授权,加大对越权交易的处罚力度。③建立风险防范系统。通过加强事前审计防范,提高信息质量及整个风险防范系统的效率。不仅要有风险预测系统和事中监督系统,还要加强事后监测,以减少风险损失的发生,并在发现问题时及时提出应对方案。

思考题

1. 什么是衍生金融工具？它与基本金融工具之间有什么关系？具有什么特点？
2. 按照不同的特点分类，衍生金融工具可以分成哪些类别？各自的具体内容是什么？
3. 期货的交易基础是什么？怎样发挥作用？怎样进行会计处理？
4. 什么是期权？包括哪些具体内容？可以怎样分类？怎样进行会计处理？
5. 什么是远期合约？可以怎样分类？怎样进行会计处理？
6. 什么是金融互换？包括哪些具体内容？可以怎样分类？怎样进行会计处理？

讨论

结合我国《企业会计准则》与衍生金融工具信息披露的有关规定，查阅国内三家上市银行2018年的年报，找出其中与衍生金融工具相关的信息披露内容，并比较三者在衍生金融工具信息披露的详尽程度上是否有差异，试进一步探讨差异存在的原因。

参考资料

[1]王晋忠.衍生金融工具[M].3版.北京:高等教育出版社,2019.

[2]任翠玉.衍生金融工具基础[M].北京:机械工业出版社,2018.

[3]马施.上市公司衍生金融工具运用风险及治理研究[M].北京:社会科学文献出版社,2018.

[4]王德河,杨阳.衍生金融工具[M].北京:中国金融出版社,2016.

第八章　政府及民间非营利组织会计

开篇案例

硕士生状告母校能否推动高校财政公开

中国政法大学 78 位 2011 级法律硕士生集体向法院提起诉讼,原因是 2010 级学生的新生奖学金是 9 000 元,2011 级学生却只有 2 000 元。学生代表称校方招生简章中未公布奖学金具体政策的行为是违法的,并要求补发之前的奖学金。而校方回应称,学生们的奖学金降低是由于教育部拨款取消。

学生告母校,校方表态"尊重学生起诉权",学生们也是有理有据地维护自身的合法权益。且不论是非,这种维权的勇气与作为,理性博弈的范式,确实也是一段佳话。学生们觉得奖学金少得可疑,而校方坚称是教育部取消拨款,僵持无果之下,诉求法律寻求真相,也是情有可原。尽管具体细节急需厘清、能否立案有待明确,但这样的个案,已经再次将高校财务公开的议题抛到舆论的风口浪尖。

正如参与起诉的学生们所言,起诉的目的并不是为钱,"而是要学校拿出教育部取消拨款的证明",法律维权也是希望能够为推动高校财政依法公开贡献力量。颇有戏剧意义的是,正是中国政法大学教育法中心发布的《2010—2011 年度高校信息公开观察报告》显示,教育部"211 工程"中的 112 所大学中,没有一所向社会主动公开学校经费来源和年度经费预算决算方案,也没有一家高校公布其财务资金的具体使用情况。

这就是中国高校财务运营的现状。一方面,高校资金来源日益多元,已经从当年的单一财政拨款转化为财政拨款、学费、产业上交、社会捐赠、科研经费和银行贷款等多种渠道;另一方面,教育部也曾下发过不少要求高校财务公开的相关文件,譬如 1997 年的《高等学校财务制度》、2002 年的《关于全面推进校务公开工作的意见》、2010 年的《高等学校信息公开办法》等,遗憾的是,全国各高校迄今在财务公开上仍"后知后觉"。

当此背景之下,高校经济犯罪案件层出不穷。从百年学府武汉大学官场"大地震",到浙江理工大学原副校长夏金荣成为近年涉案金额最高,唯一被判处死刑缓期执行的高校干部,再到长春大学原副校长门树廷受贿一案,引得社会各界感慨"学校这么穷,没想到副校长能受贿近千万元"。

本章结构

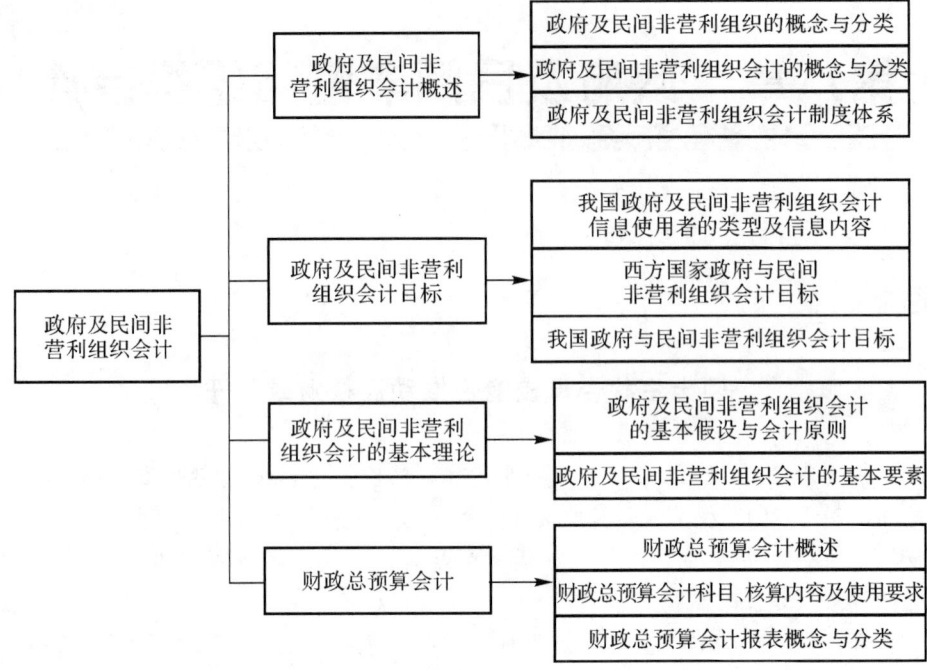

本章要点

- 政府及民间非营利组织会计概念、定义及类型。
- 政府及民间非营利组织会计财务报告目标。
- 政府及民间非营利组织会计的基本理论、原则。
- 财政总预算会计。

学习目标

◇ 了解：我国政府及民间非营利组织的组成。
◇ 理解：政府与民间非营利组织的关系、政府与民间非营利组织会计的特点。
◇ 掌握：政府与民间非营利组织会计的概念、会计核算前提、会计核算一般要求、会计要素及会计等式、财政总预算会计。

第一节 政府及民间非营利组织会计概述

一、政府及民间非营利组织的概念与分类

(一)政府组织的概念与分类

1. 政府的概念

政府是指国家进行统治和社会管理的机关,是国家表示意志、发布命令和处理事务的机关,实际上是国家代理组织和官吏的总称。政府的概念一般有广义和狭义之分,广义的政府是

指行使国家权利的所有机关,包括立法、行政和司法机关;狭义的政府是指国家权力的执行机关,即国家行政机关。

2.政府的分类

我国的政府按照权利等级制度,分为中央政府和地方政府。

(1)中央政府。在我国行政系统中,国务院居于最高领导地位,它统一领导所属各部、委的工作,统一领导全国各级地方行政机关的工作,有权根据宪法、法律管理全国范围内的一切重大行政事务。

(2)地方政府。自1994年起,各级地方政府机构相继进行改革,改革的主要内容和重点是:转变政府职能,实行政企分开;合理划分职权,理顺各种关系;大力精兵简政,提高行政效率。

(二)民间非营利组织的概念与分类

1.民间非营利组织的概念

民间非营利组织是指企事业单位、社会团体和其他社会力量以及公民个人利用非国有资产举办的、从事非营利性社会服务活动的组织;通过开展业务活动取得捐赠、会费、销售、投资和政府补助等各项收入;发生业务活动成本、管理费用、筹资费用等,形成了民间非营利组织的资金运动。同时,在其资金运动过程中会相应地形成资产、负债以及净资产。

2.民间非营利组织的分类

民间非营利组织所涉及的领域非常广,包括艺术、慈善、教育、政治、宗教、学术、环保等,而且民间非营利组织数量众多、分类标准多样,至今仍没有相对一致的分类标准。

我国民政部将纳入其管理的民间组织分为三大类别:

(1)社会团体。即中国公民自愿组成,为实现会员共同意愿,按照其章程开展活动的非营利性社会组织。

(2)民办非企业单位。即事业单位、社会团体和其他社会力量以及公民个人利用非国有资产从事非营利性社会服务活动。

(3)各类公益性基金会。即利用自然人、法人或者其他组织所捐赠的财产,从事公益事业为目的而设立的非营利性法人。

二、政府及民间非营利组织会计的概念与分类

1.政府会计的概念与分类

(1)概念。政府会计是一门用于确认、计量、记录政府受人民委托管理国家公共事务和国家资源、国有资产的情况,报告政府公共财务资源管理的业绩及履行受托责任情况的专门会计。

(2)分类。政府会计按照核算的范围不同分为财政总预算会计和行政单位会计。①财政总预算会计又称财政总会计或总预算会计,是各级政府财政部门核算、反映和监督政府预算执行和财政周转金等各项财政性资金活动的专业会计。②行政单位会计是各级各类国家机关、政党组织对其自身发生的经济业务或者事项进行会计核算,对国家预算资金的取得、使用进行核算和监督的一种专业会计。

2.民间非营利组织会计的概念与分类

(1)概念。民间非营利组织会计是以货币为主要计量单位,对民间各类非营利组织日常活

动过程中发生的经济业务,进行连续、系统、完整地核算、反映和监督的经济管理工作。

(2)分类。民间非营利组织会计根据民间非营利组织的分类,对各类民间非营利组织在单位预算(财务收支计划)执行过程中的各项收入、支出(费用)和结余以及在资金运动中所形成的资产、负债和净资产进行核算,形成不同的专业会计。

三、政府及民间非营利组织会计制度体系

(一)政府会计制度体系

1. 财政总预算会计制度体系

《财政总预算会计制度》由财政部于1997年6月25日颁布,包括总则、一般原则、会计要素、会计科目、会计报表的编审、会计电算化和会计监督等,共计13章72条。

随着我国预算管理体制改革的不断推进,《财政总预算会计制度》已难以满足各方面的需要,为弥补其缺陷,财政部陆续出台了若干辅助会计规范制度。如2001年发布的《关于〈财政总预算会计制度〉暂行补充规定的通知》和《财政国库管理制度改革试点会计核算暂行办法》,2007年发布的《财政部关于国有资本经营预算收支会计核算的通知》,2009年发布的《财政部代理发行地方政府债券财政总预算会计核算办法》,2010年发布的《财政部关于将按预算外资金管理的收入纳入预算管理的通知》和《关于预算外资金纳入预算管理后涉及有关财政专户管理资金会计核算问题的通知》等。

2. 行政单位会计制度体系

现行的行政单位会计制度体系是预算会计制度体系的重要组成部分,包括《行政单位财务规则》和《行政单位会计制度》等。

(1)行政单位财务规则。现行的《行政单位财务规则》以财政部令的形式于2012年12月6日颁布,并于2013年1月1日起开始施行,包括总则、单位预算管理、收入管理、支出管理、结转和结余管理、资产管理、负债管理、行政单位划转撤并的财务处理、财务报告和财务分析、财务监督和附则,共11章63条。

新颁布的《行政单位财务规则》更好地适应了部门预算、国库集中收付制度、政府采购、非税收管理和政府收支分类等各项财政改革,并在绩效管理、内部控制与信息披露等理念上有了新的突破,标志着行政单位财务管理以传统管理向现代管理的迈进。

(2)行政单位会计制度。财政部于2013年12月18日发布了现行的《行政单位会计制度》,自2014年1月1日起施行,包括总则、会计信息质量要求、资产、负债、净资产、收入、支出、会计科目、财务报表和附则共10章46条,取代了1998年2月6日财政部印发的旧会计制度。修订后的《行政单位会计制度》内容上的调整与变化主要体现在以下七个方面:

1)会计核算目标定位更清晰。新制度明确规定行政单位会计核算目标是向会计信息使用者提供与行政单位财务状况和预算执行情况等有关的会计信息。

2)会计核算方法进一步改进。新制度进一步扩大"双分录"核算方法的应用范围,除固定资产外,增加了"在建工程""无形资产""政府储备物资""公共基础设施""存货""预付账款""应付账款"和"长期应付款"等9个科目的"双分录"核算。

3)更加完整地体现了财政改革对会计核算的要求。

4)进一步充实和完善了会计科目体系,增设了"无形资产""在建工程""政府物资""公共基础设施""资产基金"和"待偿债净资产"等会计科目。

5)增加了固定资产折旧和无形资产摊销的会计处理。

6)解决了基建会计信息未能在行政单位账簿上反映的问题。基建会计信息要定期并入行政单位会计中。

7)完善财务报表体系和结构。新制度增加了财政拨款收入支出表,改进资产负债表和收入支出表的结构和项目。

(二)民间非营利组织会计制度体系

财政部于 2004 年 8 月 18 日发布了现行的《民间非营利组织会计制度》(财会[2004]7号),自 2005 年 1 月 1 日起实施,包括总说明、会计科目名称和编号等内容,共 8 章 76 条。其主要内容包括如下几点:

(1)《民间非营利组织会计制度》(以下简称《制度》)的制定依据。

(2)《制度》的适用范围:适用于在中华人民共和国境内依法设立的符合本制度规定特征的民间非营利组织,包括依照国家法律、行政法规登记的社会团体、基金会、民办非企业单位和寺院、宫观、清真寺和教堂等。

(3)四个会计核算的基本假设。

(4)会计核算基础。《制度》规定:民间非营利组织应当采用权责发生制作为会计核算基础。

(5)12 条会计核算的一般原则。

(6)5 个会计要素以及对各会计要素的确认与计量所作的具体规定。坚持以历史成本为计量基础的同时,对一些特殊的交易事项引入了公允价值等计量基础,如捐赠、政府补助等会计科目,《制度》规定了应使用的会计科目,以使其更具有可操作性。

(7)对财务会计报告的内容的规定。

> **拓展阅读:**
>
> 第二次世界大战以后,一方面,人们对两次世界大战进行了反思,战争给社会造成了空前的灾难和巨大浪费;另一方面,民族间的、地区间的、国家间的差别和矛盾继续存在,并可能继续激化这一矛盾。人们发现,社会中的两大部门已不能满足社会经济活动与公共需求的平衡需要。于是,社会组织形态开始蛹化,逐渐出现了第三部门——非营利性组织,也就是社会公益部门。如出现了联合国,以协调国家之间的关系;建立了世界银行,对不发达国家和地区做扶贫性质的援助性贷款工作;成立了世界卫生组织,关注支持不发达国家和地区的卫生与健康问题;WTO 组织也属于这种非政府组织。这些组织的出现和发展有利于世界发展和社会和谐,这些公益组织的力量越来越大,影响也越来越大。
>
> 从 20 世纪 80 年代初开始,由新西兰率先发起,澳大利亚、英国、加拿大和美国等西方国家先后进行了政府会计的改革。经历了 20 多年的改革和实践,许多国家已经基本建立了以权责发生制为主要核算基础的政府会计体系,并在实践中取得了较好的效果。从国外实施权责发生制的范围来看,主要有三种情况:①在所有的政府会计科目上都实施权责发生制,对固定资产计提折旧。其代表国家有澳大利亚、新西兰、加拿大、芬兰和瑞典等国。②在主要会计科目上采用权责发生制,部分资产和负债科目仍采用收付实现制,如冰岛和意大利等国。这些国家实行的是修正的权责发生制,除不计提折旧外,其他会计科目

的核算均采用权责发生制。③除特定的交易采用权责发生制外,其余均按收付实现制进行核算,如丹麦、法国和波兰等国家。

随着社会不断发展和进步,社会组织形态不断细化。社会三大部门(企业、政府、非营利组织)在社会中各有其特定的功能,分工合作,使社会处于一个和谐的状态。第一部门,创造先进的生产力与社会财富,是社会基础;第二部门,通过纳税和财政支出处理社会公共事务,维护社会公平与秩序;第三部门,通过征集社会志愿和经营处理特别公共事务,救助弱势群体,增进社会和谐与文明。其结果是:有竞争力的企业存活下来,丰富社会供给、提高商品品质,符合广大人民群众的利益。因市场化的选举竞争和规则的执行使政府腐败逐渐消除,社会服务水平得到极大提高。非营利性组织则通过公平的竞争主体和公行的自律互律准则,促进公益市场的透明化,提升公益组织的效率,增进社会的文明与和谐。

我国政府会计的核算基础的改革既要借鉴国外政府会计的经验教训,也应符合我国财政管理体制和政府会计的具体情况。从世界范围来看,在政府会计领域,推行完全的权责发生制会计的国家还是少数,大多数国家在政府会计改革上都是循序渐进地推行权责发生制会计。由于我国的经济改革走的是渐进式道路,政府会计改革势必将是循序渐进式的,在引入权责发生制会计上也将是渐进式的,不可一蹴而就。

第二节　政府及民间非营利组织会计目标

所谓会计目标是指会计主体对外提供会计信息的目的。会计目标是会计理论框架的一个重要方面,它影响到会计主体、会计报告体系以及提供信息的范围和质量等方面。由于会计目标是向会计信息使用者提供有用的信息,因而会计目标不仅会受到会计环境的影响,还会受到会计信息本身特征的影响。

一、我国政府及民间非营利组织会计信息使用者的类型及信息内容

(一)我国政府会计信息使用者的类型及信息内容

1.我国政府会计信息使用者的类型

我国政府会计信息的使用者包括:

(1)社会公众。政府有责任向公众(纳税人、选举人、投票人、利益集团、公共财产的受益人等)说明其财务和资源管理的状况。

(2)立法机关和其他执政团体。立法机关和其他执政团体授权政府部门管理公共财政事务,因此有权要求政府提供财务报告等相关信息,以利于他们评价政府对资源的管理情况、财政状况及其业绩。

(3)各级人民代表大会及其常务委员会。按照《预算法》的规定,政府预算和决策应由各级人民代表大会审查和批准。

(4)审计机关。按照《审计法》的规定,审计机关负责对本级各部门和下级政府预算的执行情况、决算以及其他财政收支情况进行审查。

(5)政府及行政机关内部管理人员。根据政府会计提供的财务信息,对政府及行政机关进

行有效的管理。

2.我国政府会计提供给信息使用者的信息内容

我国政府会计信息使用者的信息需求主要有以下几个方面：

(1)守法和管理的信息。使用者需要有关信息，以便评价政府是否按照法定预算和其他会计法律或相关授权合理地使用资源，该资源不仅仅包括实物资产，还包括金融资产等。

(2)政府预算执行情况的信息。政府预算是对年度政府财政收支的规模和结构进行的预计和测算，它代表了政府活动的范围和方向，用以评价政府的预算执行情况。

(3)政府财务状况的信息。人民代表大会及其常务委员会在做政府预算项目尤其是资本性预算项目时，通常需要对政府的财务状况进行评价，包括政府债务结构和可用于拨款的基金数，使信息使用者能充分了解政府财务活动的状况。

(二)我国民间非营利组织会计信息使用者的类型及信息内容

1.民间非营利组织会计信息使用者的类型

我国民间非营利组织的会计信息使用者主要有以下几类：

(1)出资人和捐资人。它包括出资或捐资的政府部门、单位或个人。政府部门作为出资人或捐资人，关注的是国家财政拨款是否按规定的范围或标准使用；其他的出资人和捐资人，关注的是其出资或捐资的使用情况及效率。

(2)债权人。它包括向民间非营利组织提供贷款的各类金融机构、单位和个人。他们关注其贷款本金或利息能否按期收回。

(3)民间非营利组织单位内部管理部门。他们关注组织经营收支活动和资源使用的效率。

(4)民间非营利组织单位职工。他们关注的是民间非营利组织单位的稳定性和发展的前景，所需要的主要是有关民间非营利组织单位对他们提供劳动报酬、退休机制和就业机会等方面的资料。

2.民间非营利组织会计提供的信息内容

(1)提供反映民间非营利组织资产、负债和净资产的规模、构成及其变动情况方面的信息，用以评价财务状况。

(2)提供民间非营利组织收入和支出及收支差额形成方面的信息，用以评价收支情况及业务活动的效率和效果。

(3)提供民间非营利组织单位现金流入、流出及其增减变动净额方面的信息，以利于预计现金流量前景和持续运作能力。

(4)提供民间非营利组织净资产及其变动情况、与出资和捐资使用情况有关的专门信息，来帮助出资人和捐资人做出是否继续出资或捐资的决策，正确评价净资产的保全情况、持续服务的能力以及经营责任履行的情况。

(5)提供民间非营利组织预算与计划、业务活动的种类、规模及发展情况方面的信息，来帮助会计信息的使用者评价业务活动业绩和进行社会、经济的决策分析。

(6)提供可能影响民间非营利组织单位未来前景的重大事项信息以及预定的对策措施。

二、西方国家政府与民间非营利组织会计目标

1.西方国家中央政府的财务报告目标

国际会计师联合会指出，中央(联邦)政府财务报告应当反映政府或政府单位对财务事项

和信托给予资源的受托责任,并且提供对决策有用的下列信息:

(1)是否按照法定预算取得和使用资源;

(2)是否按照法律或合同的要求,包括由有关部门设立的财政授权,取得和使用资源;

(3)提供有关财政资源的来源、分配和使用的信息;

(4)提供有关政府或政府单位筹资及满足其对现金需求的信息;

(5)提供评价政府或政府单位筹资和偿还债务及承诺能力有用的信息;

(6)提供有关政府或政府单位财务状况及其变动的信息。

2. 西方国家地方政府财务报告的目标

美国政府会计准则委员会(GASB)于1987年发布第1号概念公告《编制财务报告的目标》,对美国州和地方政府会计与财务报告提出了全面目标、基本目标和具体目标等三个层次的目标。

3. 西方国家民间非营利组织会计目标

美国财务会计准则委员会(FASB)提出民间非营利组织财务报告应"向资源提供者及其他信息使用者,提供有助于其合理做出分配资源给民间非营利组织决策的信息",具体包括以下几个方面:

(1)向使用者提供资源配置决策有用的信息;

(2)向使用者提供评价管理当局业绩和受托责任有用的信息;

(3)向使用者提供有关经济资源、债务、净资产及其变动方面的信息。包括:①提供经济资源、债务及净资产方面的信息;②提供组织业绩方面的信息,包括资源流入、流出的性质及其关系;③提供影响资源流动性方面的信息。

三、我国政府与民间非营利组织会计目标

(一)政府与民间非营利组织会计的基本目标

政府与民间非营利组织会计的基本目标为经营责任性目标和决策有用性目标。

1. 经营责任性目标

经营责任性目标又称为受托责任观,是指会计主体对所接受的资源承担的管理使用责任,主要强调会计目标是有效地反映资源受托者的受托经营责任的履行情况。各会计主体对所接受的资源要承担经营管理责任,为了监督、评价这种责任的履行情况,各会计主体必须提供有关的会计信息,从而有助于资源供给者监督、评价会计主体承担的经营管理责任。

2. 决策有用性目标

决策有用性目标又称为决策有用观,是指财务会计所提供的信息对使用者的经济、社会和政治决策有用的性质,主要强调会计目标在于向信息使用者提供有助于进行决策的数量化信息。由于会计信息的使用者利用会计信息主要是为了做出各种决策,必须具有对决策有用的性质。

(二)政府与民间非营利组织会计的具体目标

政府与民间非营利组织为了实现上述基本目标,必须将其细化为如下具体会计目标。

1. 促进计划实现,为各级部门提供相关的数据资料

政府与民间非营利组织会计要利用其专门的核算方法,对政府财政资金和民间非营利组

织业务资金的活动情况进行连续、全面、系统地反映,为国家预算管理各级部门提供可靠的数据资料。政府与民间非营利组织的日常核算资料是编制财政财务收支情况的依据。事业单位的收支情况要向有关出资者报告,有的要向政府主管部门报告。各级财政机关和行政事业单位逐级汇编上报的会计报表,最终要形成各级政府的财政决算,它是各级领导机关指导国家预算执行的重要依据。政府与民间非营利组织会计应当提供单位资产、负债,特别是各项净资产的增减变动情况的信息,提供单位收入、支出及结余方面的信息,以便出资者做出是否继续出资、是否需要增资的决策,确保单位各项任务的顺利完成。

2．实行会计监督,检查财政财务收支计划执行情况

国家财政资金和民间非营利组织业务资金的收支,反映国家财政部门、行政单位、事业单位、民间非营利组织等活动的范围和方向,以及国家财政方针和政策的执行情况。政府与民间非营利组织会计在核算总预算和单位预算收支情况的同时,必须按照财政财务收支计划,以国家有关方针、政策、法令和制度为依据进行严格地检查。政府与民间非营利组织会计应当能够提供单位有关执行国家财政方针、政策和法规、制度情况的信息资料,揭露铺张浪费、贪污盗窃国家和公共财产物资的违法乱纪行为,从而起到促进预算收支实现、调节资金供需平衡、保证业务方向正确的作用。因而,政府与民间非营利组织会计在国家财政管理和单位财务管理中起着非常重要的作用,可以用来检查财政财务收支计划的执行情况。

3．合理调度资金,提高经费的使用效率

由于各种收入和支出在各个年度都会有波动,因此在年度预算收支平衡的条件下,各个季度、月份甚至每旬的收入和支出都不可能是完全平衡的。比如,在收入旺季,支出可能会比较低;而在收入淡季,支出可能相应地就会比较高。这就需要运用会计提供的有关资料,分析研究财政库存和经费拨款的情况,以便掌握资金收入和支出的变化规律,解决年度预算执行过程中财政资金和业务资金在需求和供给之间可能存在的矛盾。

第三节　政府及民间非营利组织会计的基本理论

一、政府及民间非营利组织会计的基本假设与会计原则

(一)政府及民间非营利组织会计的基本假设

政府与民间非营利组织会计的基本假设是指针对政府与民间非营利组织会计所面临的客观经济环境,对政府与民间非营利组织的某些情况或进行会计工作的先决条件所做出的逻辑推断。

政府与民间非营利组织的会计假设具体包括会计主体、持续经营、会计分期、货币计量。

1．会计主体

政府与民间非营利组织的会计主体包括国家各级政府及各类事业单位、行政单位和民间非营利组织。政府财务会计的主体是各级政府,而不是财政机关,因为财政总预算各项收支的安排和使用是国家各级政府的职权范围,财政机关仅代表政府执行预算和管理财政收支。民间非营利组织会计的主体是那些不以营利为目的的各类民间非营利组织机构,其不具有物质产品生产和国家事务管理职能,主要以精神产品或各种服务形式向社会公众提供服务。

2. 持续经营

持续经营要求政府和民间非营利组织会计人员以单位持续、正常的经济业务活动为前提进行会计核算。

事实上,政府与民间非营利组织会计核算所采取的会计程序和一系列的会计处理方法都是建立在持续经营基础上的。政府和民间非营利组织会计主体通常是以正常的经济活动作为前提条件去处理数据、加工并传递信息的。

3. 会计分期

会计分期是将政府与民间非营利组织的会计主体持续不断的经济业务活动分割为一定的期间,据以结算账目,编制会计报表,进而及时向有关方面提供会计信息。我国的政府预算是按年度编制的,通常以一年作为划分会计期间的标准。政府与民间非营利组织的会计期间与企业会计一致,分为年度、季度和月份,分别按年、季、月反映预算收支的执行情况。

4. 货币计量

货币计量是指会计主体的会计核算以人民币作为记账本位币,通过货币予以综合反映。它是现代会计最基本的前提条件,也是一个统一的价值尺度。如果没有这个价值尺度,会计就会失去其价值核算的作用。

(二)政府及民间非营利组织会计的一般原则

政府与民间非营利组织会计的一般原则是指导和约束政府与民间非营利组织会计行为的基本规范,是对会计核算提供信息的基本要求,是处理具体会计业务的基本依据。政府与民间非营利组织的会计核算原则主要包括两个方面的内容:一是会计信息的质量要求原则,二是会计确认计量的要求原则。

1. 会计信息质量要求的原则

会计信息质量要求,是衡量信息质量的标准和控制信息质量的要求。属于会计信息质量要求的核算原则有以下几个方面。

(1)客观性原则。客观性原则也称真实性原则,是指会计核算提供的信息应当以实际发生的经济业务为依据,如实反映财务状况和收支情况,做到内容真实、数字准确和资料可靠。

会计核算的客观性原则包括三个方面的含义,即真实性、可靠性和可验证性。①真实性是指会计信息要如实反映会计主体的财务状况、收支情况和财务状况的变动情况。②可靠性是指经济业务的记录和报告,要以客观事实为依据,不受主观意念的支配。③可验证性是指有可靠的、合法的凭证来复查数据的来源及数据的加工过程。

(2)相关性原则。相关性原则又称为有用性原则或适应性原则,是指决策相关性,即会计核算所提供的经济信息应当有助于信息使用者正确地做出经济决策,会计提供的信息要同经济决策相关联。

会计核算的主要目标是给那些和政府与民间非营利组织有关的纳税人、捐赠者、债权人以及社会团体和一些潜在的捐赠人和债权人提供有利于他们进行决策的会计信息。这些信息必须与信息使用者的决策需要相关,对决策有用,这也是政府与民间非营利组织会计信息的最基本的质量特征。

(3)可比性原则。可比性原则是指政府与民间非营利组织会计核算按照规定的会计处理方法进行,会计处理方法和指标口径应当一致,以有利于前后会计期间以及同类单位之间的比较分析。通过对这些指标和信息进行比较、分析和汇总,便于正确考核各单位的经济业务活动及其成果、考核总预算和单位预算的执行情况和结果、满足国家宏观管理和信息使用者的需要。按照可比性原则,会计人员处理经济业务时所采用的会计程序和会计处理方法应当前后各期一致,不同的单位,尤其是同一行业的不同单位,处理同一业务要使用相同的程序和方法,以便于其相互之间进行比较,判断优劣。

(4) 一贯性原则。一贯性原则又称一致性原则,是指政府与民间非营利组织的各单位处理会计业务的会计核算方法和程序在不同的会计期间应当保持前后一致,不得随意变更,以便于单位对前后各期的会计资料进行纵向比较。如果确实有必要进行变更,应将变更的情况、原因以及对单位财务收支及结果的影响在会计报告中加以说明。

(5) 及时性原则。及时性原则是指政府与民间非营利组织会计信息的加工、传递速度要快,会计核算应当及时进行,不得提前或延后。也就是说,会计信息要有时效性。对各项会计事项的处理必须在经济业务发生时及时进行确认、核算、反映,以完全发挥会计信息的效应。

及时性包含两个要求:一是经济业务的会计处理应在当期内进行,不得跨期;二是会计报表应在会计期间结束后按规定的日期报告,不得拖延。

(6) 明晰性原则。明晰性原则又称为清晰性原则,是指政府与民间非营利组织会计核算和会计报表应当清晰明了,便于使用者理解和运用,数字记录和文字说明要能简明地反映经济活动的来龙去脉,对复杂或不易理解的问题,应当在财务情况说明书中加以说明,应易于信息使用者理解接受。

(7) 重要性原则。重要性原则是指会计报告在全面反映单位的财政财务状况、收支情况及其结果的同时,对重要的经济业务事项应当单独列示反映,详细核算;对不重要的经济业务事项则可灵活处理,合并列示反映。

2. 会计确认计量要求的原则

会计要素确认计量要求,同各单位的经济业务和会计要素的具体内容有很密切的联系,不论在企业和非企业之间,还是在政府机关和民间非营利组织之间,都存在着较大的区别。

(1) 收付实现制和权责发生制原则。收付实现制是以货币资金的实收实付为基础来确认收入和费用的,权责发生制是以应收应付为基础来确认收入和费用的。政府会计采用收付实现制,事业单位会计一般也采用收付实现制,但发生经营业务的事业单位以及民间非营利组织要求采用权责发生制。

一般来说,权责发生制有助于正确计算单位的经营成果,而收付实现制有助于更为客观地了解单位的财务状况。从处理方法上而言,收付实现制比较简单,权责发生制则比较复杂,按其要求计算出的经营成果也更加接近于实际情况。

(2) 专款专用原则。专款专用原则又称限制性原则,是指政府与民间非营利组织有限定用途的资金,应当按照规定使用,不得擅自改变用途,挪作他用,并且应当进行单独报告。对具有专门用途资金的使用应单独核算反映,这一原则是政府与民间非营利组织会计的特有原则。

在政府与民间非营利组织会计中,出资者对所提供的资产不具有资本收益和资本回收的要求,但可提出按预定用途使用的要求,这样在资金管理和核算上就要有所限制。比如,政府财务会计方面的各项收入虽然可以由本级政府统筹分配使用,但在实行复式预算条件下,有关收入要分别按照规定用于经营性支出和建设性支出,具有一定的限制性。

(3) 历史成本原则。历史成本原则又称实际成本原则或原始成本原则,指政府与民间非营利组织的各项财产在取得时应当按照实际成本计量。当市场价格发生变化时,除法律、行政法规或国家另有规定之外,一律不得自行调整其账面价值。

按历史成本计价作为会计计量的原则具有客观性、真实性和可验证性,特别是真实性与可验证性又为审计工作提供了依据。应该指出,采用历史成本原则是以整个经济活动中的币值基本稳定为前提的,其要求不论市场上有多少种不同的价格,也不采用现行市价、重置价值、变现价值等其他计价方法,因而当货币购买力变动和物价上涨时,按历史成本计价就不能真实地反映资产的价值,会削弱会计信息的有用性。

(4)配比原则。配比原则是指政府与民间非营利组织在进行会计核算时,收入与其支出、费用应当相互配比,同一会计期间内的各项收入与其有关的支出、费用,应当在该期间内确认。同一会计期间的收入应当与其相关的费用支出配合起来进行比较,在同一会计期间登记入账,以便计算收支结余,考核其经济效益。应计入本期的收入和费用支出,不能脱节,也不能任意提前或者滞后。

从广义的角度来看,配比原则包括以下三个方面的内容:①某类收入必须与付出的成本、费用相配比,这样才能确定取得某类收入是否可抵偿某种耗费;②某一机构、部门的收入必须与该机构、部门的成本、费用相配比,以此衡量该机构、部门的经营业绩;③某个会计期间的收入必须与该期间的耗费相配比,即将期间内的总体收入和总的成本、费用相配比,从而确定本期的净收益。

而狭义的配比,则主要是指将会计期间的收入与该期间的耗费相配比。在政府与民间非营利组织会计中,配比主要是指将有关收入和支出在同一会计期间(首先表现为在一个会计年度内)进行配比。

二、政府及民间非营利组织会计的基本要素

(一)政府与民间非营利组织会计要素的概念与特征

会计要素就是会计对象的构成要素,是对会计对象的基本分类,也是构成会计报表结构的基础。因为会计核算的具体内容多种多样,为了对有关核算内容进行准确地确认、计量、记录和报告,就需要对会计对象进行科学的分类,把会计对象分解为若干个基本的构成要素,这样就形成了会计要素。

政府与民间非营利组织会计要素的特征主要包括以下几个方面。

(1)同质性。每种会计要素的具体构成内容具有某种相同的属性。

(2)独立性。作为一种会计要素,应该具有其相对独立存在的意义。

(3)系统性。会计要素具有严格的系统性,存在着有序的相互关系,而不是杂乱无章的。

(二)政府与民间非营利组织会计要素的内容

我国《财政总预算会计制度》《行政单位会计制度》《事业单位会计制度》《民间非营利组织会计制度》中明确规定了政府与民间非营利组织的会计要素有资产、负债、净资产、收入及支出等五个会计要素,各要素的具体内容由各会计制度或准则加以确定。具体内容如下:

1. 资产

资产是指过去的交易、事项形成的、并由会计主体拥有或控制的能以货币计量的经济资源,该资源具有服务功能,预期能够带来经济效益,包括各种财产、债权和其他权利。

上述资产定义具有如下特征:①资产应当是单位现在拥有的或者能够加以控制的;②资产

必须是具有为单位业务活动提供服务功能的一种经济资源；③资产必须能够用货币计量；④资产应是由过去的经济业务或者会计事项而产生的结果。

为了一定的目的，资产可以按照不同的标志进行分类，在我国对于资产的分类主要有以下几种：

(1)流动性和非流动性。对于营利性企业，它取决于经营周期；而对于政府与民间非营利组织这类非营利性单位，则主要取决于营运周期。我们一般按照资产流动性的强弱，可以将资产划分为流动资产和非流动资产两大类。

(2)货币性和非货币性。按此标准，可以将资产划分为货币性资产和非货币性资产两大类。将资产按照货币和非货币性进行划分，并不是对资产进行流动性划分的否定，后者主要用于决定资产在会计报表上的分类列示，而前者则用以表达资产计量上的区别。

(3)限定性与非限定性。政府与民间非营利组织资产的限定性，是指资产的提供者(包括资产的拨款人和赠与人)对所提供资产进行一定的限制。这种限制形式主要有：①对资产用途的限制；②对资产处置的限制；③对资产所提供服务及产生经济利益的限制等。资产的限定性是政府与民间非营利组织资产性质区别于企业资产性质的一个具体方面，一般来说，企业会计中资产不具有这种限定性。

针对政府与民间非营利组织，我国会计制度指出，资产是政府财政部门、行政单位、事业单位以及民间非营利组织占有或者使用的能以货币计量的经济资源。一般在政府与民间非营利组织中，资产称为基金资产。

2.负债

负债是指由过去的经济业务或会计事项形成的、能够以货币计量且预期会导致资源流出的现时义务，是将来需要以资产或劳务偿还的债务。在政府与民间非营利组织会计中，负债又称为基金负债。

上述负债具有如下特征：①负债是由于过去的经济业务或者会计事项而产生的，正在筹划的未来业务或事项不会产生负债；②负债是单位承担的现实义务，需要进行兑现，并且具有约束力；③负债必须是能够用货币计量的；④负债这种现实义务的履行预期会导致经济利益流出单位，通常要以资产或劳务来偿付。

3.净资产

净资产是指总资产减去负债后的差额，是属于一级政府、一个单位或组织所有的资产净值。它包括结余、固定基金和专用基金等。在净资产中所称基金是由资产供给者提供的，会计主体用以执行公共事务、开展业务活动及其他活动的基金资金来源。

与营利性企业会计的所有者权益相比，政府与民间非营利组织的净资产具有如下基本特征：

(1)政府与民间非营利组织不存在现实的所有者，其净资产不体现营利性企业所有者权益的作用。

(2)政府与民间非营利组织的出资者，包括单位的拨款人和捐赠人，是单位净资产名义上的所有者，他们不要求出售、转让或索偿其所提供的资产，也不要求凭借其所提供资产获取经济上的利益。

(3)实际上，由于政府与民间非营利组织不以营利为目的，因而在客观上也无法为资产的提供者带来经济上的利益。

(4)政府与民间非营利组织会计净资产主要来源于三个方面：①按照预算、合同、协议的规定而设定的留本资源或受预算、合同协议限定未支用的财务资源；②政府与民间非营利组织通过预算安排动用当期财务资源购置或接收捐赠的长期资产对应形成的净资产；③由单位历年运营收支结余而积累形成的净资产。

(5)政府与民间非营利组织年度运营收支结余所形成的净资产不能分配给资源提供者,只能用于向社会公众、服务对象提供持续的服务或活动。

为了适应资源提供者的要求和单位管理上的需要,在政府与民间非营利组织中,一般按照其资源提供者对其所提供资源的使用、维持是否规定限制为标志,将净资产区分为限定性净资产和非限定性净资产两大类。

(1)限定性净资产是指资源提供者规定特定用途或维持本金的净资产。对于该类限定性净资产,又可以按照资源提供者规定特定用途或维持本金的期限,细分为暂时限定性净资产和永久限定性净资产两类。

(2)非限定性净资产是指资源提供者未规定特定用途或维持本金的净资产。

对于不同的政府与民间非营利组织,其净资产的内容也有较大的差异。

4.收入

收入是会计主体为执行公共事务、开展业务活动取得的,导致本期净资产增加的经济利益或者服务潜力的流入,是依法取得的非偿还性资金。

上述收入定义具有如下特征:①收入是单位经济利益的增加。它不包括为会计主体以外的单位或者个人代收的款项;在会计主体内部各部门之间、各资金项目之间的资金转移,也不能认为发生了收入。②收入具有非偿还性。收入会引起货币资产和其他资产的增加或者负债的减少,或者两者兼有,但是并非所有的资产流入都是收入。如银行取得的借款、购货单位的预付款,这些是负有偿还义务的资金。

政府及民间非营利组织不以营利为目的,因而,政府的收入主要来源于纳税人缴纳的各种税收,民间非营利组织的收入则主要来源于政府的拨款或社会各界人士的无偿捐赠。

无偿性和非交换性是政府与民间非营利性组织会计收入的主要特征。与营利性企业收入相比,政府及民间非营利组织会计收入具有如下特殊性：

(1)政府及民间非营利组织取得收入是为了补偿支出,而不是为了营利。

(2)政府及民间非营利组织提供产品或劳务等活动的价格或收费标准不完全按照市场经济价值规律来确定,甚至无偿或免费提供服务,即单位就其所提供的产品或劳务通常取得较低的收入,甚至没有收入。

(3)在政府及民间非营利组织中的政府拨款,一方面是为了单位的持续发展,另一方面含有补贴性质,即有些拨款属于对低价格、低收费服务的一种弥补。

5.支出

政府与民间非营利组织会计的支出,是指在财政年度内,由于业务运营活动所产生的资产耗费和损失或法律规章规定流出的财物资源,包括对其他组织的补助、购置长期资产以及偿还长期负债而动用的当期财物资源等。

与营利性企业的支出相比,政府与民间非营利组织的支出具有如下特殊属性：

(1)政府与民间非营利组织支出不仅包括费用性支出,还包括资本性支出。这是由政府与民间非营利组织的特征所决定的,也是收入要素相匹配原则所要求的。

(2)政府与民间非营利组织支出的确认在政府会计中大多数运用收付实现制,在民间非营利组织会计中大多数运用权责发生制。在营利性企业中费用的确认基本上采用权责发生制。

(3)政府与民间非营利组织的产品、劳务、项目等,需要单独核算成本。

第四节 财政总预算会计

一、财政总预算会计概述

(一)财政总预算

1. 财政总预算的概念

财政总预算是政府预算的一种,是指以一级政府作为编制主体来编制的政府预算。

2. 财政总预算的组成体系

我国的政府财政总预算按照"统一领导,分级管理,分工负责"的原则来设立,我国的《预算法》明确规定,一级政府设一级预算。中国政府分五个级次:一是中央政府;二是省级政府(包括自治区和直辖市);三是市级政府(指设区的市级政府,包括自治州政府);四是县级政府(包括自治县、不设区的市和市辖区);五是乡级政府(包括镇级政府、民族乡、镇)。因此,我国的预算体系也由这五级预算组成,通常简称为中央、省、市、县、乡等五级财政总预算。

3. 财政总预算的编制形式

目前,我国各级政府的财政总预算分为公共财政预算、政府性基金预算、国有资本经营预算和社会保险基金预算等四个种类。在我国现行政府复式预算的种类中,公共财政预算是最基本的一种预算,它涉及政府活动的各个领域,并且在政府财政资金总额中占据最大的份额。

(二)财政总预算会计及其特点

1. 财政总预算会计的概念

财政总预算会计是各级政府财政部门核算、反映、监督政府预算执行和财政周转金等各项财政性资金活动的专业会计,是预算会计的一个分支。

2. 财政总预算会计的特点

财政总预算会计在预算会计体系中居主导地位。它具有如下主要特点:

(1)财政总预算会计的主体是一级政府,如省政府、市政府、县政府等。

(2)财政总预算会计核算政府财政总预算的执行情况及其结果。

(3)财政总预算的编制形式和收支分类是财政总预算会计核算的主要依据。

(4)财政总预算会计核算的对象是财政总预算资金的运动,具体包括财政总预算资金的收入和支出,以及由此形成的财政总预算资金的结余等内容。

(5)财政总预算会计除了需要核算财政总预算收入和财政总预算支出的内容外,还需要核算有关资产和负债的内容。

(6)财政总预算会计的组成体系。财政总预算会计是政府财政总预算的一个组成部分,其组成体系与政府财政总预算组成体系相一致。

(三)财政总预算会计的职责

财政总预算会计在预算会计体系中居主导地位,按照《财政总预算会计制度》的规定,财政总预算会计的主要职责是：进行会计核算，反映预算执行情况，实行会计监督，参与预算管理，合理调度资金。基本任务如下：

(1)正确办理财政总预算会计的日常核算工作。财政总预算会计应当正确办理各项财政收支、资金调拨及往来款项的会计核算工作，及时组织年度政府决算、行政事业单位决算的编审工作和汇总工作，办理上下级财政之间的年终结算工作。

(2)合理调度财政资金，提高财政资金的使用效率。财政总预算会计应当根据财政收支的特点，妥善解决财政资金库存和用款单位需求的矛盾，在保证按计划及时供应财政资金的基础上，合理调度财政资金，提高财政资金的使用效率。

(3)实行会计监督，参与预算管理。财政总预算会计应在正确组织会计核算的基础上，对财政总预算、部门预算和单位预算的执行情况实行会计监督，并提出预算执行情况分析意见。财政总预算会计应当负责协调参与预算执行的国库会计、收入征解会计等专业会计之间的业务关系，与其共同做好预算执行的核算、反映和监督工作。财政总预算会计还应当积极参与预算管理工作，对预算执行过程中出现的问题，及时提出意见和建议，供有关领导决策时参考。

(4)组织和指导本行政区域的预算会计工作。各级财政总预算会计应当负责制定本行政区域有关预算会计具体核算办法的补充规定，负责检查和指导下级财政总预算会计和本级行政事业单位会计的工作，负责组织预算会计人员培训，不断提高预算会计人员的政策和业务水平。

(5)做好预算会计的事务管理工作。财政总预算会计应当负责做好预算会计的各项事务管理工作，参与预算会计人员专业技术资格考试的工作，参与评定及核发会计证的工作。

(四)财政总预算会计管理基础工作

1.财政总预算会计管理基础工作岗位

财政总预算会计管理基础工作岗位包括账户管理岗位、资金调度岗位、审核岗位、支付岗位、会计核算岗位、监督管理岗位等。

(1)账户管理岗位，主要负责对国库单一账户、财政专户、零余额账户和预算单位银行账户等进行管理；

(2)资金调度岗位，主要负责分析财政资金结构和收支变动情况，预测财政资金流量，科学合理调度财政资金；

(3)审核岗位，主要负责依据预算对用款计划、支付申请等进行审核；

(4)支付岗位，主要负责对支付申请及相关单据要素进行复核，并开具支付凭证；

(5)会计核算岗位，主要负责对各类财政资金收支、债权债务、往来款项和上下级财政间结算等事项进行核算，并负责组织日常对账、编报会计报告；

(6)监督管理岗位，主要负责对财政部门内部资金收付管理和预算单位财政资金使用实施会计监督。

2.账户管理

各级财政部门应当按照财政国库管理制度和银行账户管理有关规定，加强对国库单一账户、财政专户、零余额账户和预算单位银行账户等的管理。

(1)国库单一账户，在人民银行国库部门开设。未设人民银行机构的地方，应当在商业银行、信用社代理国库开设。国库单一账户为实存财政资金账户。

(2)财政专户，在有关商业银行开设。财政部门开立财政专户应当按规定办理审批手续。

(3)零余额账户,在有关商业银行开设。零余额账户的开立、变更与撤销须经同级财政部门批准,并按照财政国库管理制度规定的程序和要求执行。

(4)预算单位银行账户,在有关商业银行开设。各级财政部门应当建立预算单位银行账户审批、备案、年检等管理制度,按规定加强预算单位银行账户开立、变更、撤销等管理。

3. 财政资金管理

各级财政部门应当按照国库集中收付制度的规定,建立科学规范的财政资金收付管理流程,将所有财政资金收付纳入信息系统管理,实现资金收付各环节之间的有效制衡。

4. 会计核算管理

各级财政部门应当按照现行法律法规和有关国家统一会计制度的规定建立会计账册,进行会计核算,及时提供真实完整的会计信息。

5. 会计监督检查

各级财政部门应当建立内部监督检查制度,对账户管理、财政资金管理、会计核算等日常工作实施定期检查和不定期抽查。监督检查相对独立于具体业务工作,其目的是确保各项具体业务工作规范运行。

二、财政总预算会计科目、核算内容及使用要求

(一)财政总预算会计科目及核算内容

财政总预算会计科目是对财政总预算会计要素进行分类核算所设置的项目。它是财政总预算会计归集和核算各项经济业务的依据,也是汇总和检查财政总预算资金活动情况及其结果的依据。按照财政总预算会计要素的类别,财政总预算会计科目可分为资产类、负债类、净资产类、收入类和支出类共五类。

根据现行有关《财政总预算会计制度》的规定,各级财政总预算会计统一适用的会计科目及核算内容见表 8-1。

表 8-1 财政总预算会计科目及核算内容表

科目编号	科目名称	科目核算内容
	一、资产类	
101	国库存款	财政总预算会计在国库的预算资金存款
102	其他财政存款	财政总预算会计未列入"国库存款"科目反映的各项财政性存款,包括未设国库的乡镇财政在专业银行的预算资金存款、由财政部指定存入专业银行的专用基金存款、经批准开设的特设账户存款、未纳入预算并实行财政专户管理的资金存款等
103	财政零余额账户存款	财政国库支付执行机构在银行办理财政直接支付的业务(财政国库支付执行机构使用)
104	有价证券	各级政府按国家统一规定用各项财政结余购买有价证券的库存数
105	在途款	决算清理期和库款报解整理期内发生的上下年度收入、支出业务及需要通过科目过渡处理的资金数

续表

科目编号	科目名称	科目核算内容
111	暂付款	财政部门借给所属预算单位或其他单位临时急需的款项
112	与下级往来	与下级财政的往来待结算款项
121	预拨经费	财政部门预拨给行政事业单位、尚未列为预算支出的经费
	二、负债类	
211	暂存款	各级财政发生的应付、暂收和收到不明性质的款项
212	与上级往来	与上级财政的往来待结算款项
213	已结报支出	财政国库资金已结清的支出数额（财政国库支付执行机构使用）
222	借入款	中央财政和地方财政按照国家法律、国务院规定向社会以发行债券等方式举借的债务
	三、净资产类	
301	公共财政预算结余	各级公共财政预算收支的年终执行结果
305	政府性基金预算结余	各级财政管理的政府性基金收支的年终执行结果
306	国有资本经营预算结余	各级财政部门管理的国有资本经营预算收支的年终执行结果
307	专用基金结余	财政总预算会计管理的专用基金收支的年终执行结果
315	预算稳定调节基金	预算稳定调节基金的增减变动
321	预算周转金	各级财政设置的用于平衡季节性预算收支差额周转使用的资金
323	财政专户管理资金结余	未纳入预算并实行财政专户管理的资金收支相抵形成的结余
	四、收入类	
401	公共财政预算收入	各级财政部门组织的纳入公共财政预算的各项收入
405	政府性基金预算收入	各级财政部门管理的政府性基金收入
406	国有资本经营预算收入	各级财政部门管理的国有资本经营预算收入
407	专用基金收入	财政部门按规定设置或取得的专用基金收入
408	债务收入	省级财政部门作为债务主体，发行地方政府债券收到的发行收入等
409	债务转贷收入	省级以下财政部门收到的来自上级财政部门转贷的债务收入
411	补助收入	上级财政部门拨来的补助款
412	上解收入	下级财政上缴的预算上解款
413	地区间援助收入	受援方政府财政部门收到援助方政府财政部门转来的可统筹使用的各种援助、捐赠等资金收入
414	调入资金	不同性质资金之间的调入收入
415	调入预算稳定调节基金	为弥补财政短收年份预算执行收支缺口而调用的预算稳定调节基金
423	财政专户管理资金收入	未纳入预算并实行财政专户管理的资金收入

续 表

科目编号	科目名称	科目核算内容
	五、支出类	
501	公共财政预算支出	各级财政总预算会计办理的应由公共财政预算资金支付的各项支出
505	政府性基金预算支出	各级财政部门用政府性基金预算收入安排的支出
506	国有资本经营预算支出	各级财政部门用国有资本经营预算收入安排的支出
507	专用基金支出	各级财政部门用专用基金收入安排的支出
508	债务还本支出	各级财政部门发生的债务还本支出
509	债务转贷支出	地方各级财政部门对下级财政部门转贷的债务支出
511	补助支出	本级财政对下级财政的补助支出
512	上解支出	解缴上级财政的款项
513	地区间援助支出	援助方政府安排用于受援方政府财政部门统筹使用的各种援助、捐赠等资金支出
514	调出资金	不同预算性质的资金之间的相互调出
515	安排预算稳定调节基金	从财政超收收入中安排的预算稳定调节基金
516	国有资本经营预算调出资金	各级财政部门从国有资本经营预算收入中调出,用于一般预算支出的资金
523	财政专户管理资金支出	未纳入预算并实行财政专户管理的资金安排的支出

(二)财政总预算会计科目的使用要求

各级财政总预算会计在使用会计科目时,应当遵循如下要求:

(1)应当使用按规定统一设置的会计科目,不需要的可以不用,但不得擅自更改统一设置的会计科目的名称。

(2)明细科目的名称,除已有统一规定的外,各级财政总预算会计可根据需要自行设置。

(3)为便于编制会计凭证、登记会计账簿、查阅账目和实行会计电算化,对于已按规定统一编制的会计科目的编码,各级财政总预算会计不得随意变更或打乱重编。

(4)各级财政总预算会计在填制会计凭证、登记会计账簿时,应填列会计科目的名称,或同时填列会计科目的名称和编码,但不得只填编码,不填名称。

三、财政总预算会计报表概念与分类

(一)概念

财政总预算会计报表,是反映各级政府财政预算收支执行情况及其结果的定期书面报告,是各级政府、上级财政部门、各级人民代表大会和社会公众了解情况、掌握政策、指导和监督预算执行工作的重要资料,也是编制下年度政府财政预算的基础。

(二)分类

财政总预算会计报表按其性质不同分为三类:资产负债表、预算执行情况表、财政周转金报表。

1.资产负债表

财政总预算会计的资产负债表(见表8-2)是反映一级政府财政在某一特定时日实际财力状况的会计报表,是一级政府财政在执行财政总预算后财力状况结果的反映。按照编报的时间,资产负债表可分为月报和年报两种,分别反映月末和年末一级政府财政的实际财力状况。

表8-2 资产负债表

编制单位: 　　　　　　　　　年　月　日　　　　　　　　金额单位:万元

资产类部					负债类部				
科目名称	年初数		期末数		科目名称	年初数		期末数	
	合计	其中:本级	合计	其中:本级		合计	其中:本级	合计	其中:本级
资产:					负债:				
国库存款					暂存款				
其他财政存款					与上级往来				
有价证券					借入款				
在途款					借入财政周转金				
暂付款					负债合计				
与下级往来					净资产:				
预拨经费					一般预算结余				
基建拨款					基金预算结余				
财政周转金放款					国有资本经营预算结余				
借出财政周转金					专用基金结余				
待处理财政周转金					预算周转金				
					财政周转基金				
资产合计					净资产合计				
资产类部总计					负债类部总计				

2.预算执行情况表

预算执行情况表是反映各级政府财政总预算收支执行情况及其结果的定期书面报告,见表8-3。按编报时间,预算执行情况表可分为旬报、月报和年报等。

表8-3 预算收支决算总表

编表单位：　　　　　　　　　　　年度　　　　　　　　　金额单位：元

收入			支出		
预算科目	预算数	决算数	预算科目	预算数	决算数
一、税收收入			一、一般公共服务		
增值税			二、外交		
营业税			三、国防		
企业所得税			四、公共安全		
企业所得税退税			五、教育		
个人所得税			六、科学技术		
资源税			七、文化体育与传播		
固定资产投资方向调节税			八、社会保障和就业		
城市维护建设税			九、医疗卫生		
房产税			十、环境保护		
印花税			十一、城乡社区事务		
城镇土地使用税			十二、农林水事务		
土地增值税			十三、交通运输		
车船税			十四、采掘电力信息等事务		
船舶吨税			十五、粮油物资储备管理等事务		
车辆购置税			十六、金融监管等事务		
关税			十七、地震灾害恢复重建支出		
耕地占用税			十八、国债还本付息支出		
契税			十九、其他支出		
烟叶税					
其他税收收入					
二、非税收入					
专项收入					
行政事业性收费收入					
罚没收入					
国有资本经营收入					
国有资源（资产）有偿使用收入					
其他收入					
本年收入合计			本年支出合计		
转移性收入			转移性支出		
上年结余收入			补助支出		

续 表

补助收入		上解支出	
上解收入		调出资金	
调入资金		年终结余	
收入总计		支出合计	

3. 财政周转金报表

财政周转金报表共由三张表组成,即财政周转金收支情况表(见表8-4)、财政周转金投放情况表(见表8-5)和财政周转基金变动情况表(见表8-6)。财政周转金收支情况表用于反映各级财政周转金收入、支出及结余情况。财政周转金投放情况表是反映年度财政周转金规模、周转金放款、借出及回收情况的报表。财政周转基金变动情况表是反映财政周转基金年度内增减变化情况的报表。

表8-4 财政周转金收支情况表

财政周转金收入		财政周转金支出	
项目	金额	项目	金额
利息收入		占用费支出	
占用费收入		业务费支出	
收入合计		支出合计	

表8-5 财政周转金投放情况表　　　　　　　　　　　　　　金额单位:元

项目	年初数	本期增加数	本期减少数	期末数	项目	年初数	本期借（放）出数	本期回收数	期末数
财政周转基金					财政周转基金放款				
向上级借入					1.				
					2.				
					借出财政周转金				
					1.				
					2.				
合计					合计				

表 8-6　财政周转基金变动情况表　　　　　　　　　金额单位：元

项目	金额	项目	金额
财政周转今年年初数			
本年预算安排			
1.			
2.			
……			
本年占用费及利息转入			
上级拨入			
其他增加			
1.			
2.			
……			
财政周转金期末数		待处理财政周转金期末数	

本章小结

(1)政府及民间非营利组织的概念与类型、政府及民间非营利组织会计的概念及其制度体系。(略)

(2)我国政府会计信息使用者包括社会公众、立法机关、各级人民代表大会及其常务委员会、审计机关与内部管理人员。民间非营利组织会计信息使用者包括出资人和捐资人、债权人、内部管理部门以及职工。我国政府与民间非营利组织会计的基本目标有经营责任性目标和决策有用性目标。

(3)会计的基本前提，即会计的基本假设，包括会计主体、持续经营、会计分期与货币计量。会计原则是处理会计业务的基本依据，指导会计进行确认计量以及方法的选择，主要包括会计信息的质量要求以及会计要素的确认计量要求。会计信息的质量要求包括客观性原则、相关性原则、可比性原则、一贯性原则、及时性原则、明晰性原则以及重要性原则；会计要素确认计量原则包括收付实现制和权责发生制原则、专款专用原则、历史成本原则以及配比原则。会计要素包括资产、负债、净资产、收入以及支出，具有同质性、独立性以及系统性的特征。

(4)财政总预算会计的职责是正确办理日常核算工作、合理调度资金并提高资金使用效率、参与预算管理、组织并指导本行政区域的预算会计工作以及做好预算会计的事务管理工作。财政总预算会计管理基础工作包括账户管理、财政资金管理、会计核算管理和会计监督检查。

案例讨论

2012年1月31日，秦洪祥记者从吉林省长春市检察院获悉，由该院侦查终结并提起公诉的原长春大学副校长门树廷(副厅级)涉嫌受贿案，日前已经由该市中级人民法院一审完毕并作出判决。法院以受贿罪判处门树廷无期徒刑，剥夺政治权利终身，并处没收财产人民币100

万元。

经法院审理查明,今年59岁的门树廷,2003年至2011年间,在担任长春大学副校长兼长春大学所属吉林省紫苑文华房地产开发有限公司董事长、法人代表期间,利用主管长春大学后勤、基建工作的职务便利,在学校日常工作和建设过街天桥、综合楼、教辅楼等基建项目的过程中,为他人谋取利益,索取和收他人所送现金并接受他人出资为其家房屋装修、安装空调,总计折合人民币939万余元。这些受贿款被门树廷用于购买住宅、商铺、山庄及偿还个人欠款等。案发后,返还赃款900万元。

判决书用大量篇幅详细列举了门树廷收受上述款项的14起犯罪事实,并在每起犯罪事实之后,有被告人门树廷供述、证人证言以及书证等辅以佐证材料。

在门树廷14起具体犯罪事实中,第一起也是门树廷受贿数额最大的一起,为2003年至2008年间,臧某以中国建筑第某工程局的名义建长春大学天桥、综合教学楼、星城国际边廊钢结构项目过程中,门树廷利用职务便利为在臧某获取工程项目、拨付工程款等方面提供帮助,先后五次收受臧某贿赂款370万元。关于此笔款项,门树廷供述,当时他是长春大学主管后勤、基建等工作的副校长,在选择施工方面有一定的决定权,臧某承包长大天桥、综合楼、连廊钢结构等项目,如果没有门树廷的同意臧某很难承包。

结合上述案例,讨论高校财务信息是否应该公开以及分析高校财务管理策略。

解析:

1. 高校财务信息是否应该公开分析

(1)高校作为非营利组织的一种,其资金主要来源于国家财政补贴、学生缴费、校友捐赠等,这种资金来源属性决定了高校的财政预算、决算应当同政府和公益性组织一样,接受社会的监督。

(2)从会计学的角度来看,会计的本质是受托责任,会计通过确认、计量和记录经济活动来认定和解除受托责任。学校公开其财务报告,正是向公众报告其受托责任履行情况,接受公众监督。

(3)从委托代理理论分析,政府受公众委托承担起行政管理的职能,而学校受政府委托承担组织教育的职能,因此,政府与学校的行为都应受公众监督。

2. 高校财务管理策略的分析

(1)强化全面预算管理。要实行包括预算编制、执行、分析、考核和评价在内的全方位、全过程的动态跟踪控制机制,明确各部门的责、权、利,真正做到各尽其职。

(2)建立双轨制管理模式,提高资金使用效益。建立财务会计和管理会计双轨制管理模式,健全国有资产管理制度。财务核算机构严格按照《会计法》以及《会计基础工作规范》保证对外会计报表数据及时性、正确性和完整性,管理机构负责单位的事前会计分析以及通过建立明细账或备忘簿的形式对固定资产管理、工资管理、职工住房公积金管理等业务进行管理。高校要统筹安排固定资产的购置,充分利用现有设备,提高资金使用率。

(3)健全内部控制制度,加强内部审计监督。按照内部控制设计中不相容职务必须分离的原则,完善岗位责任制,严格落实业务操作和授权制度对财务工作各岗位的明确分工,形成岗位之间的轮换制度和岗位考核制度,增加岗位间的约束力。

(4)重视财务风险,拓宽筹资渠道。积极探索新的筹资渠道,如可以借鉴BOT融资方式,缓解资金紧张的局面,合理控制运营风险,规避投资风险较高的项目。

思考题

1. 政府及民间非营利组织的财务报告目标及现状分别是什么？
2. 政府及民间非营利组织会计主体包括哪些？
3. 政府及民间非营利组织的会计原则是什么？
4. 政府及民间非营利组织与企业会计的异同点？

讨论

1. 政府组织和非营利组织有何区别？
2. 按照西方会计的划分，政府会计应由哪些部门会计组成？
3. 为什么说随着国库集中收付制度的实施，形成政府会计和非营利组织会计势在必行？
4. 政府会计的核算原则与非营利组织会计的核算原则是一致的吗？

参考资料

[1] 财政部.《政府会计制度——行政事业单位会计科目和报表》(财会〔2017〕25号),2017.

[2] 班景刚.政府及非营利组织会计[M].北京:清华大学出版社,2014.

[3] 于国旺.预算会计[M].北京:清华大学出版社,2014.

[4] 杨洪.政府及非营利组织会计[M].北京:机械工业出版社,2014.

[5] 魏祥健,朱先琳,许爽.政府与非营利组织会计[M].成都:西南交通大学出版,2015.

附录：西安科技大学 MPAcc 学生期末作业范文

附录1：高级会计学研究文献综述

2015级 黎 睿

摘 要

高级会计学是一门随经济发展和新业务出现，对传统财务会计理论进行突破和创新的学科，其具有特殊性、新颖性、复杂性、前沿性和研究性，以及动态性和开放性等学科特征。所以，对于高级会计学就需要运用科学的方法，进行深入的研究。

鉴于目前对于高级会计学这一学科的研究整体上不够深入，所以本文在国内高级会计学概念的基础上，借用已有的研究成果，从研究内容的角度进行深入分析，做出分类。同时，根据现如今的论文发表数量对未来高级会计学的论文发表数量进行预测，以期为今后的高级会计学研究提供理论支持。

[**关键词**]高级会计学；研究文献；综述

Abstract

Advanced accounting is a subject with the economic development and new business emerging, and breakthrough and innovation of the traditional theory of Finance and accounting is special, novel, complexity, frontier and research, as well as dynamic and open subject characteristics. So for advanced accounting, the need for scientific methods and in-depth study.

In view of the now for senior accounting this discipline research is not deep enough. Therefore, this paper in the domestic advanced accounting accounting conceptual framework based on, the existing research results from the angle of research contents were analyzed and make classification, at the same time, according to present today, the number of papers published make the future advanced accounting of the number of papers published prediction, and provide theoretical support for future advanced accounting research.

Key words：Advanced Accounting; literature; Review

1 前言

就目前高级会计学研究来说,早已跳出了"高级会计学"这一整体概念,分化成了许多会计体系,形成众多会计研究领域,如破产清算会计、涉外会计、债务重组会计、合并报表会计、物价变动会计等,每一个会计体系都形成了自己独有的研究方向和业务规范,并且这些财务会计之外的会计体系越来越受到人们的关注和学习。但是由于现在对于高级会计学这一学科的研究整体上不是非常地深入,于是本文从《企业管理》《财务与会计》《会计之友》《财会月刊》《财会通讯》、《煤炭经济研究》《经济管理》《经济纵横》《财会研究》《上海会计》等核心期刊上提取了有关高级会计学的研究论文,通过对选取出的论文进行梳理以总结出如今高级会计学的研究现状。同时,根据现如今已发表的论文的数量进行预测,期望对今后高级会计学的研究发展做出贡献。

2 高级会计学的研究现状

本文选取了以上核心期刊中关于高级会计学的近十年的论文,根据对论文数量的统计得出了学者对于高级会计学的关注程度,如图 F1.2.1 所示。其中,坐标系的横轴为年份,纵轴为关注程度,大于 1 为有较高关注,小于 1 为关注程度不高。

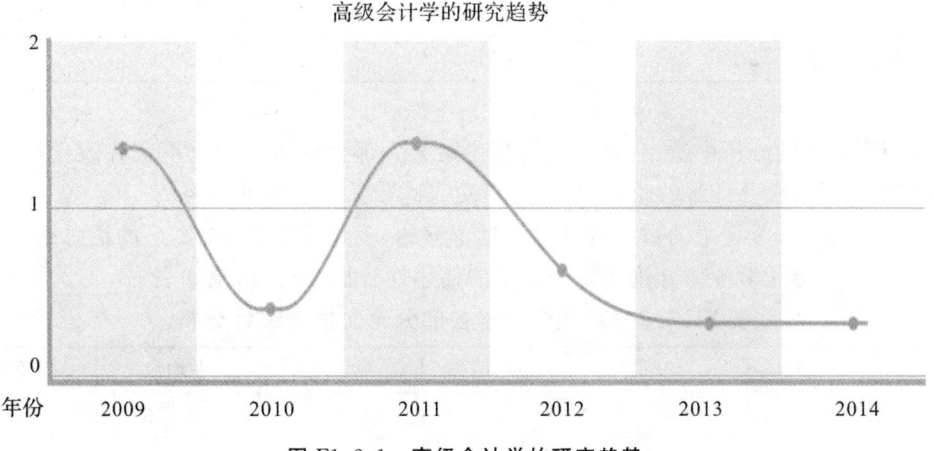

图 F1.2.1　高级会计学的研究趋势

通过对图 F1.2.1 的分析,不难发现许多学者对高级会计学的关注度在 2009 年和 2011 年达到高峰,2011 年之后开始逐年下降。从而也不难看出我国对高级会计学的整体研究范围十分有限。同时根据前期的整理结果得知,从 2015 年 1 月到 2015 年 10 月,有关高级会计学的期刊论文只有 48 篇,相比其他领域来说篇幅十分稀少。关于目前高级会计学的研究比较权威的就是李朝芳副教授和江汉大学的学者郑琼。

洛阳理工学院副教授李朝芳认为,我国高级会计学构成内容的差异,不外乎是因为对高级会计学学科性质界定不清而引起的选择问题。2006 年新会计准则的颁布,使得部分高级会计学的研究内容有了准则依据,然而这并不是将 2006 年新会计准则中的复杂业务处理纳入高级会计学范畴的理由。并且她认为,应将环境会计、社会责任会计、人力资源会计等内容逐渐包含在内,这一研究扩大了高级会计学的研究范围,使得高级会计学的研究内容更加丰富。

江汉大学学者郑琼认为,高级会计学是利用财务会计的基本理论,对中级财务会计学中未涉及的交易或事项,以及随着社会经济环境变化而产生的一些新的、特殊的交易或事项,以新的会计理念和方法进行反映和监督的一门会计学科。并且,他在自己的论文中创新地提出了我国的高级会计学的教学依然停留在理论教学层面的现状,主张在学习的过程中增加实践环节,主张"高校应开门办学,构建校企办学模式,广泛吸收社会资源,建立稳固的实习基地。与企业共同拟定实习目标、实习内容和实习方式,让企业实实在在地参与到实习环节中。这样不仅可以让学生将所学高级会计学的理论知识运用于实践,还有利于学生掌握高级会计学理论体系和实务,不断完善其自身的知识结构和实际动手能力,提高解决复杂会计问题的能力。"其主张被许多高校所采纳。

从以上论文观点节选中看出,就目前对于高级会计学的学科研究大部分也只停留在教学改革方面,大部分学者的研究重点主要停留在高级会计学中的某一内容。以下是对高级会计学中各部分发表论文数量的汇总,如表 F1.2.1 所示。

表 F1.2.1 近十年高级会计学内各部分发表论文数量汇总

时间	破产清算会计	涉外金融工具会计	合并报表会计	债务重组会计
1996—2000	17	414	27	83
2001—2005	51	1000	338	205
2006—2010	111	1167	1205	300
2011—2015	104	2176	2186	376

从表 F1.2.1 的分析中看出,高级会计学中对某一部分的研究论文篇幅在逐年递增,由此可以得出相对于高级会计学的整体研究,学者更青睐于某一部分的研究。

但是仅有表 F1.2.1 中的数量统计是远远不够的,于是根据表 F1.2.1 的汇总结果做出了简单的关于高级会计学各部分论文发表数量的描述性分析,分析结果如表 F1.2.2 所示。

表 F1.2.2 高级会计学各部分论文发表统计分析

	N	最小值	最大值	平均数	标准偏差
破产清算会计	4	17.0	111.0	70.750	44.7391
涉外金融工具会计	4	414.0	2176.0	1189.250	732.8026
合并报表会计	4	27.0	2186.0	939.000	969.3142
债务重组会计	4	83.0	376.0	241.000	126.4463
有效的 N (list wise)	4				

通过表 F1.2.2 描述性统计分析可以看出,涉外金融工具会计和合并报表会计这两个部分的论文发表数量较多,并且从标准偏差来看,这两个部分的论文数量也相对较为集中。

同时使用以上数据通过建立模型,使用的模型类型如表 F1.2.3 所示。

表 F1.2.3　模型类型说明

模型 ID		模型类型
	破产清算会计　模型_1	Holt
	涉外金融工具会计　模型_2	Holt
	合并报表会计　模型_3	Holt
	债务重组会计　模型_4	Holt

根据表 F1.2.3 中选取的模型通过得出模型契合度的数据,分析结果如表 F1.2.4 所示。

表 F1.2.4　模型契合程度

适合度统计资料	平均数	SE	最小值	最大值	百分位数						
					5	10	25	50	75	90	95
平稳 R 平方	−7.890	16.786	−33.064	0.810	−33.064	−33.064	−24.798	0.346	0.780	0.810	0.810
R 平方	0.872	0.083	0.777	0.977	0.777	0.777	0.795	0.867	0.954	0.977	0.977
RMSE	176.900	179.719	19.062	358.476	19.062	19.062	20.764	165.032	344.906	358.476	358.476
MAPE	21.857	19.009	3.516	48.363	3.516	3.516	6.474	17.775	41.322	48.363	48.363
MaxAPE	46.906	50.247	9.000	120.907	9.000	9.000	13.414	28.859	98.446	120.907	120.907
MAE	125.007	132.868	11.503	272.444	11.503	11.503	12.075	108.039	254.905	272.444	272.444
MaxAE	188.017	191.027	27.000	408.667	27.000	27.000	27.647	158.201	378.204	408.667	408.667
标准化 BIC	9.425	3.147	6.242	12.130	6.242	6.242	6.481	9.664	12.130	12.130	12.130

通过表 F1.2.4 的数值分析不难看出,各变量之间的标准化 BIC 均出现正值,所以各变量,即高级会计学中各部分和该模型相吻合。于是,可以通过该模型的数值分析得出高级会计学中各部分的论文数量趋势图,如图 F1.2.2 所示。

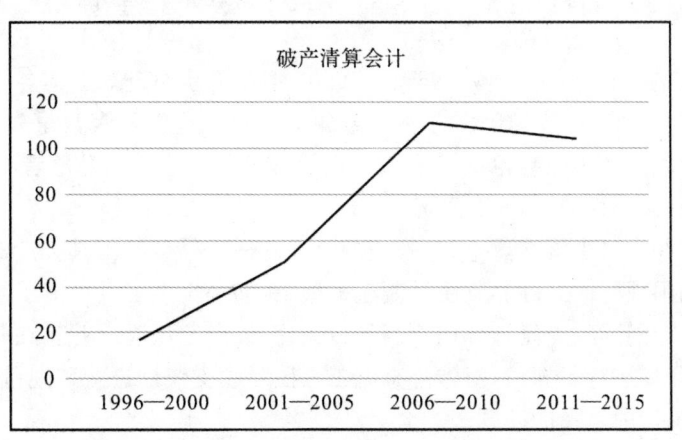

图 F1.2.2　破产清算会计论文发表数量趋势图

根据图 F1.2.2 可得,从 1996 年到 2006 年论文发表数量呈上升趋势,但是从 2006 年之后论文发表数量缓慢下降。在破产清算会计中,比较具有影响力的就是黄华红和赵彦霞在 2014 年发表的两篇论文。

根据黄华红(2014)在《经济视野》发表的论文——关于破产清算会计问题的研究,首先分析了破产会计与传统会计相比的特殊性,其次对破产会计期间的界定作了探讨,最后对破产企业债权债务的认定做了研究分析。明确这些问题是破产会计核算的基础,对重新构建破产清算会计理论体系具有重要意义。

同时,赵彦霞认为,现如今国内外对于破产会计的相关著作都比较少,对其的研究还不够成熟。伴随我国市场经济体制逐步建立,企业破产清算暴露出越来越多的问题,比如破产清算的执行力度不够透明、接管破产单位的人的职责划分不明确以及管理债权人的方法不合理的问题,破产清算最后的清偿顺序与有担保的债权的优先受偿权的问题,如果涉及到个人利益划分,可能会出现某些经济问题,接管破产企业的管理者对企业资产及债权的利用程序不够透明,存在寻私行为等问题。

从选取的这两篇论文中不难看出,现在对于破产清算会计的研究主要集中在目前破产清算会计中存在的问题,并通过一定的分析提出一些改进建议。

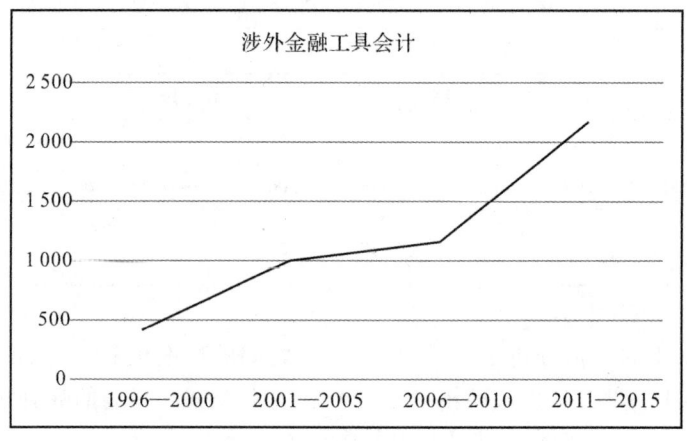

图 F1.2.3　涉外金融工具会计论文发表数量走势

从图 F1.2.3 的分析结果看出,1996 年到 2005 年关于涉外金融工具会计论文发表数量稳步上升,从 2005 年一直到 2015 年,关于涉外金融工具会计论文发表数量先是稳步上升,之后上升幅度开始加大,到 2015 年,论文发表数量已突破 2 000 篇。于是笔者在最近这几年的论文中选取了比较有代表性的两篇文章。

根据陈雪峰(2013)《中国金融电脑》发表的论文——涉外金融工具会计对国际收支统计的影响,他认为在我国现行的国际收支统计制度框架下,涉外金融工具可能引发的跨境资金流动风险无法完全反映,国际收支统计部门应当加以关注,以防范风险。并且在其论文中对涉外金融工具的确认和计量进行了探讨,对涉外金融工具国际收支统计进行了规范性描述,同时指出了涉外金融工具统计中存在的问题。

而李明认为,金融工具确认和计量准则的出台,对我国的投资业务进行了重新划分,对相关投资的会计核算方法进行了较大幅度的调整,更多地考虑了公允价值计量方法以及资金的时间价值,与《企业所得税法》及其实施条例存在更多的差异。因此,无论是纳税人还是税务机关,都必须认真对待,避免企业多缴或少缴企业所得税。

从选取的这两篇论文中不难看出,现在对于涉外金融工具会计的研究主要集中在跨境业务的风险防范和所得税处理上。

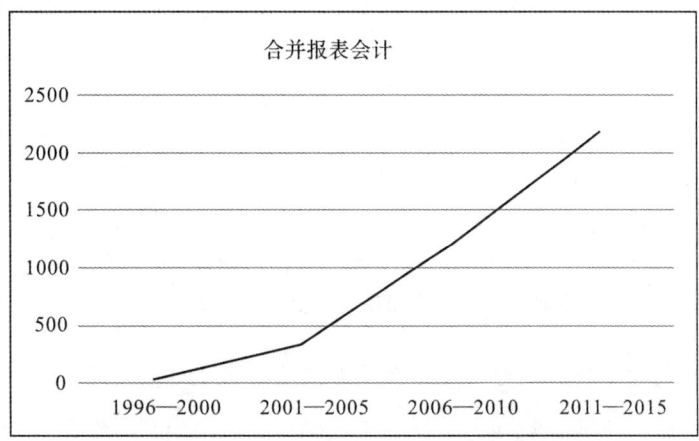

图 F1.2.4　合并报表会计论文发表数量走势

从图 F1.2.4 的分析结果看出,近十年的论文发表数量一直处于上升趋势,并且上升的幅度较大。于是,笔者在最近这几年的论文中选取了比较有代表性的两篇文章。

张敏(2014)认为,在企业财务管理工作中,合并报表会计一直都是重点核心内容。科学、准确的合并报表会计能够有效地反映出集团企业在经营管理全过程中总的资金变动、财务管理以及经营成果等方面的情况,并对其进行科学、合理、综合性地统计、分析和预测。随着我国市场经济的不断发展,同行企业间的市场竞争程度也越来越激烈,使得企业的合并报表会计工作也面临了新的问题和挑战。因此,企业必须要深入地分析和研究当前市场新形势下合并报表会计中的关键性要素,并采取科学、合理、针对性的措施予以加强,从而更好地提高企业的市场竞争力,促进和推动企业发展的平稳、快速、高效。

另外,贾磊也认为,长期以来,合并财务报表一直是世界各国会计学界所普遍认同的财务会计四大难题之一。其编制问题极其复杂,使得合并会计报表成为企业财务工作的重点。

从这两篇比较有代表性的文章中不难看出,合并报表的编制一直是许多学者关心的部分,合并报表如何准确地反映企业的经营情况成了研究的重点。

从图 F1.2.5 的分析结果看出,近十年的论文发表数量一直处于上升趋势,并且从图中可以看出,整体趋势甚至好于合并报表的部分,但是总量却没有合并报表的论文数量多,这其中也不乏具有代表性的论文发表。

其中,常智华在《商业现代化》发表的《浅析关于债务重组会计问题》比较具有代表性。他认为债务重组不管是对债权人还是债务人都是存在益处的,同时提出了在债务重组过程中比较具有争议的问题,在这些问题上提出了一些改进建议。

综上所述,许多学者对于高级会计学中的合并报表的编制的问题探讨和涉外金融工具会计中的跨境业务的风险防范和所得税处理上还是比较关注,这可能也与企业合并案例的逐渐增多和金融市场的逐渐规范有关。

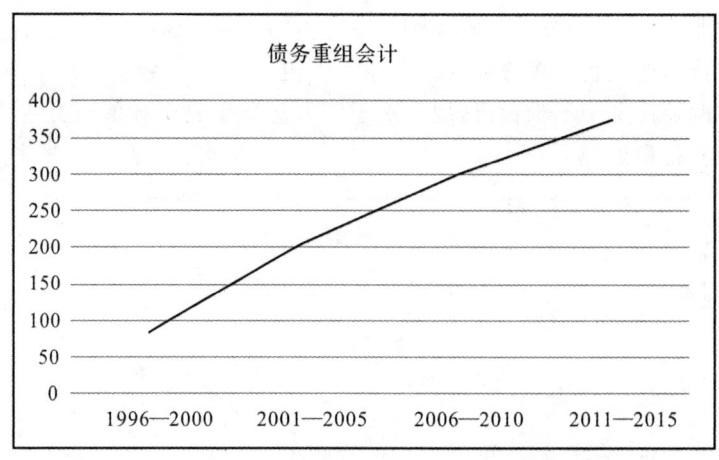

图 F1.2.5 债务重组会计论文发表数量走势

但是就我国目前而言将高级会计学作为实践研究领域的学者还是占少数,大部分的高级会计学研究也只是停留在界限划分和理论教学阶段。对于实践和有关业务的问题研究还是比较少,同时也相对缺乏对高级会计学内部的整体梳理。

3 高级会计学的研究综述

上文从高级会计学的理论框架出发,查阅了核心期刊近十年的关于高级会计学的论文,选取了高级会计学中内容最多的四个部分:破产清算会计、涉外金融工具会计、合并报表会计、债务重组会计,同时对这四部分进行了一定的分析。于是,本文根据上文分析的数据使用序列分析来预测今后各部分的论文数量发表情况。

首先,利用数据的一般特征选取了合理的模型,标明了一些变量的细节说明,结果如表 F1.3.1 所示。

表 F1.3.1 型号说明

模型名称		序列分析模型
系列或序列	4	高级会计学中各部分论文数量
转换		无
非周期性差异分析		0
周期性差异分析		0
周期性时段的长度		无周期性
横坐标名称	时间/名称	
人为干涉		无
参考线		无
曲线下方的区域		无

根据观察值的处理细节整理出了处理过程中的摘要,结果如表 F1.3.2 所示。

表 F1.3.2　观察值处理摘要

		高级会计学中各部分论文数量
系列或序列长度		4
图中的遗漏值数量	使用者遗漏	0
	系统遗漏	0

经过计算和分析,得出了图 F1.3.1 的结果。其中,横坐标为时间,纵坐标为论文发表数量,其中的四条曲线分别代表了各部分的论文数量预测趋势。

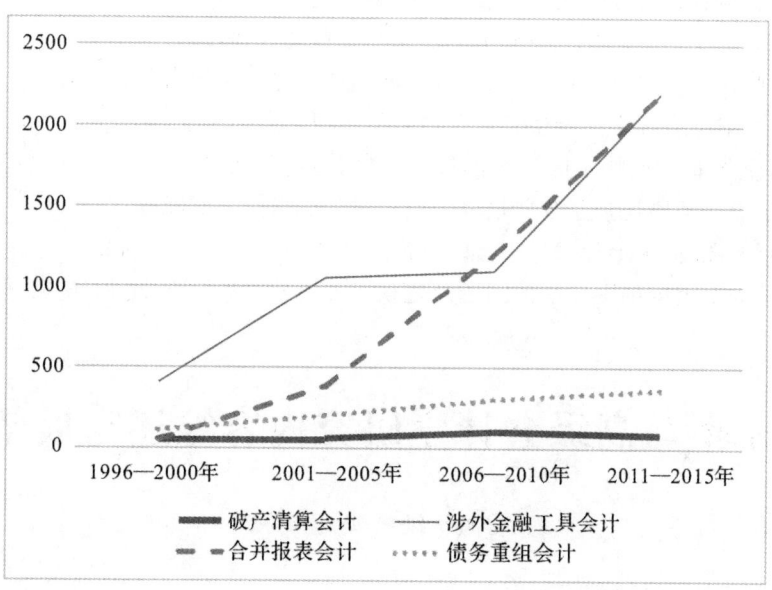

图 F1.3.1　高级会计学各部分论文数量预测图

由图 F1.3.1 不难看出,许多学者对于合并报表和涉外金融工具会计的研究更加热衷,这可能与最近几年企业合并案例的逐渐增多和金融市场的逐渐规范有关,合并案例和金融工具交易所涉金额也在逐年上升,于是许多学者把目光放在了合并报表和涉外金融工具上,如合并报表的财务处理研究、合并报表编制方法研究等,正如张庆在其论文《合并报表编制方法的创新思维分析》上说的"合并报表是会计实务中比较复杂的业务,合并报表的编制一直是会计实务界的重点和难点。"

4　结论

综上所述,我国的高级会计学的发展已有几十年的历史了,虽然从国内发展情况上看较为迅速,但是放眼世界,我国的高级会计学发展还处在一个相对落后的阶段,其原因表现为内容较为松散、研究范畴鉴定不清晰、高校高级会计学教学不够深入等。对于现在的高级会计学发展来说,缺乏对于某一板块的深入研究,更缺乏对于高级会计学研究成果的逻辑梳理,使之形成一套符合我国经济发展情况的理论。笔者希望今后的学者能够重视这方面的研究,同时也应该在高级会计学的系统性归纳和高级会计学涵盖的范围方面做出更加深入地研究。

参考文献

[1] 李朝芳.对高级会计学研究范畴界定的思考[J].财会月刊,2015.
[2] 郑琼.高级会计学教学模式的改革与创新[J].江汉大学学报:社会科学版,2014,31(2):106-110.
[3] 黄华红.关于破产清算会计问题的研究[J].经济视野,2014.
[4] 陈雪峰.涉外金融工具会计对国际收支统计的影响[J].中国金融电脑,2013.
[5] 张敏.关于企业合并财务报表的思考[J].商场现代化,2014.
[6] 李朝芳.对高级会计学研究范畴界定的思考[J].财会月刊,2015.
[7] 邰弘梁,张晓东.企业破产清算会计的有关问题研究[J].现代商业,2014.
[8] 李旭萍.高级财务会计学的产生背景及内容界定[J].会计之友,2012.
[9] 谢海洋.新债务重组准则与上市公司盈余管理[J].会计之友,2011,18:73-75.
[10] 王琦.关于提高集团化企业合并报表编制质量的思考[J].财经界,2012.
[11] 武玉荣,赵天燕.高级会计[M].北京:首都经济贸易大学出版社,2007.
[12] 王金丽.债务重组准则中存在的问题及建议[J].山西财经大学学报,2015.

附录2:高级会计学研究内容综述与展望

2015级   冯思雨

摘 要

随着我国经济改革的不断深入和会计准则的不断完善,高级会计学发展迅速,国内越来越多的学者对高级会计学的相关内容展开了研究和探讨。但由于其复杂性和宽广性的特点,关于高级会计学的研究也呈现出多样化态势。因此,对前人观点进行分析、总结,将更有利于日后高级会计学的发展。

本文回顾了2006—2015年间在国内核心期刊发表有关高级会计学的1 093篇研究文献,通过引言、样本选取、高级会计学研究内容综述以及研究结论及展望四个部分对高级会计学进行总结和述评。由于高级会计学内容繁多,本文选取破产清算会计、外币折算、债务重组、企业合并、合并财务报表、衍生金融工具、套期会计、政府及非营利组织会计、分支机构会计以及上市公司信息披露等方面的内容作为研究对象,并进行整理和分析。

[关键词]高级会计学;研究内容;研究方法

Abstract

With the constant improvement of accounting standards, the deepening of China's economic reform and the rapid development of advanced accounting, more and more domestic scholars of advanced accounting related content launched a research and study. But due to the complexity and breadth of features, a senior accounting research also showed the diversification trend. Therefore, the analysis of the previous view, summing up the more conducive to the future development of advanced accounting.

This paper reviews the 2006—2015 years in domestic core journals published relevant senior accounting 1 093 research papers, through the introduction, sample selection, advanced accounting of summarizing the research content and the research conclusion and prospect of four parts of advanced accounting for summary and commentary. Due to the variety of high grade content of accounting, this paper selects the bankruptcy liquidation accounting, conversion of foreign currency, debt restructuring, merger of enterprises with financial statements, derivative financial instruments, hedging accounting, government and non-profit organization accounting, branch accounting and listed company information disclosure content as the research object, and carries out sorting and analysis.

Key words: Advanced accounting ; research contents; research method

1 引言

高级会计学是一门随着经济发展和新业务涌现而逐渐独立的学科,它是传统财务会计的延伸和深化。但由于其特殊性、新颖性、复杂性、宽广性、前沿性、研究性、动态性和开放性等学科特征,迄今为止学界的学者对于什么是高级会计学以及高级会计学到底包括哪些内容仍无定论。石本仁(2007)认为,高级会计学主要涉及衍生金融工具会计、外币业务与外币报表、合并会计这三大难点以及其它专题。宋夏云(2010)认为,高级会计学的研究领域主要包括一般性行业的复杂财务会计业务以及特殊性行业的财务会计业务。李旭萍(2012)认为,高级会计学应包括特殊业务会计、特殊行业会计、特殊报告会计和特殊环境会计四大类。李朝芳(2015)认为,高级会计学包括企业合并与合并财务报表、外币交易、衍生金融工具、租赁会计、分部报告、中期报告、所得税会计等。由此可见,不同学者对高级会计学有着各自的看法。

正是由于对高级会计学的概念、理论体系、研究范围、基本内容并没有形成比较明确和统一的说法,所以近几年来并没有相关学者对高级会计学进行系统的阐述。鉴于此,本文统计、梳理了我国核心学术期刊上 2006—2015 年间的高级会计学研究文献,系统总结高级会计学不同方面的研究状况,特别是高级会计学研究中理论应用的发展情况,希望能够为高级会计学进一步的研究提供方向性的指导。

2 样本选取

2.1 研究内容选取

由于客观经济环境复杂多变、形式多样,因此,高级会计学内容构成繁杂。本文则根据引言部分国内学者对高级会计学研究内容的概括,将研究内容确定为:企业合并会计、分支机构会计、破产清算会计、政府及非营利组织会计、衍生金融工具、外币折算、债务重组、套期会计、上市公司信息披露、合并财务报表的编制等。同时根据不同内容在所选取的时间范围内的变动情况进行深层次的细化分析。此外,文献的选取剔除了一部分形式符合但实质不相关的论文,高级会计学教材建设、教学内容创新、学生培养形式的论文也不包括在此次搜集样本之列。通过层层甄选,共收集到1 093篇有关文章。

2.2 期刊选取

本文选择国内公认的会计权威刊物和会计类核心刊物作为研究对象,由于这些期刊的文章代表了国内学术研究的最高水平。所以,本文首先选择会计类国家级核心期刊《会计研究》,然后选择会计类核心期刊《财务与会计》《财会研究》《会计之友》《财会月刊》《财会通讯》《财经理论与实践》《经济管理》《当代财经》《上海会计》等共10种期刊。

2.3 时间范围选取

2006年前后,与经济发展步伐相适应,我国加快了会计准则制定进程,尤其是2006年新会计准则的颁布和实施,对于高级会计学研究内容的统一界定带来了较大的冲击。2014年新会计准则的修订与实施同样对高级会计学的研究产生了重要影响。因此,本文选取2006年和2014年这两个特殊的时间点,收集了2006—2015年十年间上述核心期刊所发表的高级会计学相关文章。

3 高级会计学研究内容综述

高级会计学作为财务会计体系中的一门特殊学科,是对原有的财务会计内容的补充、延伸和开拓。高级会计学的主要研究内容是财务会计学科领域中的一些高难度、复杂性的课题,包括一般性行业的复杂财务会计业务以及特殊性行业的财务会计业务等。鉴于高级会计研究的特殊性,本文选择其研究内容这一方面,从高级会计学的总体分布以及它所包含的不同内容的细化分析两个部分,对2006—2015年间的高级会计研究文献进行分类整理和述评。

3.1 研究内容总体分布

通过对相关期刊文献的阅读,将2006—2015年间发表的1 093篇高级会计学的文章进行了整理,统计结果如表F2.3.1所示。

表F2.3.1 2006—2015研究内容分布

	2006	2007	2008	2009	2010	2011	2012	2013	2014	2015	合计
企业合并	18	19	19	31	23	24	22	17	17	8	198
合并财务报表	21	23	20	18	20	17	22	17	19	9	186
分支机构会计	2	1	1	4	2	5	4	6	1	1	27
外币折算	16	6	9	5	6	6	8	7	3	3	70
衍生金融工具	4	4	9	15	7	10	1	3	2	2	57
债务重组	26	21	36	27	27	26	11	12	16	13	215

续表

	2006	2007	2008	2009	2010	2011	2012	2013	2014	2015	合计
套期会计	1	3	2	1	2	9	3	1	5	3	30
破产清算	6	2	9	5	2	8	5	14	5	7	63
政府及非营利组织	18	19	9	24	25	31	26	18	14	17	201
上市公司信息披露	2	5	5	3	8	7	5	4	2	5	46
合计	114	104	119	133	122	143	107	99	84	68	1093

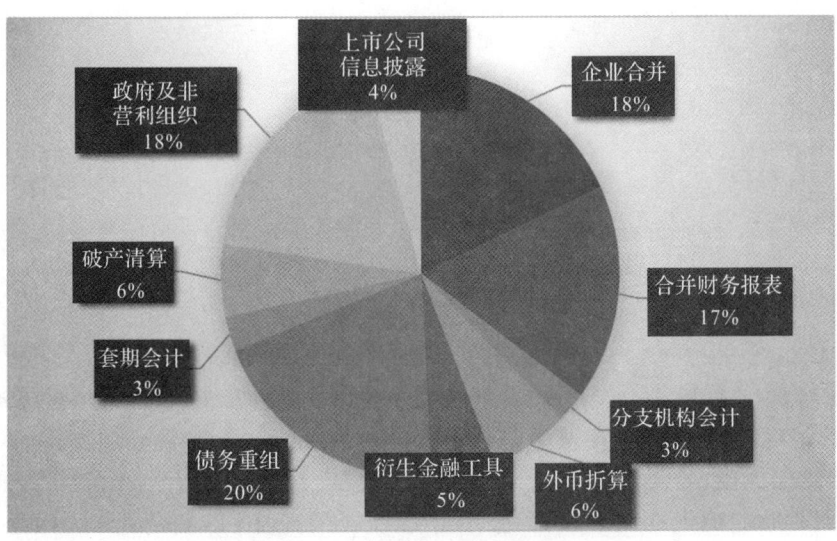

图 F2.3.1 研究内容分布比

由表 F2.3.1 和图 F2.3.1 可以看出，2006—2015 年间关于债务重组的研究最多，共有 215 篇相关文献，所占比重为 19.67%，2011 年之前其文献数量相对稳定，但近几年其文献数量较前些年有所下降。其次，对政府及非盈利组织会计的研究共有 201 篇相关文献，其所占比重达到 18.39%，而 2009 年至 2012 年间的文献数量相较其他几年明显偏多。关于企业合并的研究文献有 198 篇，所占比重为 18.12%，其数额相较政府及非营利组织会计差异不大，但 2015 年研究文献数量值为十年最低。另一个占据较大数额的是合并财务报表的编制，其相关文献共有 186 篇，所占比重较高为 17.02%，除 2015 年数值最低为 9 篇外，其他 9 年的数据也无较大波动。除上述四项占比较大之外，其余几项均占比较低。近十年来关于外币折算的文献共有 70 篇，所占比重为 6.40%，2006 年文献数量高达 16 篇，但随后九年其数量呈逐渐下降趋势。破产清算的文献数量为 63 篇，占 5.76% 的比重，2013 年研究文献数量值最大，其余九年数据变化幅度不大。随后，对衍生金融工具的研究文献有 57 篇，其比重为 5.22%，相比前 6 年，近 4 年对其研究明显较少。上市公司信息披露在此十年间的相关文献为 46 篇，数量较少，所占比重为 4.21%，其十年间的数值变化幅度较小。最后是对套期会计和分支机构会计的研究，其文献数量分别为 30 篇和 27 篇，分别占比 2.74% 和 2.47%，因对其研究较少，数据也无明显波动。

综上所述,债务重组、政府及非营利组织会计、企业合并以及合并财务报表的编制共同占据了本文所选取研究内容的四分之三,可见这四项内容是高级会计学研究的主要内容。外币折算、破产清算、衍生金融工具、上市公司信息披露、套期会计以及分支机构会计这六项内容的比重虽均不足10%,但在近十年来的研究中也分别占据一定的比重。

除过对高级会计学不同内容在近十年来的横向比对外,其历年来发表的相关文献整体数量的纵向研究也是必不可少的,如图F2.3.2所示。

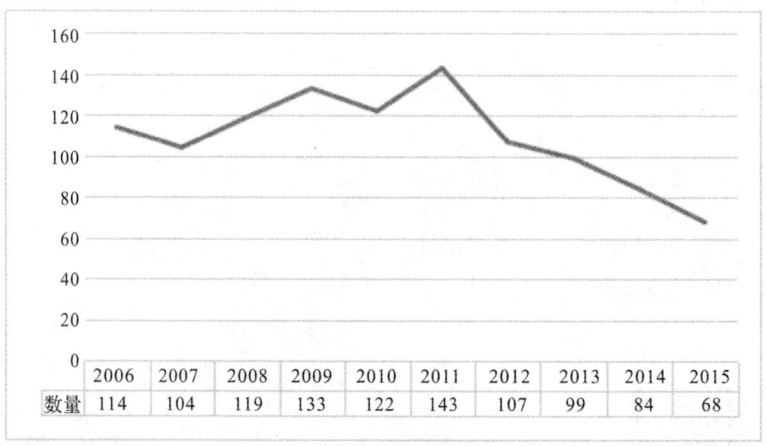

图 F2.3.2　纵向研究趋势图

通过图F2.3.2可知,2006—2015年有关高级会计学的研究文献的数量变动幅度较大,且无明显规律。2006年至2011年其数值保持在100~145篇之间,波动幅度不大,最高值为2011年的143篇文献,最低值为2007年的100篇文献。但2011年至2015年明显呈下降趋势,2015年数值达到历年最低为68篇,且不足2011年最高值143篇的一半。因此,近几年来高级会计学相关文献数量的持续下降值得我们深思。

3.2　研究内容细化分析

3.2.1　债务重组

在激烈的市场竞争中,上市公司面临着越来越大的财务风险,而债务重组成为了降低企业风险和整合社会资源不可缺少的方式。然而,我国上市公司债务重组制度并不完善,仍存在许多问题,因此,债务重组研究的重要性不言而喻。

在近十年的研究文献中发现,学者在债务重组方面对会计准则与理论应用、盈余管理、会计核算和税务处理的研究较多。如谷长辉(2010)基于上市公司债务重组的经验证据,对债务重组与盈余管理进行实证研究;谢德仁(2011)基于上市公司债务重组的经验证据,探讨会计准则、资本市场监管规则对盈余管理之遏制;谢海洋(2013)分析债务重组准则变化与上市公司盈余管理;徐先宏(2014)在债务重组特殊业务的会计与税务处理中,针对债务重组过程涉及的法律、政策、债务免除情况、收益确认、对债务重组损益及资产转让损益的处理等相关内容进行探讨;王金丽(2015)对债务重组准则中存在的问题及建议进行探讨。本文基于债务重组的相关内容,对其不同方向的研究文献作了简要统计,具体数据如表F2.3.2所示。

表 F2.3.2 债务重组细化统计

	准则理论与应用	会计核算	税务处理	公允价值计量	盈余管理	其他	合计
2006	15	2	5	1	1	2	26
2007	11	4	3	2	1	0	21
2008	18	8	3	0	4	3	36
2009	9	6	5	1	4	2	27
2010	7	7	5	1	3	4	27
2011	7	10	3	0	1	5	26
2012	2	4	1	0	2	2	11
2013	2	5	1	2	2	0	12
2014	4	8	1	0	0	3	16
2015	4	3	2	1	2	1	13
合计	79	57	29	8	20	22	215
比重	37%	27%	13%	4%	9%	10%	100%

由表 F2.3.2 可知,近十年来关于债务重组的研究中,对准则理论与应用方向的研究最为广泛,共有 79 篇文献,所占比重为 37%,在债务重组中所占比例最大。其次是会计核算方向的研究,文献数量 57 篇,所占比重为 27%。税务处理、盈余管理和公允价值计量方向的文献数量分别为 29 篇、20 篇以及 8 篇,其分别占比 13%、9% 和 4%。除此之外,其他方向的研究如企业的合并等也有 22 篇文献,所占比重为 10%。因此,在债务重组以后的研究中,可以多选择公允价值计量和盈余管理方向,从而加强对债务重组多方面的认知和理解。

3.2.2 政府及非营利组织

作为会计的一个分支,政府及非营利组织会计与企业会计有许多相似之处,但由于其组织目标、财务资源来源、财务资源分配机制、受托责任和业绩考核方面的特征,使得政府及非营利组织会计具有特殊性。政府及非营利组织会计可以分为政府会计及和非营利组织会计。政府会计是指用于确认、计量、记录和报告政府和事业单位财务收支活动及其受托责任的履行情况的会计体系,相应的,非营利组织会计则是针对各类非营利组织财务收支活动及其受托责任履行情况的一种会计类型。

从表 F2.3.3 可以看出,在 2006 年至 2015 年的统计数据中,关于政府及非营利组织的文献数量为 201 篇,占据了 18.39% 的比重,仅次于对债务重组的研究。政府及非营利组织会计可以细化分为政府会计及非盈利组织会计,其具体统计数据如表 F2.3.4 所示。

表 F2.3.3 政府及非营利组织会计统计

	政府会计	非营利组织会计	合计
数值	165	36	201
比重	82%	18%	100%

表 F2.3.4　政府会计及非营利组织会计统计

	研究方向	数值	比重
政府会计	改革	68	41%
	制度准则	33	20%
	概念框架	12	7%
	权责发生制	22	14%
	其他	30	18%
	合计	165	100%
非营利组织会计	信息披露	20	56%
	差异比较	7	19%
	其他	9	25%
	合计	36	100%

表 F2.3.3 中数据显示,关于政府及非营利组织会计的 201 篇相关文献中,政府会计的研究文献共有 165 篇,所占比重为 82%,而非盈利组织会计的相关文献有 36 篇,占比 18%。两者数值差距较大,可见对政府会计的研究远超过对非营利组织会计的研究。此外,表 F2.3.4 对政府会计和非营利组织会计的研究方向做了详细的统计,可以看出对政府会计的研究主要集中在改革问题、制度准则、概念框架和权责发生制这 4 个方面。其中改革问题所占比重最大,相关文献共有 68 篇,所占比重为政府会计的 42%,此外,对制度准则、权责发生制以及概念框架的研究也分别占到 20%、14% 和 7%。而非营利组织会计中主要研究方向为信息披露和差异比较,其文献数量依次为 20 篇和 7 篇,所占比重依次为 56% 和 19%,可见在非营利组织会计中更加侧重对信息披露的研究。

3.2.3　企业合并

企业在经营过程中为了拓展营运规模、优化组合、扩大销售渠道以及增强竞争能力,大部分企业选择进行合并。根据会计准则规定,企业合并是指将两个或者两个以上单独的企业合并形成一个报告主体的交易或事项。企业合并分为同一控制下的企业合并和非同一控制下的企业合并。企业合并的方式包括控股合并、吸收合并和新设合并。

阅读近十年关于企业合并的文献发现,高级会计学领域中,企业合并方面的研究方向主要为会计处理方法的选择、合并财务报表、税务问题的处理以及实务研究,如刘红云(2011)关于企业合并会计方法的研究;刘雅乔(2012)对我国企业合并的所得税税收筹划的研究;李丽(2013)对企业合并会计处理方法的比较与思考;孙晋楠(2014)关于企业合并处理方法的研究;于静舒(2015)基于权益结合法在我国的应用探讨国有控股企业合并会计处理方法的选择。由于在此次文献统计中,企业合并所占比重较大,为 18.12%,因此对企业合并进行细化统计,见表 F2.3.5 所示。

表 F2.3.5　企业合并统计

	会计处理方法	合并财务报表	税务问题	实务问题	其他	合计
数值	69	48	32	24	25	198
比重	35%	24%	16%	12%	13%	100%

表 F2.3.5 和图 F2.3.3 对企业合并所研究的主要内容进行了细化统计,可以看出,近十年关于会计处理方法的研究最多,所占比重达到 35%;其次是对合并报表处理的研究,其比重为 24%,最后是税务处理、实务处理的研究所占比重分别为 16% 和 12%,其他方向的研究占据 13% 的比重。相比较而言,企业合并的主要研究方向所占比重差距不大,较为均匀,在日后的研究中可以保持这样的趋势。

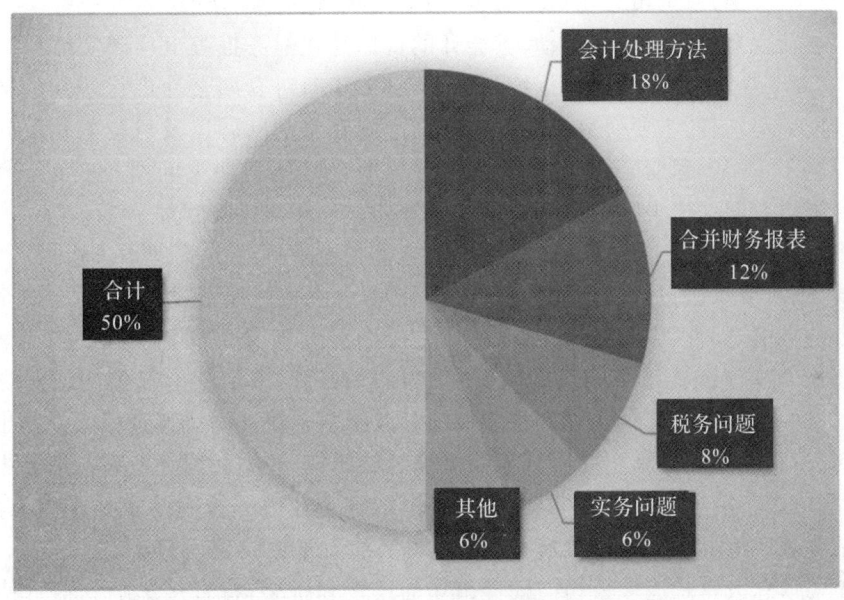

图 F2.3.3　企业合并比重

由于合并财务报表的编制也可以看作是企业合并的一个方向,因此本文不再对其进行细化分析。

3.2.4　其他

在表 F2.3.1 和图 F2.3.1 所显示的统计数据中,分支机构会计、外币折算、衍生金融工具、套期会计、破产清算及上市公司信息披露这六部分内容所占的比重均在 10% 以下,虽然比重较小,但也是高级会计学不可或缺的一部分,在此分别对这六部分内容进行概述。

分支机构的设立,通常是为了增强企业的竞争能力,以达到对外拓展的目的。它是企业的一个组成部分,在经营业务、经营方针等各方面都要受到公司总部不同程度的控制。分支机构不是独立的法律主体,但通常是一个独立的会计主体。在统计分析的 1093 篇文献中,关于分支机构会计方面的文献仅占 27 篇,其研究方向大部分是基于企业、银行的分支机构,对其内部控制、收税筹划、安全管理、绩效考核及风险控制等进行探讨。

外币报表折算主要是为了向居住于不同国家的股东提供财务报告,更主要是跨国公司为了合并其遍布世界各地的子公司会计报表,将以外币编制的子公司会计报表折算为以母公司报告货币表述的报表。近十年来,对外币折算的研究相对较少,其文献数量为70篇,且相对呈下降趋势。而在外币折算的研究中,会计准则和折算方法所占比例较大。如朱青(2011)在我国外币报表折算方法选择探讨中,对现行汇率法和时态法两种主要的外币报表折算方法进行了比对分析;曹伟(2015)从记账本位币与列报货币的区别与联系、外币折算会计的主要内容、外币交易及外币余额会计处理方法的解释三个方面对外币折算会计准则相关问题进行探讨。

衍生金融工具是从基础金融工具中派生出来的,通过预测股价、利率、汇率等未来行情趋势,采用支付少量保证金,签订跨期合同或互换不同金融工具等交易形式的新兴金融工具。本文的统计数据显示,近十年来对于衍生金融工具的研究文献主要有57篇,主要集中在会计信息披露和风险管理两个方向,如周松、梅丹(2011)对衍生金融工具会计风险的分析和应对策略的提出;孙玉军(2014)对上市公司衍生金融工具会计信息披露的研究。

套期是企业规避风险的一种活动,其会计的目标是在财务报表上反映实体风险管理活动的影响。在2006年至2015年的数据统计中发现,十年间对套期会计进行研究的文献数量较少,均不超过10篇,它的主要研究方向集中在与准则有关的问题以及风险的相关问题。如杨模荣(2012)基于IASB套期会计征求意见稿对套期会计原则缺失问题进行的研究,叶嘉沛(2011)结合国航套期保值失败的案例分析我国套期会计及其风险管理。

相比于传统会计,破产清算会计比较特殊,它是指企业因经营管理不善造成严重亏损,不能偿还到期债务,被依法宣告破产而导致的企业清算。在实际运营过程中,每一个企业都面临着这种破产的可能,因此,企业破产清算会计是一个具体但又不同于日常的会计核算过程。2006—2015年间关于破产清算会计的研究文献共有63篇,多是从内部控制、会计准则构建、实务处理方法的角度进行探讨。如栾甫贵(2010)以我国企业破产清算过程中暴露出的内控问题为背景,探讨构建破产清算企业内部控制制度的必要性,总结我国企业破产清算中所出现的问题,提出我国破产清算企业内控架构,分析破产清算企业内部控制的主要难点及其对策;王媚(2013)结合破产清算相关法律法规提出我国清算会计准则构建研究。

上市公司信息披露是连接公司与证券市场的纽带和桥梁,将直接影响到信息使用者的决策以及证券市场能否正常、有效的发展。上市公司信息的披露可以增加上市公司的透明度,为投资者提供投资的信息,保护投资者的利益同时避免上市公司违规操作。此次所统计的文献中,关于上市公司信息披露的文献共有46篇,相对数量较少,2006—2015年间每年文献数量的变化幅度不大,其文献大部分都是结合有关案例,以其披露的质量、透明度以及影响因素为出发点进行研究,如李少轩、张瑞丽(2009)基于沪、深上市公司的实证分析对上市公司内部控制信息披露影响因素的研究;刘朝霞、孙丽娜(2010)对上市公司信息披露质量的研究等。

总体来说,这六部分内容在高级会计学的研究中所占比重较少,但由于对应客观环境的差异和侧重研究对象的不同,这六个部分仍是高级会计学重要的组成部分,因此在致力于研究债务重组、政府及非营利组织会计、企业合并和合并财务报表的同时,应加强对这六个部分的研究,以保证对高级会计学的研究更加全面、深入。

4 研究结论及展望

本文经过对1 093篇高级会计学相关文献的统计、梳理和分析,可以看出,随着客观经济环境的变化,新业务的不断涌现,对高级会计学的关注和要求也在逐渐提高,但本文统计数据表明,关于高级会计学的研究近几年来似乎有所降低。基于此,相关学界学者应顺应社会发展的趋势和市场的需求,加强对高级会计学的关注程度,深入对高级会计学的研究。在保持对债务重组、政府及非营利组织会计、企业合并和合并财务报表的研究的同时,也应加大对分支机构会计、外币折算、衍生金融工具、套期会计、破产清算和上市公司信息披露的研究力度,为形成完整、系统、通用、实用的高级会计学理论体系提供必要支撑。同时,对每一个方面的具体研究,也不应针对单一的研究方向,而是应从多个视角或结合企业实践对其进入更加全面和深入的研究,这才有可能对高级会计学日后的发展提供有益的帮助。

自高级会计学在我国产生至今,由分散、杂乱的部分内容到今天较为系统的研究范围,高级会计学经历了多次的演变,这是社会进步、经济发展的必然结果。而我国目前正处于快速发展阶段,前景大好,经济环境也将会有着相应的变化。为了顺应这一必然趋势,适应客观经济环境的变化,相关学者对高级会计学的关注必然增加,对其相关内容的研究、探讨也会越来越多,其相关体系和构架会更加完善,理论内容会更加丰富。总而言之,在经济态势良好的今天和可预见的未来,高级会计学的发展会越来越好。

参考文献

[1] 孙聪.企业合并会计处理方法的经济后果分析[J].会计之友(下旬期刊),2010,02:87-89.
[2] 李春华,李春杰,褚瀛,杨洪波.非营利组织会计准则体系构建探讨[J].财会通讯,2010,01:56-57.
[3] 李春杰.政府和非营利组织会计目标与控制对策[J].财会通讯,2010,04:41-42.
[4] 艾珺.新会计准则中的债务重组解析[J].合作经济与科技,2010,16:84-85.
[5] 郭思永.企业合并财务报表相关问题的研究[J].会计之友(上旬刊),2010,08:114-116.
[6] 宋夏云.高级财务会计学理论基础与研究内容思考[J].财会通讯,2010,31:41-44.
[7] 李小荣.中国财务会计概念框架研究综述[J].会计之友(中旬刊),2009,01:14-15.
[8] 叶明,李经彩,杨鸣京,郑天娇.准则修订背景下企业合并的会计处理方法说明[J].财会月刊,2015,01:108-110.
[9] 李朝芳.对高级会计学研究范畴界定的思考[J].财会月刊,2015,07:7-11.
[10] 曹伟.外币折算会计准则相关问题探讨[J].财会通讯,2015,13:5-9+4.
[11] 李旭萍.高级财务会计学的产生背景及内容界定[J].会计之友,2012,06:125-126.
[12] 汪俊秀.我国企业合并会计准则的实施:问题与对策[J].财政研究,2012,06:71-73.
[13] 陈志斌.政府会计概念框架结构研究[J].会计研究,2011,01:17-23+95.
[14] 李作生.谈分支机构及分支机构会计特征[J].现代商业,2011,12:219.
[15] 王萍.从上市公司盈余管理谈债务重组准则的完善[J].财会月刊,2011,07:13-14.
[16] 谢海洋.新债务重组准则与上市公司盈余管理[J].会计之友,2011,18:73-75.
[17] 栾甫贵.我国破产会计研究的回顾与评价[J].会计研究,2011,04:28-34.

[18] 王宁. 衍生金融工具套期会计探究[J]. 中国注册会计师,2011,12:94-97.
[19] 李颖琦,陈春华,俞俊利. 我国上市公司内部控制评价信息披露:问题与改进——来自2011年内部控制评价报告的证据[J]. 会计研究,2013,08:62-68+97.

附录3:"一带一路"跨境并购会计处理方法研究

2017级　冀鹏弘

摘　要

自"一带一路"战略实施以来,中国对"一带一路"跨境的并购规模显著上升,未来可能继续快速增长。2017年"一带一路"高峰论坛的召开预示着中国与"一带一路"沿线国家和地区的合作或将更加强化,然而中国企业对"一带一路"沿线国家的投资也面临着诸多风险与挑战,但相较于国际上的企业并购,我国企业并购起步晚却发展迅速。本文基于"一带一路"跨境并购的相关数据,分析了我国并购会计的发展现状及存在的问题,并提出相应的会计处理建议,以期为我国在"一带一路"沿线国家的并购行为提供帮助,并促进"一带一路"战略的稳定、可持续的发展。

[关键词] 一带一路;跨境并购;会计处理方法

Abstract

Since the implementation of "The Belt and Road" strategy, the China increased significantly The Belt and Road along the country's mergers and acquisitions, is likely to continue rapid growth in future. Held in 2017 The Belt and Road forum indicates that China and Belt and Road Initiative along the countries and regions or cooperation will be further strengthened, however China enterprises investing in "The Belt and Road" along the country also faces many risks and challenges, mergers and acquisitions compared to international enterprises, mergers and acquisitions in China started late but developed rapidly. This paper is based on "The Belt and Road" cross-border mergers and acquisitions of the relevant data, analyzes the current development of China's merger accounting and the existing problems, and puts forward corresponding suggestions of accounting treatment, in order to help for China in mergers and acquisitions The Belt and Road along the country, and to promote a "take a road" strategy to promote the stable and sustainable.

Key words: Belt and Road Initiative; cross-border mergers and acquisitions; accounting methods

1 引言

2017年5月31日,汤森路透、中国社科院世经政所、清华大学清华-青岛数据科学研究院及清数研究联合发布《"一带一路"跨境并购研究报告》及《"一带一路"跨境并购强度指数》。

该报告基于权威的汤森路透并购数据库,聚焦跨境并购,从地区、行业两个维度展开,选取"一带"、"一路"分别进行描绘,全面梳理自 2000—2016 年间"一带一路"沿线国家并购现状和总体情况,并探讨了中国企业作为并购方在"一带一路"沿线国家并购中所扮演的角色。本文就中国对"一带一路"国家的跨境并购规模情况进行汇总,如图 F3.1.1 所示。

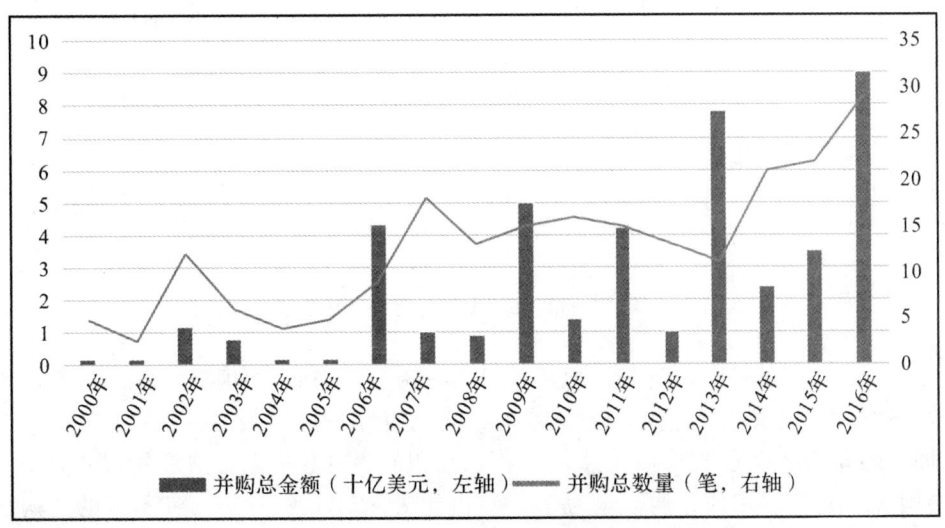

图 F3.1.1　中国对"一带一路"国家的跨境并购规模

从图 F3.1.1 可以看出,在 2000—2016 年,中国对"一带一路"国家已完成的跨境并购累积金额达到 442.8 亿美元,占全球对"一带一路"国家并购总额的 3.37%,累积数量达到 196 笔,占全球对"一带一路"国家并购总数的 1.49%。2016 年,中国对"一带一路"国家跨境并购总额为 99.4 亿美元,占"一带一路"国家并购总额的 11.21%。

具体情况如下:

首先,图 F3.1.2、图 F3.1.3 分别为中国对"一带一路"国家的跨境并购金额的区域分布图和中国对"一带一路"国家的跨境并购数量的区域分布图。

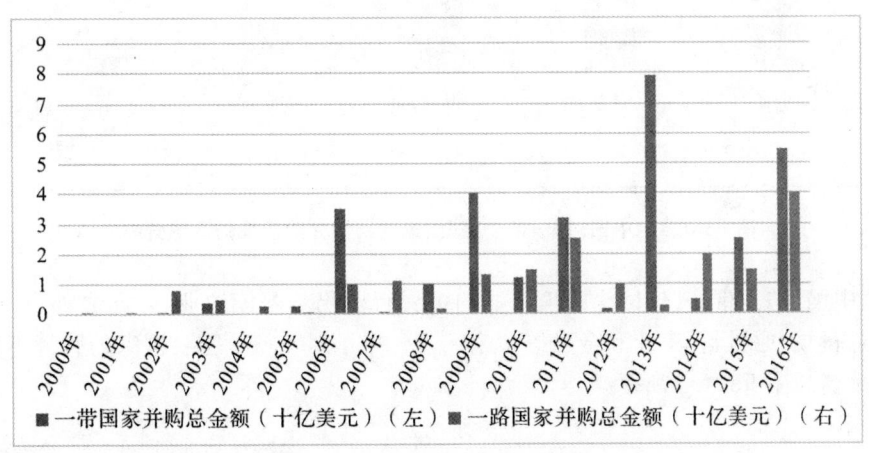

图 F3.1.2　中国对"一带一路"国家的跨境并购金额的区域分布

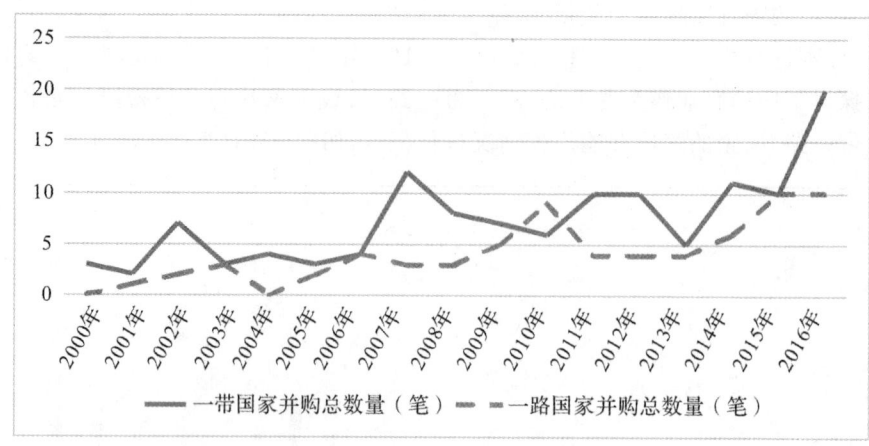

图 F3.1.3　中国对"一带一路"国家的跨境并购数量的区域分布

由图 F3.1.2、图 F3.1.3 可以看出,从累积的并购金额来看,中国对"一带"国家的跨境并购金额高于"一路"国家,中国对"一带"国家的并购金额为 344.51 亿美元,占比为 66.74%;对"一路"国家的并购金额为 171.71 亿美元。而从累积的并购数量上看则是"一路"大于"一带"国家,中国对"一带"国家的并购数量为 74 笔,占比为 35.41%;对"一路"国家的并购数量为 135 笔。整体来看,中国对"一带"国家跨境并购的金额较高而数量较低,主要是因为平均单笔投资规模大于对"一路"国家的并购。

其次,中国企业主要的投资区域是东盟、西亚、中亚和独联体,中国对"一带一路"国家的跨境并购规模的区域分布图如图 F3.1.4 所示。

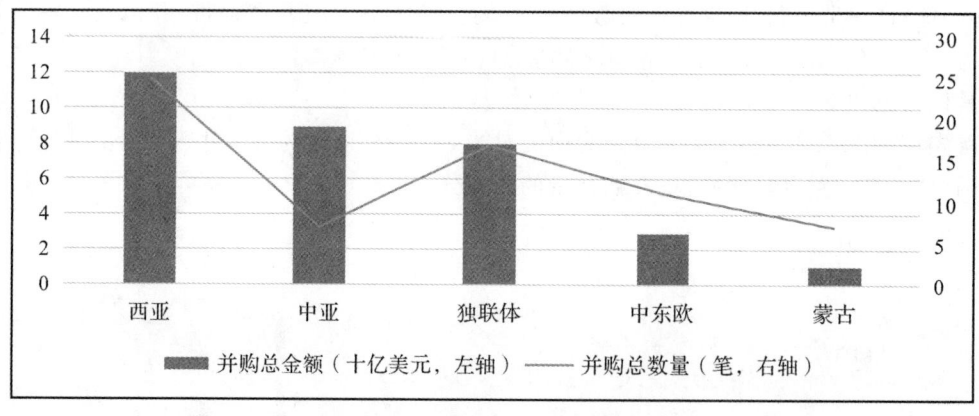

图 F3.1.4　中国对"一带一路"国家的跨境并购规模的区域分布

再次,中国对"一带一路"国家跨境并购的主要行业仍然是能源业,除此之外,中国的并购涉及到信息科技、原材料、工业和金融等多个产业。中国对"一带一路"国家的跨境不同行业并购的金额排名如图 F3.1.5 所示。

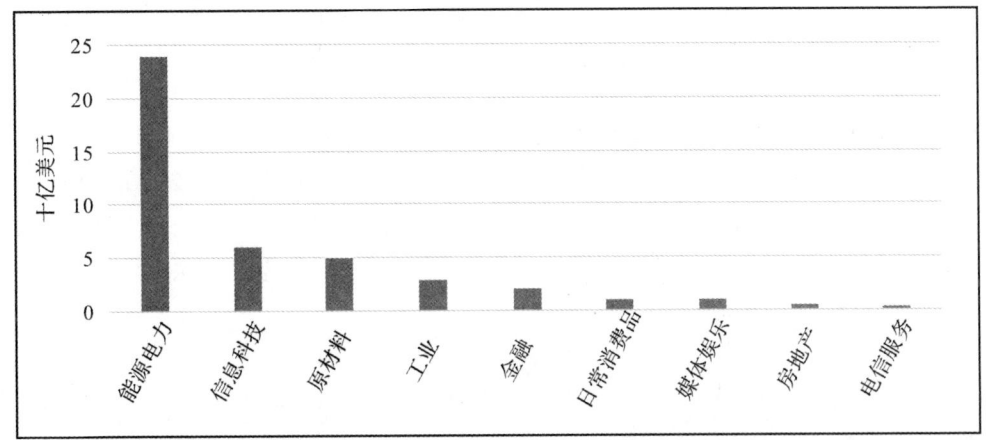

图 F3.1.5　中国对"一带一路"国家的跨境不同行业并购的金额排名

最后,图 F3.1.6 为中国对"一带一路"国家的跨境并购金额最多的 5 个国家排名图。

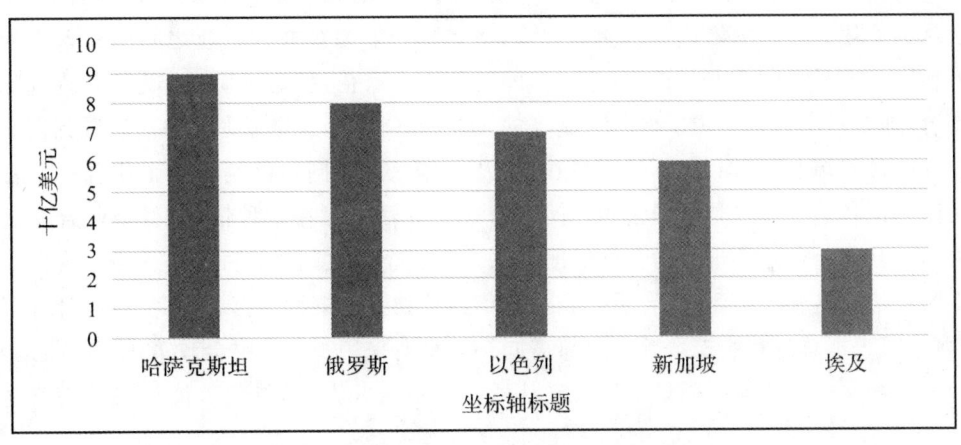

图 F3.1.6　中国对"一带一路"国家的跨境并购金额最多的五个国家

从图 F3.1.6 可以看出,中国对"一带一路"国家的并购金额高度集中,排名前五的是哈萨克斯坦、俄罗斯、以色列、新加坡和埃及,仅这五个国家就占中国对"一带一路"地区并购总额的 78.70%,大额并购较多,存在一定潜在风险。

在国内外环境的影响下,"一带一路"企业跨境并购活动非常的活跃,企业的合理并购可以形成规模巨大的经济效益,而且在不同行业之间采取并购的方式,可以在一定程度上节约交易所使用的费用。企业通过并购的方式可以使交易更加的简单,并且市场运作的复杂程度会降低,企业在运行中的成本也可以得到有效的控制,企业的经营效率得到保障。但是,在企业并购的过程中,我国并购会计的研究还处于初步的阶段,而且很多标准并不成熟,会计信息的质量相对较差,跨境并购活动更是给会计工作的开展带来了新的挑战。企业并购活动的不同,导致会计处理方法存在着差异,使企业并购活动对会计理论产生一定的威胁。我国的企业并购会计处理与国外企业相比,还存在一定的差距。因此"一带一路"跨境并购对企业并购会计尤其是跨境并购会计的研究显得尤为重要。

2 企业并购内容概述

由于行业发展不均衡、各企业经营管理上的复杂性和企业并购资金的不断上涨等因素,企业并购过程中会计处理相关工作难度在不断加大。2014年我国对《企业会计准则》中的企业合并部分内容进行修订和整改,通过对会计处理工作进行详细的规定,给企业并购工作提供了更为有效的指导。新会计准则下企业并购会计处理措施主要有权益结合法和购买法。

2.1 权益结合法

权益结合法下企业的并购与购买法具有本质区别,权益结合法下企业并购的实质是股权的互换,是指并购双方通过交换对方所持有的股权,从而实现股权权益的联合。此种会计处理方法,以被并购企业的账面价值进行入账,因此不会产生商誉。当今社会的国际资本市场,企业并购的会计处理方法,已经统一标准为购买法,停止了权益结合法的运用。由于我国的资本主义市场发展不健全、模式不完善等原因,权益结合法仍然在使用。新会计准则对购买法与权益结合法的使用标准与内容进行了明确规范,将并购企业与被并购企业之间的关系作为二者使用的界限。若是并购企业与被并购企业,同时属于一家企业,则将其划分为企业内部的资源优化整合,即权益结合法适用于同一控制下的企业合并情况,即企业在合并前后受到同一方或相同多方的最终控制,且控制时间通常在一年及一年以上。同一控制下的企业合并多发生在企业集团内部各子公司或是母子公司之间的企业合并活动。在这种情况下,企业合并过程中可以采用以当前企业账面价值为基础的股权联合完成企业之间的合并工作。企业合并过程并未发生实际的交易和购买,且联合后的企业仍作为单独主体继续经营。因此,在会计处理工作上,在财务报表汇总过程中被合并企业只需同合并企业采用一致的财会政策进行汇报即可;且合并企业按被合并企业的账面价值进行确认后参与被合并方的资产、负债与权益联营之间的交易结果。

在实际企业合并会计处理过程中,对并购发生时企业净资产价值、股本及股票面值、留存利润、资本公积等账户进行制表和汇总。在新《企业会计准则》实施后,对通过权益结合法实现企业合并并取得长期股权控制的合并案例,采取由合并方通过支付现金、转让资产或承担负债等方式实现合并对价,并在合并日按照被合并方权益账面价值的份额作为长期股权投资的初始资本。同时,若该初始资本同合并方支付的现金、转让资产及承担债务在账面价值上存在差额,则差额部分应通过调整被合并方资本公积方式进行冲减;若被合并方资本公积不足以用于冲减,则应调整当期留存收益。同以往会计准则中将被合并方投出资产账面价值作为初始投资成本的规定相比,新会计准则中对权益结合法更加倾向于并购双方企业经济效益的共享和经营责任及风险的共同承担。在会计处理上的规定更为明确,实现了被合并方企业并购后以原账面价值入账的计量方法。

2.2 购买法

企业并购之后需要对财务状况进行处理,目前国外的企业通常采用购买法解决合并企业的业务。购买法的本质内容是将企业合并作为一种特别的购买方式,即是一家企业对另一家企业的购买,从而将两家企业并购成一家,并且按照公允价值进行计算。企业并购之后,被购买企业的资产与债务,购买企业需要同时承担责任。因此,购买企业需要支付的公允价值大于被购买企业并购时的公允价值,并且超出的公允价值部分属于商誉入账。在利用会计处理方法进行处理时,购买企业的购买价格计入长期股权投资。购买法作为企业并购的会计处理方法,在国际资本市场上被广泛应用,并且具有良好的发展空间。

与同一控制下企业合并时采用的权益结合法不同,对于非同一控制下的企业合并工作一般采用的是购买法的企业并购方式。购买法指的是企业在实施并购过程中由并购企业以现金或其他支付方式用于收购被并购企业资产。在企业并购中采用购买法一般是并购方和被并购方两方通过谈判和协商进行的以公平交易为手段的企业合并行为。在交易过程中,首先并购企业会对目标方的各项资产情况及负债情况的公允价值进行核算,并按照公允价值及企业的实际资产价格记录进行企业资产的收购。

在会计处理上,购买法一般采用的是企业资产购置的相关处理程序,其核算中心集中在对交易成本核算上。在核算过程中,应按照交易发生日被并购企业放弃的企业净资产公允价值即可直接归入购买成本,并按照收购成本进行核算。其中包括交易发生日被合并企业的资产及负债的实际价值。当购买成本同被合并净资产公允价值之间出现差额时,该差额部分应确认为商誉,并按规定在一定期限内进行摊销。其中,长期股权投资初始成本的确认是购买法下企业并购中的重要问题。企业并购发生时,以现金方式购入长期股权投资的,按购买方企业向被购买方企业实际支付的,包括手续费、各项税费等相关费用在内的全部价款记做企业并购中的初始投资成本。关于合并过程中由购买方式产生的税费问题,根据最近颁布的《关于促进企业重组有关企业所得税处理问题的通知》,企业并购满足具有不以减少、免除或者推迟缴纳税款为主合理的商业目的、企业重组后的连续12个月内不改变重组资产原来的实质性经营活动、重组交易对价中涉及股权支付金额不高于85%的情况时,可以申请特殊性税务处理,实现合并企业的递延纳税。

2.3 购买法与权益结合法的适用问题分析

购买法与权益结合法是我国主要的会计处理方法,较为普遍的应用于并购企业的资源处理中,二者各具比较明显的特征。购买法下的企业并购,能够清楚地反映并购企业的业务发展情况以及经济实况,能够更加真实的反映企业历史成本,此点相对于权益结合法具有一定的优势。但是由于我国并购市场发展不健全,模式还不够完善,使得企业资产与负债的价值、股票的公允价值,很难被准确计算。在我国并购市场环境的影响下,购买法很难全面实施。因此,权益结合法仍具有一定的存在价值。

权益结合法的优势在于,其与我国的并购市场环境较为符合,并且具有较强的适应能力,能够积极推动我国经济的发展,满足企业快速发展的需求。目前我国使用的会计准则,并没有对权益结合法进行明确规定,导致其在使用过程中出现诸多问题,容易成为控制利润的工具。在选择权益结合法进行企业并购处理时,需要对各个环节加以注意,防止问题的发生。

3 我国跨国企业存在的会计问题

3.1 会计财务风险仍然存在

进行跨国并购,并不是一项简单的事情,面临着许多方面的风险。在进行跨国并购前,首先要求企业具有深厚的经济实力,对并购的公司有一定程度的了解,对其债权债务有承担与偿还的能力,并对并购后的企业发展有着明确的战略或目标。在这个过程中,涉及到不同环节的发展,都可能存在着会计风险。

3.2 财务报表合并存在问题

3.2.1 财务报表差异

财务报表是反映跨国企业经营财务状况的重要依据,然而,由于财务报表的制作者、提供者的不同,其提供的财务报表存在着口径不一致的问题。这是由于我国立足于自身国情,制定的独特的财务报表制度。不同的会计政策使得我国财务报表的编制与国际存在一定的出入,虽然基本原则相同,但在部分细节上,仍然存在着一些差距,因此造成了财务报表口径不一致。要跨国合并,首先的条件就是需要实现财务报表的统一与规范。因此,跨国公司要想进一步完善会计制度,必须首先统一财务报表的规则与制度。

3.2.2 会计准则存在差异

经济全球化的发展使得国际会计制度准则与标准逐步渗入到不同国家,我国针对会计准则也结合国际准则做出了相应的改变。然而,不同国家的经济制度、政治制度存在差异,这就使得其相应的会计准则也有不同的地方。如编制资产负债表等财务报表的格式、规范不同,会计计算方法不同等,都使得会计处理过程中存在一定困难,比如美国使用 GAAP 和国际准则 IFRS 区别。另外,不同的国家、地区在计算会计年度时,使用的条件也是不同的。除此之外,国际间会计准则的协调在事实上压力很大,由于不同国家会计准则存在不同,难以进行界定与判断,降低了工作效率。

3.3 汇率方面存在的问题

跨国并购,顾名思义,需要在两个或者两个以上的国家实现,不同国家的汇率不同,造成了并购中存在一定的风险和困难。当跨国公司并购企业所在国的货币在一定程度上发生升值的时候,跨国公司就需要支付更多的货币来实现并购目的,这就使得在进行并购的过程中,跨国公司所支付的成本又进一步提高,造成了资金负担。

3.4 合并商誉方面存在的问题

合并商誉这一概念并不是我国的本土概念,而是来自于西方发达国家,因此,在我国具有不同的定义,主要包括三种。第一种认为合并商誉是进行权益抵销的项目,因此,合并商誉不可以单独地出现在资产负债表中,不得单独列项,但可以由股东进行权益的抵销。而第二种观点认为合并商誉属于资产,并且是属于固定资产,因此,在进行列项时,需要先将其资本化,之后列入资产负债表中。最后一种观点则认为,合并商誉,不仅仅是企业资产的一种,还是可以进行摊销的资产,因此,在面对合并商誉时,需要特别对待。

就我国而言,面对合并商誉,往往是在资产负债表中进行单独列项,没有再次进行摊销计算,避免了许多复杂的计算过程,然而,这也导致了对其计算的精准度不高。这是由于合并价差中,存在着资产的增值与减值,是不断变化的,若仅仅通过资产负债表短期、固定的反应,无法真实体现,因此,还需要对其进行期末的减值测试,综合性地对其了解。这样既能保证会计工作的效率,又能防止计算不精准导致的资产计算困难,提高跨国企业会计工作综合效率。

4 企业并购会计问题的成因分析

4.1 现行的并购会计准则不够完善

我国财政部在最新颁布的《企业会计准则第 20 号——企业合并》中明确说明:对于"同一控制下的企业合并"规定应当"以账面价值为基础",对资产及其负债进行计量,即采用权益结合法。此准则规定是适应我国现阶段经济发展国情的。但我国的市场经济发展不是很完善,缺少极为活跃的资本市场,在公允价值的估计与运用方面上有一定的局限性,因此对于"同一控制下的企业合并"可以采用权益结合法,以此保证企业合并会计处理的可操作性,减少会计核算成本,简化会计处理程序及步骤。然而这一现行的并购会计准则并不够完善,对于许多企业来说利润仍具有相当大的可操作空间,并不能完全有效的遏制企业利用权益结合法操纵利润。

4.2 会计监管体系不够健全

会计监督体系是我国经济监督体系的重要组成部分。然而随着市场经济的逐步发展,现代企业制度也随之得到进一步发展。在投资者、债权人等企业利益相关者对会计信息质量与披露要求越来越高的今天,也逐渐反映出了我国会计监管体系的不健全。一是法律约束机制不健全,执法环节仍存在疏漏;二是政府与社会的监管力度不够;三是企业内部管理与控制制度不健全。

4.3 企业并购会计的相关环境不够完善

企业并购会计的相关环境不完善主要体现在与之相关的审计环境与资产评估环境的不完善。任何会计工作的开展,都离不开与之相应的审计工作。而我国目前企业内部审计机构不健全、政府及社会审计不能完全发挥其监管职责等问题已危及企业并购的发生与发展。我国的资产评估刚刚起步二十几年,所评估的公允价值对于市场来说是否公允还是值得商榷的,这也严重影响了并购会计中购买法的使用及推广范围与速度,因此目前我国资产评估环境还不够完善,有待进一步加强与提高。

5 解决跨国并购中会计问题的措施

5.1 采取综合性的措施规避风险

必须建立健全风险意识,提高对风险发生的警惕性,并将企业的预算金额与实际发生金额的差异及时处理,从源头上防止风险的影响。再者,建立动态的财务风险预警系统,可以敏锐的了解到被投资国的规则情况。例如,2013年澳洲规则对公司的项目融资比例由自有资本金为20%变化为30%,对自有资本金进行了加强。最后,把握有效控制点。综合看待企业的财务管理,并结合企业发展的经营目标和经营计划来制定相应措施。

5.2 采取不同的措施提高财务报表质量

由于财务报表的差异,跨国并购中,编制财务报表存在着许多的问题与困难。因此,需要采取不同的措施来解决:首先,综合了解并购方与被并购方的会计政策与财务报表规则,并以并购方的财务报表为基础,对被并购方财务报表进行相应的调整。

在对财务报表进行调整时,需要综合考虑不同方面的因素。不同国家制定不同的会计准则往往是有其特殊原因的,因此还要结合被并购方的经济、政治与环境,防止由于错误的计算与更改导致跨国并购企业需要支付更高的成本。

因此,在分析不同国家的财务报表时,还需要结合其经济发展模式、发展特征与市场特点,再进行调整,从宏观的局面进行考虑。

5.3 正确地看待合并商誉

进行跨国并购,采用的是吸收合并的方式,因此,并购方在进行并购后,会综合性地继承被并购方的债权与债务,包括被并购方的商誉。在同一控制下的合并中,面对不同的净资产账面价值表现的不同,存在的差额,需要通过资本公积来进行调整,资本公积不足的,可以通过留存收益来进行。当出现这种情况时,跨国企业不存在商誉。而在非同一控制下实现合并的情况下,计量的标准往往是以公允价值为基础。当公允价值和账面价值存在着差额的时候,将差额计入当期损益,即将其视为已销售的资产,通过这种方法来确认损益。因此,并购的跨国企业成本降低,成本低于收益,并形成了合并商誉。

5.4 完善并购会计的相关会计准则

(1)明确并购会计方法的选择。目前我国会计准则规定,同一控制下,企业可采用权益结合法进行合并会计的处理;而非同一控制下,企业则采用购买法进行会计处理。然而并不止于此,我们还需要对权益结合与购买进行更进一步的界定,并制定其判定标准。

(2)严格规范企业并购权益结合法的使用。在并购活动中,权益结合法比较容易操作同时也更容易操纵企业利润,因此具有较大的隐患。为了减少乃至杜绝不良行为的发生,必须制定更加严格的企业使用权益结合法的条件,加强企业并购选择权益结合法的资格审核。为了更好地防范此等状况的发生,现阶段经济发展条件下,我国权益结合法的使用及资格审核可以借鉴国际上相关的企业并购会计规定,也可以按照国际惯例要求来规定其使用要求,使得权益结合法的审核资格得到提高,会计信息更加真实可靠。

(3)并购会计方法的应用与行业发展相适应。随着我国市场经济的高速发展,行业类型逐渐多样化,行业本身的发展也趋于完善,这对我国的会计核算与方法的应用提出了新的要求与挑战。我国企业并购会计应当根据新兴行业的发展状况,完善企业并购会计处理规范和实施细则。同时在并购会计方法的应用中,应与新的科技成果相结合,使得会计处理更加高效。会计处理系统也应及时更新与升级,对于传统已不合适的方法及其应用做出及时更改,以适应时代与行业发展,提高会计信息披露质量,保证企业并购会计处理更加规范,以防止企业资产的流失。

5.5 完善相关会计监管体系

(1)加快会计监管法律体系建设。会计监管的有效实施,离不开一系列完善的法律法规,因此要加快法律体系建设。通过《会计法》《经济法》等法律法规的完善,进一步强化对并购资格、并购会计方法选择等内容的审批以及对并购之后企业净利润等指标的后续监管,加大对违法乱纪行为的处罚力度,特别是加大直接责任人个人的法律责任,以此来充分发挥法律在会计监管方面的震慑作用。

(2)强化企业内外部监管职能。一方面,强化政府监管。着重划分清楚各机关及其部门的分工及职责,尤其是现阶段监管部门中尚存在的功能交叉部分,使得各机关及部门可以针对一个企业或一个项目时能够更协调的处理其监管的部分,尽量做到权与责的对等。强化社会监管职能。加强事务所从业人员的职业道德教育,并加大对违反相关法规的会计从业人员及其所在会计师事务所的处理力度,使之能够真正发挥出社会监管的作用与水平。

另一方面,保证内部监管体系的健全。企业内部监管体系的健全大体分为以下两个部分:一是健全企业内部控制制度。合理、有效地设置企业的会计机构。将会计部门和财务管理部门分立;加强内部审计等监督人员在企业的地位与职权,保持其在企业的高度独立性;健全董事会、监事会机构,使得职位分离。二是完善会计信息质量评价监督体系。企业应当根据《会计法》等相关法规的要求,健全企业会计信息质量评价监督体系,力争从源头上控制和保证企业的会计信息质量。

5.6 加强企业并购相关环境建设

(1)加强审计环境建设。我国现阶段应从内审、外审两方面大力加强审计环境的建设,尤其需要强化内部审计的监督作用。企业应加强内部审计的法律建设,建立健全有关内部审计的法律和法规,明确内部审计的独立性及其地位,并让公司管理层充分认识到内部审计的重要性。合理设置内部审计机构,保证内部审计负责人由董事会直接任免,以保证内部审计的独立性,使其能更好地进行内部审计工作的开展,从而提高内部审计在单位的地位,更充分地发挥应有的作用。

(2)加强资产评估环境建设。购买法下要求合并企业以公允价值入账,目前我国企业并购会计中存在一个很大的问题就是公允价值无法准确估计与运用。我国应进一步建立健全资产评估业的行业准则与规范,通过硬性的规定减少价值评估过程中的人为主观因素影响;要加强评估机构建设。评估机构是评估业发展最具活力的一部分,因此,加强资产评估环境建设无疑要加强评估机构的建设。

5.7 理清企业并购战略

近些年来,由于我国经济侧结构等一系列改革工作的发生促使我国的企业发展迎来新的市场环境与局面。在这样的市场经济引导下,企业之间的并购成为重要的战略同盟发展趋势,并且在并购规模与并购金额上都呈现上升趋势。

因此,为了满足企业这一并购发展趋势,需要做好并购工作的会计处理措施,通过并购与会计处理方法相结合的方式促进企业顺利进行并购。为了有效保证这一工作的成功开展,需要将企业并购会计处理措施与企业的战略发展部署进行有机结合。通过科学规范地审查被合并企业的资产价格、并购风险、并购成本、资本构造、财务状况以及企业并购预期财务效应等因素,分析被并购企业的财务状况与财务数据的真实性,确保并购之后两个企业实现强强联手,珠联璧合的效果。

同时,在并购过程中,还需要通过会计处理措施重新分配企业双方的资产与股权,并根据市场发展规律,制定企业当下的营销模式与管理状态,保证企业在并购合作之后,发挥更大的效益。

5.8 保证企业并购会计处理方式与时代发展同步

随着我国经济与科技的迅猛发展,互联网技术成为企业发展离不开的技术媒介,其可以在一定程度上提高企业的经济效益与速率。企业并购会计处理方式在互联网技术的影响下也发生了巨大变化,为了有效地适应互联网背景下的企业并购会计处理现状,企业需要加大建设企业信息处理平台的力度,通过现代化的财务处理技术与会计核算模块,将企业并购过程中的财务数据处理工作化繁为简,在降低数据处理误差的同时,提高企业并购中的会计信息处理能力。

并且,由于互联网技术不断更新发展,企业为了更好地适应网络技术的这一发展趋势,需要不断进行更新与改革。同时,由于计算机网络容易受到病毒的侵袭,为了保证数据信息的安全,企业需要建立防火墙装置,并安装杀毒软件,保证数据信息的安全。网络通讯和电子科技的普及极大地推动了我国企业财务信息化的发展。会计处理方式在财务信息化背景下发生了巨大的变化。为了满足企业并购活动中会计处理工作的需求,企业应加大对财务会计处理电算化系统中并购相关模块的建设。通过采用现代化的财务管理模式和会计核算方法,将企业并购过程中复杂的财务资料和会计内容化繁为简,并根据新《企业会计准则》中的内容对并购会计处理方法中不适用的地方进行修订完善,进一步满足当前经济环境下企业并购的需求,从而促进企业并购会计处理能力的不断提升。

6 研究结论

企业的并购越来越普遍,出现的会计问题也越来越多,一些问题已经影响到了并购的效率及效果,使得并购给企业带来许多的不确定性。总的来说,企业并购的成败关系到企业未来发展方向,而企业并购会计作为企业并购中的重要组成部分,其处理的恰当与否会对整个企业并购的成败产生非常重要的影响。企业并购会计问题的研究还有利于上市公司进行资金的筹集,加强管理,树立良好的企业形象,并且对证券市场主管机关的管理,增进社会公益起着重要作用。由此可见,企业并购问题的研究在会计领域是不可或缺的。

总而言之,企业并购会计的会计方法选择、会计信息的质量、会计信息披露等问题需要进一步改进,与并购会计相关的监管制度等仍需完善,改进后会对我国企业并购会计的开展起到重要的促进作用。

参考文献

[1]李新海.企业并购会计研究[J].商业经济,2017.
[2]胡新闯.企业并购会计研究[J].财会学习,2017.
[3]林森.基于我国新会计准则下的企业并购会计处理措施研究[J].财会学习,2017.
[4]刘虹.于我国新会计准则企业并购会计处理方法的探讨[J].财税金融,2017.
[5]张蕊,王香群.供给侧结构调整下的企业并购问题研究——基于财务管理视角的分析[J].东北财经大学学报,2017.
[6]李丹,丁志勇.一带一路与跨境并购[J].中国金融,2017.
[7]张辉,黄昊,朱智彬."一带一路"沿线国家重点行业跨境并购的网络研究[J].亚太经济,2017.
[8]金辉.报告:中国对"一带一路"跨境并购呈上升趋势[J].经济参考报,2017.
[9]刘馨蔚."一带一路"下,跨境并购仍是一片蓝海[J].中国对外贸易,2017.
[10]何丹.企业跨国并购的会计处理问题研究[J].天津科技大学,2015.
[11]何怡.企业跨国并购中的会计问题研究[J].财税研究,2014.
[12]周珩琳.企业跨国并购中的会计问题研究[J].金融经济,2009.
[13]孙烨,林嘉献.从美、日、英跨国并购.看会计的国际化障碍[J].东北亚论坛,2005.

附录4:IASB新租赁准则对我国航空公司的影响

2017级 刘 洋

摘 要

IASB与FASB在2016年1月联合颁布了新的租赁准则——IFRS16《Leases》,取消对融资租赁和经营租赁的分类,同时还提出了新的会计处理方法,并宣布于2019年生效。在我国,基于加快与国际准则趋同的大背景下,很有可能全面执行新租赁准则,加上一般航空公司采用表外融资获得的飞机占了很大的比重,因此新准则的实施将会对我国航空运输业带来巨大冲击和影响。本文系统地阐述了国际租赁准则发展过程和具体内容的同时,分析了新准则对我国航空公司的影响,并浅谈应对之策。

[关键词] IFRS16;租赁准则;融资租赁;航空运输业

Abstract

The IASB and FASB jointly issued in January 2016, the new lease criterion — IFRS16

Leases, cancel the categorization of financing lease and business lease, and also puts forward a new accounting methods, and announced that came into force in 2019. In our country, based on the backdrop of the converge speed up with international standards, are likely to implement new lease criterion, combined with the general aviation company USES off-balance-sheet financing for aircraft accounted for a large proportion, so the implementation of new standards will be huge impact and influence on the airline industry in our country. This paper elaborates the development process and specific content of international lease standards, analyzes the influence of the new guidelines on China's airlines, and discusses the countermeasures.

Key words:IFRS16;Lease criteria;Finance lease;Air transport

1　国际租赁准则的修订背景及过程

随着社会的进步和科技的发展,经济业务的核算过程变得日益复杂与重要,尤其是以融资为目的的租赁业务。同时,依赖租赁的行业发展也越来越迅速,不论是西方国家还是中国,企业在进行资产投资决策的过程中,考虑到成本和利益时,也会面临购买还是租赁这个问题,另外租赁是选择经营租赁还是融资租赁,这又将值得深思熟虑。现行的国际会计准则——IAS17在分类和业务核算等方面十分复杂,并且掺杂了一定比例的人为主观判断,这些因素都给修订IAS17提供了动机。

众所周知,2008年的金融危机使许多根据准则漏洞进行财务造假的事件大规模浮现在世人眼前,企业巨大的表外融资受到社会各界的关注与质疑,很多企业将重大的租赁业务划分为经营租赁并对其进行确认,将租赁所产生的资产和负债不披露在资产负债表中,只披露在附注里,以达到降低财务风险的目的。根据IASB调查研究,在30 000家上市公司中,有14 000家公司披露了关于经营租赁的信息,表明通过表外融资获得资产的上市公司在各国各地区都占有相当一部分的比重。这14 000家公司预计未来将支付很大一部分的相关费用,表外租赁资产和负债的最低付款额为2.86万亿美元,其现值为2.18万亿美元。具体情况见表F4.1.1。

表F4.1.1　2014年全球主要地区利用表外融资的占比情况

地区	百分比
北美	62%
欧洲	47%
亚洲/太平洋地区	43%
非洲/中东	23%
拉丁美洲	23%

资料来源:IFRS官网 www.ifrs.org

由表1.1得知,这14 000家公司中,在北美洲有62%的企业采取经营租赁的方式进行表外融资,在亚洲也有43%的企业这样做。许多企业为了自身的利益,通过精心制定的合同条款来避开US GAAP的4个判断标准,将经营租赁划分为融资租赁。从本质上来说,企业的这种做法损害了利益相关者的权益,尤其是在信息不对等的条件下,普通投资者很难获得真实可靠的会计信息,从而做出错误的投资行为。由此看来,租赁准则不得不通过一系列的讨论和修改来完善其内容并颁布一套相对公平的准则来维护社会公众的利益。

此外2001年的"安然事件"对社会各界造成了严重不良影响,主要表现在安然公司利用财务系统和准则漏洞隐瞒众多表外融资项目,虚增利润5亿美元,最终股票价格持续走低,安然公司不得不破产。由此可见,这种会计处理方式存在着诸多漏洞,重新修订租赁准则迫在眉睫,因此早在2006年,国际会计准则理事会和美国国际会计准则理事会决定把对现行租赁准则(IAS17)的修改纳入议事日程。

租赁准则的修订从提出到颁布新准则一共经历了十年,其发展过程如图F4.1.1所示。

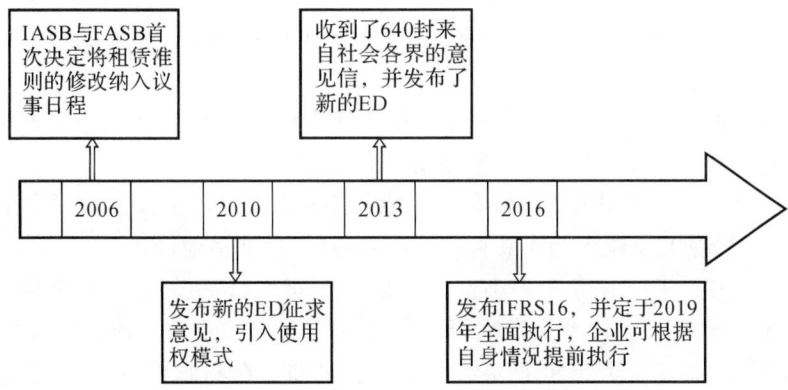

图 F4.1.1　租赁准则发展过程图

正是由于IAS17存在的种种问题,IASB和FASB一直致力于推出更加客观公平的准则,于2006年决定修改租赁准则,2010年发布了新的ED征求意见稿,提出对所有资产的租赁均不再区分经营租赁和融资租赁并且引入了使用权模型,这项意见的提出导致大规模游行和巨大的社会博弈阻力。于是在2013年发布的新的ED法外施恩,将租赁的资产分为两类,对于租赁期在12个月内的短期租赁,其会计处理仍然可以按照IAS17中的经营租赁去处理。最终IASB和FASB在参考了来自社会各界1000多份的意见书后,在2016年1月颁布了新租赁准则IFRS16,并定于2019年执行。

2　IFRS16 的主要内容

在征求意见稿重新规定了出租方和承租方的会计处理中,出租方采用混合模式对租赁进行会计处理:如果出租方未保留与租赁资产相关的重大风险或回报,出租方将采用终止确认法;如果出租方保留了与资产相关的重大风险或回报,出租方则采用履约义务法。这两种方法最大的差别在于租赁资产公允价值与账面价值的差额的处理,前者要求一次性确认收益,而后者则要求在租赁期内分次摊销。承租方采用资产使用权模式进行会计处理见表F4.2.1。

表 F4.2.1　资产使用权模式

Customer（承租方）	← Right to use asset（使用权资产）	Supplier（出租方）
	Cash payments → （现金）	

按照使用权模式,对于承租方而言,所有的租赁都只有一种会计处理方式:①确认资产和负债;②租赁资产要进行折旧;③负债要进行摊销。唯一例外的就是短期租赁(租期不超过12个月)和低值租赁(租赁资产全新价值不超过5000美元)的资产,其会计处理类似于原来的经营租赁。

IFRS16 还将租赁资产分为两类,分别是 A 类资产和 B 类资产,不同类型的资产对承租方来说有不同的会计处理方式,且后期不能变更其分类。

A 类资产(设备型):承租人为了取得资产的一部分而支付租金,比如大多数的机器设备。

B 类资产(财产型):承租人为了获得使用权而租赁,比如房地产。

对于承租方来讲,无论取得了 A 类资产还是 B 类资产,发生的资产与负债都应在资产负债表中列示,在进行摊销时,A 类资产采用设备摊销模式,与自有资产摊销模式类似;B 类资产采用财产摊销模式,即租金为每年的摊销额与利息之和。在利润表中,A 类资产应将产生的收入费用单独列报,B 类资产则合并列报。在现金流量表中,A 类资产的租金应被划分到融资活动中,B 类资产应被划分到经营活动中。

IFRS16 采用使用权模型更加符合资产和负债在会计上的定义,首先克服了 IAS17 的部分缺陷,提高了会计信息的准确性。其次,"两租合一"制止了表外融资租赁这一活动,使企业的财务信息充分披露,有利于利益相关者了解企业真实的财务状况。最后,会计信息横向可比性也大大提升,减少了企业操控财务报告的行为。

此外,IFRS16 与 IAS17 还有一个区别就是需要区分租赁合同(lease contract)和非租赁性质的服务合同(service contract)。在 IFRS16 中,对于租赁的定义除了更换了几个专业术语以外,并没有太大的变化,但是针对服务合同却有了更加明确的说明。IAS17 对于租赁和服务合同并没有严格的区分,都是直接放在损益表当中做当期费用,而在 IFRS16 中对之前的经营租赁合同的处理发生了重大变化,因为后续处理完全不同,这就非常有必要与服务合同进行区别。区分标准就是是否可以找到明确的标的资产(underlying asset),如果可以称为租赁,反之则不能称为租赁。

国际会计租赁准则由 IAS17 到 IFRS16 的具体比较项目表见表 F4.2.2。

从 IFRS16 与 IAS17 的对比可以看出,新准则的会计处理以贴现基础反映所有使用权资产和负债并要求单独列报,解决了旧准则的局限性,提高了会计信息的质量。在承租方会计处理上采用了"使用权模型",这种处理方式不仅是对多年来经营租赁会计处理存在的承租方表外融资问题的彻底解决,也是对 2010 年和 2013 年版征求意见稿的一个成果汇总。

表 F4.2.2 IFRS16 与 IAS17 对比表

影响项目		IFRS16	IAS17
资产负债表	确认	除个别小额短期租赁外,所有租赁业务相关的资产负债全部反映在资产负债表中	仅反映融资租赁,经营性租赁作为表外披露
	计量	以贴现基础反映使用权资产和负债;租赁期开始时计提折旧;对使用权资产的后续计量采取实际利率法	融资租赁的会计处理与 IFRS16 类似,对未确认的融资费用采取实际利率法进行摊销;经营性租赁的租金作为费用
	列报	使用权资产和负债均单独列报	列报融资租赁产生的资产和负债;对于经营性租赁不进行列报,仅披露相关情况
	披露	除了 IAS17 要求披露的部分,还应对使用权资产和负债情况以及相关现金流量进行披露	对租赁相关的各项费用进行披露
利润表	营业成本	使用权资产折旧	经营性租赁的租金和融资资产折旧
	财务费用	使用权资产按照实际利率法计算出的利息	融资租入的资产应付租赁款未确认的融资费用摊销
现金流量表	经营活动	使用权负债利息现金流量	经营租赁租金现金流出
	筹资活动	使用权负债偿还现金流量	融资租赁相关现金流出

资料来源:根据 IFRS16 和 IAS17 相关规定整理。

3 新租赁准则对航空公司的影响

众所周知,对于航空公司来讲,飞机一般靠融资租赁获得而不是直接购买,例如 B737 和 A320 这样的热门飞机,年产量订单排满,机位无疑成为了航空公司和租赁公司的资源。航空运输业一般通过融资公司进行融资,而融资公司分为两大类,一是银行业背景的租赁公司,资金成本较低,如中银租赁、国银租赁;二是飞机和发动机制造商背景的租赁公司,优势在于专业性强,具体分析客户融资需求并给出专业性建议,如巴西航空融资租赁公司、波音金融租赁公司。

由于经营租赁不在财务状况表中反映,因此大多数航空公司都会将租赁合同往经营租赁靠拢。根据不完全统计,国际上大型航空公司靠经营租赁取得的飞机几乎占飞机总量的 30%,而美国联合航空公司甚至达到了 75%。与此同时,我国的航空公司也不例外,靠经营租赁获得的飞机占比甚至超过了美国。由此可见,基于我国主张会计准则加快与国际趋同的大背景,新准则一旦确定开始实施,我国根据 IFRS16 修改租赁准则的可能性很大,这样将会对整个航空运输业产生巨大影响。

3.1 对航空公司财务方面的影响

在现行租赁准则下,航空公司仅需要对通过融资租赁获得的资产和对应产生的长期应付款进行确认。但是根据IFRS16规定,东方航空公司应将最低租赁付款额的现值列为负债下的"租赁支付义务",再将最低租赁付款的金额与初始直接费用相加之和列为资产下面的"使用权资产",此举无疑会使航空公司的资产与负债增加。

范宇峰(2012)以案例分析的形式剖析征求意见稿下租赁准则新变化对航空运输企业的财务报表的影响,并针对航空运输业提出应对之策,比如积极参与国内租赁准则的制定,提出自身合理诉求;通过成立租赁公司来规避新准则实施所带来的负面影响;根据自身的资金情况,调整获取资产的方式等。并且以东方航空公司为例,全面地阐述了新准则实施后,从资产负债表的角度来看,航空公司财务风险会显著上升,可能导致公司融资出现困难;从利润表的角度来看,公司的财务费用由负转为了正,不仅削弱了盈利能力还降低了长期偿债能力;从现金流量表的角度来看,公司经营活动净现金流将会增加,与此同时筹资活动净现金流将会减少,导致现金流量表的结构更有利于报告主体。随后,兰凤云(2013)也明确地指出利用经营租赁进行融资具有节税、降低资本成本、增强流动性的优点,从而导致企业的财务报表在可靠性、完整性、可比性方面受到强烈的质疑。简而言之,企业取得的资金和资产不在资产负债表中体现,形成的费用和经营成果反映在利润表中,达到隐瞒企业的真实资产负债率目的。

黄健珊(2016)、张彤(2017)、朱文婷(2017)等人提出旧租赁准则,将融资租入的资产表现为经营租赁的形式,将会大大降低财务报表的质量,且不利于外部报表使用者了解企业的真实状况。并且运用新旧准则,分别对航空公司的租赁业务进行了会计处理,通过比较得出了一些结论:①负债的上升比率大于资产的上升比率导致财务风险显著上升;②营业成本下降和财务费用的上升导致公司利息倍数大幅下降;③公司经营活动产生的现金流量净额增加,筹资活动产生的现金流量净额减少,给公司的财务指标带来了积极的影响。

3.2 对航空公司业务方面的影响

滕昊(2017)首先从租赁的定义、承租人准则、出租人准则、售后租回、转换期处理等5个方面进一步分析了IFRS16的主要内容,并从航空运输企业的业务层面进行分析后提出了两个观点。一方面是由于现行准则经营租赁和服务合同业务处理类似,且体现政策鼓励因素,故短期问题不明显。但当前我国《企业会计准则——收入》正处于与IFRS15趋同的修订之中,结合未来租赁准则趋同修订加以考虑,问题将逐步显现。航空公司租赁飞机分为干租和湿租,无论新准则还是现行租赁准则,在干租业务方面的规定基本相同,会计准则与税法也不存在业务类型认定及税率适用差异,而湿租业务在我国税法层面被一概认定为服务业中的交通运输业,交易对价中的租赁成分与非租赁成分一并适用11%增值税税率。通过分析湿租交易条件可知,在满足承租人拥有租赁资产的使用控制权且出租人不能随意更换租赁物资产的情况下,其也满足新准则租赁识别条件要求,故按新准则规定,该合约中的租赁成分适用IFRS16,非租赁成分适用IFRS15收入准则,由此可能导致新租赁准则、新收入准则及我国税法在租赁双方的交易认定、收入确认、适用税率方面存在不一致性。另一方面,他还提出承租人财务状况改变同时也潜在影响经济决策,具体体现在由于新准则规定承租人对于前两者的会计处理方法相同,故承租人可通过拓展或缩短租赁期来提升财务灵活性,改进融资方式,提高运营效率,进而可能会影响企业在购买与租赁之间的决策。

3.3 对航空公司账面外汇债务的影响

众所周知,美国的航空运输业发展迅猛,国内许多大型航空公司引进飞机时一般以美元计价,东方航空公司也不例外,所以汇率的变化将影响到航空运输企业的财务报表。按照现行准则,租金按照付款时的汇率计入当期费用或者在后续几个月内进行摊销,因此汇率的变动只影响当期租金。而按照新准则的要求,后续的汇率变动对资产价值不造成影响,负债需要根据汇率的变化做出恰当的调整。因此,一旦人民币贬值,东方航空公司的负债变化显著增加,这将进一步引发投资者的担忧。

3.4 对航空公司会计人员核算的影响

由于IAS17存在的诸多问题,导致企业利用准则漏洞舞弊造假,但是新准则提出的新会计处理模式对会计核算产生了巨大影响,也给企业财务人员带来许多影响。根据普华永道6月份发布的租赁调查,在实施新准则后,首席财务官最常见的烦恼见表F4.3.1。

表 F4.3.1 IFRS16 的实施为 CFO 带来的主要烦恼统计表

原因	烦恼	十分烦恼
系统升级	48.70%	19.30%
资源限制	52%	15.30%
数据收集	53.50%	8.70%
信息披露	56%	5.30%
成本控制	48.70%	9.30%
税收差异	41.30%	4.70%
会计政策	40.70%	1.30%

来源:2016年普华永道的调查。

由调查可以得知,大部分CFO苦恼于信息披露、数据收集和财务系统升级,这也确实是新准则实施后企业所面临的主要问题,不但对财务人员的专业素养有了更高的标准和要求,财务系统也需要全面升级,有的企业可能需要自己研发新的财务系统,有的企业可能需要外包给企业外部的专业人员,这无疑会造成企业成本的增加。

新准则IFRS16对租赁准则重新规定了核算方法,这种由简到繁的准则无疑给东方航空公司的会计核算带来了许多不便,财务人员不仅需要专业的知识去判断还要进行复杂的计算。因此东方航空公司不得不花时间培训财务人员或者是花钱送财务人员去专业机构进行培训,这都会产生相关的费用。从培训合格到重回岗位实际操作,财务人员难免会因为不熟悉和缺乏经验犯错,耗时耗力的差异调整也会给东方航空公司带来诸多麻烦。所以一旦新准则实施,企业需要加强内部控制,优化效率,使相关成本控制在可接受范围内。

4 研究结论与启示

通过对实施新租赁准则对航空公司的影响分析发现,新租赁准则会导致航空公司的资产负债率上升,在降低长期偿债能力的同时,现金流量表的结构更有利于报告主体。此外,新准则一旦实施,还会对航空公司的业务层面、账面外汇债务、财务人员的核算带来一定的影响。因此,本文从财政部会计准则委员会及航空公司角度分别浅谈应对之道。

4.1 从财政部会计准则委员会角度

1. 尽快全面了解新准则

新的租赁准则即将全面实施,财政部相关部门应该考虑到航空运输业的特殊性,提前组织专业人员进行全面深刻的学习与进修,透彻的了解新准则是加强监管力度的前提。同时相关部门应该提前站在企业角度分析舞弊的方式及概率,针对有可能发生的舞弊行为制定出相对应的解决方案。

2. 完善国内租赁准则

为了提升上市公司财务报告质量,从根本上减少表外融资租赁,增强公众信心,会计准则委员会应在听取社会各界的建议后,切实考虑我国国情,完善国内租赁准则。财政部还应考虑IFRS16对我国中小企业并不适用,可以不将租赁资产资本化,以降低成本。相关部门在修订相关法律法规的同时,还可以通过网络、电视等媒体向公众宣传,如若因财务造假、虚假披露相关信息而触犯法律的严重后果。

3. 考虑引入规则导向细则

由于原则导向的准则实施时会加入大量的人为判断,比如租赁期和租赁付款额的确定。因此,在加快与国际准则趋同时,应考虑根据我国实际情况,制定出一系列规则导向性的细则及准则实施的引导,罗列出可能出现的各种情况,便于财务人员理解,也大大降低人为操作的概率。

4.2 从航空运输行业上市公司角度

1. 慎重考虑合同相关条款

由于航空公司采购飞机大多通过融资租赁方式,与出租方签署相关合同,再加上合同条款一旦确定是很难进行追溯调整的。所以航空公司在签署合同之前一定要慎重考虑,协商是否可以加上一些可撤回的款项,并且通过规范的方式慎重选择出租方,选择之前对出租方的财务状况和信用记录进行考量,以适当地降低毁约风险。

2. 完善企业会计信息系统

新租赁准则实施后,航空公司之前的信息系统势必要经过整合与调整,对于会计软件的后期调整,航空公司可以根据自己的实际情况选择外包、与软件提供方协商解决方案或者是自己培养技术人员来重整内部信息系统,做选择之前必要的成本和回报分析有助于企业做出正确的决策。

3. 重新考虑资产的获取方式

在各行各业,租赁还是购买都是一项重要的决策,尤其是航空运输业。面对新准则的实施,企业负债率势必会增加,负担随之加重。如果航空公司具有较好的经济实力,稳定的现金流,可以考虑直接购买飞机,这样不仅会使公司的固定资产占增加,还会提高公司的偿债能力。航空公司还可以根据调查得出旅客选择乘坐飞机出行的高峰期,对个别飞机进行短期租赁,从而节约成本费用。对于经济实力不雄厚的公司,在准则实施之前,应该尽快考虑公司日后的发展方向,制定相关战略扩大市场或者开发新业务,从而提高公司财务状况。

4. 提高会计人员的相关技能

对于新租赁准则,航空公司的财务部门员工难免会因为不熟悉而增加犯错误的频率。现如今市面上出现了越来越多的财务培训机构,大型航空公司可以利用规模优势与相关财务培训机构协商好满意的价格,提前对公司财务人员进行上岗培训,巩固财务人员的基础知识,提升财务人员的专业知识与职业判断能力,从而避免差错,节约成本,提高经营效率。

5. 风险管理与内部控制

新租赁准则的实施无疑会给航空运输业带来巨大冲击,通过 COSO 模型和 TARA 模型可以帮助航空公司确定风险并且进行有效的风险管理。一方面,新租赁准则实施的概率很高,可以说已经确定在 2019 年 1 月 1 日实施。另一方面,一旦新准则实施,对航空运输业的影响也很大,比如对经营业绩和负债状况会造成很大影响。在这种情况下,航空公司应该采取相关的措施去尽量减少风险,比如合理控制外汇风险,考虑采用远期购汇等方式规避外币负债汇兑损益计入当期利润的风险。

参考文献

[1] Imhoff,E. A. Lipe,R. C. &. Wright,D. W. Operating lease:Impact of constructive capitalization[J]. Accounting Horizons,5(1):51-63,1991.

[2] Graham Holt. Accounting For Leases－The Future[J]. Accounting of Finance,2010,19(4).

[3] Graham Holt. All Changes For Accounting For Leases[J]. Accounting of Finance,2016,77.

[4] Ramona Dzinkowski. The new standards on leases visit a world of pain on the CFO. [J]. Accounting and Business,2016,18(2).

[5] 隋辉. 浅谈融资租赁与经营租赁的分类标准[J]. 财会通讯,2010(16):140-141.

[6] 兰凤云,张菁,朱艳玲,徐志成. IASB/FASB 租赁准则修订进展及我国应对之策[J]. 生产力研究,2013(10):107-109.

[7] 黄健珊. 新租赁准则 IFRS 16 对航空公司的影响[J]. 会计之友,2016(21):23-25.

[8] 范宇峰. 租赁准则新变化对航空运输业的影响分析:以我国东方航空公司为例[J]. 财会通讯,2012(18):31-33.

[9] 唐宇. 对新租赁国际会计准则的思考[J]. 科技经济导刊,2017(5):240-241.

[10] 杨秀云,朱贻宁. 中国航空公司的经济绩效及其影响因素研究[M]. 经济科学出版社,2015.

[11] 闫华红. 租赁分类观的比较[J]. 财务与会计,2009(19):58-59+66.

[12] 黄雨婷. 结合 IFRS16 变化浅析我国航空运输业预期影响[J]. 中国乡镇企业会计,2016(07):45-46.

[13] 滕昊,黄晓波,侯彤. IFRS16 租赁对我国航空运输企业的影响分析[J]. 会计之友,2017(10):63-67.

[14] 周龙,李亚星. 新租赁准则的修订、影响及我国的应对之策[J]. 中国注册会计师,2016(06):103-106.

附录 5：社会责任信息披露效应研究综述

2017 级　步晓炫

摘　要

企业的社会责任信息披露问题一直是理论界和实务界关注的热点问题。近年来，有关社会责任信息披露的效应研究也逐渐增多，但研究结论尚未统一。本文从社会责任信息披露与财务绩效的关系研究、社会责任信息披露与企业价值的关系研究、社会责任信息披露与企业声誉的关系研究三方面系统地梳理了我国关于企业社会责任信息披露的相关文献。最后，对现有研究进行评价，并在此基础上对未来有关研究进行展望。

[**关键词**] 社会责任；信息披露；综述

Abstract

The issue of corporate social responsibility information disclosure has been a hot topic in the theoretical and practical circles. In recent years, the research on the effect of social responsibility information disclosure is increasing, but the conclusion is not yet unified. This paper reviews the relevant literatures on China's corporate social responsibility information disclosure from the study of social responsibility information disclosure and financial performance relationship, social responsibility information disclosure and corporate value relationship, social responsibility information disclosure and corporate reputation relationship between three aspects systematically. Finally, the current research is evaluated, and on this basis, the future research is prospected.

Key words：
Social responsibility; Information disclosure; Summary

1　绪论

随着我国市场经济的不断蓬勃发展，企业前所未有地不断发展壮大，企业的社会影响也越来越大。企业作为社会经济的组成细胞，其经营活动不再只是简单的个体行为。但长期以来，企业以追求利润最大化为目标，在推动经济发展的同时带来了一系列的社会问题，例如矿难事故频发、食品质量堪忧、环境污染日益严重等等，造成了极为恶劣的社会影响，使得社会对企业的信任度急剧下降。社会责任会计也成为理论界研究的热点。

当前，企业履行社会责任的观念已被众多企业普遍认可。2006 年 9 月，深交所发布《深圳证券交易所上市公司社会责任指引》，鼓励企业尽快建立社会责任制度，编报上市公司社会责任报告。2007 年年末，国务院国资委又发布《关于中央企业履行社会责任的指导意见》，对中央企业履行社会责任提出了相应要求。2008年5月,上海证券交易所发布了《关于加强上市公司社会责任承担工作的通知》,希望上市公司披露在履行社会责任方面的特色做法与成绩,并鼓励在发布年报的同时披露年度社会责任报告。随着越来越多的企业履行社会责任并披露社会责任信息,其所带来的披露效应也引起了实务界的关注和理论界的重视。我国学者也开始从理论和实证研究探讨企业社会责任信息披露所产生的效应。2010—2017年,我国学者在核心期刊上发表的有关社会责任信息披露的文章共计444篇。其中,规范性研究大多是有关社会责任信息披露的动机及影响因素、社会责任信息披露形式、内容及计量方法的研究,实证研究大多是对企业社会责任信息披露所产生的效应的研究。

本文对企业社会责任信息披露效应的相关研究进行综述,将聚焦社会责任披露效应的三个方面:一是社会责任信息披露对企业财务绩效的影响;二是社会责任信息披露对企业价值的影响;三是社会责任信息披露对企业声誉的影响。最后在回顾相关研究的基础上,总结现有研究的不足,并对以后的研究提出展望。

2 社会责任信息披露与财务绩效的关系研究

一段时期以来,人们对企业社会责任信息披露与企业财务绩效的相关关系进行了大量的研究,以证明履行社会责任将对企业长期业绩产生积极作用,继而为企业履行社会责任赢得投资者和管理层的支持提供理论依据。2010—2018年间核心期刊中研究企业社会责任信息披露与财务绩效关系的文章共有188篇,众多学者的研究并没有得出一致的结论。多数学者通过研究发现企业社会责任信息披露与财务绩效呈正相关,有的学者认为二者呈负相关,少数学者则通过研究得出社会责任信息披露与财务绩效呈曲线关系的结论,剩下的文章则并未对二者关系得出明确的结论。

2.1 社会责任信息披露与财务绩效呈正相关

有些学者从总体上对企业社会责任信息披露与企业财务绩效的相关关系进行研究。如齐殿伟,诺敏,王玉姣(2012)选取我国主板上市公司2009—2011年1206家公司,共计3 618个数据,通过建立企业社会责任与财务绩效的回归模型,对二者的相关性进行检验。结果表明:总体来看,我国主板上市公司积极履行社会责任有利于企业财务绩效的提升,但个别指标对财务绩效提高的影响并不明显[1]。

多数学者从不同行业及企业性质的角度对企业社会责任信息披露与企业财务绩效的相关关系进行研究。如张川,娄祝坤,高新梓(2012)以76家国有企业为样本,实证研究发现,社会责任对企业财务绩效有正向的促进作用,承担较多的社会责任的企业,销售利润率和净资产收益率都显著较高[2]。宋建波,盛春艳(2012)以制造业上市公司为例,研究证实,企业社会责任的履行与企业财务绩效具有正相关关系,企业履行社会责任会增加其财务业绩[3]。蒋红芸,景珊珊(2013)对我国医药制造业主板上市公司2007—2011年的数据进行回归分析[4];李多,吴永立(2014)对我国石化行业上市公司2010—2012年相关数据进行回归分析,均得出与以上学者相同的结论,即企业财务绩效与企业社会责任呈正相关[5]。尹开国,刘小芹,陈华东(2014)以2009年、2010年发布社会责任报告的非金融业A股上市公司为样本,试图进一步明确当期和跨期企业社会责任与财务绩效之间的关系。实证分析结果表明,企业社会责任对财务绩效具有显著正向影响;考虑跨期影响的回归结果与当期回归结果并无显著差异[6]。

2.2 社会责任信息披露与财务绩效呈负相关

部分学者认为企业披露社会责任信息需要相应的载体与渠道,所以不可避免地需要花费额外的成本。因此,企业披露社会责任信息与企业绩效负相关。

温素彬(2008)以46家上市公司2003—2007年的数据为依据,发现大多数企业社会责任变量对当期财务绩效的影响为负[7]。李伟(2012)从利益相关者理论出发,结合我国交通运输行业上市公司的实际情况,运用2009年的数据实证分析了可持续增长、企业社会责任与财务绩效的关系。研究表明,若不考虑可持续增长,企业社会责任与财务绩效指标之间则呈现负相关的关系。研究结果说明我国企业在履行其社会责任方面缺少自觉性和长远观念[8]。

2.3 社会责任信息披露与财务绩效呈曲线关系

江焯敏(2010)运用广义最小二乘法和主成分分析法对样本年度观测值进行了实证分析,得出企业社会责任与企业价值之间的U型曲线关系。两者的曲线关系结论能够部分解释在实证研究中发现的既有正向又有负向关系的研究结论[9]。

2.4 社会责任信息披露与财务绩效的关系不明确

有的学者认为企业社会责任对当期财务绩效的影响为负,对后期财务绩效的影响为正,即企业社会责任对财务绩效的正向影响具有一定的滞后性。如温素彬和方苑(2008)构建企业社会责任的利益相关者模型,以46家上市公司2003—2007年的数据为样本,研究发现大多数企业社会责任变量对当期财务绩效的影响为负,对后期财务绩效的影响为正,从而反映出企业社会责任,对财务绩效的正向影响具有一定的滞后性和长期性[10]。

还有学者认为不同的企业性质其社会责任与财务绩效的相关性也不同。如,赵存丽(2013)以入选2012年中国绿色公司百强为样本,以2011年度财务报告数据为依据,分析了民营企业和国有企业的社会责任与财务绩效之间的关系,研究表明:民营企业的经济责任、利益相关者责任与财务绩效呈正相关,但环境责任、透明度责任和创新责任,表现出与财务绩效的不同相关性;国有企业的企业社会责任与财务绩效表现不如民营企业,多数为负相关[11]。

一些学者基于利益相关者的角度,研究发现企业履行对不同利益相关者的责任对其财务绩效的影响不同。如,陈可,李善同(2010)研究了企业在不同方面的社会责任行为对财务绩效的影响。研究发现:并非所有方面的企业社会责任均对企业财务绩效有正面影响,企业对政府和慈善方面的企业社会责任行为对财务绩效有直接正向作用;而企业对顾客、员工、环境的社会责任行为对财务绩效并无直接正向作用[12]。唐芹,郑少锋(2013)以利益相关者理论为基础,结合我国商业银行的经营特点和实际情况,实证检验了我国商业银行履行社会责任对财务绩效的影响。研究证实,商业银行履行对股东、员工和社区的责任对其财务绩效会产生显著的积极影响;对存款人、贷款人和政府的责任对其财务绩效的影响为负[13]。

3 社会责任信息披露与企业价值的关系研究

探索企业履行社会责任对企业价值产生的影响是促进企业更好地履行社会责任的重要研

究课题。关于企业社会责任与企业价值的相关性问题在国内外还未取得一致的结论,这与不同学者针对不同的行业选用不同的计量方法和研究方法有关,2010—2018年间核心期刊中研究企业社会责任信息披露与企业价值关系的文章共有96篇。研究结果可以概括为三大类:一是企业社会责任与企业价值呈现正相关关系;二是企业社会责任与企业价值呈现负相关关系;三是两者关系并不明确。

3.1 社会责任信息披露与企业价值呈正相关

在有关企业社会责任信息披露与企业价值关系的研究中,多数学者研究发现二者呈正相关关系。有不少学者都是基于利益相关者的视角进行研究,如,王晓巍、陈慧(2011)以沪深两市328家上市公司2008年至2010年三年的财务数据为研究对象,以利益相关者理论为视角,通过实证研究得出结论,企业积极履行对不同利益相关者的社会责任与企业价值均呈现正相关关系[14]。陈慧(2011)通过研究发现,企业积极履行对企业利益相关群体的社会责任会提高企业的价值,其中,企业积极履行对股东的社会责任对企业价值的影响程度最大[15]。

阳秋林、黎勇平(2012)通过研究企业价值指标与企业社会责任之间的关系,发现企业履行社会责任的程度好,企业价值也会相应地得到提升[16]。曹建新和李智荣(2013)选取A股上市公司为研究对象[17],王文成和王诗卉(2014)以我国国有企业为研究对象,均验证了上市公司企业价值与企业履行社会责任之间呈正相关关系的研究假设[18]。

王清刚,李琼(2015)研究发现,企业积极履行社会责任,即使不能直接增强盈利能力,也可以增加企业的综合收益、提高员工的劳动生产效率、降低企业运行成本、吸引外资、降低企业筹资成本、改善企业与政府的关系、塑造良好的企业形象,从而间接为企业创造价值[19]。

3.2 社会责任信息披露与企业价值呈负相关

少数学者通过实证研究发现社会责任信息披露与企业价值之间呈负相关关系,如,学者钟瑞庆(2013)通过研究发现,由于我国目前引导企业积极承担社会责任的制度还不够完善,履行社会责任会提高企业的成本,因此,企业承担社会责任会导致企业价值降低[20]。

3.3 社会责任信息披露与企业价值的关系不明确

还有一部分学者基于利益相关者理论,将企业社会责任划分为企业对股东、员工、债权人、供应商、政府、消费者等不同利益相关者的责任,由此得出企业对不同利益相关者的责任与企业价值的关系不同的结论。朱雅琴、姚海鑫(2010)以1318家沪深两市上市公司为研究对象,实证结论是:企业对投资者承担的社会责任会对企业价值造成负面影响;企业对供应商承担的社会责任对企业价值没有影响;企业对政府及职工承担的社会责任会对企业价值产生积极的影响[21]。张兆国,梁志刚,赵寿文(2010)通过研究发现,企业承担对任何一方利益相关者的社会责任都会影响企业的价值,企业应区分不同利益相关者责任对企业价值的影响程度,更加合理地分配企业拥有的有限资源[22]。顾湘、徐文学(2011)以沪市A股煤气、电力及水的生产和供应业中21家上市公司为研究对象,选取2007年至2009年三年的财务数据为研究样本,实证结论是:企业积极承担对股东的社会责任会使得企业价值提升,而企业承担对其他利益相关者的社会责任会使得企业价值下降[23]。

李勤(2011)认为分析企业社会责任与企业价值之间的关系时,用不同的指标表示企业价值所得到的结果不同[24]。万寿义和刘正阳(2013)选取沪深上市公司的财务数据进行实证分析,研究发现对于不同行业,其研究结论有一定差别[25]。

4 社会责任信息披露与企业声誉的关系研究

企业声誉指的是利益相关者在经历一段时间后对企业做出的总体评价,这个评价基于利益相关者对企业的直接经验、企业的竞争行为以及其他相关信息。社会责任信息作为企业对外披露信息的一部分,也必然会对企业声誉有所影响。

2010—2018年间,核心期刊中研究企业社会责任信息披露与企业声誉关系的文章共有48篇。无论是理论研究还是实证研究,结论大都支持社会责任信息披露对企业声誉的正面效应。国内关于社会责任信息披露与企业声誉的研究以实证检验为主,从研究角度来看,现有研究可以分为从整体视角进行的研究以及从利益相关者视角进行的研究两大部分。

4.1 从整体视角进行的研究

李新娥和彭华岗(2010)选取2008年中国百强企业作为研究样本,实证结果表明企业社会责任信息披露的得分与其声誉得分同向变动,企业社会责任信息披露对其声誉的影响是显著的[26]。张鲜华(2012)依托利益相关者理论,对2009—2011年间311家A股上市公司的社会责任表现对企业声誉的影响进行了实证检验。检验结果表明,社会责任表现与企业声誉之间存在着显著的正相关性。即便考虑到行业属性,两者之间的正相关性依然存在[27]。朱薇(2014)以2009—2011年间80家A股上市公司为研究对象,结果表明,我国上市公司社会责任与企业声誉之间存在正相关的关系,并且企业社会责任表现越好,这种正相关关系越显著[28]。田虹(2015)将企业社会责任分为企业社区责任和企业环境责任,实证研究结果表明,企业社区责任和企业环境责任对企业声誉具有正向的推动作用[29]。

4.2 从利益相关者视角进行的研究

李海芹,张子刚(2010)认为,社会责任表现中的经济和环境责任、员工和消费者责任以及法律和慈善责任是影响企业声誉产生的一个重要渠道[30]。王檀林,汪克夷,齐丽云,伊其俊(2015)以辽宁省内的200家多企业的内部员工为对象进行问卷调查,研究了企业社会责任对企业声誉的影响,采用SPSS和AMOS对问卷数据进行分析,研究表明,企业社会责任对企业声誉具有显著的正向影响关系[31]。

5 对现有研究的评价

2010—2017年,我国学者在核心期刊上发表的有关社会责任信息披露的文章共计444篇。其中,《财会通讯》《会计之友》《财会月刊》期刊上发表的有关社会责任信息披露的文章较多,社会责任信息披露研究的各期刊分布如图F5.5.1所示。

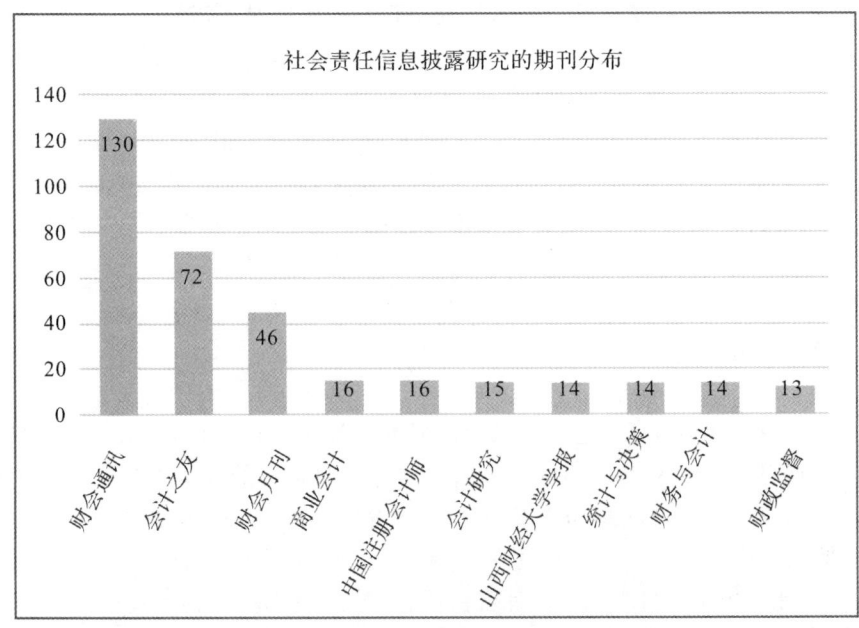

图 F5.5.1　社会责任信息披露研究的期刊分布图

2010—2017年,我国学者在核心期刊上发表的有关社会责任信息披露的文章中,研究企业社会责任信息披露与财务绩效关系的文章共有188篇,研究企业社会责任信息披露与企业价值关系的文章共有96篇,研究企业社会责任信息披露与企业声誉关系的文章共有48篇,剩余112篇为有关企业社会责任信息披露的其他相关研究,社会责任信息披露各研究内容占比如图F5.5.2所示。

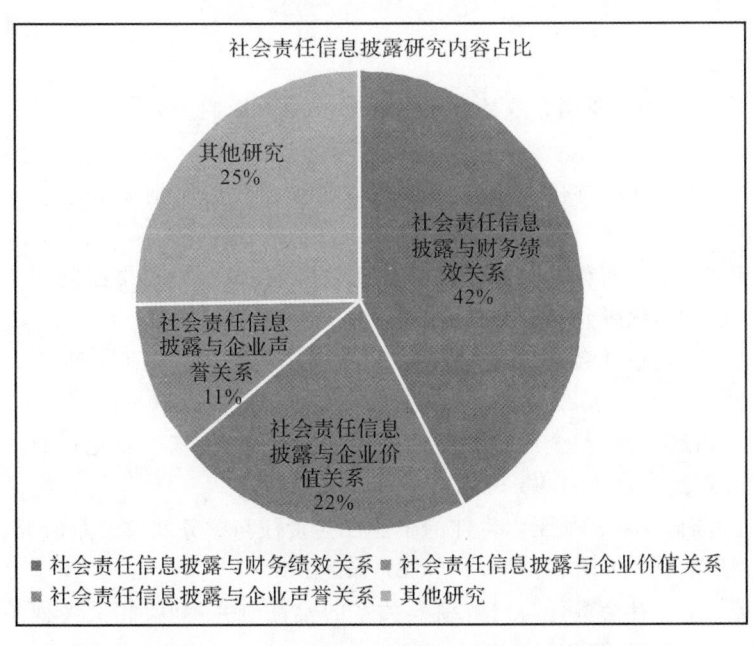

图 F5.5.2　社会责任信息披露研究内容占比图

总体来讲当前我国社会责任信息披露研究中存在的问题是:从观念上看,企业的社会责任道德理念尚未真正形成;我国企业主动披露社会责任履行情况的还不多,而且国内没有一些权威机构如 KLD 等提供企业履行社会责任的情况,研究的企业社会责任数据来源较为混乱,缺乏可靠性;国内关于社会责任信息披露与企业财务绩效、企业价值、企业声誉的研究大多以实证检验为主,缺乏对两者内在理论机制的深入探讨;由于国内学者对此领域的实证研究起步较晚,在以利益相关者衡量企业社会责任的维度方面也就显得比国外更不一致,影响了研究结论的准确性。以上问题制约了我国社会责任会计相关研究的发展。

6 未来研究展望

通过上述对我国社会责任信息披露的效果研究综述中可以看出,有关社会责任信息披露的实证研究没有得出一致的结论,我国企业社会责任信息披露的研究还有很多地方尚未完善。

首先,要建立社会公认的权威机构对企业社会责任进行专门研究和评价,而且多个机构多种方法从不同的角度进行评价,公开评价的结果,提供切实可靠的数据,不仅有助于相关研究的进行,同时也能促进企业自觉地履行社会责任。

其次,要拓宽有关社会责任信息披露的研究思路。国内关于社会责任信息披露与企业财务绩效、企业价值、企业声誉的研究大多以实证检验为主,缺乏对两者内在理论机制的深入探讨。随后的研究可以对两者的内在影响机制进行研究,深入探讨两者关系背后更深层的原因。

最后,社会责任会计需要建立自己独有的框架和理论基础。在上述对我国社会责任信息披露的效果研究综述中,我们发现不同学者的研究结论不一致,有的甚至出现相互矛盾的结论。虽然检验的行业类型、公司规模以及检验方法的选择都会导致研究结论出现差异,但背后更重要的原因是缺乏一套坚实和统一的理论基础。

参考文献

[1] 齐殿伟,诺敏,王玉姣. 我国企业社会责任对财务绩效影响研究[J]. 经济纵横,2013(11):82-84.

[2] 张川,娄祝坤,高新梓. 国有企业社会责任与财务绩效的实证研究[J]. 会计之友,2012(31):89-95.

[3] 宋建波,盛春艳. 企业履行社会责任对财务绩效影响研究:来自中国制造业上市公司的实证检验[J]. 财经问题研究,2012(8):99-104.

[4] 蒋红芸,景珊珊. 企业社会责任与财务绩效相关性研究:以医药制造业上市公司为例[J]. 会计之友,2013(1):49-52.

[5] 李多,吴永立. 社会责任与企业财务绩效关系的实证研究:基于石化行业上市公司数据分析[J]. 会计之友,2014(33):46-49.

[6] 尹开国,刘小芹,陈华东. 基于内生性的企业社会责任与财务绩效关系研究:来自中国上市公司的经验证据[J]. 中国软科学,2014(6):98-108.

[7] 温素彬,方苑. 企业社会责任与财务绩效关系的实证研究:利益相关者视角的面板数据分析[J]. 中国工业经济,2008(10):150-160.

[8] 李伟. 企业社会责任与财务绩效关系研究:基于交通运输行业上市公司的数据分析[J]. 财

经问题研究,2012(4):89-94.

[9] 江焯敏. 企业社会责任与企业价值关联性研究[J]. 中国商界(下半月),2010(10):218-219.

[10] 温素彬,方苑. 企业社会责任与财务绩效关系的实证研究:利益相关者视角的面板数据分析[J]. 中国工业经济,2008(10):150-160.

[11] 赵存丽. 不同企业性质的社会责任与财务绩效相关性研究[J]. 会计之友,2013(2):25-28.

[12] 陈可,李善同. 企业社会责任对财务绩效的影响:关键要素视角[J]. 统计研究,2010,27(7):105-111.

[13] 唐芹,郑少锋. 商业银行社会责任对财务绩效影响研究[J]. 会计之友,2013(23):25-28.

[14] 王晓巍,陈慧. 基于利益相关者的企业社会责任与企业价值关系研究[J]. 管理科学,2011,24(6):29-37.

[15] 陈慧. 基于利益相关者的企业社会责任与企业价值关系研究[D]. 哈尔滨:哈尔滨工业大学,2011:20-30.

[16] 阳秋林,黎勇平. 社会责任会计信息披露与企业市场价值的相关性研究[J]. 财会月刊,2012(5):21-23.

[17] 曹建新,李智荣. 上市公司社会责任履行与企业价值相关性研究[J]. 财会通讯,2013(21).

[18] 王文成,王诗卉. 中国国有企业社会责任与企业绩效相关性研究[J]. 中国软科学,2014(8).

[19] 王清刚,李琼. 企业社会责任价值创造机理与实证检验:基于供应链视角[J]. 宏观经济研究,2015(1):116-127.

[20] 钟瑞庆. 法理视野下公司社会责任的成本承担[J]. 厦门大学学报(哲学社会科学版),2013(1):140-148.

[21] 朱雅琴,姚海鑫. 企业社会责任与企业价值关系的实证研究[J]. 财经问题研究,2010(2):102-106.

[22] 张兆国,梁志刚,赵寿文. 企业社会责任与企业价值的关系:理论解释与经验证据[J]. 财会月刊,2010(36):86-88.

[23] 顾湘,徐文学. 基于利益相关者的社会责任与企业价值相关性研究[J]. 财会通讯,2011,1:123-125.

[24] 李勤. 社会责任会计信息披露质量影响因素的实证研究:基于上市公司2009年社会责任报告[J]. 财会通讯,2011(6):59-62.

[25] 万寿义,刘正阳. 制度背景、公司价值与企业社会责任成本:来自沪深300指数上市公司的经验证据[J]. 南开管理评论,2013(1):27.

[26] 李新娥,彭华岗. 企业社会责任信息披露与企业声誉关系的实证研究[J]. 经济体制改革,2010(03):74-76.

[27] 张鲜华. 社会责任表现对企业声誉的影响研究:来自A股上市公司的经验数据[J]. 兰州学刊,2012(12):99-102.

[28] 朱薇. 企业声誉影响因素与企业社会责任表现相关性的实证研究:基于A股上市公司的

经验数据[J]. 山东农业工程学院学报,2014,31(03):65-66.

[29] 田虹,潘楚林,姜雨峰. 企业社会责任可见性和透明度对竞争优势的影响:基于企业声誉的中介作用及善因匹配的调节效应[J]. 南京社会科学,2015(10):17-25.

[30] 李海芹,张子刚. CSR对企业声誉及顾客忠诚影响的实证研究[J]. 南开管理评论,2010,13(01):90-98.

[31] 王檀林,汪克夷,齐丽云,伊其俊. 企业社会责任对企业声誉的影响研究:一个基于企业内部员工的实证[J]. 管理现代化,2015,35(06):64-66.

附录6:纳税筹划中会计处理方法的综述性研究

2018级 雍佳鑫

摘 要

税收筹划是财会和税收理论界的热点问题,随着经济的发展,纳税筹划日益成为纳税人理财或经济管理中不可缺少的重要组成部分,特别是企业所得税的筹划,受会计政策选择的影响非常明显。企业进行所得税筹划的过程,也是会计政策选择的过程,不同会计政策选择下的不同会计处理方法会形成税负不同的纳税方案。企业如何在法律制度的约束前提下最大限度谋取企业利益,从纳税筹划的角度选择合理的会计处理方法,是每个企业在会计核算中面临的具体问题。本文通过对国内外学者近十年内关于纳税筹划中会计处理方法选择的文献进行疏理,旨在为企业实际采取适合的会计处理方法进行纳税筹划提供一定程度的参考和借鉴,来促使企业更好的发展。

[关键词] 纳税筹划;会计方法选择;节税

Abstract

Tax planning is a hot issue in the field of Finance and tax theory. With the development of economy, tax planning has increasingly become an indispensable and important part of taxpayers' financial management or economic management, especially the planning of enterprise income tax, which is greatly influenced by the choice of accounting policies. The process of enterprise income tax planning is also the process of accounting policy choice. Different accounting treatment methods under different accounting policy choices will form different tax payment schemes. How to maximize the interests of enterprises under the restriction of the legal system and choose a reasonable accounting treatment method from the perspective of tax planning are the specific problems faced by every enterprise in accounting. This paper elaborates on the selection of accounting treatment methods in tax planning by domestic and foreign scholars in recent ten years, aiming at providing some reference and reference for enterprises to adopt suitable accounting treatment methods in tax planning, so as to promote better development of enterprises.

Key words: Tax planning; Accounting method selection; Tax saving

1 研究背景

1.1 选题背景

企业纳税筹划是指企业对比和评价企业未来的财务收益和税金支出后,利用一定的手段对涉税的财务活动进行科学的统筹和安排,以获得税后收益最大化,实现纳税最优化,其最终目的是实现股东利益最大化。

税收是国家政权不断巩固和加强的有力保证,只有税收充足,我们的公共需求才能得以被满足,才能生活与工作在一个安定的社会环境中。纳税筹划在西方国家的企业中被广泛应用,但在中国,由于纳税筹划起步比较晚,企业纳税筹划意识薄弱,纳税筹划在中国发展水平还较低,同时也增加了企业在追寻更多经济利益时的涉税风险。所以企业要想在激烈的市场竞争中获得更多的经济利益,不仅要通过技术改进、设备更新降低生产成本,还要通过纳税筹划减轻企业税负,从而降低生产成本,以获取更多的经济利益。因此,企业进行纳税筹划,可以帮助企业达到节税的目的。

1.2 研究意义

1.2.1 理论意义

本文对纳税筹划中会计处理方法进行综述性研究,在理论层面,有助于丰富我国纳税筹划领域相关理论研究。企业为了实现利润最大化这一目标,在不违反税法规定的情况下,应尽可能地减少自身的纳税支出,以此来减轻税收负担。因此,本文将国内外学者在纳税筹划领域的相关研究进行梳理,希望在一定层面可以丰富我国纳税筹划的相关文献,同时为企业开展纳税筹划活动提供理论参考。

1.2.2 实际意义

本文对纳税筹划中会计处理方法进行综述性研究,在实践层面,有助于帮助我国企业顺利展开纳税筹划活动,实现节税目的。随着当前社会经济的迅速发展,国家税收新政策层出不穷,各个行业的企业都面临着巨大的机遇与挑战。企业管理层为了提高企业绩效,应熟悉国家税收政策,充分利用税收优惠来实现节税目的。因此,本文通过对国内外纳税筹划的会计处理方法进行梳理,旨在帮助我国企业顺利开展税收筹划活动,提高企业绩效。

2 国内外研究现状

2.1 国内研究现状

虽然纳税筹划在我国起步较晚且发展不够成熟,但我国相关学者对于该领域的研究仍取得了一定成果。目前国内对于纳税筹划中会计处理方法的选择研究主要体现在以下几个方面。

2.1.1 存货计价方法的选择对纳税筹划的影响

沈洁[1](2013)在存货计价方法选择的研究中指出,当材料价格不断降低时,应采取先进先出法来计价,降低企业当期利润总额,以此达到节税目的;当物价随着市场行情不断波动时,应采取加权平均法来均衡各期利润和税收。对于这一划分标准,林建标[2](2015)在其研究中也发表了同样的见解,认为企业应根据材料价格的变动采取不同的计价方法避税。

陈晓更[3](2008)学者表示,材料在购进和领用过程中存在一定的时间差,企业在纳税筹划时,若能充分利用这一时间差,则可以减轻企业的税收负担。

季春花[4](2014)在利用企业存货计价方法进行纳税筹划的研究中表示,市场物价波动会影响存货成本的计量,另外,在选择合适的存货计价方法时,还应考虑企业是否在免税期,再针对企业不同情况选择不同的计价方法来达到节税目的。

张艳玲[5](2013)学者在研究中指出,我国企业在对存货管理进行纳税筹划时应考虑三个限定条件:首先,存货不同的计价方法的采用存在限定条件;其次,必须充分考虑存货的材料价格变动趋势;最后,还应结合企业的其他因素进行综合外部考虑。

2.1.2　固定资产核算方法的选择对纳税筹划的影响

陈阳[6](2008)在对固定资产核算的研究中表示,符合国家规定的可以采用加速折旧法的企业中,盈利企业应采取加速折旧法,有利于加速固定资产回收,使计入成本的折旧费用前移,应纳税额尽量后移。另外,企业处于减免税优惠或者连续亏损期间,不宜采用加速折旧法。

此外,马萧潇[7](2012)认为,企业应当依照自己的实际情况,合理地选择对企业有利的固定资产折旧年限,从而达到节税的目的。通常当企业处于减免税优惠待遇时,应适当延长固定资产折旧年限。

卢方方[8](2009)在研究中表示,企业在选择固定资产折旧方法进行纳税筹划时,应考虑通货膨胀、折旧年限和资金时间价值等因素对其产生的影响。对于上述研究,何国斌[9](2009)曾在其文献中也发表了同样的见解,他还指出,固定资产折旧方法的选择应符合法律规定,且应考虑税制因素的影响。

2.1.3　费用分摊的纳税筹划

何耀华[10](2008)在其研究中表示,从成本费用核算的角度来看,利用成本费用的充分列支是减轻企业税负的一个重要手段。另外,企业在遵循相关法律法规的前提下,应将企业发生的费用应支尽支,应列尽列。

薛颖[11](2010)在对企业纳税筹划的成本费用分摊处理中发现,在税前列支的成本、费用项目中,对于有限定条件的,应该限定条件范围内具有抵税作用,若超过限定条件范围的不具有抵税作用。

张金星[12](2016)在相关理论研究中指出,对于企业的费用列支项目,应在法律允许范围内尽力列出当期费用项目、预计发生损失的项目和预提项目,以便在当期核算时减少应交所得税,获得税收益。一般应采取的做法是:对于已经发生的费用应及时核销入账;合理预计发生额的费用,采用预提的方式及时入账;对于关键的成本摊销期应尽量选择缩短。

安玉梅[13](2018)学者在财务会计向管理会计转型的若干探索的研究中指出,站在纳税人的层面进行分析,选择费用分摊的方式主要考虑两点:一是企业应当以实现最小支出和费用摊入成本,二是如何进行最大摊入。但作为企业来说,在选择合适的摊销方式时需要遵循一定的原则:①对于企业产生的费用应当及时进行核销入账;②对一些可预计的损失和费用应当预提的方式提前记账;③对于费用损失的摊销期有一定的弹性规定,且可以选的最短的摊销年限来获得税收利益的最大化;④对于限额列支的费用应当准确把握允许的限额,以获得最大限额。

2.1.4 收入确认的纳税筹划

高瑜[14](2013)在纳税筹划与会计政策选择分析的研究中表示,企业可以结合自身产品销售的方式和策略,从现行税法规定的收入确认方式中来选择与之相适应的结算方式,确定好收入确认的时间,合理筹划年度所得,来达到节税目的。

张丽[15](2008)曾在研究中谈到,通过销售方式的选择,控制收入确认时间来加以筹划,可以合理归属所得年度,达到获得延缓纳税的税收利益。同时,周敏[16](2008)也发表了同样的看法,她认为不同的纳税方式,纳税的发生时间是不同的。企业可利用结算方式的不同来推迟纳税时间,以此避免税款垫支。

2.1.5 税收优惠政策的运用

赵军[17](2013)曾在探究中指出,企业在运用税收优惠政策进行纳税筹划时,需注意以下三个问题:应遵守相关法律法规,且必须结合企业自身情况,同时应注意公司整体的协调工作。

王大义[18](2009)曾在其研究中指出企业在运用税收优惠政策进行纳税筹划时应遵循三个原则:首先必须遵循相关法律法规,结合企业内外部需求制定纳税筹划方案;其次,以企业的经营目标和政策为导向;最后,应结合企业自身的实际情况来选择合适的会计政策。

高丽萍[19](2009)在2009年发表的学术研究论文中指出,企业应利用税收临界点进行纳税筹划,在我国现行税法中,利用税收临界点进行纳税筹划可分为税基临界点的筹划和优惠临界点的筹划。此外,她还指出,企业可以推迟开始获利年度,延长经营申报期,或利用税前利润弥补以前年度亏损,达到利用利润总额进行纳税筹划的目的。

许杨[20](2017)学者在研究中表示,我国企业所得税筹划主要可以运用以下五个方法:①利用减免税法;②利用税率差异方法;③利用扣除法;④利用抵免方法;⑤利用延期纳税法。

2.2 国外研究现状

西方国家的税收体制比我国完善许多,市场较为发达,税收的调节作用明显,在企业的经营活动中会把税负作为重要的因素加以考虑,纳税人的纳税筹划的需求往往需要专业人员的指导。在国外,税务代理是纳税筹划的趋势,有关学者也就这一领域发表了各自的见解。

在有关纳税筹划的研究中,有许多经济学家在纳税筹划理论方面做出了深入的分析。《税收与企业战略》是由著名的诺贝尔经济学奖获得者迈伦斯科尔斯和马克沃尔夫森山所著,书中从微观角度对企业涉及的税收问题进行了深入研究分析,他们二人认为,企业进行纳税筹划应该从企业大局考虑,不能仅仅以少纳税款作为目标,纳税筹划的工作应该考虑多方面的因素,全面地考虑企业的成本以及费用等问题。经济学家萨缪尔森凹著有《经济学》一书,他指出,企业在进行纳税筹划时,最基本的原则应该是合法性,即纳税筹划不能违背法律法规。

迈伦.斯科尔斯与马克.沃尔夫森认为,美国在1986年《税收改革法案》颁布之前,企业在并购交易中可以利用目标企业净亏损结转和折旧挡板效应实现节税。1986年新法案取消了税收并购中的激励措施,潜在税收利益也就随之消失。

Steven Howard Smith[21](1992)提出,税收和会计存在的差异是管理部门所允许的,企业可以充分的利用这种差异来设计纳税筹划方案,而且风险较低。

Jefe A. Schnepper[22](2009)在对影响企业纳税筹划活动的因素进行深入的研究分析之后表示:应该将会计核算、税法的规定(税基、税率等)等诸多因素进行综合分析,建立一套税收筹划的模型,这样可以更为直观地分析不同的因素在税收筹划中的作用。

Katrina Lewiston[23](2009)在相关的理论指导的基础上,对一些大型的公司进行了研究分析,并对其纳税筹划现状作了全面的说明。

此外,Black man. Irving L[24](2004)编著的《5个鲜为人知的税务策略》,John Creed编写的《税收和转移的紧张关系》,William H. Wiersema[25](2002)编著的《关于美国企业节税的方法》等更多采用实证研究的方法,从不同角度对新时期纳税筹划工作的思路和有效性进行了深入的研究分析。

3　文献综述

表F6.3.1是2009—2018年近十年内中国知网纳税筹划论文关键词检索统计情况。

表F6.3.1　中国知网纳税筹划关键词检索统计表

年份	论文检索数量/篇	年份	论文检索数量/篇
2018	752	2013	549
2017	667	2012	618
2016	592	2011	584
2015	567	2010	478
2014	554	2009	492
合计	3132	合计	2721

由表F6.3.1可知,在2009—2013年这5年内,在中国知网上发表的关于纳税筹划的论文共计2 721篇。同时,在2014—2018年这5年内,相关论文共计3 132篇,呈上升趋势,说明我国学者在对纳税筹划领域的研究在逐年增加。图F6.3.1是中国知网纳税筹划论文检索数量变动图。

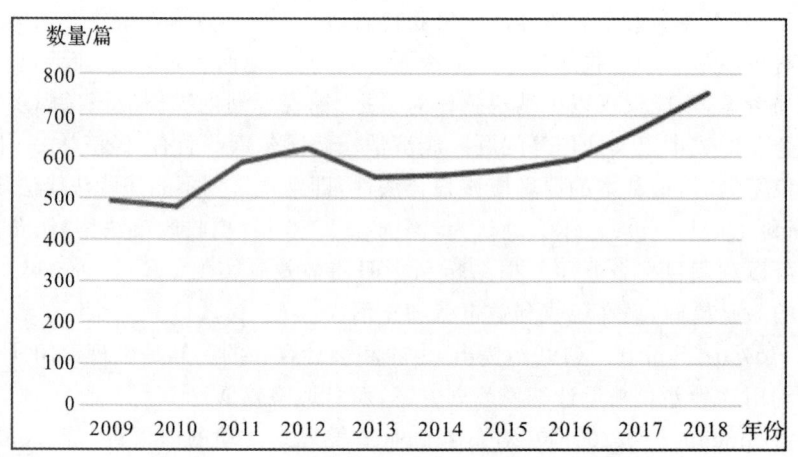

图F6.3.1　中国知网纳税筹划论文检索数量变动图

如图 F6.3.1 所示,2009—2018 年内,我国学者在中国知网上发表的关于纳税筹划的相关论文虽然在 2012—2013 年内有所下降,但整体呈逐年上升趋势;尤其是在 2016 年之后,随着营改增的不断推进,相关学者在运用税收优惠政策为企业进行纳税筹划的研究也越来越多,相关论文的发表数量也急剧增加。通过分析这一变动趋势可知,纳税筹划手段在我国企业中得到了广泛应用。

通过对我国企业纳税筹划中会计处理方法的选择的文献整理可知,我国相关学者的研究大致可分为 5 个方面:①存货计价方法的选择对纳税筹划的影响;②固定资产核算方法的选择对纳税筹划的影响;③费用分摊的纳税筹划;④收入确认的纳税筹划;⑤税收优惠政策的运用。

许多学者认为,存货计价方式的不同会对企业的纳税数额产生不同的影响,企业应结合自身的实际情况选择合适的计价方法,且应关注原材料价格的波动,根据其变化趋势采取相应的核算方法。

与此同时,相关学者在对固定资产的核算中表示,企业在确定固定资产折旧方法时应考虑企业是否处于免税期,且应综合考虑通货膨胀、折旧年限和资金时间价值等外部因素可能对其产生的影响。此外,在运用固定资产不同的折旧方法进行纳税筹划时,必须符合相关法律法规的规定,一切在合法的前提下才可以考虑企业的自身利益。

从成本费用核算的角度来看,很多研究人员在其著作中指出,利用成本费用的充分列支是减轻企业税负的一个重要手段,且对企业费用进行摊销时也应遵循相应的原则。在法律允许的范围内,对于企业应当列支的费用应做到应支尽支,来达到避税效果。此外,相关学者还在其研究中谈到,企业利用收入确认节点的不同可以来进行纳税筹划。

除上述具体分类外,我国很多学者在其发表的作品中指出,企业可以利用相应的税收优惠政策来进行纳税筹划,且在对具体的优惠政策进行应用时,应遵循相应的法律法规,在合法的前提下实现企业自身利益的最大化,达到节税目的。

4 结论

综上所述,新的形势下企业实施会计纳税筹划,需要秉承着经济利益最大化的出发点,在减轻企业税负负担的前提下,不断地提升自身竞争实力,才能积极地应对激烈市场的竞争形势,更好地提升企业内部综合竞争能力,从而获得更加长远的发展。纳税筹划一方面有助于规范企业的财务管理工作,在纳税筹划的影响下,企业通过一定的会计处理工作实现企业经营和发展中的精打细算、精简节约的模式,将企业经济效益的提高同管理能力结合起来;另一方面,企业合理合法的纳税筹划工作,有利于规范企业的经营行为、保障企业财务活动健康有序进行并增强其自身税务管理、财务核算和管理的能力。随着 2016 年国家营改增正式在全国范围内各个行业试点工作的开展,企业的纳税筹划工作在新的税制环境下发生了巨大的变化。新的纳税筹划工作办法给企业的会计处理工作带来了巨大的变革,针对新的纳税筹划工作对企业会计处理工作影响的分析,可以在新的税制环境中实现企业会计处理对纳税筹划工作的正确作用,并保障企业纳税筹划工作和财务管理工作的顺利进行。

随着经济的发展和相关税法的完善,进行纳税筹划已经成为纳税人理财和合理避税的一个重要方面。在企业会计核算中,企业充分利用国家税务法给予的利已选择和优惠政策,可以从小的筹划成本获得大的减税效益,因此,企业应充分重视经营活动中的纳税筹划工作,根据自身情况,合理规划自身的经营活动方式和时间节点,以达到对自身纳税额有益的最优化方式,最终实现企业自身利益的最优化。

参考文献

[1] 沈洁.会计核算方法在纳税筹划中的运用[J].中国外资,2013(20):74+76.

[2] 林建标.基于纳税筹划的会计政策选择研究[J].行政事业资产与财务,2015(04):67+62.

[3] 陈晓更.会计政策选择的纳税筹划研究[J].会计之友(中旬刊),2008(08):50-51.

[4] 季春花.基于会计政策选择的企业所得税纳税筹划研究[J].科技创新与生产力,2014(12):25-27.

[5] 张艳玲.我国企业纳税筹划中的会计处理问题及其风险初探[J].时代金融,2013(27):59-60.

[6] 陈阳.固定资产会计核算中进行纳税筹划的研究[J].时代经贸(下旬刊),2008(3):148-149.

[7] 马潇潇.关于会计处理方法在纳税筹划的应用[J].东方企业文化,2012(14):193+195.

[8] 卢方方.会计处理方法的选择在纳税筹划中的运用[J].中国商界(下半月),2009(6):123.

[9] 何国斌.会计核算方法在纳税筹划中的运用[J].消费导刊,2009(1):105+86.

[10] 何耀华.论会计核算方法在纳税筹划中的运用[J].当代经济(下半月),2008(3):128-12

[11] 薛颖.试论企业所得税纳税筹划中的会计核算处理及应用[J].中国乡镇企业会计,2010(8):37.

[12] 张金星.关于纳税筹划与会计核算的几点思考[J].企业改革与管理,2016(11):125-126.

[13] 安玉梅.财务会计向管理会计转型的若干探索[J].现代商业,2018(8):151-152.

[14] 高瑜.纳税筹划与会计政策选择分析[J].现代经济信息,2013(4):102.

[15] 张丽.纳税筹划在会计核算中的应用[J].现代商业,2008(2):90.

[16] 周敏.企业会计核算中的纳税筹划及其应用[J].内蒙古科技与经济,2008(10):16-17.

[17] 赵军.会计政策选择与企业纳税筹划研究[J].现代经济信息,2013(14):181+192.

[18] 王大义.基于纳税筹划的会计政策选择研究[J].经济师,2009(4):150-151.

[19] 高丽萍.论会计处理方法与纳税筹划[J].经济师,2009(5):161-162.

[20] 许杨.D公司企业所得税的税收筹划问题研究[D].合肥:安徽大学,2017.

[21] W. B. Meigs and R. F. Meigs. Accountings[M]. 1992:738.

[22] Li Dongyan. Fiscal and tax policy support for energy efficiency retrofit for existing residential buildings in China s northern heating region[J]. Energy Policy, 2009, 37 (6).

[23] Alberto Petrucci, Edmund S. Phelps. Two-sector perspectives on the effects of payroll tax cuts and their financing[J]. Journal of Public Economics, 2009,93(2).

[24] Myron. S. Scholes. Taxes and Business Strategy: A Planning Approach [M]. China. Financial and Economic Publishing House, 2004:2150.

[25] Mills. K. Newberry and W. Trautman. Trends in book- tax income and balance sheet differences[N]. Working paper, 2002.

[26] 计金标.税收筹划[M].北京:中国人民大学出版社,2004.

[27] 苏春林.纳税筹划[M].北京:北京大学出版社,2006.

[28]邹宇筠.营改增背景下的企业纳税筹划方法分析[J].财会学习,2018(32):143+145.
[29]谢欣.论企业纳税筹划的局限性及其改进对策[J].纳税,2018,12(32):44+46.
[30]胡春艳.营改增背景下的企业纳税筹划方法分析[J].财会学习,2018(30):150-151.

附录7:环境会计信息披露问题研究
——以煤炭行业为例

2019级　闫梦寒

摘　要

随着我国经济发展进入新常态,人们更加关注企业经营活动与环境的关系,愈加重视经济与社会的可持续发展。近年来受煤炭产能过剩和供给侧结构性改革的影响,煤炭企业面临着转型升级的压力,然而煤炭的生产与利用不可避免会对生态环境产生巨大的影响,其发展过程中的不持续、不平衡、不协调等问题日渐凸显,环境会计信息披露日益成为煤炭企业减少污染、改善环境的重要方式,由此对煤炭行业上市公司的环境会计信息披露展开进一步研究就显得十分必要。

本文以煤炭行业为研究对象,运用定性与定量研究结合法、文献研究法,结合相关理论,对环境会计信息披露内容体系进行研究的同时,分析煤炭行业环境会计信息披露现状及问题,在此基础上,提出相关建议。

[关键词]煤炭行业;环境会计;环境会计信息披露

Abstract

As China's economic development enters a new normal, people pay more attention to the relationship between business activities and the environment, and pay more attention to sustainable economic and social development. Affected by coal overcapacity and supply-side structural reforms in recent years, coal companies are facing pressures for transformation and upgrading. However, the production and use of coal will inevitably have a huge impact on the ecological environment. The development process is not sustainable and unsustainable. Issues such as balance and inconsistency have become increasingly prominent, and environmental accounting information disclosure has increasingly become an important way to promote coal companies to resolve pollution and improve the environment. Therefore, it is necessary to conduct further research on environmental accounting information disclosure of listed companies in the coal industry.

This article takes the coal industry as the research object, and uses a combination of qualitative and quantitative research methods, literature research methods, and relevant theoretical foundations to study the environmental accounting information disclosure content system. It also analyzes the status and problems of environmental accounting information disclosure in the coal industry. Based on this, relevant suggestions are made.

Key words: Coal industry; Environmental Accounting; Environmental Accounting Information Disclosure

1 引言

生态环境的恶化使我国政府逐渐开始重视环境问题，环境会计信息披露对国家与企业都至关重要，一方面，它能够反映企业履行社会责任的情况，便于企业自身监管；另一方面，它能实现政府和社会对企业环境污染的监管，促进我国生态文明的建设。煤炭行业属于我国环境保护部中公布的16个重污染行业之一，而煤炭在我国消费能源结构中占据重要比例，每年消耗量巨大。同时，煤炭企业开采煤炭是通过地下开采，其在开采过程中不仅向自然环境排放废气、废水、废渣等，还对地表及地表附着物产生不利影响，如破坏耕地、污染地下水等。煤炭企业环境会计信息披露的研究对我国经济持续发展尤为重要，同时也是目前理论界研究的重点。因此，本文从煤炭行业上市公司的环境会计信息披露现状展开研究，设计出环境会计报表的披露内容，以求达到国家监督和企业自律的要求。

1.1 研究背景及意义

1. 研究背景

随着社会经济的迅速发展，环境问题也日益突出，十九大报告指出我国的生态环境保护任重且道远，要将经济建设与环境建设同步发展具有重要原则，推进可持续发展，建设生态文明社会，加快建成全面小康社会。

煤炭行业作为我国现阶段的主导工业之一，对我国经济建设和发展重要作用。我国煤炭资源丰富，在能源消费中占比达到60%，然而煤炭的过度开采会导致地表沉陷、裂缝以及土地资源的破坏，还会破坏地下水资源，因此煤炭行业对环境的影响不容忽视，对于高耗能、高污染的煤炭企业来说，环境会计信息的披露尤为重要。然而，由于我国环境会计信息披露发展相对缓慢，缺乏统一的披露标准和要求，相关政策规定不完善，环境会计披露体系不完整，致使各家上市公司披露的方式不同，内容方面也缺乏横向对比性和纵向对比性，为了适应经济发展新要求，加强煤炭行业环境保护措施，健全环境会计信息披露体系势在必行。

2. 研究意义

（1）理论意义。到目前为止，我国学者在环境会计相关领域已取得初步成果，但相较于发达国家还远远不足，需要更深入的探讨。环境会计相关理论的缺失造成了我国环境会计整体理论体系不够成熟，本文相关研究有利于为环境会计信息披露提供新思路，同时还能扩展会计研究领域，丰富环境会计相关理论。

（2）现实意义。环境会计信息披露体系的逐步完善有助于推动煤炭产业绿色可持续发展，改变现有粗放的发展模式，推动企业转型、产业升级。与此同时，较为完善的环境会计信息满足了利益相关者的需求，缓解了信息不对称的矛盾，便于为投资者提供相关决策信息。

1.2 研究方法

第一，定性与定量研究结合法。本文在对煤炭行业样本企业的环境会计信息披露相关文件、内容等进行筛选整理后，通过定性与定量研究相结合的方法，较为全面地分析煤炭行业信息披露现状。

第二,文献研究法。通过查阅国内外相关文献资料,借鉴参考文献中有关环境会计信息披露的相关理论,将搜集的文献、数据进行归纳、分析,深入研究环境会计信息披露的问题。

2 概念界定与理论分析

2.1 环境会计

在传统会计中,有关于土地资源浪费、大气污染、水资源浪费等并不计入总成本中,这样的核算方式导致企业最终所付出的成本要低于实际成本,为了鼓励企业走可持续发展道路,贯彻绿色环保意识,环境会计应运而生。本文根据前人的研究成果,将环境会计定义如下:环境会计是在传统会计的基础上,将自然资源的使用成本纳入会计核算体系,利用多种计量方法展现和监督企业有关环境的经济活动,是财务会计和环境管理相结合的一种管理活动。如图 F7.2.1 所示。

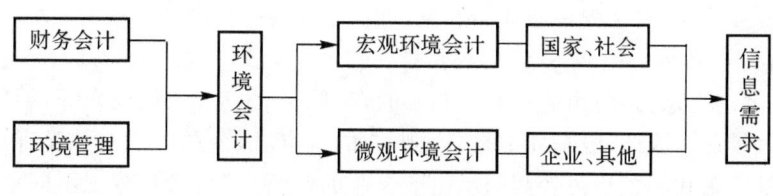

图 F7.2.1　环境会计框架图

总的来说,环境会计是一种试图在会计学与环境经济学相融合的基础上,通过一系列价值管理,从而达到统筹经济和环境两方面目的的一种新兴管理活动。

2.2 环境会计信息

企业所有活动可以分为两类,经营活动与社会活动,而在所有活动中与社会环境相关的内容,包括企业开发到企业治理以及企业运营中所涉及到的财务信息与非财务信息均可称为环境会计信息。其信息可通过会计凭证、会计账簿以及会计报表等其他资料来反映,主要包括环境资产、环境负债、环境成本和环境收益等,如图 F7.2.2 所示。

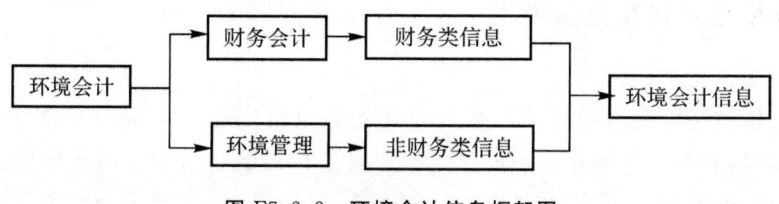

图 F7.2.2　环境会计信息框架图

2.3 环境会计信息披露

环境会计信息披露是指将企业根据法律法规进行的环境治理行为以及该行为对企业财务状况的影响、企业生产经营活动给环境造成的影响等经过确认、计量、记录后的环境会计信息,通过环境会计信息报告等方式进行披露的过程。环境会计信息披露是企业环境管理工作的重要环节,也是环境管理成果的重要体现,有利于市场机制有效运转,达到社会经济和环境效益的最大化。

2.4 环境会计相关理论基础

1. 企业社会责任理论

企业社会责任理论是企业伦理学的重要组成部分,是对将利润最大化作为企业终极目标的传统理论的挑战。从学术界对企业社会责任的内涵研究可以发现,环境保护责任一直是企业社会责任中除经济责任以外的重要组成部分。从法律的角度来说,环境保护是国家法律规定的义务,企业有义务保护环境,不污染环境,一旦违反则会受到法律的制裁;从伦理的角度来说,企业在追求自身发展的同时,应关注所在社区及整个社会的福利和发展,而生态环境是社区及整个社会生存发展的基础,因此企业需要履行环境保护的义务。同时,生态环境是企业生产经营的基本条件,环境不仅提供了企业生产经营的基本场所,还提供了生产所消耗的主要资源,企业是通过消耗大量环境资源、人力资源等社会资源,来生产产品和提供服务的,因此企业在追求经济效益的同时有义务考虑社会效益,承担相应的社会责任。

2. 利益相关者理论

利益相关者理论认为,公司的资本来源于股东、职员、供应商、债权人等,不仅包括实物资本,还包括人力投资。因此,股东并不是公司唯一的所有者,公司的股东并没有承担理论上的全部风险,而是股东和利益相关者共同承担了企业的经营风险,只是分工不同,企业的经营决策必须要考虑他们的利益或接受他们的约束。从狭义的角度,学者们将利益相关者定义为"存在这样一类群体,如果没有他们,企业就无法生存。"因此,相关企业向利益相关者充分提供企业环境会计信息,积极参与环境会计信息的披露,对企业的生存和发展有着不可忽视的作用。

3. 可持续发展理论

从宏观上来说,该理论要求政府采用社会、经济和环境可持续发展三位一体的战略,提倡发展低碳经济,改变粗放的经济发展模式,向节能、环保、高新技术产业转型升级,构建资源节约型社会;从微观上来说,该理论要求企业在追求经济利益的同时,考虑对环境的影响、资源的使用效率,需要将资源和环境变化对企业经济活动的影响也反映在企业价值核算体系中。总的来说,可持续发展理论是环境会计产生和发展的根源,也是环境会计信息披露的理论依据。

2.5 环境会计信息披露模式

1. 补充报告模式

补充报告模式是指在原有的财务报告、年度报告以及公司公告、治理层工作报告等报告内容基础上,将环境会计信息细化分解披露到各个报告相关的项目中。对于环境会计信息中能够用货币计量的财务信息,一般通过以下几种方式披露:第一,在现有的财务报表中披露。这是将财务信息直接计入到现有相关会计科目中,通过传统财务报告反映。第二,在现有财务报表中增设环境会计相关科目进行披露。比如增设环境资产、环境负债等会计科目,将信息计入到这些科目中然后增列在原有财务报表中。第三,增加财务报表附表或者补充报表披露。即在原有财务报告中,除了原有的会计报表外,编制环境资产负债表、环境利润表等,披露环境财务信息。

对于环境会计信息中不能以货币计量的非财务信息,包括环境绩效信息、环境政策信息等,一般被分解到企业财务报告的附注、企业年度报告、企业社会责任报告、企业内部控制报告、上市公司公告、治理层工作报告、招股说明书等各种报告之中。补充报告模式操作简单,企业披露成本低,但是信息过于分散,不能完整集中地反映企业的环境会计信息,同时,信息获取成本较高,不利于利益相关者快速、全面了解企业的环境会计状况。

2. 独立报告模式

独立报告模式是指脱离原有的财务报告、年度报告等报告,编制专门的环境会计报告,将环境会计信息以数字、文字、图表等方式综合反映。独立报告模式可以集中、完整地披露企业环境会计信息,内容丰富并且形式多样,且专门的独立报告减少了企业利用环境会计信息粉饰报表的机会,降低了财务信息对环境会计信息的干扰,有助于报告使用者从中获取预期的信息,并做出有效的决策。

3 煤炭行业环境会计信息披露分析

3.1 煤炭行业环境会计信息披露现状

国务院在2007年发布《环境信息公开办法(试行)》,首次明确提出环境信息的公开原则、企业环境信息的定义、披露内容和方式等,规定了政府和企业环境信息必须公开的范围及奖惩等。

环保部发布了《上市公司环境信息披露指南(征求意见稿)》,对上市公司如何披露环境信息作出了详细规定,并给出了上市公司环境报告编写参考提纲。

证监会等金融监管机构规定,在首次公开发行股票并上市的公司需要提交的申报材料中,必须包含公司主营业务有关的环保措施等环境信息,针对重污染行业,需要出具有关部门的环境保护核查意见。

财政部通过出台企业会计准则、审计准则等,对环境资产、环境负债等会计核算作出了相关规定,对环保事项如何处理和披露、环保风险如何评估等审计事项提供了具体指引。

我国环境会计研究起步较晚,但通过政府及相关部门的努力、企业的配合和社会公众的监督,我国环境会计信息披露的法律法规等制度性建设取得了明显地进步。

1. 样本选取和数据来源

根据中国证监会2019年发布的《上市公司行业分类结果》,煤炭开采洗选行业共有27家上市公司。目前,上市公司2019年年报及社会责任报告等资料尚未披露,因此针对这27家煤炭行业上市公司,本文从国泰安数据库、巨潮资讯网、上海证券交易所、深圳证券交易所等渠道获取了首次公开发行股票及上市时公布的招股说明书、2018年度上市公司年报和社会责任报告及其他公开信息作为主要分析资料,经过整理归纳分析信息披露的方式、内容,总结信息披露的特点,从而了解当前煤炭行业环境会计信息披露的大致状况,如表F7.3.1所示。

表 F7.3.1 煤炭行业上市公司样本

序号	证券代码	证券简称	上市日期	主营产品类型
1	000552.SZ	靖远煤电	1994/01/06	煤制品
2	000780.SZ	平庄能源	1997/06/06	煤制品、原煤
3	000937.SZ	冀中能源	1999/09/09	煤制品、无机化工原料、有机化工原料
4	000983.SZ	西山煤电	2000/07/26	火电、煤制品、热力、原煤
5	002128.SZ	露天煤业	2007/04/18	煤制品、原煤
6	600121.SH	郑州煤电	1998/01/07	火电、煤制品、原煤
7	600123.SH	兰花科创	1998/12/17	氮肥、煤制品、无机化工原料
8	600157.SH	永泰能源	1998/05/13	原煤
9	600188.SH	兖州煤业	1998/07/01	煤制品、原煤
10	600348.SH	阳泉煤业	2003/08/21	火电、煤制品、热力、原煤
11	600395.SH	盘江股份	2001/05/31	火电、煤制品、原煤
12	600397.SH	安源煤业	2002/07/02	玻璃、火电、客车、煤制品
13	600403.SH	大有能源	2003/10/09	原煤
14	600408.SH	安泰集团	2003/02/12	黑色金属、煤制品、水泥
15	600508.SH	上海能源	2001/08/29	电解铝、火电、煤制品、原煤
16	600714.SH	金瑞矿业	1996/06/06	碳酸锶系列产品的生产、加工与销售
17	600758.SH	红阳能源	1996/10/29	能源投资开发；电力、热力生产、销售
18	600971.SH	恒源煤电	2004/08/17	火电、煤制品、原煤
19	601001.SH	大同煤业	2006/06/23	煤制品
20	600985.SH	淮北矿业	2004/04/28	工业炸药、爆破工程服务以及矿山开采
21	601088.SH	中国神华	2007/10/09	火电、煤制品、原煤
22	601101.SH	昊华能源	2010/03/31	煤制品、原煤
23	601666.SH	平煤股份	2006/11/23	煤制品
24	601699.SH	潞安环能	2006/09/22	煤制品
25	601898.SH	中煤能源	2008/02/01	煤制品、燃气、无机化工原料、冶金机械
26	601918.SH	新集能源	2007/12/19	煤炭开采、洗选和火力发电
27	900948.SH	伊泰B股	1997/08/08	公路运输、原煤

2.煤炭行业环境会计信息披露方式分析

本文通过对这 27 家煤炭上市公司 2018 年度公开资料的查阅,发现煤炭行业上市公司主要通过招股说明书、社会责任报告、年度报告三种方式来披露有关环境会计信息,如表 F7.3.2 所示。

表 F7.3.2　煤炭行业上市公司文件样本

方式	发布数量	信息披露数量	比例/%
招股说明书	27	23	85.19
社会责任报告	15	15	100
年度报告	31	31	100

由表 F7.3.2 可以看出,27 家公司都发布了年度报告和招股说明书,15 家发布了社会责任报告。年度报告和社会责任报告均披露了环境会计信息;招股说明书中有 4 家属于借壳上市或者主营业务发生变化的公司,除此之外的 23 家公司截至目前,其主营业务均与煤炭相关,在招股说明书中均披露了环境会计信息。

3.2　煤炭行业环境会计信息披露内容分析

1. 招股说明书

招股说明书是公司首次公开发行股票上市时对公司行业、业务、财务等全面说明以及发行有关事项说明的法定申报文件。由于证监会的强制规定,煤炭行业上市公司必须对可能遇到的风险及相应对策、项目风险及可行性等信息进行说明。根据对各家公司在招股说明书中披露环境信息的归纳整理发现,招股说明书披露的环境会计信息重点在于环境非财务信息,环境财务信息少而不够全面。具体情况如表 F7.3.3 所示。

表 F7.3.3　招股说明书披露内容汇总

章节名称	披露内容	信息类型
风险因素、风险因素与对策	提示投资者公司可能面临的环保风险,告知投资者公司应对该风险的措施	环境非财务信息
业务与技术、发行人情况、业务发展目标	披露了公司环保政策、环保措施及治理、能源消耗、节能环保技术与研发、公司未来发展目标关于环境方面的要求和战略	环境非财务信息
管理层讨论与分析财务状况	在报表附注和讨论分析里,披露了在建工程、长期应付款、专项应付款、应交税费、递延收益、政府补助、管理费用、营业外收入等涉及环境的信息	环境财务信息
募集资金运用	针对募集资金所投资项目,披露相应的环保评估和环保措施	环境非财务信息

2. 社会责任报告

社会责任报告主要是从经济、环境和社会三个维度披露企业相关的政策、实践和成效,环境保护在社会责任中是非常重要的。因此,在社会责任报告中,环境信息作为重要组成部分,披露位置比较统一,披露非常集中而且全面,信息比较容易获取。本文对企业的披露内容进行了归类总结,如表 F7.3.4 所示。

表 F7.3.4　社会责任报告披露内容汇总

公司名称	披露内容
平庄能源	在第四章环境绩效中,从环境管理和节能减排两个方面,介绍了内部建立的环境管理、考核等制度、污染治理情况、土地塌陷矸石排放治理、设备改造投入、环保检查、污染物排放达标情况
冀中能源	在社会责任规划中介绍了环境责任的目标、风险和措施,研发成果中列出了环保科技创新成果,在环境保护的章节中详细描述了环境概况、成效、措施、未来展望和案例说明,措施中有节能措施和减排措施的具体改造项目投资完成情况
西山煤电	将节约资源、保护环境纳入总体目标,在环境保护的章节里阐述了环保执法情况、达标和污染物总量控制情况、环保设施建设和污染治理项目投入、废气废水矸石治理、危险废物管理、排污许可证情况、清洁生产审核与循环经济建设情况、环保工作存在的问题和困难
兰花科创	在环境保护章节中具体介绍了环境管理体制、环保治理项目和节能减排污染物处理和综合利用情况
兖州煤业	从理念、践行和绩效三个方面,介绍了环保管理理念方针目标、管理体系、环保宣传教育、节能减排工作、低碳发展、资源利用情况、生态矿区建设
上海能源	在环境责任章节中,介绍了环境管理工作、污染物达标排放情况、环保设备改造、节能减排情况、"三废"资源利用循环经济建设情况、保护生态环境措施、环境补偿以及资金投入和整改情况
露天煤业	在环境保护与可持续发展章节中,介绍了环保管理体系、节能环保指标建立、开展矿山复垦工作、对污染资源的有效控制与治理情况
新集能源	介绍了环保责任绩效、矿山建设、淘汰高耗能设备、加大环保治理资金投入、推进国家级绿色矿山建设等情况
中国神华	相关利益方年度关注重点、环保治理措施、行动绩效和环保计划四个方面披露,环保措施包括工程项目、大气行动计划、水污染防治计划、污染物监测平台建设、环保风险预控体系建设,行动绩效指污染物排放量、废物综合利用率、新增绿化面积等
昊华能源	披露了近三年环保资金和项目投入情况、矸石充填、矿井水循环利用减少水污染、储装运采用封闭管理以减少粉尘污染、加大环境恢复治理资金改善矿区环境、节能减排、育林护林
平煤股份	在环境保护章节里,介绍了环保方针、年度环保目标及成效、环保投资和环境技术开发情况、公司排放污染物种类、数量、浓度、公司环保设施的建设和运行情况、在生产过程中产生的废物的处理等情况
潞安环能	介绍了绿色潞安环保体系,包括项目环保、环保监察、环保减排、环保节能和绿化工程等情况
中煤能源	在环境责任章节里介绍了环保体系、节能降耗措施、"三废"治理措施、循环经济建设、生态矿区建设、环境责任绩效等情况
伊泰B股	在环境责任章节里介绍了环保制度建设、环保监察、环保基础性工作情况
陕西煤业	在和谐共处,践行绿色发展章节中介绍了完善环保管理、推进绿色运营、建设绿色矿山等情况

3. 年度报告

在公司的年度报告中,环境会计信息披露的内容大多集中在重要事项以及财务报告附注,也会有少量披露在管理层分析与讨论中。企业环境保护的年度工作情况包括措施、成效等,如果已经发布了社会责任报告则不再重复披露。财务报告附注是集中披露环境相关财务信息的部分,一般会涉及在建工程、其他应付款、专项应付款、专项储备、应交税费、递延收益、管理费用、营业外收入等,在建工程会披露有关环保的具体项目投资建设情况,其他应付款披露环境治理基金,专项应付款涉及环境恢复治理项目款、矿产资源综合利用等,专项储备包括安全生产费和维简费,应交税费包括资源税、矿产资源补偿费,水土保持补偿费,采煤水资源费等,递延收益中披露具体政府环保补助,管理费用中涉及相关税费、排污费、环境绿化费等。因此,年度报告中,披露信息多在财务信息上,非财务信息相对较少。如表 F7.3.5 所示。

表 F7.3.5 企业年报披露内容汇总

章节名称	披露内容		信息类型
重要事项	在"二十、社会责任"中披露企业环境保护的年度工作情况包括措施、成效等		环境非财务信息
管理层讨论与分析	涉及企业环保风险、重要工作中的环保工作目标与安排等		环境非财务信息
财务报告附注	一般会涉及在建工程、其他应付款、专项应付款、专项储备、应交税费、递延收益、营业外收入等		环境财务信息
	其他应付款	披露环境治理基金	
	专项应付款	涉及环境恢复治理项目款、矿产资源综合利用等	
	专项储备	包括安全生产费和维简费	
	应交税费	包括资源税、矿产资源补偿费,水土保持补偿费,采煤水资源费等	
	递延收益	披露具体政府环保补助	
	管理费用	涉及相关税费、排污费、环境绿化费等	

4. 煤炭行业环境会计信息披露的特点

根据以上分析,可以得出煤炭行业环境会计信息披露有以下几个特点:第一,方式多样化,侧重点不同。上市公司可以通过年度报告、招股说明书以及社会责任报告、内部控制评价报告等途径披露环境会计信息,自主选择性较高,但是相对来说,社会责任报告披露内容最为详细、全面,其次是招股说明书。社会责任报告侧重于定性描述,辅以数据,几乎没有财务信息。招股说明书中既有财务状况,又有定性描述,相对比较全面。而年度报告中财务信息相对比较多,定性描述少一些。第二,货币化信息与非货币化信息结合。这几种披露方式中,定性描述多一些,即以非货币化信息为主,货币化信息只限于财务状况中会计科目附注的具体信息。

3.3 煤炭行业环境会计信息披露存在的问题

1. 环境会计信息披露内容不充分

经过对资料的查阅分析发现,我国煤炭行业上市公司披露的环境会计信息内容不充分,不全面,定量分析资料甚少,定性分析却又泛泛而谈,不附日期。主要体现在以下几方面:

(1)货币化信息不足。环境要素的特殊性要求需要采用货币和非货币等其他多种计量方式对环境会计信息进行反映,从而完成环境会计信息的披露。首先,环境财务信息以货币化方式计量,目前披露涉及的项目比较少,集中在管理费用、专项储备等科目上,并没有对环境资产、环境负债、环境成本、环境收益等会计要素信息进行充分、全面地披露;同时披露的信息往往隐晦于报表附注中,琐碎且难找,没有相关的财务报表项目去反映。其次,对于环境非财务信息的披露,几乎全为定性语言描述,缺乏定量信息去支撑,例如对环境治理的投入、环保工程的情况等。

(2)环境非财务信息不全面。对于环境会计非财务信息而言,大部分不能货币化计量,无法在财务报表中进行反映披露,因此只能通过定性描述方式在各种报告中披露。大多数公司都会披露面临的环保风险,采取的具体环保治理措施等,而只有极少数的公司会具体从公司环境管理情况、环境法规执行情况、环境污染治理情况以及污染物利用情况等方面展开,详细说明公司的环境现状、环境理念方针目标、"三废"治理措施、环保设施建设和污染治理项目投入、废气废水矸石治理、危险废物管理、排污许可证情况、清洁生产审核与循环经济建设情况、环保执法情况、能源消耗达标和污染物总量控制情况、废弃产品的回收利用情况、环境绩效指标等内容。同时,披露的信息也比较空洞,往往泛泛而谈,点到为止,并没有详细说明具体怎么做,具体达到什么效果,缺乏定量分析以及数据支撑,比如"公司已在业务中采取了很多环保措施,安装了精密的减排设备,以尽量减低公司的业务对环境的影响。"

2. 环境会计信息披露形式缺乏统一标准

我国环境会计信息披露形式主要包括年报、社会责任书、招股说明书三种形式,但由于缺乏统一规范,既有通过社会责任报告专门披露的,也有将环境会计信息隐晦地包含在年度报告附注、招股说明书个别章节等进行披露的,并没有哪种方式占绝对优势,也没有哪种方式可以全面完整地披露环境会计信息。目前大部分公司主要采取的是补充报告模式,很少以单独的项目在独立的环境报告中反映,缺乏独立、系统的环境会计报告。这种不固定的披露形式对于信息收集造成极大不便,导致利益相关者无法顺利了解公司信息,间接地增加了信息收集成本。

3. 环境会计信息披露质量较低

企业所披露的环境会计信息大多是按照国家规定所进行的表面工作,而针对环境财务信息与非财务信息,由于企业关于信息披露的标准不一致,导致企业最终披露的环境会计信息质量不过关,缺乏可比性。同时,信息的披露随意性也较大,自主性较强,这主要在于政府缺乏对信息质量的评价和监管,很难保证信息的真实可靠性

在企业所公布的环境会计信息中,对于国家政策变更所带来的公司经营的变化表述居多,缺乏细致完整的环境信息编制,使得披露的环境会计信息涵盖范围较小,表述浅显,信息有效性和实用性较差。

4 煤炭行业环境会计信息披露的建议

通过对环境会计信息披露国内外研究现状及我国上市公司环境会计信息披露中存在的相关问题进行分析,提出相关建议。

4.1 完善环境会计信息披露的监管体系

健全信息披露监管体系可从两方面着手——政府监管和社会监管。在政府监管方面,政府部门要加强环境信息披露环节的监督力度,尽快建立完整的环境会计信息披露体系,制定明确的环境信息披露相关制度。与此同时,建立环境保护部门、财政部门、审计机构等多部门组成的多元化监管体系以及多层次的法律问责制度和内部环境监控制度。

在社会监管方面,为了提高企业披露的自愿性,推行专业的环境审计,可以从以下两方面进行:第一,加强政府对企业的环境审计。我国对煤炭企业的政府审计往往集中在对企业的环保资金补贴方面,出发点在于国家资金补贴是否使用合理,而不是企业是否开展有效的环境保护工作。因此,政府审计需要改变审计工作重心,关注企业的环保治理工作,扩充政府审计内容。第二,推行第三方审计鉴证工作。我国注册会计师只参与了企业的财务审计和内部控制审计,还没有参与到环境会计审计工作当中,这样无法保证企业披露的环境会计信息质量。注册会计师协会需要加强对注册会计师环境会计知识及相关法规的教育培训,引导会计师事务所开展环境会计信息审计工作。

4.2 编制单独披露环境会计信息的报告

独立的环境会计信息披露报告具有较强的直观性,集中信息披露有利于利益相关者更加全面地了解煤炭公司的运营情况,对未来的发展趋势作出较为客观地预测。政府相关部门必须加快明确环境会计信息披露的披露内容、范围及披露对象,在会计科目的选择与使用上,时间上要具有连贯性,可将相关会计科目单独列出,对二级会计科目所属明细项目也要具体列出。由于我国煤炭行业相关技术水平有限,不能作出独立的环境会计信息披露报告及可持续发展报告,在结合我国煤炭行业具体发展状况的基础上借鉴国外的先进经验,建立环境会计信息披露统一标准,规范行业信息披露形式,以此促进煤炭行业环境会计信息体系的不断完善。

4.3 加强企业内部管理,保证信息披露质量

目前煤炭企业披露环境信息,几乎是靠政府施压和法律法规的强制性规定,企业自身并没有很大的动力。要想推动环境会计信息披露的良性发展,必须从企业内部经营管理入手,提高企业对于环境信息披露的主观能动性。一方面需要加深管理层对环境保护的认识,使管理层意识到环境保护与企业发展息息相关;另一方面需要提高企业员工的环保意识,将环境保护融入企业文化。

完善企业内部监管机制,为保证企业环境会计信息披露的高质量,有必要完善企业的内部监管。企业对自身经营造成的环境影响和内部控制缺陷相对于外部人员会更为了解,因此企业内部监管更具有主观能动性,监管效果也更有力。

5 结论

本文通过对 27 家煤炭行业上市公司环境会计信息披露问题进行研究,发现目前煤炭行业环境会计信息披露存在问题,在对煤炭行业环境会计信息披露进行理论剖析和披露主要内容研究的基础上,有针对性地提出了完善煤炭行业环境会计信息披露现状的建议,这有助于促进社会发展的可持续性。

经济越发展,会计越重要。研究发现,环境会计与传统会计相比,对环境会计要素的计量是一件困难的事,至今难以确定,而环境会计信息披露又是企业利益相关者所关注的,尤其出现重大事故时,被社会媒体渲染,更是引起社会公众的追踪关注。在这样的背景下,环境会计及信息披露的研究也进一步被推成热门话题,我国环境信息披露质量严重低下,远不能满足信息使用者的决策需要,所以,提高环境会计信息披露质量成为当前会计信息监管部门的工作重点。

参考文献

[1] Gengyuan Liu, Xinan Yin, Walter Pengue, Enrico Benetto, Donald Huisingh, Hans Schnitzer, Yutao Wang, Marco Casazza. Environmental accounting: In between raw data and information use for management practices[J]. Journal of Cleaner Production, 2018, 197.

[2] Weng Wei, Ren Qiu-fang, Duan Chong-jiang, Li Yang, Ren Qiu-fang. Research on the Environmental Accounting Information Disclosure of Listed Companies in Yunnan Province[P]. Proceedings of the 1st International Conference on Contemporary Education and Economic Development (CEED 2018), 2018.

[3] Lingling Dong. Research on Environmental Accounting Information Disclosure Problems —A Case Study of Highly Polluted Industry in Shandong Province[P]. Proceedings of the 2017 2nd International Conference on Politics, Economics and Law (ICPEL 2017), 2017.

[4] Ran Liu. Environmental Accounting Information Disclosure in Steel Industry[P]. Proceedings of the Third International Conference on Economic and Business Management (FEBM 2018), 2018.

[5] Xiaoli Ji. Research on Environmental Accounting Information Disclosure of Listed Company under Low Carbon Economy[P]. 3rd International Conference on Social Science and Technology Education (ICSSTE 2017), 2017.

[6] 王莹莹. 煤炭行业上市公司环境会计信息披露浅析[J]. 内蒙古煤炭经济, 2019(15): 142-143.

[7] 翟星. 煤炭行业上市公司环境会计信息披露影响因素研究[D]. 西安:西安建筑科技大学, 2018.

[8] 吴琼. 上市公司环境会计信息披露影响因素研究[D]. 北京:中国地质大学(北京), 2018.

[9] 张楠. 提升上市公司环境会计信息披露水平对策:以山西省煤炭行业上市公司为例[J]. 北

方经贸,2019(07):80-82.
[10] 张乐乐.浅析企业环境会计信息披露制度的完善策略[J].现代经济信息,2019(21):252.
[11] 高钐.浅析环境会计信息披露有效性问题:以煤炭业上市公司为例[J].知识经济,2019(31):85-87.
[12] 李航.关于上市公司环境会计信息披露的问题与对策分析:以 SH 能源股份有限公司为例[J].现代商业,2019(30):89-90.
[13] 陈碧君.重污染企业环境会计信息披露问题研究[J].财会学习,2019(30):100-101.
[14] 王丽娜,王奇.低碳经济下企业绿色会计信息披露模式研究[J].现代营销(信息版),2019(11):60.
[15] 郭媛,杜国柱.煤炭企业环境信息披露研究[J].中小企业管理与科技(上旬刊),2019(10):8-11+147.
[16] 栾会红.我国上市公司环境信息披露研究[J].营销界,2019(39):12+45.
[17] 何福田,何福英.上市公司环境会计信息披露相关问题的分析与研究[J].现代营销(信息版),2019(10):50-51.
[18] 杨书想.企业绿色会计发展研究[J].合作经济与科技,2019(18):164-165.
[19] 李永鹏,李明月.制度环境对政府会计信息披露的影响研究[J].价值工程,2019,38(24):98-100.
[20] 田晓菲.煤炭行业上市公司环境会计信息披露研究[J].江苏科技信息,2018,35(12):78-80.
[21] 黄嫦娇.环境会计信环境会计信息披露影响因素实证研究:以煤炭开采行业上市公司为例[J].财会研究,2018(01):24-26+30.
[22] 马伟玲.煤炭行业上市公司环境会计信息披露研究[D].石家庄:河北大学,2019.
[23] 张慕原.煤炭行业上市公司环境会计信息披露的博弈研究[D].西安:西安科技大学,2018.
[24] 王东.煤炭行业上市公司环境会计信息披露水平影响因素研究[D].合肥:安徽农业大学,2018.

附录8:企业跨国并购绩效与风险研究
——以青岛海尔并购通用家电为例

2019级 曹 婷

摘 要

随着经济的迅速发展,市场规模不断扩大,越来越多的企业将并购作为一种优化组织结构和提升发展空间的重要手段。随着我国改革开放浪潮的席卷,一批国内企业也在国家"走出去"战略的号召下纷纷走出国门,开启了海外并购战略。并购作为一种投资手段,越来越受我国企业的青睐。

本文选取青岛海尔并购通用家电为研究对象,首先,介绍了海尔并购通用家电的过程及动因;其次,通过对并购前后的绩效分析得出,此次并购可增强海尔集团的盈利能力、偿债能力和营运能力,并在一定程度上可帮助企业实现长期可持续发展,从而增加海尔的市场份额,提高海尔的品牌效应;再次,通过分析发现此次并购活动存在财务制度、政策法律以及文化整合的风险,并针对这些风险提出了相应的应对措施;最后,总结出这次并购给青岛海尔所带来的利益及风险,并针对这些风险提出相关政策建议。

本文通过研究海尔集团并购通用电气这一案例,希望能够为其他的国内企业实现"走出去"战略提供有益的参考价值以及经验策略,同时也对其他的中国企业进行海外并购、开展全球化战略布局有着一定程度的借鉴。

[关键词]海外并购;并购绩效;财务风险

Abstract

With the rapid development of economy and the continuous expansion of market scale, more and more enterprises regard merger and acquisition as an important means to optimize organizational structure and improve development space. With the sweeping of China's reform and opening up, a number of domestic enterprises also go abroad one after another under the call of the national "go global" strategy, and open the overseas merger and acquisition strategy. As a means of investment, M&A is increasingly favored by Chinese enterprises.

This paper selects Qingdao Haier's acquisition of general household appliances as the research object. Firstly, it introduces the process and motivation of Haier's acquisition of general household appliances. Secondly, through the performance analysis before and after the merger, it can be concluded that the merger can enhance the profitability, solvency and operational capacity of Haier group, and help enterprises achieve long-term sustainable development to a certain extent, so as to increase Haier's market share and improve its brand effect. Thirdly, it is concluded that there are risks of financial system, policy and law as well as cultural integration in this M&A activity, and corresponding countermeasures are proposed for these risks. Finally, the benefits and risks brought by the merger to Qingdao Haier are summarized, and relevant policy Suggestions are put forward.

By studying the case of Haier group's merger with general electric, this paper hopes to provide useful reference value and experience strategy for other domestic enterprises to realize "going global" strategy, and at the same time, it can also provide some reference for other Chinese enterprises to carry out overseas M&A and carry out global strategic layout.

Key words: overseas M & A; M & A performance; financial risk

1 绪论

1.1 研究背景

随着世界经济全球化的发展,市场竞争越来越激烈,许多企业开始利用跨国并购的手段来寻找发展之路,扩大生产规模,提高生产效率。跨国并购已经成为企业产业结构调整和进驻全球产业链的战略手段。

在近30年来,家电行业一直是都是我国重点扶持对象,该行业发展极为迅速,竞争异常激烈,是与国际接轨最为彻底的传统行业。家电行业通过不断发展逐渐进入成熟期,在生产技术、产品质量以及对市场的了解和适应上都有了质的飞跃。然而随着全球经济化的发展,我国家电行业面临着市场趋于饱和,企业规模普遍较小,品牌知名度不够,竞争力较低,盈利水平下降等问题,与此同时,全球范围内的家电行业也同样面临着国际市场饱和、竞争越来越激烈的局面。因此,我国一大部分家电企业则选择了跨国并购。但是由于我国企业的理论研究、实践经验以及企业目前在并购市场上的发育程度都不成熟,因此,导致并购的成功率不是很高。

海尔公司从一家资不抵债、管理混乱的集体企业,发展到如今的全球大型家电品牌,经历了艰辛的发展历程。为了更好地在竞争中发展,海尔采用了并购的手段来为发展提供强大的助力。本文通过海尔并购通用家电案例的绩效与风险分析,来说明海尔此次并购对企业经营的影响,从而给同行业或其他行业海外并购提供一定的参考,丰富现有家电行业海外并购动因与绩效分析的案例研究。

1.2 研究意义

1. 理论意义

本文以青岛海尔并购通用家电案例为研究对象,来研究海外并购的绩效与风险,在理论层面,有助于丰富我国企业跨国并购绩效与风险的相关理论研究。目前为止,由于我国并购领域起步较晚,使得我国企业跨国并购相关理论研究不够成熟完善,本文选择对具体案例进行研究,并在已有的理论基础上加以分析,旨在丰富我国跨国并购绩效及风险研究,同时为我国家电企业实施并购战略提供一定程度的理论参考。

2. 实际意义

本文以青岛海尔并购通用家电案例为研究对象,来研究海外并购的绩效与风险,在实践层面,有助于帮助我国家电企业更加有效地识别并购风险,提高企业绩效。一方面,本文通过对青岛海尔并购通用家电案例的财务绩效和非财务绩效的分析,能够帮助企业更加了解并购过程中的动因及财务风险;另一方面,通过分析企业并购过程中的财务风险,来探究并购过程中可以有效防范财务风险的具体措施,有利于企业以后能更高效地开展并购活动。

1.3 国内外研究现状

1. 国外研究现状

国外企业跨国并购起步较早,历史悠久,国外相关学者在跨国并购绩效和风险方面已经做了大量的研究工作。随着并购浪潮不断加深,国外对于企业跨国并购绩效与风险的理论也较

为成熟和完善,研究内容主要集中在企业价值和协同效应方面。相关研究内容如下:

美国学者 Comanor(1967)[1]指出企业可以通过横向并度,建立产业壁垒,在竞争中占据主导地位,提升话语权。

Williamson(1975)[2]、Mitchell M. L 等(1996)[4]认为持续的并购行为有利于企业的规模扩张,从而实现其在市场中的垄断地位,获得更为稳固的市场势力,减少市场环境恶化对它的冲击。

Haris 和 Ravenscraft(1991)[3]通过实证研究发现,在海外并购活动中,并购方企业所处国家的货币实力越强,其并购收益就越多,从而也越愿意采取海外并购方式实现规模的扩张,以获取那些价值被严重低估的项目。

Sheifer 和 Vishny(2003)[5]认为在信息完全公开透明的市场上,所有的投资者都能充分获取信息,因而,只要企业的价值被低估,那么投资者就一定会发现并进行收购。

Isil Erel 和 Rose C 等人(2012)[6]通过统计数据,搜集资料,对 1990—2007 年间大约共 57 000 件跨国并购案例进行分析,得出导致跨国并购活动频频发生的主要缘由之一是价值差异。

2. 国内研究现状

我国相关学者在并购领域起步较晚,且相关理论研究不够完善,但也取得了一定的成就。随着并购活动的不断增多,我国并购理论及具体案例研究也在不断增多,研究内容主要集中在企业市场开拓和市场资源获取方面。相关理论研究如下:

汤文仙、朱才斌(2001)[7]认为并购可以帮助企业实现产业集群,形成规模效应,从而降低成本,并对其它企业进入该市场形成进入壁垒。

王成昌、刘升福(2004)[8]认为并购对企业而言是一种有效的市场开辟方式,进行并购可以减少企业竞争对手,促进产业集中,使得企业在市场上可以获得一定的垄断权。

余鹏翼、李善民(2013)[9]提出我国企业实施海外并购的主要驱动因素是从外部取得助推企业成长所需要的资源,可以通过收购目标企业的方式,来直接接手对方所拥有的关键资源,如专有技术、学习曲线、营销渠道等,迅速占领市场。

周绍妮、文海涛(2013)[10]认为企业处在不同的发展阶段,基于并购动机的差异,应采取不同的并购绩效评价方式,并且绩效评估衡量方式的差异也会对企业并购绩效产生影响。

张文佳(2015)[11]发现企业进行海外并购的动因并非一成不变,伴随着时间的洗礼和并购对象类型的不同而发生转变,现阶段促使我国企业开展海外并购的动因主要是追求海外资源,比如说可以通过并购目标企业获得对方国际化的品牌效应和市场资源。

基于平衡计分卡角度,张飞飞、孙海涛(2016)[12]从财务、客户、内部流程、学习与成长四个维度建立了指标体系,以评估东方明珠新媒体的经营业绩。

苑泽明等(2018)[13]基于"蛇吞象"并购模式和动机,从企业盈利能力、管理效率、技术创新能力以及国际化水平四个方面构建海外并购绩效评价体系。

3. 文献综述

综上所述,海外并购一直以来都是专家学者研究的热点话题。目前为止,国外学者已探索出一套系统理论化的海外并购动因与绩效理论,在这方面已取得了一定成就,较为成熟的海外并购动因与绩效评价理论,也为本文的后续研究分析奠定了理论基础。我国学者的相关研究结论大多是基于国外已有的研究,但在理论应用的合理性、适用性和可行性等方面可能还需进一步步完善,另外,也缺少将理论运用与具体事件相结合的案例。因此,本文选择研究青岛海尔并购通用电气这一案例,来对具有中国特色的海外并购案例进行补充和拓展。

1.4 小结

本章基于我国家电行业的发展背景,来总结探究青岛海尔并购通用电气的绩效及风险的必要性,从而在一定程度上丰富我国海外并购案例相关理论研究,同时帮助我国企业更加高效地开展并购活动。另外,通过梳理国内外学者在并购领域所取得的相关研究成果,旨在为下文的案例分析提供理论支持和依据。

2 青岛海尔并购通用家电过程及动因分析

2.1 青岛海尔与通用家电简介

1. 青岛海尔简介

海尔集团成立于1984年,在其发展的三十多年历程中,海尔始终坚持以用户需求为中心的理念,坚持以创造用户价值为目标。在这三十多年来,海尔从一开始亏损147万元的小工厂到后来成长为一个世界级大型集团企业。随着海尔集团不断发展壮大,海尔集团从传统制造家电企业逐渐转型为多元化的企业,所涉及的领域包括家电、数码电子、物流及金融等。1989年青岛海尔建立,并于1993年11月19日在上交所上市(股票代码:600690),当时的发行股票总额为1.7亿股。青岛海尔开始实施国际化战略时间较早,经过很长时间的发展,海尔已经在家电行业中处于引领的地位。青岛海尔属于国内家电行业中上市最早的一批企业,该公司旗下的产品出口量占我国自主品牌家电出口总量的89%,销往海外100多个国家和地区。目前,青岛海尔已经成为全球最大的家电制造企业之一。

2. 通用家电简介

通用电气是一家拥有上百年历史的大型跨国企业,始终保持技术创新。通用电气涉及的领域相当广泛,包括能源、航空航天、医疗和交通运输等很多个领域,在全球范围内覆盖面积极大,其发展企业所采用的有效并且快速的方法是兼并和收购。在近些年的发展中,根据通用电气的产业链布局和战略发展,目前一些周期较长、资金较密集及技术壁垒较高的产业是该公司的发展重点。通用电气拥有着三十多万员工,而且为全世界一百多个国家提供服务,该公司的核心理念是利用创新为全世界提供最优质的产品和服务。通用电气公司在全球拥有四个研发基地,在这四个研发基地里聚集了将近三千名顶尖的技术骨干。通用家电是通用电气公司旗下的家电业务部门,在美国5个州设立了9家工厂,在美国不仅拥有强大的零售网络关系,还拥有一流的物流和分销能力,其在美国用户认可的家电企业排行中位居第二。

2.2 并购过程

早在2008年时,通用电气就有出售其家电业务的意向,但由于当时受金融危机影响比较大,所以一直未实现。在2014年9月时,伊莱克斯产生了收购通用电气家电部门的意向,但因美国司法部的反垄断法的叫停,此次收购并没有达成;青岛海尔股份有限公司在2015年10月16日时发布的《青岛海尔重大事项停牌公告》预示着青岛海尔正式并购通用家电的序幕由此拉开;在2015年10月30日时,青岛海尔发布《青岛海尔股份有限公司重大资产重组停牌公告》,正式确认该跨国并购事项构成了公司的重大资产重组;在2016年1月14日时,青岛海尔在其第八届董事会第二十九次会议中正式与通用电气签署了《股权与资产购买协议》,并购双方就交易方式、审批程序、标的资产的估值与定价等初步达成一致,并于同日发布了《青岛海尔股份有限公司重大资产购买预案》;在2016年3月时,青岛海尔并购通用电气相关家电业务通过美国国家反垄断审查;在2016年5月时,通过墨西哥反垄断审查,为海尔进一步推进收购进程清除了障碍;截至2016年6月6日,青岛海尔向通用电气支付总额约为55.8亿美元的全部价款,从而获得通用家电100%的股权,历经8个月,青岛海尔并购通用家电这一起声势十分浩大的跨国并购事件终于完成。2016年6月7日,青岛海尔与通用家电正式签署了跨国并购与所需交易的文件,海尔将以40%的自有资金和60%的贷款通过现金支付的方式,向通用电气支付总额约为55.8亿美元的价款,这也就意味着青岛海尔同通用家电开始了全新的篇章。

图F8.2.1和图F8.2.2是海尔集团2014—2018年营业总收入、资产规模及净利润变动图。

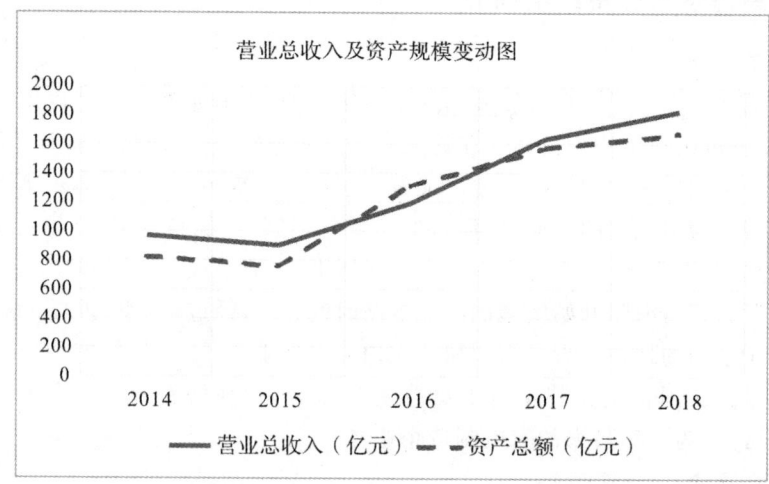

图 F8.2.1 2014—2018年营业总收入及资产规模变动图

图 F8.2.2 2014—2018年海尔集团净利润变动图

由图 F8.2.1 可知,在 2014 年至 2015 年内,海尔集团营业总收入及资产总额呈下降趋势,2016 年企业并购通用家电后,其营业总收入及资产规模急剧增加,说明并购活动在一定程度上增加了海尔集团的营业收入,扩大了海尔集团的资产规模。

由图 F8.2.2 可知,在 2014—2015 年内,海尔集团净利润呈下降趋势,2016 年企业发生并购行为,其净利润虽然在 2018 年增幅有所回落,但整体呈上升趋势。由此可见,并购行为对于海尔集团的综合实力的提升具有一定程度的促进作用,探究其并购动因及并购绩效具有十分重要的作用。

表 F8.2.1 是 2014—2018 年青岛海尔并购前及并购后的资产规模变动情况。

表 F8.2.1   2014—2018 年青岛海尔资产规模变动表

相关数据	并购前		并购后		
	2014 年	2015 年	2016 年	2017 年	2018 年
营业总收入/亿元	969	898	1 191	1 634	1 833
资产总额/亿元	823.5	759.6	1 315	1 572	1 676
净利润/亿元	70.49	59.25	66.96	90.28	97.71

2.3　并购动因分析

1. 拓宽销售渠道

通用家电作为全美最大的家用电器制造商之一,拥有覆盖全美、辐射全球的销售网络,在欧洲、澳洲、日韩等地都有设立营销中心。截止到 2016 年,青岛共有 66 个营销中心遍布全球,主要覆盖了亚洲、欧洲、美洲、中东及澳洲等主要区域,其中青岛海尔在美洲的营销中心数量于 2016 年终于实现突破,该营销渠道的增加主要得益于青岛海尔并购通用家电时直接获得了其在北美白色家电业务的营销网络,这对于青岛海尔在北美的发展十分有利,同时青岛海尔也可借助通用家电享誉全球的品牌效应和丰富的国际销售经验,拉动其在其他国家和地区的销量。

2. 获得协同效应

此次青岛海尔并购通用家电属于横向并购,也是善意并购,参与并购的双方都是基于友好合作达成一致的前提下,开展此次海外并购。在遵循平等互惠的原则下,青岛海尔并购后的整合活动将更易开展,至少不会受到来自通用家电方面主观层面的阻碍,因此,更有利于实现并购后的良好整合。另外,二者在家电市场上都享有赫赫声名,是全球领先的家用电器制造商,通过减少同行业竞争对手,海尔相信自身在国际市场中的竞争力会得到提升,并且二者的结合也有利于双方在研发、生产、销售、服务等方面形成优势互补,实现全球资源共享和协同效应的最大化,从而为缔造横跨东西半球的家电行业全球领导者奠定基础,此次并购的协同效应主要体现在营销网络互补、采购成本节约和技术及研发优势共享三方面。

3. 提高核心技术水平

海尔作为国内知名的大型家电企业,拥有销售渠道方面的优势和完善的服务体系,但就全球家电行业而言,海尔在研发及制造方面缺少创造性的高端核心技术,依然落后于传统高端家电企业。而通用家电一直在缩短研发周期,知识产权也在逐年增加,是全球家电行业研发技术及创新的领导者。在海尔并购通用家电之后,通过有效地整合海尔与通用家电的研发资源,实现研发资源的共享,提升整体的研发效率及研发水平,继而极大提高海尔的核心竞争力,加快海尔向全球家电行业领军者迈进的步伐。

2.4 本章小结

本章介绍了青岛海尔并购通用电气的具体过程,通过对其并购前后的资产规模、营业收入及净利润的变化进行分析发现,并购行为在一定程度上有助于青岛海尔提高企业绩效水平。此外,本章对其并购动因进行分析发现,此次并购活动有助于青岛海尔开拓美国市场,并能获得协同效应,从而可以提升青岛海尔的核心技术水平。下面本文将通过对其盈利能力、偿债能力、营运能力及发展能力来探究并购活动可能给青岛海尔带来的并购绩效,并探究此次并购活动可能带来的非财务绩效,为后文提出针对性对策建议奠定基础。

3 青岛海尔并购通用家电绩效分析

3.1 财务绩效分析

1. 盈利能力分析

盈利能力是指一个企业获取利润的能力,通常表现为一定时期内企业收益数据的多少以及水平的高低。盈利能力的指标包括很多,本文在分析并购绩效时,主要选取了并购前、并购当年与并购后的净资产收益率、总资产净利率、营业净利润率、成本费用利润率、每股收益及每股净资产这六个指标来进行对比分析,见表 F8.3.1。

由表 F8.3.1 可知,2014 年和 2015 年,青岛海尔并未并购通用电气,其净资产收益率、总资产净利率、营业净利润率、成本费用利润率、每股净资产和每股收益呈下降趋势。2016 年企业发生并购行为,青岛海尔并购通用家电,因此在 2016 年至 2018 年内,海尔集团的净资产收益率呈先增后减的趋势,但总资产净利率和营业净利润率近五年内依然呈下降趋势,每股净资产和每股收益虽在 2014—2015 年有所减少,但 2016 年企业并购行为使得海尔集团并购后的每股净资产和每股收益呈逐年增加的趋势。由此可见,并购行为可在一定程度上促进海尔集团的盈利能力,但总资产净利率和营业净利润率的下降也预示着并购行为给企业带来了一定程度的并购风险。

表 F8.3.1 青岛海尔盈利能力主要指标对比表

盈利能力相关指标	并购前		并购后		
	2014 年	2015 年	2016 年	2017 年	2018 年
净资产收益率	27.58%	16.22%	20.41%	23.59%	21%
总资产净利率	9.84%	7.85%	6.46%	6.4%	6.14%
营业净利润率	7.54%	6.6%	5.62%	5.68%	5.33%
成本费用利润率	7.73%	6.95%	5.84%	5.91%	5.72%
每股净资产/元	7.1702	3.7063	4.3238	5.2127	6.0451
每股收益/元	1.74	0.705	0.826	1.136	1.21

2. 偿债能力分析

偿债能力是指企业利用自身拥有的资产来偿还企业产生债务的能力,它可以反映一个企业的经营能力以及财务状况。偿债能力的指标主要包括流动比率、速动比率和资产负债率等。在分析并购发生的绩效时,本文主要选取了并购前、并购当年与并购后的资产负债率、流动比率、速动比率三个指标来进行对比分析,如表 F8.3.2 所示。

表 F8.3.2　青岛海尔偿债能力主要指标对比表

偿债能力指标	并购前		并购后		
	2014 年	2015 年	2016 年	2017 年	2018 年
资产负债率/(%)	61.18	57.34	71.37	69.13	66.93
流动负债/总负债/(%)	90.72	91.33	78.41	73.43	71.78
流动比率	1.43	1.38	0.95	1.15	1.18
速动比率	1.25	1.16	0.74	0.87	0.90

由表 F8.3.2 可知,2014 年至 2015 年,海尔集团的资产负债率有所降低,但在 2016 年又略有回升。企业发生并购行为之后,近三年内青岛海尔的资产负债率呈逐年降低趋势,资产负债率保持在 40%~60% 之间,这一趋势表明并购活动在一定程度上优化了海尔集团的资本结构。

通常,速动比率一般保持在 1 较为合适,而流动比率保持在 2 较为适宜。由上表可知,海尔集团在未发生并购活动时,其流动比率逐年降低,在发生并购活动之后有一定程度的增长,但增幅不够明显,且近五年内其流动比率均低于 2。与此同时,海尔集团的速动比率在并购前后亦呈现出先减后增的趋势,且在发生并购活动之后趋近于 1,说明并购活动对其偿债能力具有一定的优化作用,但也有可能给企业带来一定程度的并购风险。

3. 营运能力分析

营运能力是利用与企业生产经营资金周转速度相关的指标,来反映企业对经济资源的掌控、利用效率及管理水准。营运能力的强弱关键取决于周转速度,速度越快,资产使用效率越高,资产营运能力越强。本文选取的营运能力分析指标主要包括总资产周转率、流动资产周转率、固定资产周转率、应收账款周转率、存货周转率、应收账款周转天数及存货周转天数这七个指标来对比分析。

表 F8.3.3 是 2014—2018 年青岛海尔营运能力主要指标对比。

表 F8.3.3　2014—2018 年青岛海尔营运能力主要指标对比表

营运能力相关指标	并购前		并购后		
	2014 年	2015 年	2016 年	2017 年	2018 年
总资产周转率/次	0.73	0.56	0.50	0.57	0.57
流动资产周转率/次	0.90	0.72	0.83	1.05	0.98
固定资产周转率/次	8.66	5.79	4.01	5.00	5.62
应收账款周转率/次	9.63	6.93	5.07	5.74	6.04
存货周转率/次	5.61	4.37	3.18	3.34	2.86
应收账款周转天数/天	19.51	22.94	27.80	27.91	22.47
存货周转天数/天	40.34	44.87	52.16	60.18	60.69

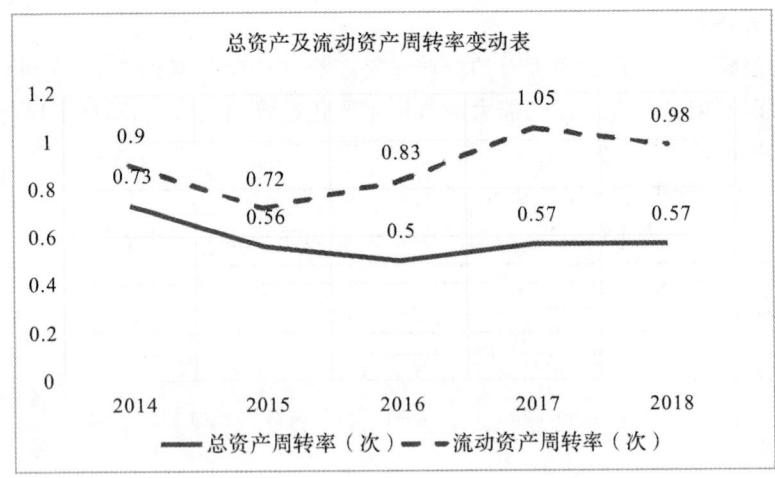

图 F8.3.1　总资产及流动资产周转率变动表

由图 F8.3.1 可知,在 2014—2016 年内,青岛海尔集团并未发生并购行为,其流动资产周转率由 0.73 减少到 0.5,在 2016 年企业发生并购活动之后,增长至 0.57,说明并购活动在一定程度上增加了流动资产周转率,提高了流动资产周转效率。与此同时,总资产周转率在 2014 年至 2015 年呈下降趋势,虽然 2018 年增幅有所降低,但在近三年内总体呈逐年增长趋势。由此可见,并购活动对海尔集团的营运能力有一定程度的促进作用。

由图 F8.3.2 可知,在 2014—2016 年内,青岛海尔的固定资产周转率、应收账款周转率及存货周转率逐年递减。但在企业发生并购行为之后,自 2016 年以来,这三项指标整体呈良好的上升趋势。由此可见,并购活动对于改善海尔集团的固定资产、应收账款及存货的周转效率具有较好的促进作用。

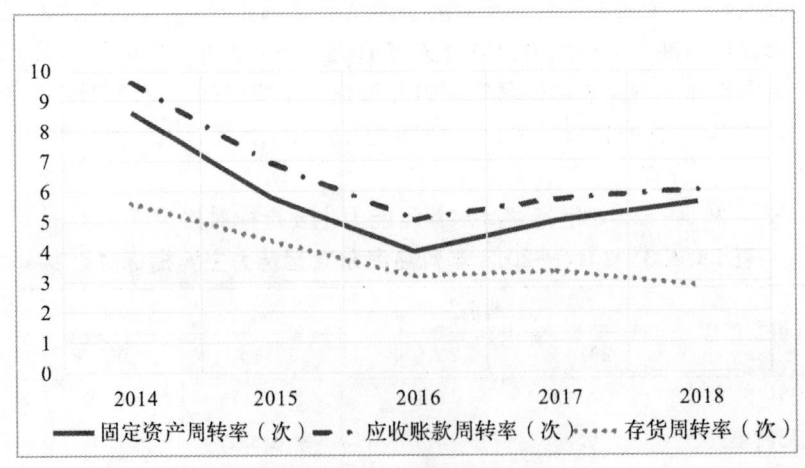

图 F8.3.2　营运能力变动表

由图 F8.3.3 可知,海尔集团在未发生并购行为时,其应收账款及存货周转天数逐年增长,企业发生并购活动后,应收账款及存货的周转天数有所降低,这一变化预示着企业的周转效率有所好转,说明并购活动对其周转效率有一定程度的促进作用。

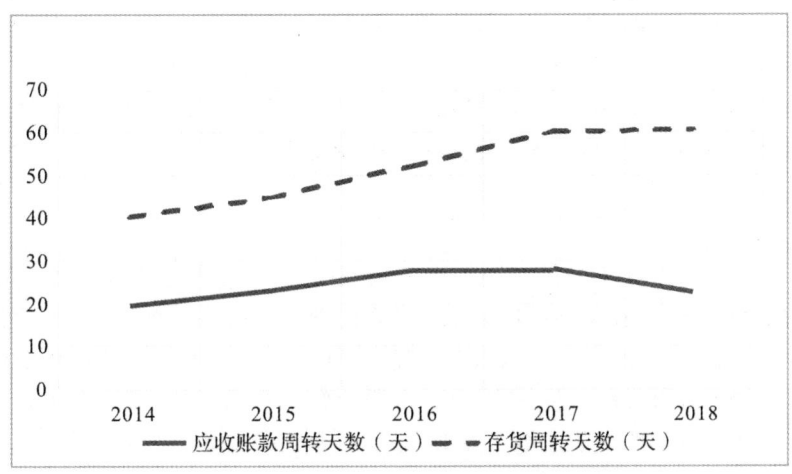

图 F8.3.3　应收账款及存货周转天数变动表

4.发展能力分析

企业的发展能力主要表现在企业规模是否能够不断扩大,企业的销售收入能否不断增加等,发展能力指标主要包括营业收入增长率、净利润、净资产、总资产增长率、营业利润增长率和营业收入等。在分析并购发生的绩效时,本文主要选取了并购前、并购当年与并购后的营业收入增长率、净利润增长率、净资产增长率和总资产增长率四个指标来进行对比分析,如表 F8.3.4 所示。

表 F8.3.4　青岛海尔发展能力主要指标对比表

营运能力相关指标	并购前		并购后		
	2014 年	2015 年	2016 年	2017 年	2018 年
主营业务收入增长率/(%)	9.38	−10.81	16.38	59.01	14.2
净利润增长率/(%)	22.02	0.11	20.35	33.06	12.36
净资产增长率/(%)	40.16	42.33	5.99	19.06	18.97
总资产增长率/(%)	24.44	11.86	60.06	15.79	12.66

由 F8.表 3.4 可知,在企业发生并购活动之前,其主营业务收入增长率、净利润增长率及总资产增长率逐年降低。在 2016 年发生并购活动之后,其主营业务增长率、净资产增长率及净利润增长率均有所增加,虽然在 2018 年增幅有所降低,但整体呈逐年上升趋势。由此可见,并购行为对企业的发展能力也有一定程度的促进作用。但是通过对比企业总资产增长率可知,企业发生并购活动之后,其总资产增长率呈下降趋势,说明并购活动在给企业带来一定机遇的同时,也带来了一定程度的并购风险。

3.2　非财务绩效分析

1.市场份额增加

在青岛海尔并购通用家电的第一年,也就是 2016 年,海尔的总收入达到 1 190.66 亿元,首次突破千亿。与并购前的2015年总收入为897.97亿元相比,同比增长32.59%。到2017年,海尔并入通用电气家电业务刚好满一个年度,青岛海尔市场份额达到了10.5%,位列全球第一。2017年海尔中国区的收入增长率达到25%,实现了大幅度增长,在同行业处于领先地位。海尔在海外市场规模上,营业额更是实现了大幅度提高,在2017年时海尔海外市场占比为47%,2018年海外市场占比超过50%。

2. 品牌效应提升

2016年6月,通用电气家电的交割彻底完成,这意味着海尔基本完成了全球品牌布局。海尔通过并购通用家电,使在美国市场上原本存在的缝隙产品不断增多,海尔还可以借助通用家电品牌效应,不断将产品渗透到美国家电市场,这样可以加快进军海外市场步伐,极大地提高其国际知名度以及提升品牌价值,进而整体提升海尔的产品形象,帮助海尔更好走向全球。也许海尔不是国内最能够赚钱的家电企业,但是海尔在国外市场上一定是最知名的中国家电企业。

3.3 本章小结

针对以上对于青岛海尔并购通用家电案例的财务绩效与非财务绩效的分析,本章得出,海尔并购通用家电以后获得了一定的协同效应,这种协同效应主要是通过财务协同效应和经营协同效应来体现出来的。通过上述对各项指标的分析可以得出,在财务协同方面,青岛海尔的盈利能力和偿债能力以及发展能力得到很好的提升;在经营协同效应方面,海尔的市场份额得到了明显的提升,而且也大大提高了品牌知名度。

4 并购风险及应对措施

通过上述的并购绩效分析来看,海尔并购通用家电后总资产净利率和营业净利润率等指标在下降,而且资产负债率在并购当年增长。由此可见,企业并购行为在带来并购绩效的同时,也会在一定程度上造成并购风险。本文通过分析,将青岛海尔并购通用电气的风险分为财务风险、政策法律风险和文化整合风险。

4.1 并购风险分析

1. 财务风险

青岛海尔在对通用家电并购时借入33亿美元的五年期长期贷款,以百分之四十的自有资金和百分之六十的贷款以现金支付的方式来支付总额约为55.8亿美元的价款。迫于并购资金的压力,青岛海尔进行了内部融资,通过鼓励、支持员工持股来缓解困境,这样无疑会大大增加企业的利息费用以及其他费用,给青岛海尔带来很大的资金压力。虽然说合并两年后公司盈利能力和偿债能力都表现良好,但是在并购当时会对企业的资金规模以及资本结构产生比较大的影响,如果后期经营不当,可能会给企业带来巨大的损失。

2. 政策法律风险

在并购过程中,企业可能会面临政策法律风险。法律风险本身就是企业在跨国并购交易中难以很好应对的风险因素,法律风险事件的发生也会给企业形象带来严重的损害。对于海尔并购通用家电来说,中国和美国的法律政策存在着一些差异,通用家电的政治环境以及相关法律政策可能会影响青岛海尔的活动选择。比如政治不稳定,这就会给海尔带来额外法律风险,影响海尔的跨国并购交易,甚至会对青岛海尔的企业形象带来不好的影响。

3. 文化整合风险

文化差异也是在跨国并购中比较常见的风险之一。因地域文化的不同,可能会造成文化整合风险。海尔家电和通用家电都是本国家电市场的翘楚,在并购之后因东西方文化的差异可能会产生许多问题,比如文化、宗教信仰和风土人情等方面都会造成文化整合风险。通用家电的主要营销市场在北美地区,美国和加拿大是其重要的生产经营销售地,而海尔家电的核心竞争市场则是在中国,他们有着各自的文化历史。因此,海尔在进行跨国并购中,这些文化的差异都要作为其考虑的风险因素。在并购后海尔应该对两家企业文化进行评估和比较,这样可以预测可能发生的文化风险,并及时有效地规避风险。

4.2 应对措施

1. 合理规划资本成本

青岛海尔跨国并购通用家电所需的资金数额巨大,因此需要对其资本成本进行规划,通过设计融资方案控制贷款融资和股权融资的比例,从而使资本成本有所下降。并购交易完成后,青岛海尔应立即结合企业最新的发展战略,重新调整企业的资本结构,在资本结构合理的前提下尽量降低资本成本,避免企业因巨大的资金压力而造成不必要的损失。

2. 合理制定法律政策

无论是青岛海尔还是通用家电,除了应遵循当地的法律法规之外,还要考虑国际政策的影响,尤其是当双方所在国政策差异较明显时。两个国家在制定自己的法律法规的时候会结合当地的风土人情,以及地域文化因素来确保政策可以最大限度的维持社会稳定,所以既要考虑中国的政策以及美国的政策,又要考虑中美双方的外交政策。

3. 加强文化融合

由于青岛海尔并购通用家电涉及两个国家,而两个国家之间的文化传统、民俗习惯又具有很大差异,因此呈现在企业中就是差异较大的企业文化。我国企业在并购整合时期,最重要的问题就是怎样完成文化间的融合。制度层面解决不了员工情绪、工作习惯风气、企业文化不同等方面带来的问题,这就需要企业投入一定的人力、物力成本去沟通解决这一问题。并购后,双方需要积极组织两个企业的员工进行文化沟通活动,双方在互相包容、目标统一的原则下,逐步渗透实现融合,促使双方可以对中西方文化的差异进行了解和尊崇,对于双方以后的沟通协作有积极意义。

4.3 本章小结

本章通过分析发现,此次并购活动中,海尔集团在提升企业绩效的同时,也存在以下风险:财务风险、政策法律风险和文化整合风险。因此,本文针对这三项风险提出了针对性应对措施,海尔集团在并购时应合理规划资本成本,国家应制定行之有效的法律法规,同时企业也应注重文化融合,以此实现更加高效的并购。

5 研究结论与政策建议

5.1 研究结论

本文通过对青岛海尔并购通用家电这一跨国并购案例进行综合深入分析,得出如下结论:

首先,从并购方出发,站在青岛海尔的角度来看此次跨国并购活动开展的原因,主要在于并购通用家电是青岛海尔国际化进程中必不可少的一环。通过此次横向并购可减少其在北美市场的竞争对手,直接获取通用家电在美国的市场份额,以期实现营销网络互补、采购成本节约和技术及研发优势等方面的协同。

其次,从财务绩效的角度来看,青岛海尔并购通用家电后,虽然企业的资产负债率在并购当年稍有增长,总资产净利率和营业净利润率在并购后也在一定程度上下降。但从整体来看,企业的盈利、营运、偿债及成长能力均得到了一定程度的改善,青岛海尔整体的财务绩效稳中有升,虽然在实施完成阶段对青岛海尔有短暂冲击,但上升才是并购后发展的主旋律。

再次,从非财务绩效的角度来看,市场对青岛海尔并购通用家电这一事件呈看好态度,此次横向并购扩大了青岛海尔在北美的市场份额,并获得了通用家电先进的研发技术及富有潜力的研发人才资源,同时借助强大的品牌效应,提升了青岛海尔的产品格局,增加了其营销中心在海外的布局。因此总体而言,此次并购成功为青岛海尔的投资者创造了价值,带来了积极效应。

最后,通过对上述的分析识别出海尔并购通用家电存在财务风险、政策法律风险和文化整合风险。对于财务风险来说,海尔应该在并购后调整资本结构,设计合理的融资方案降低资本成本;对于政策法律风险来说,两家企业不但要遵循彼此所在国家的法律政策,还要结合国际法律来规范自身;对于文化整合风险来说,企业应该对员工进行文化培训,让两个企业的员工了解并尊重文化差异,减少因文化差异导致的摩擦。

5.2 政策建议

本文通过一系列分析,发现并购行为在给海尔集团带来并购绩效的同时,也伴随着一定程度的并购风险。因此,为了帮助我国家电企业更加高效的开展并购活动,本文提出如下政策建议,希望帮助我国家电企业实现可持续发展。

1. 准确定位自身并购实力

准确定位自身的并购实力,是并购能够顺利进行的基础。若是并购目标超出自己的经济能力,在后期整合中或许会面临"以小整大"的困境。通常情况下,并购方需要向被并购方支付的购买价款都是一笔不小的数目,支付这笔价款的同时最好不要对企业原本的正常经营产生太大的影响。国家开发银行之所以同意将如此高额的贷款审批给海尔,是因为对青岛海尔的偿还能力进行了充分了解,海尔本身在并购前对于资金的使用已经做出了详细规划,积累了充足的并购资金。所以,企业在进行海外并购时,一定要将资金的筹备工作进行完善,同时也不要超出所能筹备的极限。

2. 准确选择被并购方

若企业盲目顺应海外并购热潮,未经深入了解就随意选择并购对象,对企业的发展是很不利的。只有选定的被并购方企业确实能为并购方企业的发展做出实际的贡献,成为并购企业的驱动器,才是真正正确的选择。另外,通用家电所具备的本土品牌优势,是海尔全球化战略的一块跳板,连接着国内市场和国外市场,能够切实为海尔带来利益的增加,进而达到提升企业绩效的最终目的。

5.3 本章小结

本章通过基于前文的数据分析,总结得出了诸多结论,旨在为我国家电企业实现长期可持续发展提供一定程度的理论参考。与此同时,为了帮助我国企业更加高效的开展并购活动,还提出两点政策建议,第一,并购方应合理评估自身条件,不可盲目开展并购活动;第二,应准确选择被并购方,实现提升企业绩效的目的。

参考文献

[1] Comanor, W. S. Market Structure, Product Differentiation and Industrial Research [J]. Quarterly Journal of Economics, 1967(4): 639 - 657.

[2] Williamson, Oliver E. Markets and Hierarchies: Analysis and Antitrust Implications, A studyin the economics of internal organization [M]. New York: The Free Press, 1975.

[3] Harris, R. S., D. Rravenscraft. The Role of Foreign Acquisitions in Foreign Direct Investment: Evidence from the U. S. Stock Market [J]. Journal of Finance, 1991(46): 825 - 844.

[4] Mitchell M. L, Mulherin J. H. The Impact of Industry Shocks on Takeover and Restructuring Activity [J]. Journal of Financial Economics, 1996(3): 193 - 229.

[5] Shleifer, Andrei. and Robert W. Vishny. Stock Market Driven Acquisitions [J]. Journal of Financial E - conomies, 2003(70): 95 - 311.

[6] Isil Erel, Rose C. Liao, Michael S. Weisbach. Determinants of Cross - Border Mergers and Acquisitions [J]. Finance, 2012(7): 1045 - 1082.

[7] 汤文仙,朱才斌. 国内外企业并购理论比较研究[J]. 经济经纬,2004(5):63 - 67.

[8] 王成昌,刘升福. 当前跨国并购动因及其经济学解释[J]. 现代管理科学,2014(1):27 - 28.

[9] 余鹏翼,李善民. 国内上市公司并购融资偏好因素研究——基于国内并购与海外并购对比分析[J]. 经济与管理研究,2013(11):58 - 66.

[10] 周绍妮,文海涛. 基于产业演进、并购动机的并购绩效评价体系研究[J]. 会计研究,2013(10):75 - 82.

[11] 张文佳. 我国企业跨国并购的动因分析[J]. 金融发展研究,2015(3):3 - 9.

[12] 张飞飞,孙海涛. 基于平衡计分卡的企业并购绩效评价研究——以东方明珠新媒体为例[J]. 商业会计,2016(22):46 - 48.

[13] 苑泽明,顾家伊,富钰媛. "蛇吞象"海外并购模式绩效评价研究——以吉利集团为例[J]. 会计之友,2018(16):60 - 65.

附录9：上市公司信息披露文献综述

2019级　郭铭星

摘　要

随着社会经济高速发展，为了保证证券市场的健康运转以及信息使用者做出正确决策，上市公司能够进行完善的信息披露是必不可少的。基于此，本文为了进一步了解当前研究现状，通过知网检索2010—2019年主题为上市公司信息披露，关键词为信息披露的相关文献后，确定以905篇核心期刊为研究对象，进行梳理总结。

本文共有四个部分：第一部分为引言，第二部分为样本的选取，第三部分为上市公司信息披露的研究综述，第四部分为研究结论与展望。通过对上市公司信息披露的四个主要研究内容，即内部控制信息披露、财务会计信息披露、环境信息披露和社会责任信息披露进行整理总结，发现财务会计信息披露的研究较多，而环境信息披露研究较少，有待提高。

最后，本文提出结论展望，我国学者应该不断深入研究，加强上市信息披露理论体系建设。

[关键词]上市公司；信息披露；研究内容

Abstract

With the rapid development of the social economy, in order to ensure the healthy operation of the securities market and the correct decision-making of information users, it is essential for listed companies to be able to make sound information disclosure. Based on this, in order to further understand the current research status, through HowNet to retrieve related literature on listed companies from 2010 to 2019, the key word is information disclosure, and identified 905 core journals as the research object to summarize.

This article has four parts: the first part is the introduction, the second part is the selection of the sample, the third part is the research summary of the information disclosure of listed companies, and the fourth part is the research conclusions and prospects. By sorting and summarizing the four main research contents of information disclosure of listed companies, namely internal control information disclosure, financial accounting information disclosure, environmental information disclosure and social responsibility information disclosure, it is found that there are more researches on accounting information disclosure, while environmental information disclosure less, needs to be improved.

Finally, this article puts forward the conclusion and outlook. Chinese scholars should continue to conduct in-depth research to strengthen the construction of a theoretical system for listing information disclosure.

Key words:listed company; information disclosure; research contents

1　引言

上市公司作为证券市场的主角,为促进证券市场有序运转,积极进行完善的信息披露是必要的,这就需要上市公司通过定期公告和临时报告的方式去真实、及时、全面、充分的向投资者和社会公众进行信息披露。目前一些上市公司信息披露存在差错引发报表使用者决策失误等问题日渐严重。因此,近几年我国学者也渐渐重视起上市公司信息披露问题的研究。

修国义等(2019)学者从三个阶段对信息披露质量进行了研究:在不区分生命周期阶段时,高质量的信息披露可以显著抑制企业的非效率投资行为;在成长期和成熟期阶段时,高质量的信息披露能够显著地抑制投资不足和投资过度;在衰退期阶段时,高质量的信息披露能够显著抑制投资不足,对投资过度的作用不明显。李咏梅等(2019)学者基于盈利预测准确性研究了企业会计信息披露,发现分析师预测的准确性与环境信息披露呈正相关关系,为企业和研究学者提供了新视野。马行天等(2018)学者创新性的分析了智力资本与企业社会责任信息披露的关系,表明创新资本、人力资本、流程资本、客户资本均能够显著促进企业的社会责任信息披露。陈贤琳等(2017)学者认为上市公司的内部控制信息一方面是真实地反应企业内部经营信息;另一方面作为上市公司涉及到许多利益相关者,其很难从其他渠道获得企业内部控制信息,只能依据披露的报告中所反映的信息来进行投资决策,所以规范信息披露制度对于完善国内的投资环境,促进我国证券市场健康发展都有积极的作用。齐绍琼(2011)学者认为真实、及时、完整、规范的财务会计信息披露,是维护证券市场公开、公平、公正的根本保证。由此可见,虽然不同学者分析问题的角度略有差异,但都承认了上市公司信息披露的重要性。

综上所述,学者们在分析上市公司信息披露时,主要是通过环境信息披露、社会责任信息披露、财务会计信息披露和内部控制信息披露四个方面内容来研究。本文以知网检索2010—2019年主题为上市公司信息披露,关键词为信息披露的905篇核心期刊为研究对象,并对四个主要研究方面进行分析总结,希望能够为读者提供一些借鉴。

2　样本选取和研究框架

2.1　样本选取

本文主要是对上市公司信息披露进行研究总结,便于读者全方位了解信息披露状况,通过知网检索,定位主题为上市公司信息披露,关键词为信息披露后,发现关于上市公司信息披露的研究主要集中在内部控制信息披露、财务会计信息披露、环境信息披露和社会责任信息披露四个方面。

定位时间为2010年1月1日至2019年12月,时间跨度为10年,时效性较强,能够较合理地反映有关上市公司信息披露的发展更新。选取期刊来源类别定位为 SCI 来源期刊、EI 来源期刊、核心期刊和 CSSCI,文献来源质量较高,能够更好地反映研究情况。

通过以上几点定位检索出 905 篇文献,最后将明显属于上市公司信息披露的文献筛选出来,主要通过内部控制信息披露、财务会计信息披露、环境信息披露和社会责任信息披露四方面内容进行筛选,选出 724 篇文献。由于期刊数量较多,所以主要阅读选取文献的摘要和框架。

2.2 研究框架

本文选取 2010—2019 年上市公司信息披露的相关核心文献,由于学者们分析角度不同,因此本文主要将研究内容划分为四个方面:内部控制信息披露、财务会计信息披露、环境信息披露和社会责任信息披露。本文的研究框架如图 F9.2.1 所示。

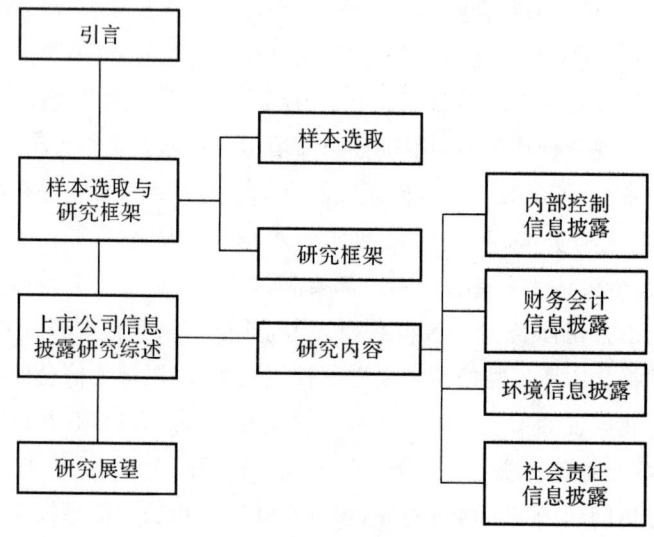

图 F9.2.1 研究框架

3 研究文献分析

3.1 数据统计及分析

杨成文,赵雪梅(2017)在《上市公司信息披露存在的问题及对策研究》中提出上市公司信息披露,是指上市公司根据有关的法律法规,按照一定的程序及规范的报告格式,在规定的时间内编制反映公司的财务状况与经营结果的业绩报告,并通过适当的方式公布于社会公众,为信息使用者决策提供依据的一种行为。上市公司信息披露有利于提高公司经营管理效率与优化治理结构,有助于监管机构进一步完善会计准则,有利于利益相关者作出合理的投资决策。这就要求上市公司进行及时充分有效的信息披露。我国学者也一直致力于研究上市公司信息披露,相关研究文献数量纵向统计结果如图 F9.3.1 所示。

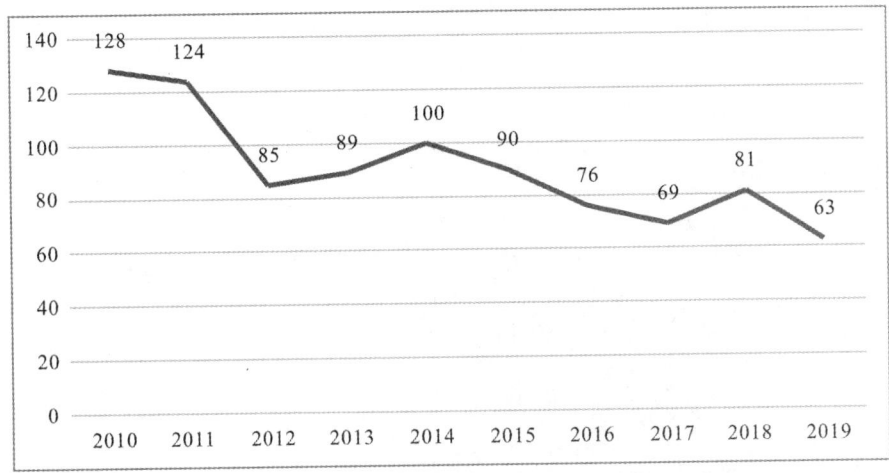

图 F9.3.1　2010—2019 年上市公司信息披露核心期刊研究数量趋势图

在研究领域中,某一方面研究文献的多少也可以在一定程度上反映出该方面的发展现状和人们对于该方面的重视程度。从图 F9.3.1 可以看出,在 2010—2019 年这 10 年间,2010—2011 年上市公司信息披露的相关文献数量较多;2012 年研究文献数量急剧下滑为 85 篇;2012—2014 年文献数量又有部分回升,为 100 篇;2014—2017 年,研究文献数量再次大幅度下降至 69 篇;2018 年有回升趋势,但是并未保持;2019 年下降至近十年的最低峰,为 63 篇。整体来看近十年对于上市公司信息披露的研究文献数量是处于一个下降趋势的。这也就表明近十年人们对于上市公司信息披露的重视程度稍有松懈,由于上市公司的信息披露对于一个企业和报告使用者来说尤为重要,因此在未来几年建议学者们加强对于上市公司信息披露的研究,为上市公司能够进行准确有效的信息披露提供一定借鉴,让信息使用者可以更好地使用信息。

通过观察学者研究上市公司信息披露主要内容,可以了解到在该时间区域人们对于哪方面的内容关注度较高。因此通过分析知网检索出的相关数据发现当前学者的主要关注点集中在以下四个方面:内部控制信息披露、财务会计信息披露、环境信息披露和社会责任信息披露。统计得出这四方面内容的文献数量如图 F9.3.2 所示,这四方面之间的占比关系如图 F9.3.3 所示。

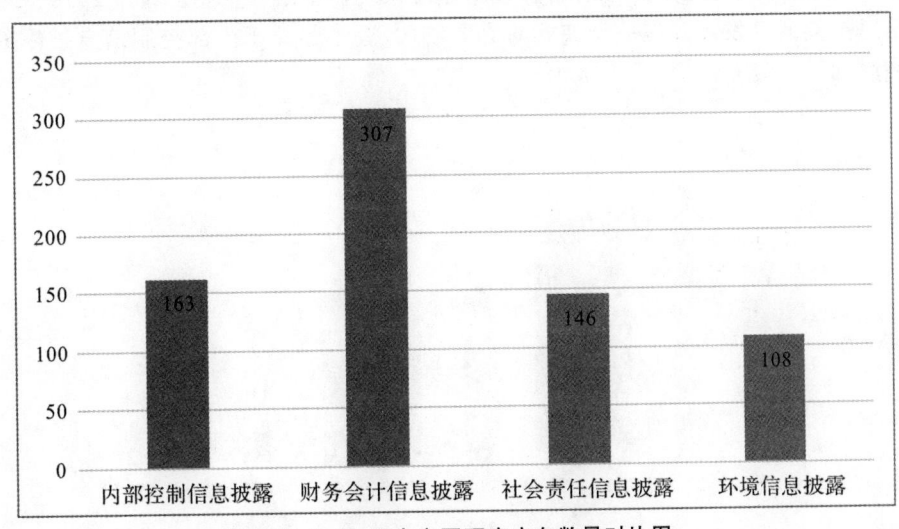

图 F9.3.2　四个主要研究方向数量对比图

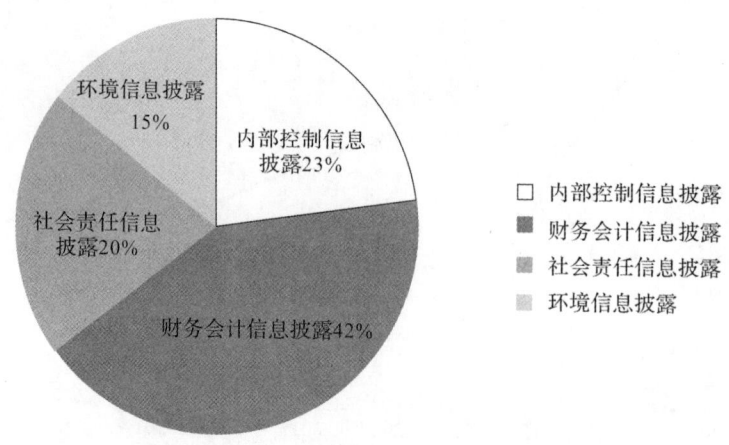

图 F9.3.3　四个主要研究方向比重分布

由图 F9.3.2 以及图 F9.3.3 四个主要研究方向文献分布可知,近十年关于上市公司信息披露这四方面的研究中,财务会计信息披露所占比重最大,数量达 307 篇,比例高达 42.40%;内部控制信息披露次之,占比为 22.51%;社会责任信息披露和内部控制信息披露文献数量差异较小,占比为 20.17%;环境信息披露占比最低,仅有 108 篇,占比为 14.92%。从这几个数据看出,近年来研究上市公司信息披露的学者更倾向于财务会计信息披露的研究。由于环境信息披露相对来说比较新颖,目前学者对于其相关研究相对较少。

3.2　研究内容

本文通过知网检索 2010—2019 年主题为上市公司信息披露,关键词为信息披露的核心文献发现从披露内容来看,可将其主要划分为四个方面:内部控制信息披露、财务会计信息披露、环境信息披露和社会责任信息披露。以下内容主要通过这四方面的文献展开总结。

1. 内部控制信息披露

随着经济全球化的飞速发展,市场经济竞争日益激烈,上市公司的内部控制信息披露问题也受到了广泛关注,因此建立严格的信息披露监督系统显得格外重要。通过 2010—2019 年内部控制信息披露研究发现其占信息披露的比重较大,近十年关于内部控制信息披露的核心文献数量在时间轴上分布如图 F9.3.4 所示。

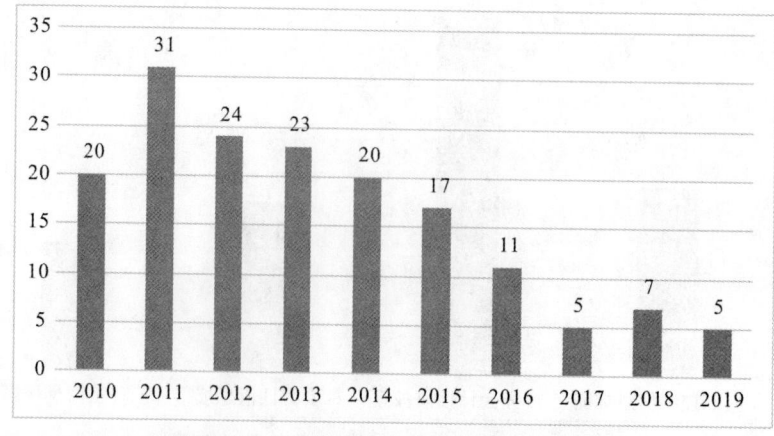

图 F9.3.4　内部控制信息披露文献数量分布

从图 F9.3.4 直观看出,2011 年对于内部控制信息披露研究的文献数量为 31 篇,明显领先于其他几年;2012 年开始,内部控制信息披露研究的文献数量进入一个急速下滑的阶段,到 2019 年甚至只发表了 5 篇。整体呈下降趋势。通过知网检索也可发现关于内部控制信息披露的研究多数集中在内部控制信息披露缺陷这方面。

闫华红,杜同同,邵应倩(2016)将内部控制信息披露以 2012 年为分界点去分析了内部控制信息披露的现状,2012 以前为内部控制信息披露自愿性阶段,2012 年以后为强制性内部控制信息披露阶段。由于 2012 年和 2013 年的整体披露是处于上升阶段,此时上市企业以及外部资本市场也发生了较大改变,因此虽然 2012 年要求强制实行内部控制信息披露,但仍有部分企业尚未进行披露。这个时间的划分也一定程度地反映了 2011 年之前内部控制信息披露研究文献较多的原因。与自愿披露相比,强制性披露使得内部控制信息披露有效性得以提高,因此相关文献也较之前有部分减少。

陈贤琳,李昊宸(2017)将上市公司内部控制信息的表现分为两方面:一方面是真实地反应企业内部经营信息,将其作为企业提高自身管理效益与经营效益的重要依据;另一方面作为上市公司的利益相关者,很难从其他渠道获取企业内部控制信息,因此只能根据企业披露的报告中所反映出的信息来进行投资决策。所以准确的内部控制信息披露及其重要。

蓝莎,苗泽雁(2019)研究发现企业内部控制缺陷披露的充分性和企业价值创造效率呈现出一种显著正相关关系。在不考虑其他控制变量的影响下,企业内部控制缺陷披露的数量对于提高企业价值创造效率是产生正向影响的;若要考虑其他控制变量,则企业内部控制缺陷披露的数量对于提高企业价值创造效率无显著影响。

综上所述,学者们对于内部控制信息披露研究关注度近十年是处于一个下滑状态,研究内部控制信息披露的学者也多将目光集中在内部控制缺陷和信息披露质量等方面。内部控制信息披露作为上市公司信息披露重要的组成部分之一,需要学者们去多加关注。

2. 财务会计信息披露

随着上市公司信息披露的全球化趋同发展,信息披露未来的发展趋势也更加明朗。而信息披露中最重要的披露部分则为财务会计信息披露,财务会计信息披露对于股票市场的稳定性和发展也同样具备重大的意义。目前我国关于财务会计信息披露还存在不少问题,这也需要我们去认真审视并加以解决。

通过 2010—2019 年信息披露方面的研究,发现会计信息披露占信息披露四个主要披露方向的 42.40%,所占比重将近过半,表明我国学者对于财务会计信披露的重视度较高。近十年关于财务会计信息披露的核心文献数量在时间轴上的变化如图 F9.3.5 所示。

图 F9.3.5　财务会计信息披露文献数量分布

如图 F9.3.5 所示,财务会计信息披露文献在 2010 年处于近十年的一个顶峰时期,高达 65 篇;2010—2013 年经历了一个急速下滑阶段,下降至 23 篇;2014 年呈现回升,但是并未持续,甚至于 2016 年下滑至 18 篇;2017 年再次经历了一次缓和,但是之后仍旧减少,2018 年达到近十年最低,为 14 篇。从整体来看关于财务会计信息披露的研究处于曲折下滑的趋势。由此可在一定程度上反映出人们对于财务会计信息披露的关注度不断降低。并且笔者通过检索发现,学者在进行会计信息披露问题研究时,多关注于研究会计信息披露的质量、重要性以及存在的问题。

王静霞(2010)指出上市公司的会计信息披露是证券市场的主要信息来源,焦董瑞,张霞(2010)对沪深上市公司于 2007 年对外披露的 28 家公司资产减值披露情况进行了分析,研究结果发现,其中存在可收回金额的披露不符合准则要求、披露报表的内容和形式不统一、资产组披露不受重视等问题。

孙丽华,魏德云(2013)认为会计信息披露的质量往往取决于会计信息披露的及时性、详略程度和清晰度。近年来会计准则不断更新,我国上市公司的信息披露质量也在逐步提高,虽然不能说明提高的原因就是新会计准则实施的结果,但也能一定程度地反映出新会计准则的实施对于提高信息披露质量是有着一定积极的作用。

杨映玲(2017)表明当前我国农业上市公司的会计信息披露现状令人堪忧,指出提升农业上市公司的会计信息披露质量是当务之急,企业需要秉持公平、公正、公开原则,以相关法律法规为基础,做到农业上市公司所披露的会计信息透明、客观、真实。与此同时企业也需提升相关工作人员的综合素质,要敢于和不法行为作斗争,大胆披露,这样才能更加有效实现农业上市公司会计信息披露的价值。

综上所述,财务会计信息的披露影响重大,我国也一直在不断改善会计信息披露的准则规定,但仍旧有企业会计信息披露不规范,这也使得信息披露报告使用者无法准确有效地获取企业相关信息。目前学者对于财务会计信息披露的研究也越来越少,建议学者多加关注相关问题,为使用者提供一些借鉴。

3. 环境信息披露

随着经济发展,我国制造业和一些高污染行业不断崛起,其所带来的高耗能、高污染问题愈演愈烈。近年来,绿色低碳逐渐成为全球共识,我国更是不断加大了生态文明建设的推进力度,环境信息也逐渐成为企业的财务信息、公司治理信息等一些传统信息之外的重要补充信息,并且影响到对企业风险状况和绩效状况的整体判断。

通过 2010—2019 年环境信息披露文献研究发现,学者们大多研究的是关于重污染企业和加工企业的环境信息披露。大部分学者认为目前我国上市公司所披露的环境信息是较为凌乱,缺乏相关信息披露激励和惩戒机制,与之相关的政策法规和监管机制也不健全。环境信息披露作为上市公司信息披露一个相对较新颖的研究切入点,近十年学者所发表的相关文献在时间轴上数量变化如图 F9.3.6 所示。

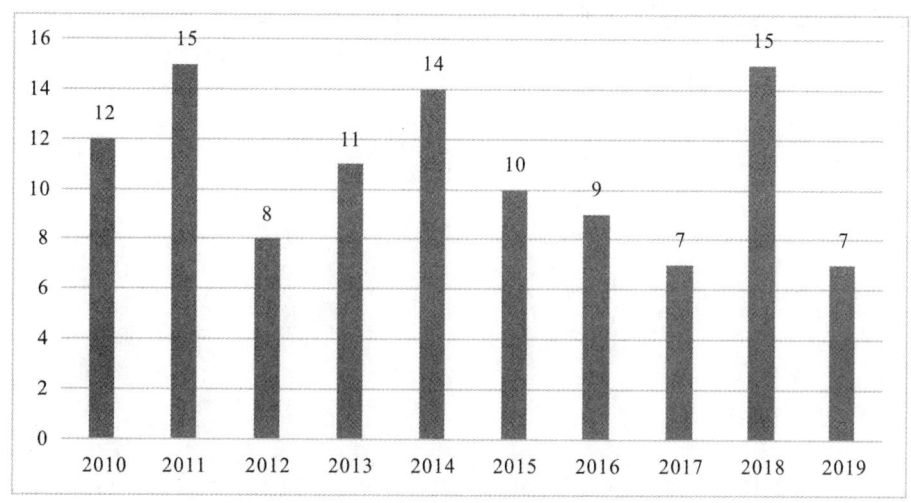

图 F9.3.6 环境信息披露文献数量分布

由图 F9.3.6 可知近十年学者们对于环境会计的研究数量浮动较小,2011 年和 2018 年处于最高数量,为 15 篇。整体看来对于环境会计的研究处于一种曲折波动,研究数量下降之后又会有所回升。但是相对于信息披露的其他三个方面的研究数量来看,还是相对较少。

周竹梅(2011)表明当时我国上市公司环境信息披露情况不甚理想,其认为应在明确环境报告目标的基础上,依照货币计量为主、外部成本内部化等原则,去编制环境投入产出表来进行独立报告,以此来达到规范上市公司环境信息披露的目的。

姚燕,江燕红,支欣(2015)研究指出我国上市公司环境信息披露的状况虽然目前已经有了很大的改善,但仍然存在着一些问题。其对于能够更好地披露环境会计信息提出了一些尝试,例如提出结合(GRI)指标索引,如此会使得环境会计信息的披露变得更加集中、详实,对于其他信息使用者来说也非常便于查询。

刘福民,高纪创,范开阳(2019)着重研究了我国煤炭行业财务类环境会计信息披露现状,最终提出两方面问题:一方面环境会计信息披露方式不一致;另一方面认为环境会计信息披露的内容缺少财务类信息。并提出了两方面环境会计报表应用的保障措施:一方面国家规定披露环境会计信息,并建立相关奖惩机制;另一方面企业也需要强化环境会计信息披露的基础。

综上所述,我国近年来环境信息披露一直有所改变和提升,但是仍有部分问题。相关学者研究主要也是针对各行各业环境信息披露问题进行不同角度分析,并给出相关建议。目前环境问题已成为全球都高度关注的问题之一,但是学者们相关研究较少,关注度有待进一步提升。

4.社会责任信息披露

我国目前正处于鼓励企业进行自愿性的社会责任信息披露阶段。近十年来,大量政策文件发布,在其影响下我国企业社会责任信息披露的步伐加快。就目前来看定期地编制企业社会责任报告,并以一定的形式披露其信息,已经成为现阶段上市公司必须面临的问题。

本文通过统计 2010—2019 年信息披露文献发现社会责任信息披露占据着重要地位。通过知网检索,显示学者关于社会责任信息披露主要切入点在于企业所具备的社会责任和利益相关者等角度。部分学者认为企业社会责任会计信息披露的实际水平差异巨大。关于社会责任信息披露的核心文献数量在时间轴上的变化如图 F9.3.7 所示。

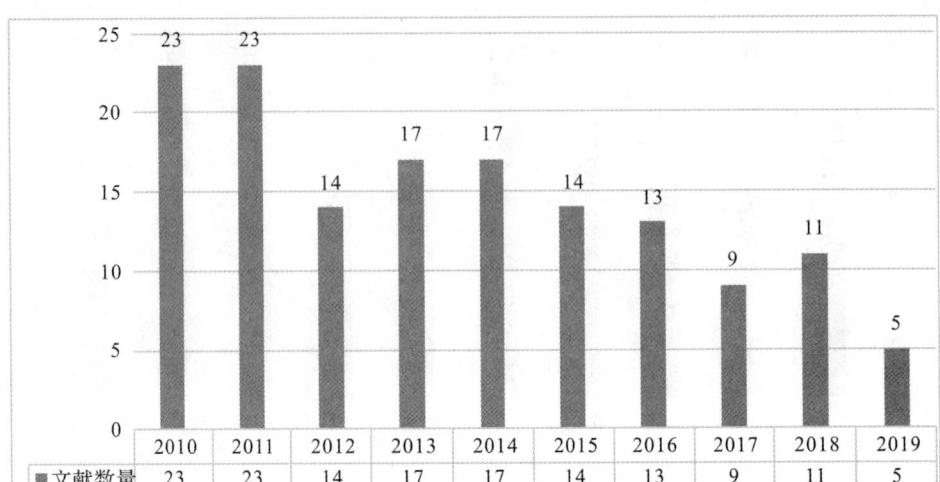

图 F9.3.7　社会责任信息披露文献数量分布

通过图 F9.3.7 可知,社会责任信息披露相关文献在 2010 年和 2011 年为最高值 23 篇,2012 年有所下降;2013 年和 2014 年回升至 17 篇,之后却并未保持回升,再次不断下降,2017 年低至 9 篇;2018 年稍有回升后,2019 年又再次下降至最低值 5 篇。数据显示在一定程度上表明了人们对于社会责任信息披露的关注度有所下降,近几年社会责任信息披露日渐规范也可能在一定程度上影响了社会责任信息披露的关注度。

胡孝德,朱庭萱(2016)指出当前社会责任信息披露存在以下四方面问题:自愿披露不足;编制依据比较多元化,规范化程度不高;随意性比较强,制度化建设略有欠缺;披露内容较定性化,缺乏相应量化数据。并提出了相应对策:政府实地调研上市公司社会责任信息披露现状,进行专题培训,对上市公司积极进行社会责任信息披露进行鼓励;政府根据各类现有的编制依据,制定统一要求标准;政府出台相应准则,对具体指标和权重等进行详细阐述;企业引入独立的会计师审计机制。其提出的问题和对策可供读者借鉴参考。

柳谊生,许英杰(2017)通过研究认为我国上市公司社会责任信息披露途径有待进一步加强,上市公司社会责任绩效整体有所欠缺,企业披露的社会责任信息平衡性相对较弱,上市公司官方网站和企业社会责任报告不同维度之间变化差异很大;上市公司应当积极转变社会责任的工作理念、不断加强企业社会责任管理和实践、积极有效开展利益相关方的危机管理、建立有效的社会责任信息披露体系。

张秀敏,杨连星,高云霞,刘星辰(2019)从修辞语言的角度进行了社会责任报告的分析。研究表明,社会责任报告中的一些"乐观性"和"语气强度"往往与社会责任履行呈负相关关系,一些"确定性"与社会责任履行呈正相关关系。在自愿披露动机以及非国有产权性质下这种有偏性更强。语言修辞对于社会责任报告的影响为我们提供了新思路。

综上所述,社会责任信息披露由于牵扯到一些自愿性披露,政府缺少对披露具体指标和权重进行详细阐述,企业相关审计也有所欠缺,导致了我国目前社会责任信息披露整体相对较弱。近年来学者们对于社会责任信息披露的研究应不断更新加强。

4 研究结论

本文通过对上市公司信息披露的文献进行研究总结后发现,2010 年至 2019 年,上市公司信息披露核心期刊文献的数量整体呈下降趋势。研究内容主要分为内部控制信息披露、财务会计信息披露、环境信息披露和社会责任信息披露四个方面。其中关于财务会计信息披露的核心期刊文献最多,内部控制信息披露和社会责任信息披露次之,环境信息披露最少。单独分析这四方面内容发现财务会计信息披露、内部控制信息披露和社会责任信息披露近十年文献研究数量整体都处于下降趋势,环境信息披露核心期刊文献数量整体变动较为缓和。

由此可见,伴随着我国信息披露制度的不断完善,企业信息披露质量有所提升,学者对于其相关的研究也相对减少。企业发展离不开信息披露的良好发展,因此我们需要在实践中不断完善相关理论研究,逐步形成完善的上市公司信息披露体系。

参考文献

[1] 焦董瑞,张侠.上市公司资产减值披露情况分析[J].财会通讯,2010(21):55-57.
[2] 王静霞.上市公司会计信息披露质量探讨[J].财务与金融,2010(4):47-49.
[3] 周竹梅.会计视角下的上市公司环境报告编制[J].财会月刊,2011(35):51-52.
[4] 崔明.公司内部资金往来核算的会计处理[J].会计之友,2011(1):82-83.
[5] 齐绍琼.上市公司会计信息披露的有关问题及对策[J].山西财经大学学报,2011,33(S1):156-157.
[6] 王旭,王帅.我国上市公司信息披露的影响因素研究[J].求是学刊,2012,39(5):62-65.
[7] 孙丽华,魏德云.基于新会计准则的会计信息质量研究:以浙江省上市公司为例[J].财会通讯,2013(6):3-5+22.
[8] 姚燕,江燕红,支欣.生物制药企业环境会计信息披露统计分析[J].财会通讯,2015(24):17-20.
[9] 胡孝德,朱庭萱.上市公司社会责任信息披露现状研究:以浙江省 2012—2014 年企业社会责任报告为例[J].财会通讯,2016(18):30-33.
[10] 闫华红,杜同同,邵应情.中国上市公司内部控制信息披露现状[J].经济与管理研究,2016,37(3):131-136.
[11] 陈贤琳,李昊宸.我国上市公司内部控制信息披露的探讨[J].武汉金融,2017(6):86-87.
[12] 杨映玲.农业上市公司的会计信息披露问题探讨[J].农业经济,2017(7):142-144.
[13] 李常青,幸伟.控股股东股权质押与上市公司信息披露[J].统计研究,2017,34(12):75-86.
[14] 柳谊生,许英杰.中国上市公司社会责任信息披露研究[J].现代管理科学,2017(6):118-120.
[15] 李红霞,范铭.上市公司信息披露文献的可视化计量分析[J].财会通讯,2018(19):45-47.
[16] 刘福民,高纪创,范开阳.煤炭业上市公司环境会计信息披露研究[J].会计之友,2019(7):133-138.

[17] 蓝莎,苗泽雁.内部控制缺陷披露与企业价值创造效率[J].会计之友,2019(13):64-69.
[18] 张秀敏,杨连星,高云霞,刘星辰.什么影响了社会责任报告中修辞语言的运用?[J].会计研究,2019(06):20-26.
[19] 修国义,于丽萍,宋丽平.信息披露质量对企业投资效率的影响研究[J].会计之友,2019(01):127-131.
[20] 李咏梅,张欢.企业环境信息披露是"真优秀"还是"假做秀"——基于盈利预测准确性视角[J].财会通讯,2019(31):12-15.

附录10:SH公司环境会计信息披露研究

2019级　梁心成

摘　要

在市场经济迅速发展的今天,水污染、大气污染以及固体废物污染等环境问题层出不穷,而且由于环境的恶化,海啸、地震等自然灾害以及极端天气的出现逐渐变得频繁、剧烈,甚至已经严重影响到了我们正常的生活和发展。因此,环境保护开始被社会公众所关注,人们越来越重视环境污染所带来的影响。

煤炭企业是我国不可缺少的能源企业,跟我们每个人的生活息息相关,但它也是我国环境污染的主要来源,煤炭企业对煤矿的开采、燃烧等过程无疑对环境造成了严重的污染和破坏。然而,有的企业在污染环境的同时,忽视环境成本,拒绝将其纳入传统的会计成本中,这样不仅虚增了企业的利润,还鼓舞了企业以牺牲环境来取得短期利益的行为。因此,加强煤炭企业环境会计信息披露,帮助利益相关者和社会各界更好地了解煤炭企业的环境治理,不但对企业改善生产有一定帮助,而且对企业塑造绿色形象、走可持续发展道路有着重要意义。

本文通过研究一家国内煤炭企业——SH公司的环境会计信息披露现状,对目前SH公司环境会计信息披露存在的问题进行分析,并提出针对性的建议,希望可以改善SH公司环境会计信息披露质量,同时对其他类似公司环境会计信息披露具有一定的参考价值。

[关键词] 煤炭企业;环境会计;信息披露

Abstract

Today, with the rapid development of the market economy, environmental problems such as water pollution, air pollution and solid waste pollution are emerging in an endless stream. In addition, due to the deterioration of the environment, natural disasters such as tsunami and earthquake and extreme weather have gradually become frequent and severe, and even have seriously affected our normal life and development. Therefore, environmental protection began to be concerned by the public, people pay more and more attention to the impact of environmental pollution. Coal enterprises are indispensable energy enterprises in China, which are closely related to everyone's life. However, they are also the main source of environmental pollution in China.

Coal enterprises undoubtedly cause serious pollution and damage to the environment in the process of mining and burning coal mines. However, while polluting the environment, some enterprises ignore the environmental cost and refuse to include it in the traditional accounting cost. This not only inflated the profits of the enterprise, but also encouraged the enterprise to sacrifice the environment to obtain short-term profits. Therefore, strengthening the disclosure of environmental accounting information of coal enterprises and helping stakeholders and all sectors of society better understand the environmental governance of coal enterprises will not only help enterprises to improve production, but also play an important role in shaping the green image of enterprises and taking the road of sustainable development.

This paper studies the environmental accounting information disclosure of a domestic coal industry, SH company, analyzes the current problems of environmental accounting information disclosure of SH company, and proposes specific suggestions, hoping to improve the quality of environmental accounting information disclosure of SH company. At the same time, it has certain reference value for the disclosure of environmental accounting information of other similar companies.

Key words: Fuel Business; Environmental Accounting; Information disclosure

1 绪论

1.1 选题背景及意义

1. 选题背景

现代社会在快速发展经济的同时,也以前所未有的速度破坏着人类赖以生存的环境。近年来,由于生态环境的日益恶化,长期以来所累积的环境污染已经开始显现其潜在的危害,环境保护问题已经引起了全社会的高度重视。因此,如何减少环境污染,遏制生态恶化,是人类目前面临的严峻的问题。

虽然我国近年来大力发展清洁能源,但是,短期内仍然很难摆脱对煤炭资源的依赖,并且对煤炭的需求量非常大。煤炭行业的发展关乎着火力发电、化工甚至是一些城市基础建设的发展,可以说煤炭行业关系着国家的经济命脉。但同时煤炭行业也是我国重污染行业之一,煤炭工厂中升起的滚滚黑烟,是雾霾在我国肆虐的主要源头。煤炭的开采会造成部分地区地层错动、地下水位下降,甚至还可能会污染地面水体资源。一些地区的污染排放量远远超过环境容量,严重危害人民群众身体健康,影响社会和谐稳定。而环境污染引发的一系列极端天气、自然灾害,更是对经济发展,公众安全产生了极大的威胁。

在党的十九大报告中,习近平同志指出我们要坚持人与自然和谐共生,必须树立绿水青山就是金山银山的理念,坚持节约资源和保护环境的基本国策。"环境会计"正是顺应了时代的要求,用会计语言记录、计量和评价企业经营活动中发生的环境活动,促进企业履行社会责任,实现科学发展。环境会计中最基本、最主要的问题是企业的环境会计信息披露,现如今,仍有许多企业未进行环境会计信息的披露,或是进行一些浅显甚至是虚假的披露,来掩盖企业存在的环境污染问题。然而,随着环境问题的日益显现以及公众环保意识的觉醒,越来越多信息使用者开始关注企业环境会计信息。因此,披露公司经营生产对环境的影响以及公司环境责任的履行状况已经势在必行。

2.选题意义

我国环境会计研究虽然已经取得了一系列的成果,但并没有形成完整的体系。本文通过研究国内煤炭企业——中国神华能源股份有限公司(简称 SH 公司)的环境会计信息披露,对 SH 公司目前环境会计信息披露现状进行分析,找出 SH 公司环境信息披露所存在的问题,并结合我国市场经济发展的新要求,探索加强煤炭行业环境保护的思路和举措,提出针对性的意见,对企业控制生产成本承担社会责任具有一定借鉴作用。

1.2 研究方法与框架

1.研究方法

本文主要采用理论研究和案例分析相结合的方法,通过对现有的文献和理论进行整理和归纳,分析 SH 公司环境会计会计信息披露存在的问题,并提出合理的建议。

(1)文献研究法。通过查阅国内外文献,对与环境信息披露相关的文献进行检索综述,整理出已有的研究成果和不足,取其精华,为本文的研究提供理论参考。

(2)案例分析法。本文选取煤炭行业代表性公司——SH 能源股份有限公司为研究对象,结合公司近五年的财务报表、招股说明书、社会责任报告和内部控制评价报告,进一步分析企业环境会计信息披露状况,在此基础上综合评价其优势与不足,最后针对不足提出改进的建议。

2.研究框架

根据论文的基本框架,构建的研究路径图如图 F10.1.1 所示。

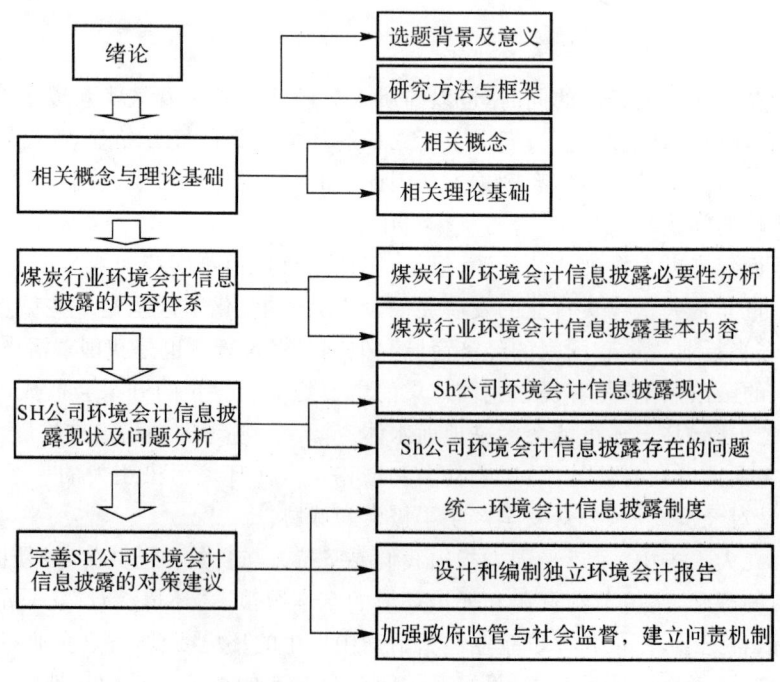

图 F10.1.1　论文研究路径图

2 相关概念与理论基础

2.1 相关概念

1. 环境会计

环境会计是在传统会计的基础上,把环境资源和环境当下的状况增加到会计核算中,依据环境、会计等方面的规章制度,以货币为主要计量方式并辅之以非货币计量单位,对企业的环境收益与支出、资源消耗、污染防治、生态恢复等情况进行确认、计量和报告。用专门的方法反映企业生产经营对环境发挥的效应作用以及环境问题对企业自身价值大小的影响,是会计学和环境学交叉融合产生的一个新事物。

2. 环境会计信息披露

环境会计信息披露主要是指企业以招股说明书、媒体网络、年度报告、社会责任报告等形式,以货币化信息和非货币化信息相结合的方式来反映企业生产经营过程中在环境方面做出的承诺和努力、防治环境污染以及节能减排的实施对策和效果、对社会所承担的环保责任、获得的政府补助等内容来提供给相关信息使用者进一步分析利用。

2.2 相关理论基础

1. 可持续发展理论

可持续发展理论(又称循环经济理论),是指在不会对后代子孙的发展构成危害的前提下,满足当代人的需求。社会、经济、资源和环境保护是一个密不可分的系统,它们协调发展,共同进退。我们既要保护好我们赖以生存发展的环境和资源,也要达到发展经济、促进国家全面发展的目的。

2. 企业社会责任

企业社会责任是指,企业不能只考虑实现企业利益最大化和股东权益最大化,企业还应该对社会民众和生态环境负责。站在环境会计的角度来说,企业应积极投身于环保活动,控制企业对环境所造成的污染。并且,企业应主动对环境会计信息进行有效披露,让信息使用者和社会民众了解企业对环境可能会造成的污染、企业所采取的措施以及企业相关环境政策的执行情况。

3. 环境价值理论

环境价值理论是指,在企业生产经营过程中,企业不仅仅要考虑到自身可以获取的经济效益及经营成果,还应该考虑到企业生产经营对环境所造成的污染和破坏,准确、及时的计量自然资源的消耗。生产经营过程中会产生污染的企业,不仅要对污染物的排放量进行及时记录,并汇报给相关部门,还应将企业自身对环境造成的影响进行计量并出具报告。

3 煤炭行业环境会计信息披露的内容体系

3.1 煤炭行业环境会计信息披露必要性分析

1. 煤炭行业对生态环境的影响

我国目前的能源资源现状是："富煤,贫油,少气"。煤炭资源在我国资源产量庞大,是我国最主要的能源之一。虽然我国对环境保护问题越来越重视,并且近年来大力开发和利用清洁能源,但在未来相当长的时间里,都无法改变煤炭行业在我国能源结构中的主导地位。

煤炭行业属于高耗能、高污染的资源密集型产业,生产和消耗两个环节对于环境的污染十分严重,主要表现为固态污染、液态污染、气态污染以及空间污染等,而且这几种形态的污染往往是交叉进行的。

首先,固态污染是煤炭行业污染的表现之一。煤炭生产过程中难以避免会排放许多煤矸石,每年我国的煤矸石产生量占据煤炭产量的20%左右,这些煤矸石大部分堆积为矸石山,矸石山一方面会占据大量土地面积,另一方面也会严重影响周围的生态环境。同时,煤炭在燃烧过程中会产生许多粉煤灰及炉渣,这些不仅会占据过多的土地资源,也会污染扩散地区的大气环境,形成 CO_2、SO_2 等气态污染,这些气态污染不仅会危害动植物,还是形成温室效应的助推器。

其次,煤炭生产和加工环节会造成矿区液态污染,例如洗(选)煤水污染、矿井水污染和焦化厂废水污染等。另外,煤炭生产的液态污染也包括由于煤炭井工开采对地下水系的破坏,这些液态污染会导致当地的水污染恶化且很难逆转,不仅会影响当地居民的正常生活,对当地居民的身体健康也是一种巨大的威胁。

最后,煤炭开采过程会造成严重的空间污染,即由于长期的地下采矿活动会引起显著的地表塌陷及变形问题。根据调查,目前中国每生产1万吨煤,地表沉陷量超过2 500平方米,预计每年遭到破坏的土地面积达750平方千米。地表沉陷造成的破坏已经影响到工农业、交通运输业、环境保护的各个方面的发展,是我国煤炭行业面临的一个严峻问题。

2. 环境会计信息披露的作用

首先,进行环境会计信息披露,可以帮助企业科学管理成本。煤炭行业对环境资源有着很大的负面影响,通过要求企业进行环境会计信息披露,不仅可以反映出企业在生产经营过程中,消耗的环境资源成本和产生的相关利益,还有助于企业成本的透明化,促使利益相关者进行相应的生存管理决策,帮助企业实现可持续发展。

其次,进行环境会计信息披露,可以降低企业财务风险。企业积极承担环境保护的义务,建立环境管理系统,并将环境治理措施和环境保护措施融入企业自身管理制度中,可以有效防范企业未来由于发生环境事故而造成的财务风险。

最后,进行环境会计信息披露,有利于企业国际化进程。企业主动、积极地进行会计信息披露,表明企业具有环保、科学的生产管理,有助于企业树立自身正面形象,推动企业国际化进程。

3. 小结

煤炭行业高污染的特性导致煤炭企业十分容易对生态环境造成破坏,煤炭企业如若不进行有效的环境会计信息披露,那么煤炭企业在利益的驱使下,将不会关心企业给环境带来的损害,从而不去进行污染的预防和处理,或者私自降低国家制定的标准,简化对污染物的环保举措,压低企业环保费用。因此,煤炭企业可以趁机以较低的成本获取超额的利润,导致企业成本混乱,利润虚高,不仅影响企业相关利益者做出正确的决策,还会有损企业自身声誉和社会形象。利用环境会计进行煤炭企业的信息披露,可以很好的解决这一问题。面对企业针对环境会计信息披露的详略、发布信息的频率等因素,信息使用者可以分析出企业环境保护、环境治理的状况以及企业生产的环境成本,从而做出合理的判断。

3.2 煤炭行业环境会计信息披露的基本内容

1. 会计报表及其附注

为了向有关利益相关者以及社会各界披露相关的环境信息,以满足决策者进行科学、合理的决策需要,环境会计信息披露从总体上可分成两部分:环境支出和环境政策。环境支出是指企业在会计报表及其附注中需要具体披露本期所发生的与环境相关的支出;环境政策是指企业需要在会计报表附注中披露企业执行环境政策以及治理环境的实施情况和企业保护环境的长期目标等。

2. 招股说明书

招股说明书是股份公司首发上市时对公司概况、经营计划、公司业务状况及预测、公司财务状况、专家审查情况以及发行事项等进行整体说明的法定信息披露文件。证监会对煤炭企业上市有着强制性规定,要求煤炭行业上市公司必须对其未来可能遇到的项目风险、项目的可行性、风险因素以及针对风险因素提出的应对策略等信息进行说明。

3. 会责任报告

煤炭企业社会责任报告中披露的环境会计信息主要包括企业环境概略、环境保护管理制度、环保治理举措以及环保绩效考核等4个方面内容。其中环保管理制度需要包含环保理念和目标、环境监控以及环保宣传教育等内容,环保治理举措需要覆盖环保项目投入、循环经济、"三废"治理等内容。

4. 内部控制评价报告

董事会等权力机构对公司是否将环境保护的思想纳入内部控制中,并进行有效性的评价,从而进一步预测企业可能会因环境问题而产生的风险以及企业可能存在的风险因素,最终形成评价结论的总结性报告,即为内部控制评价报告。

4 SH公司环境会计信息披露现状及问题分析

本文选取SH公司为案例研究对象,首先通过对SH公司现状进行简单了解,其次从披露方式和披露内容两方面深入分析其环境会计信息披露存在的问题。

4.1 SH公司环境会计信息披露现状

1. 公司简介

中国神华能源股份有限公司(简称SH公司)是2004年11月8日由神华集团独家发起的大型煤炭能源企业,在2017年的数据统计中,SH公司煤炭产量在世界能源企业中排名第二位,领先于全球大多数能源企业。SH 公司于 2007 年 10 月在上海证券交易所上市,主营业务是煤炭、电力的生产与销售,煤炭的铁路、港口和船队运输等。

SH 公司作为中国上市公司中最大的煤炭销售商,运用公司内部上下游产业互补的优势,将大规模、高效率、增速快的清洁发电业务,与煤炭业务相结合,使两者协调发展。同时,SH 公司每年都采用独立与补充报告相结合的模式来披露公司的环境会计信息,且皆为独立的第三方机构审计过的信息,可靠性较强。相对而言,在上市的众多能源企业中,SH 公司环境会计信息披露的方式、形式、内容所体现的特征带有一定的普遍性。

2. 从披露方式分析

本文以 SH 公司为例,选取了该公司 2014—2018 年的年度报告、社会责任报告、环境会计报告和内部控制评价报告和 2007 年上市时发布的招股说明书,对其环境会计信息披露的方式进行分析并加以说明,如表 F10.4.1 所示。

表 F10.4.1　SH 公司环境会计信息披露方式

披露方式	2014 年	2015 年	2016 年	2017 年	2018 年
年度报告	√	√	√	√	√
社会责任报告	√	√	√	√	√
环境会计报告	×	×	×	×	×
内部控制评价报告	√	√	√	√	√

数据来源:巨潮资讯网。

由表 F10.4.1 可以看出,2014—2018 年的环境会计信息披露方式集中在企业年度报告、社会责任报告中和内部控制评价报告中,值得注意的是 SH 公司在这 5 年中并未采取的独立环境会计报告形式来披露环境会计信息。此外,2007 年 SH 公司在其发布的招股说明书中同样进行了相关的环境会计信息披露。

3. 从披露内容分析

(1)招股说明书。SH 公司在 2007 年发布的招股说明书中,对其环境会计信息进行了披露,具体内容如表 F10.4.2 所示。

表 F10.4.2　招股说明书中环境会计信息披露情况

披露位置	具体内容	定量披露
第四章风险因素	公司的经营成本随着生产和销售的扩大而增加,包括选煤及采矿费、煤炭开采服务支出、销售税金及附加、环保费用、资源补偿费、原材料、燃料及动力、人工成本、增加煤炭国有铁路运输量以及港杂费和海运费等方面。……如果国家在全国范围内实施这些政策措施,将可能进一步增加公司的生产成本	×
第六章业务和技术	煤炭运营环保从 1996 年开始,公司从神东矿区生产的每吨原煤中提取 0.45 元作为绿化基金,用于改善矿区的环境,……公司正在采用新技术来进一步减少煤炭运输过程中煤尘的扩散	√

续表

披露位置	具体内容	定量披露
第十二章业务发展目标	贯彻执行国家的环保法规、政策和标准,建设绿色矿山和环保电厂,实现企业生产与当地社会、环境的协调发展。继续综合利用洗选过程煤矸石发电和开展矿区水资源的循环利用,实现循环经济;注重矿区建设,实施矿区林木再造和复垦	×

注:"√"代表有定量披露,"×"代表没有定量披露。
数据来源:巨潮资讯网。

"风险因素""业务和技术"和"业务发展目标"是 SH 公司在招股说明书中对于环境会计信息集中披露的三个章节。具体的披露内容从表 F10.4.2 可见,在共计 17 章的招股说明书中,有 3 章披露了相关的环境会计信息,内容上主要为公司生产经营中的环保风险及相应的对策、项目上的投资使用等。总体上看,SH 公司遵循了中国证监会的要求,在招股说明书中披露相关的环境会计信息,但这些信息重复披露较多,基本都是历史披露和正面信息,并且其中主要以文字披露为主,缺少相关数据分析。

(2)年度报告。SH 公司在每年对外发布的年度报告中,对环境会计信息的披露主要集中在财务报表附注中。本文通过对 SH 公司 2014—2018 年年报中的财务报表附注整理归纳得知,财务报表附注披露的环境会计信息主要是定量信息,并且主要还是集中于传统的财务会计科目之中。本文对其中涉及环境会计信息披露的内容进行了部分摘录,具体内容如表 F10.4.3 所示。

表 F10.4.3 "应交税费"科目关于环境会计的披露

	2014 年	2015 年	2016 年	2017 年	2018 年
资源税/百万元	129	163	637	729	635
矿产资源补偿费/百万元	429	338	338	338	0
水土流失防治费/补偿费/百万元	593	1240	1530	1641	650

数据来源:巨潮资讯网。

根据财政部、税务总局的相关规定,2016 年 7 月起不再征收补偿费,而是改收资源税,所以 2017 年 SH 公司对矿产资源补偿费没有进行披露,2018 年缴纳的资源税缩减是顺应环保总局把企业部分资源税整合的要求。

(3)通过社会责任报告披露环境会计信息。截至 2017 年 SH 公司已连续 10 年发布年度社会责任报告,并且 SH 公司每年都会在"清洁环保生态文明之路"的章节中披露相关的环境信息,披露的环境信息的主要内容如下:

SH 公司坚持绿色发展理念,积极推动资源能源清洁开发与利用,完善节能环保管理,落实节能降耗、节水增效、治污减排、生态保护和碳管理等措施,努力提高资源能源利用率,减少生产经营对环境的影响,致力建设资源节约型、环境友好型的清洁能源供应商。

上述内容笼统、宽泛,没有表明具体的某一项环境会计信息,而仅仅是阐述了企业的环保理念。

企业出具了各业务板块节能环保专项资金投入表格和年环保投入结构,具体内容见表F10.4.4和表F10.4.5所示。

表 F10.4.4　SH 公司各业务板块节能环保专项资金投入

业务板	节能环保投入	环保投入	节能投入
煤炭业务/百万元	620.40	479.19	141.21
电力业务/百万元	621.50	221.50	400.00
煤化工业务/百万元	131.52	131.52	0
运输业务/百万元	179.03	136.15	42.88
合计/百万元	1 552.45	968.36	584.09

数据来源:2017 年企业社会责任报告。

表 F10.4.5　中国神华环保投入结构

项目	投入占比
废水防治措施	19.37%
除尘脱硫脱硝措施	45.16%
生态建设/复垦绿化	34.31%
其他	1.16%

数据来源:2017 年企业社会责任报告

此外,企业在社会责任报告单独列示一章:环境使命,绿色共享。从完善节能环保管理、加强节能降耗、推进节水增效、加大污染防治生态建设和应对气候变化这 5 个方面介绍了企业的环境保护措施,而且篇幅长达 11 页,占比 10%,较为详细。

4.2　SH 公司环境会计信息披露存在的问题

1. 披露内容不具体

SH 公司披露内容大部分过于笼统,并没有具体到某一确定事项的披露。例如企业在 2017 年的社会责任报告中,仅仅是对企业内各业务板块节能环保专项资金投入和年环保投入结构制作了一个表格进行简单的说明,没有进一步对具体的项目做更深入的分析。而且在企业信息披露中,也只是重点对节能降耗以及节水增效做出了说明,对于污染物排放违规问题和对于环境的影响问题都没有涉及具体披露。

2. 选择性披露方式

首先,在报表附注上披露的环境会计信息中,SH 公司大多披露的是企业的正面信息,然而,对于如企业所产生的主要污染物、环保投入、项目进展、资源消耗、节能减排、环保是否达标及和危险废物的管理与处置都被选择性的缺失了,这使得环境信息披露流于形式,无法发挥出它应有的作用。

其次,SH 公司仅披露自身的各种环保业绩和环保措施,而这些信息都属于企业的历史信息。在 SH 公司环境信息披露中,绝大部分也都是这样的历史信息,对于企业未来信息的预测非常稀少,不利于企业提前进行决策和判断,影响企业未来的长远发展。

最后,SH 公司披露的内容大部分都是文字信息披露,运用数字反应企业环境信息的较少。文字的描述会带有强烈的主观意志性,企业相关利益者以及社会公众无法客观、直观地感受到企业真实的环境状况。

3. 信息披露形式混乱

SH 公司通过年度报告、社会责任报告、招股说明书和内部控制评价报告进行信息披露,但是在披露的同时,问题也十分明显。比如,企业环境信息在多处重复披露,并且分散在不同的报告中,零散化趋势十分明显,不利于读者分析和判断企业当期的环境信息。这种现象表明企业对环境会计信息披露认识不足,忽视了环境会计信息披露对企业价值的体现,同时表明企业在环境会计信息披露上缺乏明确、清晰的思路。

5 完善 SH 公司环境会计信息披露存在问题的对策建议

5.1 统一环境会计信息披露制度

SH 公司会计信息披露过于笼统,很大程度上是由于我国缺乏相关法律法规的体系建设。具体而言,建议我国财政部、审计署、环保部在《上市公司环境信息披露指南》的基础上,广泛征求各行业以及相关学术界的意见建议,与证监会合作尽快出台环境会计准则,明确煤炭企业环境会计信息必须披露其环境会计处理、企业污染防治、污染处理等具体信息,包括企业环境会计应设计的会计科目、各环节流转的会计处理、企业定期披露环境信息等内容,进一步引导上市公司环境会计信息披露正式化、规范化和常规化。

5.2 设计和编制独立环境会计报告

针对 SH 公司有着选择性披露的嫌疑,企业应设计并编制独立的环境会计报告,这样可以有效解决公司环境会计信息在披露零散性、随意性等方面所存在的问题,帮助信息使用者系统地了解环境会计信息并以此做出决策。

在独立环境会计报告书设计方面,SH 公司可以将其简单的划分为董事会报告、环境成本收益表、环境绩效表、附注等 4 个部分进行披露。董事会报告披露企业环境会计财务状况,环境成本收益表可用来披露企业环保收益和支出,环境绩效表可以用来披露企业关于环保方面的各项指标,附注主要用来披露文字叙述类的信息,包括但不限于企业对于环保的估计、重大事项的详细批注和解释。披露形式可以采取图片文字结合、定性与定量相结合等多角度的分析,但是所反映的信息必须真实、客观、全面。

5.3 加强政府监管与社会监督,建立问责机制

SH 公司想要有更加良好的环境会计信息披露,少不了来自社会和政府的监督。从政府的角度来说,应建立明确的奖惩制度,并且建立政府部门、财政部门、环境保护部门、证监会、沪深交易所、审计机构等多部门构成的多元化监督管理体系。通过建立多层次法律问责制度(包括但不限于警告、罚款、停产整顿等处罚措施)来保证环境会计信息合法合规,同时设置环境信

息披露"黑名单",减少甚至取消企业在税收以及环境保护政策上面所享受到的优惠,激励企业积极披露自身环境会计信息。

参考文献

[1] 袁悦. 我国煤炭上市公司环境信息披露研究[D]. 南京:南京大学,2016.

[2] 马伟铃. 煤炭行业上市公司环境会计信息披露——以开滦股份为例[D]. 石家庄:河北大学,2019.

[3] 李文静. 煤炭行业环境会计信息披露研究[D]. 北京:中国财政科学研究院,2017.

[4] 陈关如意. 山西煤炭企业环境会计信息披露研究[D]. 太原:山西财经大学,2015.

[5] 姜懿桐. P煤炭企业公司治理对环境会计信息披露影响研究[D]. 哈尔滨:哈尔滨商业大学,2017.

[6] 刘洋. 绿色会计视角下煤炭企业的成本核算优化研究[D]. 青岛:青岛理工大学,2014.

[7] 李航. 关于上市公司环境会计信息披露的问题与对策分析——以SH能源股份有限公司为例[J]. 现代商业,2019,30.

[8] 吴琼. 上市公司环境会计信息披露影响因素研究——基于煤炭行业数据的检验[D]. 北京:中国地质大学,2018.

[9] 任亚芳. 重污染企业环境会计信息披露质量评价研究——以B企业为例[D]. 济南:山东工商大学,2019.

[10] 曹晓敏. 石油行业环境会计信息披露分析[D]. 阜阳:阜阳师范学院2019.

[11] 刘贝贝. 兖州煤业环境会计信息披露问题研究[D]. 郑州:河南财经政法大学2019.

[12] 唐子钊. 印刷包装类上市企业环境会计信息披露研究[D]. 北京:北京印刷学院2019.

[13] 赵晓盈. HG集团环境会计信息披露问题研究[D]. 石家庄:河北师范大学2019.

[14] 李龙. A制药公司环境会计信息披露流程设计研究[D]. 西安:西安理工大学2019.

[15] 刘瑾. 煤炭企业选择性环境信息披露研究[D]. 北京:中国矿业大学2019.

[16] 张玉娇. YZ煤业环境会计信息披露问题研究[D]. 沈阳:沈阳大学2018.